無錫文庫

第二輯

無錫輔仁中學第一届畢業刊
無錫輔仁中學第二届畢業刊
輔仁畢業刊

鳳凰出版傳媒集團
鳳凰出版社

ISBN 978-7-5506-0833-7

9 787550 608337 >

圖書在版編目（CIP）數據

無錫輔仁中學第一屆畢業刊 / 無錫輔仁中學第一屆畢業生編輯. 無錫輔仁中學第二屆畢業刊 / 無錫輔仁中學第二屆畢業生編輯. 輔仁畢業刊 / 無錫輔仁中學第七屆畢業生編輯. -- 南京 : 鳳凰出版社, 2011.8
（無錫文庫. 第2輯）
ISBN 978-7-5506-0833-7

Ⅰ. ①無… ②無… ③輔… Ⅱ. ①無… ②無… ③無… Ⅲ. ①無錫輔仁中學－校史 Ⅳ. ①G639.285.33

中國版本圖書館CIP數據核字(2011)第178336號

責任編輯　王　劍
裝幀設計　姜　嵩
出版發行　鳳凰出版傳媒集團
鳳凰出版社(原江蘇古籍出版社)
南京市中央路165號　郵編 210009
發行部電話025－83223462
集團網址　鳳凰出版傳媒網　http://www.ppm.cn
印　　刷　無錫市證券印刷有限公司
無錫市揚名高新技術産業園B區75號　郵編 214024
開　　本　889×1194毫米　1/16
印　　張　33.5
版　　次　2011年8月第1版　2011年8月第1次印刷
標準書號　ISBN 978-7-5506-0833-7
定　　價　440.00圓
(本書凡印裝錯誤可向承印廠調换,電話:0510－85435666)

無錫文庫工作委員會

顧問

楊衛澤　毛小平　周和平　譚　躍

主任

王立人

副主任

曹佳中　陳海燕　吴小平

委員

方標軍　須　儉　陳堯明　尤文科
何承志　蔡文煜　葉建興　施　展
嚴克勤　劉　川　雷群虎　李祖坤
瞿　敬　華瑞興　周興安　姜小青

無錫文庫編輯委員會

無錫文庫學術顧問

（按姓氏筆畫排列）

朱玉麒　朱維錚　江慶柏　李文海

沈衛榮　武秀成　金良年　胡福明

莫礪鋒　徐中玉　陳熙中　許倬雲

張仲禮　張廷銀　彭　林　程章燦

馮　遠　馮其庸　楊天石　趙生群

劉玉才　錢　遜　錢中文　錢文忠

總序

七千年文明史，三千年建城史，江南名城無錫，襟長江依太湖，自古以來就是魚米之鄉，禮儀之邦。無錫文化自泰伯南奔以來，騰蛟起鳳，尚德崇文，在數千年的傳承發展中，教化常持，經世務實，人杰輩出，大家林立，文藻絢麗，錯彩鏤金。舍南舍北皆春水，欲與湖山作主人，數千年的人文傳統，賦予了風光秀美的無錫以獨特的文化魅力，鑄就了城市剛柔相濟、秀逸清麗的的文化品格。

無錫是中國吴文化的發源地。早在商代晚期，周太王古公亶父的長子泰伯三讓王位，携其弟仲雍奔吴，定居無錫梅里，建『勾吴國』，『端委以治周禮』，施以禮儀教化；興修水利，授以農桑，不數年而『民人殷富』。泰伯帶來的中原文化與無錫本地土著文明相結合，吴文化以及作爲其重要組成部分的無錫文化就此發端。晋室南渡，北方人群大量南遷，帶來了中原的文化技術，促進了無錫農業、水利、手工業和商業的發展，中原文明再度與吴文化進行融合互滲。在本土文化與异地文化的碰撞和交融中，不斷推動着無錫這座城市的文明進步。

無錫歷史文化『追歷七千餘載歲月滌蕩，遂經四大轉折而成其廣大深厚：泰伯西來，吴文化成焉；永嘉南渡，江左文脉振焉；宋室波遷，江南文風始焉；歐風東漸，錫邑占風氣之先，民族工商文化始焉。數百代鄉彦賢達智慧與創造累積，文獻足徵，無慮百千』（《錫山先哲叢刊》重版弁言）。無錫文化以兼容并蓄多樣化的形態不斷發展。

崇文尚教，以教促文。北宋嘉祐三年（一〇五八），無錫始設縣學；北宋政和元年（一一一一），理學傳人楊時在無錫創建東林書院，此後無錫出現了喻樗、尤袤、李祥、蔣重珍等一批知名的教育家。至明代，顧憲成、高攀龍等在東林書院講學，此後又有許多書院相繼而起。古代無錫對教育的重視，促進了『崇文』和『尚教』的風氣，也造就了大量的人才。自隋朝開創科舉取士到清末廢除科舉，無錫共出了五名狀元、三名榜眼、六名探花和三名傳臚，并有五百四十名進士，一千二百多名舉人；『一榜九進士』、『六科三解元』，自古傳爲佳話。近代以來，經濟的繁榮進一步帶動了教育的興盛。無錫籍國學大師錢穆曾説：『晚清以下，群呼教育救國，無錫一縣最先起。』此後無錫的實業家紛紛出資興辦文化教育事業。教育的繁興，在極大程度上促進了無錫的文化發展，出現了空前的文化人才崛起的高峰。

文脉綿延，後出轉强。歷來『文化』的概念有廣義和狹義之分，這裏的『文脉』之『文』，用的是狹義的概念，即指經史、文學、藝術等人類所創造的精神財富的總和。在無錫的歷史文化傳統中，自古及今，悠悠文脉，如瓜瓞之綿綿。必須指出的是，從文化發生學的角度來看，早期中華文化的中心是在黄河流域的中原地區，無錫在宋元以前，雖有像顧愷之、李紳、尤袤、蔣捷、倪瓚等一批人文英才，但在整體上，無錫的文氣是自明清以迄近現代達到巔峰。在整個江南地區文教昌明和無錫經濟繁盛、教育勃興的大背景下，無錫地區在經史、文學、繪畫、音樂等諸多領域中，建樹卓越，俊才雲蒸，真正呈現出『人文之盛，冠於南國；碩彦輩出，著述繁富』的局面。

求實務本、重工崇商。無錫自古爲江南富庶之地、魚米之鄉。明代東林講學者將士商并列爲『本行』，講求經世致用；近代早期維新的思想家、實踐家薛福成提出『黜浮靡，崇實學』，大力倡揚『工商爲先，耕戰植其基，工商擴其用』的觀念，這些都成了近代以來無錫人求實務本、重工崇商的重要的思想根源；兼以明清時期，封建自然經濟解體，資本主義開始萌芽，無錫經濟日趨繁盛。鴉片戰争以後，上海開埠，由於商品經濟的發展和商業資本積累的增加，逐步形成了一個以上海爲中心的，北接江陰、靖江，西連蘇州、無錫、常州的經濟區域。有布、米、絲、錢『四大碼頭』的無錫，被譽爲『小上海』。到了十九世紀末、二十世紀初，無錫許多有識之士積極引進西方生産技術，大力興辦工廠，形成了近代六大資本系統，無錫成了近代中國民族工商業的發祥地和蘇南經濟中心。經濟的繁盛，不僅爲無錫文化的不斷發展提供了堅實的物質基礎，而且也形成了無錫文化的主流形態之一的，具有鮮明特色和豐富内涵的『工商文化』。

文化源長，文獻宏大。在歷史上，無錫有過兩次較大規模的文化整理。一八九九年，《常州先哲遺書》是包涵無錫在内的第一次區域性文化整理集成。一九二三年，《錫山先哲叢刊》是無錫真正意義上從城市角度進行的一次文化整理。當時，國家積貧積弱，社會動蕩離亂，身處亂世的有識之士高擎文化的旗幟，以縱覽千古的魄力和毅力致力於城市文化傳統的繼承與弘揚，爲無錫地方人文教育提供了文化楷模，對增强無錫崇文興教氛圍發揮了重要的作用，爲無錫躋身江南名城提供了文化動力，其意義至今爲後人感念。

滄桑巨變，天上人間。經過近一個世紀的奮鬥探索，特别是改革開放三十多年來的迅猛發展，中華民族强勢崛起。國運昌隆，盛世修典。中共無錫市委、市政府高度重視地方傳統文化的整理弘揚工作。自二〇〇七年提出『建設文明無錫，打造文化名城』以來，無錫全面深入開展歷史文化遺産的挖掘、清理、保護和修復工作，傳承弘揚優秀傳統文化，彰顯城市人文歷史底蘊，掀起歷史文化名城建設新高潮。此後，市委、市政府在《無錫市文化大發展大繁榮行動綱要》中明確要求全面整理出版地方歷史文獻，市委、市政府在《關於深化文化體制改革加快文化强市建設的决定》中再次明確要求編纂《無錫文庫》，正式啓動迄今爲止無錫地區規模最大、綜合性鄉邦文獻集成的修編工作。爲確保《無錫文庫》的編纂工作順利進行，市委、市政府專門成立了『無錫文庫工作委員會』，由市委宣傳部牽頭，設立了『無錫文庫編輯委員會』，計劃用三年時間完成編纂出版工作。《無錫文庫》的編纂，將以嶄新的學術角度和現代學科框架對城市歷史文化進行全面梳理和弘揚，站在時代的高度，充分展示城市深厚的歷史底蘊，彰顯先賢哲人的智慧創造，解讀無錫文化的獨特個性，提煉升華無錫的人文精神，光前裕後，古爲今用，以文化人，由人化文，以史爲鑒，開啓未來。

《無錫文庫》的編纂出版必將發揮重要的文化功能：首先是搶救文獻。無錫自古即有豐富的地方文獻，無論經史子集，都有重要著作流傳於世。然而無錫近代歷經戰亂，一些重要典籍已毁佚，僅有書名存留；還有一些珍貴的明清地方史籍，也以孤本存世，處於若存若亡之間。由於各種原因，一些代表無錫文化的典籍保存於國内外各大圖書館中，在無錫不易見到。從清末到民國期間，在文化上有不少重要成果，而這部分書籍因長期被忽視而處於毁佚的邊緣。《無錫文庫》的編纂就是爲了搶救文獻，保存文脉。其次是古籍整理。無錫先賢留下的載籍很多，但現存書籍，版本雜亂，良莠不齊，整體而言没有經過系統編排梳理，使用不便。《無錫文庫》的編纂，就是從版本目録學的角度加以梳理，每書皆撰提要，鈎玄指要，便於閱讀使用。第三是服務大衆。《無錫文庫》所收皆爲地方古史遺文，是研究無錫歷史沿革和文化傳承的必讀書目。《無錫文庫》的編纂出版，使這些書籍的使用更加便捷和廣泛，對無錫的文化建設、城市規劃、古迹保護、名勝開發都具有很高的學術價值和實用價值。

歷史唯物主義觀是《無錫文庫》編纂出版工作的重要指導思想。《無錫文庫》是一部具有社會主義新時代特點的典籍集成，編纂理念和選編觀念更加科學，注重學術性、實用性和經典性相結合，并且儘量收入古籍版本研究的新成果，廣泛收集流散在國内外的珍貴典籍。編纂工作中，始終堅持『尊重歷史、尊重科學、尊重規律、尊重專家』的原則，堅持『雙百』方針，對傳統文化中重要的不同學派、不同觀點的資料兼收并蓄，力求客觀、完整和全面。當然，《無錫文庫》不可能包羅萬象，而以文史哲爲主要内容，兼顧其他類别著述，整體呈現出無錫歷史文化的發展脉絡。强化編纂工作的學術規範，提倡實事求是的良好學風，對文庫的整體規模、體例框架、所收書目、版式裝幀等進行反復論證，反復比較，多方聽取意見，慎之又慎，力争使《無錫文庫》成爲一部真正代表無錫文化的綜合性鄉邦文獻集成。

編纂出版《無錫文庫》的盛舉，得到了海内外衆多著名的文史專家、學者教授的熱烈響應。許倬雲、馮其庸、楊天石、李文海、徐中玉、馮遠、胡福明等無錫籍文化名人和劉玉才、程章燦、江慶柏、張廷銀、金良年等專家學者應邀擔任《無錫文庫》的學術顧問，他們扎實的學術功底、嚴謹的治學風範、卓越的學術見識，爲《無錫文庫》提供了有力的支撑。

千年吴地文明，百年工商繁華，賦予無錫人聰慧和靈秀，創造了具有獨特品質的城市文化和城市精神。當我們手捧先哲留下的珍貴文化遺産，不僅滿懷感恩、敬畏之心，更涌動着不負前賢、勵志圖新的激情，去努力創造城市文化嶄新的輝煌，讓無錫文化大發展大繁榮的春天更加姹紫嫣紅、繽紛燦爛！

無錫文庫編輯委員會

二〇一一年一月

凡例

一、《文庫》所收爲無錫籍作家的著述和與無錫相關的歷代文獻，分爲《官修舊志》、《地方史料專著》、《年譜家乘》、《無錫文存》和《近現代名家名著存目》五輯。

二、無錫地域範圍以現行行政轄區爲準。《文庫》立足無錫市區，兼顧江陰、宜興，適當選收江陰、宜興具有代表性的著作。

三、《文庫》所收著作，以史料價值高、使用價值大爲原則，適當兼顧其版本價值。

四、《文庫》主要采用影印方式出版，《近現代名家名著存目》收入作家小傳和主要著述目録。

五、《文庫》所收著作，其編纂年代下限爲一九四九年；《近現代名家名著存目》則不受此限。

六、《文庫》所收著作，原書如有蠹損、殘缺、漫漶不清處，原則上以相同版本予以換頁、補頁，使全書清晰、整齊。

七、《文庫》對所收每種圖書，均撰寫提要，置於每種書扉頁之背面；每册均新編頁碼，自爲起訖。

八、《文庫》編制書名索引和著者索引，以方便讀者使用。

第二輯編輯説明

本輯爲《無錫文庫》之第二輯《地方史料專著》。這些書籍皆爲個人著作，它們是官修方志之外最重要的地方史料，是對地方歷史更爲精細的記録和闡述。其中保存了官志中看不到的材料，所以也是官志極其重要的補充。無錫自古以來人文薈萃，所以歷史上存留下來的地方史料專著也非常豐富。明清以來這些著述得到了長足的發展。作爲方志體裁的史書，這些著作所述史事已細化到一個鄉村，一座寺廟，一幢宅第，一座園林，一所學府，一項工程，一個專題等，從而爲後人保存了大量第一手的史料。進入民國後，隨着社會的發展，在政治、經濟、文化、教育等方面，出現了許多專門的出版物，這些具有時代特色的文獻，爲我們保存了民國時期原生態的歷史材料。從這些文獻中可以看到當時無錫向現代都市邁進的步伐。第二輯所收書籍，不少都是孤本，彌足珍貴。特别是一些藏於外地圖書館的珍貴書籍，這次也盡了最大的努力加以搜集。由於歷史的原因，一些地方史籍已失傳，僅有書名存留，不無遺珠之憾。一些民國書籍也偶有缺葉。敬請讀者見諒。從另一個角度而言，也更説明了這次文庫編纂的必要。

目録

無錫輔仁中學第一屆畢業刊

第一屆畢業生 編輯

《無錫輔仁中學第一届畢業刊》不分卷，無錫輔仁中學第一届畢業生編輯，民國十一年（一九二二）鉛印本，無錫錫成印刷公司印刷。

私立輔仁中學，創辦於民國七年（一九一八）七月三十一日，校址在靠近無錫北門的書院弄；民國十三年夏，遷入東門將軍橋畔新校舍。抗戰爆發後，一度遷西鄉張舍上課，民國二十六年十一月十二日被迫解散。民國二十七年秋，在上海租賃校舍復課，取名上海輔仁中學。抗戰勝利後，遷回無錫原址復校。新中國成立後，一九五二年底改爲公辦，定名爲無錫市第二中學。二〇〇三年二月十五日，更名爲無錫市輔仁高級中學，並與輔仁高級中學實驗分校和無錫市民辦輔仁中學聯合組建輔仁教育集團。輔仁中學開辦之初，根據民國元年和二年頒布的壬子·癸丑學制，中學學習時間爲四年，故該校在民國七年招收的首批學生在民國十一年畢業，首届畢業生共有朱樹卓等九人。《第一届畢業刊》包括頌詞二篇、攝影（畢業生照片）、序七篇、宣言書；並收録學生所撰言論五篇、思潮五篇、科學三篇、譯林三篇、文苑十二篇、小玩二篇、雜俎十一篇、記載（本校春秋）一篇，另有英文四篇。輔仁中學爲無錫名校之一，本刊對於瞭解當時中學畢業生的學業水準和有關情況，具有一定參考價值。

本書據民國十一年（一九二二）《無錫輔仁中學第一届畢業刊》鉛印本影印。

（沙無垢）

民國十一年夏季

無錫輔仁中學
第一届畢業刊

次庵曾銓書耑

輔仁中學雜誌

目錄

頌詞

敬維同學　轉瞬四春
切磋磨琢　不憚勤辛
年交辛酉　委刊知新
忝任編輯　幸指迷津
一堂講貫　咸荷陶甄
今屆畢業　賀我同人
猶憶戊午　負笈輔仁
春風並坐　石硯相親
勤求學業　奮勇精神
迭經歲月　中學告竣
鵬程伊始　萬里聿巡
學在儕輩　頌祝並陳

三年級全體鞠躬敬頌

惠山靈鍾　蠡湖秀毓
猗歟諸子　業竟中學
四載芸窗　一翻教育
璞遇良工　奇珍斯琢
國科九人　西科鼎足
國學西文　超然卓卓
傑產神州　英生大陸
手挽狂瀾　肩負危局
投筆班超　乘風宗慤
爲諸君勗　爲諸君祝

學弟鄒澿鞠躬

無錫輔仁中學第一屆畢業刊

序一（以來稿先後爲次序）

壬戌之夏。無錫聖約翰大學同學會。捌設之輔仁中學校。舉行第一屆畢業。同學若干人。合制畢業刊。分言論思潮文苑小說科學譯林雜俎記載英文凡九類。中西學相參。所以寄四載之精神。爲後起之導倡。義至當也。既丐予弁一言。予以刊中所蓄積。朱子高子既詳之。復何說之辭。因思夫曾子以文會友。以友輔仁之言矣。朱註。講學以會友則道益明。取善以輔仁則德日進。是善以學而成。德以道而見。始於學。終於德。其道爲羣之道。其德爲羣之德。即其仁爲羣之仁。非可以强同。亦不可以自異。故輔之云者。即趨之之極端也。間嘗私謂仁从二从人。相偶之義。元从二从儿。儿古人字。亦仁。中庸云。仁者人也。群學之象。周易云。元者善之長也。羣首之象。今諸君畢業之校。在乎仁。畢業之次。居於元。其勵名思義。羣謀有以自見。亦天職之使然。古之能以仁自居。極功用於元而成神聖者。有三。曰佛。曰孔。曰耶。佛主慈悲。孔主汎愛。耶主博愛。均仁也。所以爲仁不同。而孔耶近是。學者每宗之。諸君於中文。凡經史子集詩文論辯。蔚爲中國國粹者。靡不玩索。討究以求合於孔道。於西文。舉文學史事聖道聖經。鬱爲世界文化者。無不蒐討研劇。以窮致乎耶教。切磋一堂。深念高望。講學以會。取善以成。惟其實。不惟其名。積之既久。必能調融於孔耶之閫。別有所樹立。而出於墨之行。摩頂放踵。願以身救世者。慨自世風淪替。植救者輒挾至淺俚之具。以齊天下。於是鄙儒小生。故矜祕其術。夜晦無人。私挾八寸論語。轉相授受。或剌取子長退之緒牽不經意之二三字。貽禍棗梨以掩其愚陋。或傳習口語。纂取數百蟹行英吉利字。襲其日常應用口頭禪。支離格磔。博買辦繙譯之材。便囂囂鳴於衆。以重擾手民。而勢利遂深中於人心。雖兩人之藝。不可久合甚矣。仁之衰也。茲刊之載。以輔仁先覺自居。於羣學羣治尤三復斯旨而覺民警世之言一不離夫孔耶之正求仁得仁其庶幾明斯道矣予任教斯校既久覽而是之因重有思夫校之所以命名與諸君首先畢業而所言所行足爲羣流之倡也爲廣仁之量以進其德并以勗其餘

共和十一年五月武進李法章

序二

余忝任輔仁中學四年矣猶憶是校開辦之初中文校訓取明道進德四字本論語註中講學以會友則道益明取善以輔仁則德日進句明道云者據學問而言之也進德云者據品行而言之也誠以學與品二者相須缺一不可英文校訓取 (Live to Learn Learn to Live) 譯爲 (因生而學因學而生) 誠以人生世上以學爲最要故曰因生而學人惟有學方得生存世界不爲世所淘汰故曰因學而生當本校正式成立日上海聖約翰大學卜舫濟校長對于本校之訓話如此幸哉諸生能不負斯訓也茲值第一屆畢業所刊雜誌共分九類曰言論保國粹也曰思潮應時趨也曰記載徵事實也曰譯林採新知也曰科學抒心得也曰文苑存音樂也曰小說擴見聞也曰雜俎集餘與也曰英文傳西學也舉四年之成績刊爲雜誌此中之得失閱者自能鑒之余不贅言第念學生之畢業也凡有所刊往往懇教師代作類多典麗矞皇鴻篇鉅製不知此種風習自欺欺人將來諸多僞態莫非此爲濫觴古人云作僞心勞日拙殆有痛心焉諸生幸能免之本廬山眞面目以貢獻於人一任人之評論而已且夫吾校以輔仁取名諸生顧名思義爲仁由己而不由人即此雜誌一一發之於己而絕不假手於人其學如是其品可知以返諸中文校訓所謂明道進德者何如并以返諸西文校訓譯爲因生而學因學而生者又何如由此或升大學或入工商專門學校將始則爲學校之切磋繼則爲社會之綢繆終則爲國家之規畫不禁爲諸生望焉諸生勉乎哉民

國十一年夏季朱恩沐序

序三

李斯有言曰。泰山不讓土壤。故能成其大。河海不擇細流。故能就其深。蓋泰山者。實土之積也。充其極至於草木生。禽獸居。寶藏興。而其功之尤大者。則為雲為雨。澤被羣生。河海者。勺水之積也。充其極至於藏蛟龍。孕珠貝。富魚鹽。而其利之尤著者。則通舟楫。灌田畝。人民咸受其益。雖然。山必有其基。而後能屹立。不搖。水必有其源。而後能長流不竭。泰山河海如此。人亦宜然。必有其基而後可以立。必有其源而後可以行。就處世之方言之。道德者其基也。才能者其源也。就治學之術言之。國學者其基也。西學者其源也。諸生肄業是校。四載於茲。中西各科。分治而並進。今將畢業。方彙集同班撰述。鋟付手民。作為畢業紀念。時方於庚申之春。來校任職。與生等研講國文者。半載。茲紀念刊脫藁。屬序於余。竊謂生等於國學。已植其基矣。於西學。亦已探其源矣。苟能充之。將有基勿壞。且復繼長增高。本所有之國學。蔚而為經世之大文。播而為願世之名著。猶泰山之興雲興雨。澤被羣生。夫然後其業乃宏。即於西學灌注既多。自能淹貫。一切以之應世。取無盡而用不竭。猶水之左右逢源。通舟楫灌田畝。其效用之巨。有未可以言語形容者。爰書此篇。以為生等異日之左證焉。

民國十一年六月　武進唐時序

序四

壬戌之夏。吾校四年級同學。刊一紀念錄。題曰輔仁第一屆畢業刊。內容分言論思潮文苑小說科學譯林雜俎記載英文等九項。編次既竣。索序於余。余維學問之道無窮。要在首端其本。際今之世。而欲貫徹中西文字之癥結。無所隔閡惟文是賴蓋文字既嫺習進而攻科學庶迎刃而解無所阻滯此爲學之所以貴端其本也雖然諸同學之文學亦可謂差無過失矣而余猶有不能已於言者學無止境百尺竿頭希更進一步則今日畢業之紀念異日成功之嚆矢也諸同學以爲何如

中華民國十一年六月厂民序

序五

壬戌之夏壬戌級諸君有壬戌級刋倩予以爲序而予也不文未敢遽應爲序也雖然是諸君者予深知其好學者也今觀其文又能思者也是則始以不文而不敢言今則有不得不言者在焉夫學之爲貴貴乎能思思之爲貴貴乎有學孔子曰學而不思則罔思而不學則殆夫思固學之要素也而必別思於學者非思不足以爲學蓋惟思而不習於事不可以言學也此孔子之以知行合一誨人也古之諸子百家之言非不美矣非無理矣然而能言而弗能行者起於徒思而不習於事耳起於徒思而不習於事者其利可知也其害不知所以避也思而知之害思可知矣習而知之害則非思可知矣故諸子百家之言足以聳人主之聽而終不能奪天下之大道也三代之時官師未分是以學而思思而習於事是以有三代之隆然自三代以後官師既分爲學之道遂至與古人異而明主賢君猶恐學術之偏廢設博士弟子科爲誦法先王者勸於是上以利祿誘儒術下以儒術殉利祿而學者遂學而不復思矣是以諸子百家之患起於思而不學後儒之患起於學而不思其患雖異而其亂人國也則同而後儒尙汲汲焉以異端爲可惡豈非以五十步而笑百步耶雖然儒宗碩師之由科學學校而出者不乏其人不得不爲朝廷設校立科之功而去古既久爲學之道既不能如古人之學術與事功相並行攻取之難又復日倍於古人其得力之難

和會可知鄭古所以多舉賢而今則罕有其人也且也今之學博者長於考索豈非道中之實積而終於博者終身歠精勞神以徇之不思博之何所取也才雄者健於屬文豈非道體之發揮而擅於文者終身背誦抄默以攡之不思文之何所用也言義理者似能思矣而終身謹守所讀之陳思則義理亦無當於道矣是皆知爲學而不知所以爲學也故居家也邈視一世以爲古人之大道萃於此矣及其爲政也則無以措其所學於政事遂謂聖人之訓不足守先王之道不足法邪說異端藉此而得聳人主惑庶民矣程子曰凡事思所以然天下第一等學問人亦盍求其所以然者思之乎當今之世新學風氣大開爲學之難又復倍蓰我國須才孔殷實用之學急不容緩諸君方畢業於中學校爲學之日方長將來任重道遠不言可知爰申思與學之關係作爲學之研究聊爲是刊序耳

中華民國十一年六月朱尚中

序六

世之善言遊者於山必登喜馬拉耶之峯於水必航東西洋海之險而後可言極其大觀設僅僅遊一佳山水而足跡未徧夫泰岱華嶽長江大河未足以言止境也善學者之心理與善遊者之心理固彼此相同歟輔仁中學校植基於惠山梁溪之東北由聖約翰大學同志會諸君組織成之迄今已歷四稔本年暑假前第一屆畢業生旣輯成畢業刊索序於予予不能固卻之因念夫諸生有升學入上海聖約翰者有願入金陵高師及大學者其志偉其言宜其進取猛而毅此猶善遊者之好壯遊未嘗以此爲止境也方今五洲棣通文明大啓國粹之外兼精英算始足供時勢之要求諸生朱樹卓沈振夏進斯校最早求學爲最完美畢業亦最先他若趙璧溫祖翼倪人鑑等中文俱已畢業尝之自修處與予準備室相密邇時時得縱談當世事於文學每有析疑問難處知其所造詣深因以知

其他諸生所造詣亦深也近更徧閱其文果皆斐然成章深造有得昔曾子有言曰君子以文會友以友輔仁朱註謂講學以會友則道益明取善以輔仁則德日進是刊之成諸生固不第以文學見長而又能以道德日進為尚庶不負宗聖傳薪約翰救世之教旨也時

中華民國十有一年六月武進高景憲

序七

本校瓶四載矣來學諸生不惟注重於各學科而秩秩乎能循軌範其道德程度固自有高出乎尋常者今年夏四年級生舉行第一屆畢業樹卓振夏龍翔等有畢業刊之編將付剞劂屬不佞為之序夫諸師長既有序文備述之矣固無俟余之贅言然余有不能已於言者欲以貢諸畢業諸同學之前諸同學亦知學校之有畢業刊其關係匪淺鮮乎夫三史政治家之實錄六經道德家之簿記也中學生具高尚智識當養成最優之道德為異日立身社會之始基道德愈高深則事理愈明達今而後諸同學或入專門或入大學或即置身於社會吾知必能深造以道日進乎高明之域以副吾校明道進德之訓言俾後之學者得披是刊而指之曰某也才為社會巨子某也賢為當代偉人如是則吾為我畢業同學慶吾為我輔仁中學慶吾並為聖約翰大學無錫同學會諸公培植此中學者慶而是刊所錄即以之作道德家之簿記觀也可作政治家之實錄觀也亦何不可其關係誠匪淺鮮也則是刊也豈特留以備他年紀念已哉壬戌夏林熙吾序

T. Y. Wen

溫祖翼

Z. T. Chu

朱樹卓

L. Z. Chu

諸龍翔

Chao Pie

趙璧

T. Y. Sheng
沈振夏

F. Y. Tang
唐發源

K. C. Nih
嚴金釗

T. Y. Chu
諸祖蔭

Z. K. Nyi
倪人鑑

宣言書

人之驟聞本刊之名而未披本刊之稿者定謂斯不過竟修之成績庸以自留紀念焉耳抑不知本刊之爲本刊名雖屬於畢業文字實與現今學校所露布之畢業文字有所不同者焉此非泛濫其詞有以自誇同人等業竟中學亦知一二較之小學自慰略有進步較之大學則猶不如遠甚焉敢以著作與人論長短焉敢以知識與人競高低更焉敢以學問與人較大小然則恢恢洋洋萬言之書果何所言乎曰維思想蓋思想者不必如著作之磨練而後精知識之經歷而後增學問之授習而後得也具此者天賦者也故本刊者假文字以鳴各人之思想期有補於當世耳竊夫現今學校之畢業文字堪爲吾輩痛心疾首者有二入校數載課藝纍纍一朝卒業思有表其所學於是檢選所作拔其萃而取其精集腋方克成裘而中之所謂佼佼者就其題非拾人之牙慧即經人之已道觀其文强摹古人雖不惟妙惟肖猶自以爲調同韓柳胎息歐蘇下焉者平鋪直叙寥寥數行或拉雜成文不知所云嗚呼是豈吾輩之所願爲哉亦吾輩所痛心疾首者也又或平日所作塗鴉滿紙不堪入目而於學期告終聚精會神搜索枯腸更無所得或口欲有所言力有所不逮苟無表見於當時恐貽笑於大方進退趦趄猶深心以自護東西奔走乃假手於他人卒之滿紙淋漓已失廬山眞面追究竟得毋心地自慚而爲之師長者因教授有關祇得爲人作嫁學生之畢業不啻教師之考試噫是豈吾輩之所願爲哉亦吾輩之所痛心疾首者也觀此可知前者之學生牽累於舊學後者之學生受人之支配此皆十餘年前專制政體下之奴隸遺性猶存吾輩竊謂當今民國時代奮革奴隸之性還我思想之自由不寧維是吾同人平日所關懷亦欲於本刊中提議之研究之評論之今者時局阽危國事蜩螗風雨飄搖千鈞一髮或爭權或攘利或傾軋或排擠試問釀成中國風狂浪急之現象者係誰之過歟曰

宣言書

維學生蓋今日之軍閥昔日之學生也今日之政客昔日之學生也今日之官吏昔日之學生也以高尙廉潔之學生奈何一變而爲跋扈之軍閥陰險之政客卑鄙之官吏此無他乏新道德以灌輸之耳苟能鼓吹之可挽回若輩於萬一而同人學業之後雖多升學之人恐亦有入政界者則可以向之灌輸人者以自戒一旦履薄冰臨深淵不致有失足之虞此即補救時局同人所關懷者一也現今中國之社會一守舊之社會也亦無進化之社會也教育不普及言語不統一交通多障礙人心多惡習禮節太拘泥現象太孤立較之歐美社會不啻天壤之隔外人謂中國之社會猶在中古之時期旨哉是言如此而欲一躍而爲二十世紀之新社會者非從事改良不可從事改良者今有二派一急進者流一緩進者流同人等謂改革無論早晚成功尙觀改革者之力年老者大都頑守舊習無能爲力故一肩重任尙在青年同人等平日於課餘暇日從事演講及鼓吹今後或有就商者就工者則於社會情形益形相關改革之建設之不遺餘力此服務社會同人所關懷者二也歐化東漸新潮澎湃文學革命應時而起創造新文學者力斥文言之爲文語氣古奧意想支離祇藉字面之粉飾恒乏實用之觀念而保全舊文學者痛懲白話之爲文語氣鄙陋意想粗俗祇有平淡之空論全無引人之美觀二者之爭長各走極端以同人之鄙見文言有文言之長亦有其短白話有白話之長亦有其短惟吾人生此新舊過度之時代何必專從舊文學亦何必專從新文學文字祇求適用何必斤斤爭形式故本刊之作惟期顯淺易明不執古之所學不尊時之所好此陶冶文學同人所關懷者三也本刊之宗旨業已明言之如前閱者諸君對於本刊可先了然於胸中而本刊之分門別類述之尤不容或緩全書共分九類曰言論曰思潮曰科學曰譯林曰文苑曰小說曰雜俎曰記載曰英文欲知內容如何請觀其後民國十一年六月朱樹卓

言論

樹畝題

本刊啓事

本刊言論及其他諸稿大率關于時事因印刷遲遲不克於本校休業前出版類有明日黃花之慨且排印適敝校畢業大考無暇細加校正以致魚魯亥豕在所不免統祈 閱者諸君鑒諒

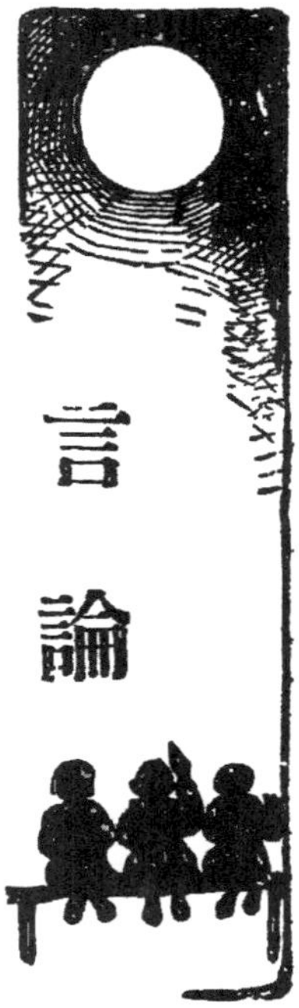

改革與政治

諸龍翔

法無不變，政尙革新，方法之未弊，固莫不制良用宜，利益一時，及其已弊，則隨在皆生危險，尙任其自然，其爲害遂不可勝言。於是乃有改革，去其弊，存其利，而變易以新之，然惟能實行去弊易新，斯爲眞正之改革，斯獲眞正之利益，否則假革新之名，行不變之實，其弊乃無已時，其害遂日烈而不可挽。譬如建屋然，當鳩工興築之時，未嘗不圖使其堅實完美，迨時經數百年，則或牆傾柱朽，壓覆是憂，苟僅加以粉飾，略治外觀，而謂爲已大改革，可以安居無恐，則傾覆之禍，且將不旋踵而至。因是知改革之道，有類於是，務尙眞正之實施，若徒假改革之名，而不易其本來之面目，其害固駕未改革時而上之。亡清因不善改革而屋其社，取法不遠，可資殷鑒。吾於是重有感於吾國民主之改革。

政治之制，本無不變，當因時因地而求其適宜，專制政治，在二十世紀中，早成强弩之末，無復有存在之價值。吾人欲圖自强其國之要道，厥惟改革專制政體而爲民主，若美利堅，若法蘭西，已成績昭著，其所以成今日之强盛者，固即改革爲民主政體之所賜也。然若葡萄牙，若墨西哥，亦皆易專制爲民主，而其國勢乃更較未改革前爲衰弱，果何由耶？更如吾國，憤前清專制政治之窳敗，而默觀吾國今日之情勢，較之清時爲何如？其所以惡劣如是者，徒有革新空名仍存腐敗實在之所致也觀夫美法之改革與葡墨之改革而一較之即可恍然悟吾國改革後積弱之原與夫救濟之道矣今約舉之以爲吾國政治之金鑑

美國本處英王轄下以不堪英政府之橫征暴斂肆行壓迫乃起而作自救之行動遂有革命之舉經華盛頓之血戰奮鬬始行建立今日之合衆國法蘭西則因路易十六時政治之苛虐貴族僧侶平民之不平等與路易之苛稅浪費遂致財政奇窮民肩愈重而外患緊迫民氣益張革命遂勃然起帝制因是終廢而法蘭西共和國之基於以成立此二國者其改革之起率由於政府之暴壓腐敗而既改革後雖各有一時內部之爭執然其國民咸惕息於外患之環迫鬩牆分裂之堪危能即革除其前日爭權攘利之念政治刷新協力以定國是斯得日臻強盛以迄於今方興未艾惟葡墨則反是其革命之起也雖同感於不良之專制政府而發顧其所改革者政治上之體制而舊日之弊依然人民之負擔初未稍釋而政客軍人攘利爭權之念亦皆奮興如蠭日是以此爭彼奪舉棋不定時操同室之戈民生日益憔悴國勢日益衰落矣觀夫法美葡墨改革前後設施之不同卒有強弱之判分而後知革新政治誠强國之要道也

美法葡墨之改革既如上述更返觀吾國之改革爲何如念自辛亥起義因滿族肆橫政府弊敗外患危迫故愛國志士奮一腔熱血蹴愛新覺羅氏而翻之以建今日之民主政體其情景極似法蘭西路易時之改革而幸無彼之酷烈乃自改革以來歷時十有一年爲時非不久二十一條件之要挾巴黎和會之失敗華盛頓會議之遭抨外交之激刺非不深而國內之騷亂猶昔國民之遭受或較前清專制政體時而過之國勢衰凌直同葡墨追望美法之項背者夫葡墨因國人好爭利而鬩牆僅革政治之名而存昔日之敝弊乃成弱國之原今吾國執政者仍多昔日

亡國大夫以斯響而仍執要職則犧牲無數熱血所換得之政體改革僅存其空名而實則仍無異於亡清盖以全國之人學識淺短仍多持舊日之頭腦祇求一己之私利不顧大局之阽危苟能利己者甘喪其愛國心而不以為恥雖有少數具學識之先覺者已為世界怒潮所激醒而多數國民猶鼾睡如昔彼武人政客更此爭總統彼求督軍或攘閣員或兢省長莫不以個人之權勢為前提把持政權專橫跋扈一若忘其為國家之公僕軍閥專制如衰周之戰國如唐季之藩鎮如日本之幕府而民主共和國之真義全失倣效美利堅改革之誠意悉泯國體雖改革民主而人民未得主權彼執政者之專制何嘗稍遜於亡清帝制之時辛亥改革之成績既如斯而欲望國之強盛得追蹤美法其可得乎更觀夫討袁興兵南北相峙至今粵桂相攻兩省未見寧日川滇湘黔更無日不在水深火熱之中而直皖直奉兩次興兵更令京津間千里朱殷凡此種種不可勝數之內爭皆前清所不常見而今乃得之政體既改革後遂令人有民主政體之改革不足以強國適足以為禍之歎嗚呼吾國之所以至於斯極者非真改革之無所用也吾國改革之弊同於衞墨故所得之結果亦復相似今不欲自振起則已苟欲自振即當作真正之改革凡政治上法律上之弊害胥改易之而更新之無使稍有瞻徇而後本真正民治之精神以執行此燦爛純正之政治神聖高尚之法律則雖不能即與美法並駕齊驅亦足以振我國勢於積弱之境矣

中國今日之黨派觀

朱樹卓

芒芒禹域黨派紛紜視法令如弁髦等國家於累卵民生塗炭軍閥驕橫干涉中央動搖國本譬牆崩之大廈宛巢覆之孤雛追原禍始無一非頻年黨爭有以造成之也歷攷我國史書漢亡於黨錮唐亂於牛李宋危於洛蜀明滅于東林其黨爭愈激烈必與國同歸於盡前鑒具在莫可諱飾今我國不演覆亡之慘劇苟延一線於今日者豈共

和之成立必藉政黨抑今日之黨爭猶無前代之劇烈耶是皆非也今之所謂黨派與昔之所謂黨派其異點有二曩昔專制時代生殺予奪攬此無上之權者在於君主一人而爲之臣者欲呈意見佖佖俔俔聞下命令戰戰兢兢鞠躬盡瘁死而後已在朝之日君可亦可君否則否不敢以政見號召惟恐動君之雷霆奪己之爵祿故潔身自好者介然獨立吾行吾素苟語及黨之一字掩耳不聞蹙額不樂必視爲不祥之名詞即偶有黨會爲君者惟恐損己之威嚴必竭力去之而後已若夫共和國家政尙公開雖有總統不能獨斷欲興一事必先付之議員採諸輿論雖有精銳之目光遠大之成見亦不敢毅然施行故一事之興必有贊成反對者出現贊成者與反對者各成黨派共討國是研究眞理共和國而有黨派分峙毋憂也故專制國家視黨派爲乖戾共和時代視黨派爲應有此異點之一也前代之黨爭不外乎亂黨朋黨兩種曷謂亂黨凡擁詭譎多端之人爲黨魁糾集不良之人爲黨羽陽則激怒民心陰則潛蓄異謀大者謀帝位小者圖逆叛曷謂朋黨凡戴在朝之權奸爲首領以私恩相結爲親戚相比營私罔利爭位攘權競作貪鄙之行爲或有較此高尙者則推當世宿儒爲首領以講學相親以論道相近其議人短長亦黨同而伐異每易啓小人之讒毀而引君主之猜疑結果與亂黨發覺相埒鮮若夫共和國所樹之黨雖或有亂黨朋黨在其間而大率屬之於政黨實爲專制之所無曷謂政黨謀政治之改良圖國家之維新具黨綱揭政見互相切磨互相監督以國利民福爲前提置個人利祿於腦後故在專制國家則有亂黨朋黨之爭在共和時代則多政黨之爭此異點之二也執此二端以觀今日之所謂黨派苟决之孰爲亂黨孰爲朋黨孰爲政黨每有昔之所謂亂黨朋黨者一旦覺悟一躍而成政黨又每有昔之所謂政黨者偶一失足墮於亂黨朋黨之途故欲决是非當憑公論所幸中國過去之黨爭順民心者勝失民心者敗耳勝者之所爲較敗者之所爲略爲光明余敢謂中華之幸

存或在於是故爭於不得爭之時爭之猶無礙也試有以證之如袁氏之帝制張勳之復辟段氏之要[illegible]舉張之入關使者鼙戰勝於當時則我共和國家變亂黑白混淆是非正不知伊於胡底姑就今日現存之黨派述之北派以老北洋爲宗旨南派以老同盟爲號召黨派分歧未能一致兩派中所抱之目的一爲統一主義一爲護法主義間有倡聯省自治者奉張則趨統一主義而實有獨具之私見南北軍閥擁兵自重動輒干預朝政有似政黨而猶不可稱之曰眞政黨而不可稱之曰眞亂黨必先表明政見始終謀利國福民無偏無倚不屈不撓而務能入政黨之一途況欲爲眞政黨者必以共和先進之法美大政黨爲標準而視權位之大小地盤之廣狹金錢之多少毋如蠅之逐臭如蟻之附羶常以愛國愛民爲良心庶可出吾民於水火之中奠國家於苞桑之固不致類已往之黨派上爲政府所痛惡下爲國人所鄙夷矣寧非國家之大幸福歟

先廢巡閱使之主張

沈振夏

軍隊鴟張中原鼎沸倡言挽救時局者莫不注重統一而統一有絕大之障礙在焉即萬惡之軍閥也欲剷除軍閥之禍害吾人嘗異口同聲一致提議廢督裁兵而舌敝脣焦痛哭流涕終無以動執政者之心竭誠愛國無補時艱至今欲言而期期不敢矣余痛吾國昔日之光榮凋敗零落一至于斯前以湘鄂構兵伏尸江上邇以奉直開戰靡爛近畿新舊國會擾擾中邦內亂未寧難謀統一欲振起我古國精神必先使軍閥良心自覺及各黨互相諒解而今之軍閥未能良心自覺各黨亦未能互相諒解也然則爲今日救國計惟有解除軍閥及各黨之首領以削弱其勢力以打破其地盤此余之所以主張先廢巡閱使也或曰今之倡廢巡閱使與昔之倡廢督裁兵無以異其結果將一無所成余以爲昔之倡廢督裁兵由於人民非由於國會督軍欲擁兵自重而人民欲廢督裁兵與虎謀皮必

不可得矧山西閻督軍其吏治軍政保境足民之功尙足錄也惟今之巡閱使儼同於唐季節度使而跋扈過之復辟敗而長江巡閱使裁奉軍潰而東三省巡閱使免身居巡閱使反冒大不韙欲保全其令名轉不如無巡閱使晉其頭銜猶得自安其祿位曹吳二使一再身臨前敵甘冒彈刃其茹巡閱使之苦痛當亦有悔心矣今能順世界裁減軍備大勢於廢督裁兵之先功高不伐首自請裁巡閱使職以爲全國倡杯酒釋兵無待宋祖陳橋擁戴弭禍幾先國人有不翕然稱頌者乎故今日實爲軍閥覺悟之過渡時期吾人民乃不得不應用機會以爲促進之方況吾國之巡閱使統有數省兵馬職權國家大政非彼之職也彼則越俎代謀矣組合內閣非彼之責也彼則恃力威逼矣敝屣國法壓抑民氣禍不勝計罪不勝誅障碍不除難期統一若軍閥完全覺悟南北統一巡閱使旣廢總統得人而理則凡召集國會問題制定憲法問題裁兵廢督問題聯省自治問題自無阻梗任何黨派均可互相諒解互戢猜疑同以國家幸福爲念而不惟私利自圖人民方面亦當不分畛域消滅省見（按外人之以何處人氏見詢于吾國人者輒答曰某省人而不提中國故外人嘗謂吾國人省見之深亦爲吾國不能統一原因之一）同爲中國負責庶可追蹤歐美立憲諸强國也

太會不能改變我國時局

趙璧

畿輔震驚楚歌四起外患日逼內鬨頻仍中國之所以不亡者亦云幸矣美總統哈定鑒於世界各國武備擴張攻戰不已遂提倡太會欲令各國限制軍備保持和平我國亦得提議其間賴英美之協助故於國際交涉少得美滿之效果但美總統發起太會之旨不獨使國際和平亦望各國國內和平故英美公使嘗語我國公使謂此後各國可以相安無事惟望中國速促成統一及時裁兵否則將爲各國藉口矣但太會自閉幕至今將近半載各國時局

之轉移。吾姑勿論。茲即以中國之時局言之。慨自太會席散。世界日趨和平。而中國之內亂相循自若也。南北之分裂猶昔也。棄鄰國之援助而不問。視生民之塗炭於不顧。奉直之戰。礮聲猶殷。北伐之軍。且踰庾嶺。若長此以往。中國不致於敗亡者。吾未之信也。夫中國賴友邦之力。於國際交涉。稍占優勝。山東問題。至今日始略得結束。顧日之所以承認。非畏我之力。乃迫於太會之公論也。彼之怨我怒我。曷嘗須臾忘。我國若從此勵精圖治。朝夕兢惕。息內亂。謀統一。副英美之厚望。示東鄰以自強。如此則中國可轉危爲安。不虞貧弱矣。我國時局之改變。又何遜於日有明治。美有林肯哉。今也軍閥猖獗。武人恣肆。徒知禍國殃民。不思禦患靖亂。朘削民生。以養亡命。遂致日尋干戈。惟利是爭。爭之不得。雖喋血近畿。使無辜良民。血膏白刃。入伍健兒。骨暴沙礫。城郭化爲坵墟。村落變爲灰燼。妻兒哭望天涯。老弱流離道左。言之可爲酸鼻。而潰軍東出。尙欲稱雄關外。禍根未絕。難免捲土重來。此則至可爲慮者也。南則贛南糜爛。兵禍正未有艾。如此而欲中國時局之改變。必不可得。頃閱報紙。恢復舊國會。聲浪愈趨愈高。有不可遏止之勢。即如曹吳兩使。亦與贊同。論者謂恢復舊國會。爲統一之要具。誠能如是。則恢復國會。使南北携手。既無南顧之憂。可免內訌之漸。國內救平時局改變。然後實行裁兵。俾各改營工業。以節餉糈。以圖富彊。內憂既平。外患自遠。此即所以副太會和平之旨也。不然。強鄰野心勃勃。虎視眈眈。懷囊括中原之志。北與張合。南與孫通。離間我中國。使成瓜分之勢。一旦我國勢窮力竭。兩敗俱傷。彼則坐收漁人之利。使我國爲亡韓之續。張邦昌吳三桂。我國正大有人在。設於此時。而再改變時局。力謀統一。不易得矣。嗟夫。古來未有不自爭而亡其國者。尙譚相攻。曹氏得計。亦未有協力而不能自強其國者。藺廉刎頸。得制強秦。前事不忘。後事之師。吾願當軸諸公。速謀收拾此大好江山。爲世界強國。雪恥弭兵。力圖振作。俾知太會之結果。足以改變我國之時局。此余所日夜深望。馨香以祝之者。

也。

言論　八

歐戰大事記跋

倪人鑑

以區區奧太子一人之生命致四年流血萬人喪生果何爲而然哉曰以德皇威廉欲以强權壓制全球爲主持公理者所不允耳遍觀歐戰大事記凡大戰期中何日非飛血肉舞慘酷萬狀德皇欲恃其機械之精戰術之良以擴張其强權主義於世界然觀其結果終爲公理所克是可知公理之必勝强權矣將何以證之曰如德奧意本爲三國同盟而意國能知公理之必勝强權之必敗遂反戈向德比利時爲德人所挾迫而宣布神聖戰爭卒爲主持公理之協約國所助而保守中立及德人以潛航艇横行海洋與美國挑釁於是世界各國紛紛向德絕交宣戰加入協約絕其財力之供給德人縱以其機械之精戰術之良而協約國仿造發明且駕而上之更以財力兵力之足終至桑白河一戰奧皇遜位德皇被逐大戰告終公理勝而强權絕然世界第一强權之魔王雖去安能免第二者出此第二者出又安能免世界主持公理之國家羣起而攻之故凡欲繼德奧而起者可即以德奧爲前車殷鑒以免德奧之覆轍重蹈然則歐戰大事記之造福於後之强權家豈淺鮮哉是爲跋

意吾書

本校啟事

本校爲上海
梵王渡聖約大學同學會
在錫同志所創立中西並重聘
請良師灌輸純正學識栽培高尚
道德爲青年子弟入大學之預備
蒙聖約翰允准凡得本校中西
畢業文憑者可直接升送
該大學肄業

奴隸解放

朱樹卓

我現在要談「奴隸解放」。我以爲這個「解放」，比現在聲浪四播的「婦女解放」要緊百倍。羅家倫的「婦女解放」一篇說：因爲可憐婦女變成了「奴隸」；所以要打開束縛，使他們成人。婦女的變成奴隸，其實本來並非奴隸。變成奴隸，尙且可憐，要解放他們使他們成人。眞正的奴隸、應該更加可憐，解放他們使他們變成人。但是社會的人，對於這眞正的奴隸，反而虐待，仍舊禁固。難道做了奴隸，就應該就束縛永遠沒有做人的餘地麼？我不禁心酸，替眞正的奴隸下淚。奴隸的爲什麼做奴隸？並非是像犯人的做犯人，有了罪過。不過生長在貧窮的人家，缺乏衣食，就被人賣與富人，也是爲生活問題起見。但做主人的，便朝呼夜喚，看了他如牛如馬，要打要罵。可憐一樣父母所生的兒女，因貧富的階級，便如犯人一樣，受種種的苦楚。受了苦楚，還沒處可告訴，祇可向無人場處洒些眼淚。咳！這種奴隸，並不像「婦女解放」中的奴隸，可以自已解放自己。他的解放，還須看如狠如虎的主人怎麼樣意思？我以爲做奴隸的，既然沒有機會自己解放，做主人的，定不肯來解放他們。這祇可讓我們無奴隸的，來討論一討論。

(1)從法律上說起來，奴隸不解放，同平等自由相衝突；既然中華民國是共和政體，人人平等，人人自由，那麼四萬萬同胞有什麼高低？奴隸也是四萬萬同胞裏的份子，難道就因爲貧些，就可壓制他，束縛他，奪去他平等利權，自由的幸福麽？既然法律允我平等自由，那麽有人奪我的平等自由，就是侵犯我，不妨訴之法律。但是可憐的奴隸，受人責辱；我沒有聽見過向法律哀訴。這明明是法律有所不許，違法的人，所以敢如此。有時候責辱過甚，受傷過重，奄奄死去，做主人的祇說他疾病而亡。執法律的人，不聽見也罷，聽見了；也是不細加根究的。說平等自由不知何時有大家平等自由的一日發見。

（2）從道德上說起來，奴隸不解放，同人道主義相衝突。我們生在世間，誰不是「人」？誰沒有「人格」？人到環境壓迫的時候，不過成了個「難人」，並不可說「不是人」。奴隸到了主人家，便看待如「畜牲」，「不是人」。我曾經聽見人講，竟有人家蓄了奴婢，賣給人做妻妾。這種奴隸，看待他竟如「貨物」，好做買賣，喪失人的「人格」，就是踐踏人類。有什麽良心可說？他們自己的不道德，更陷他人於「無人格」。世界上有什麽人道主義可講得？也沒怪近世世道人心，日趨險惡的境界了。中國老古派的人，開口道德，閉口道德，有時自己家裏還蓄了奴婢，先就違背人道主義，自己沒有道德了，苟其真正要整頓道德，我勸他從解放奴隸着手。

（3）從潮流上說起來，奴隸不解放，同平民主義相衝突。「平民主義」在中國，大有提倡的人，但是希望平民得這種主義的帮助，還是遠來，非討論人生切膚的問題，這主義在中國定無放光彩的一日。奴隸二字，是平民最痛恨的。然而有時迫於不得已，也要擠入這條路，不是解放現在的奴隸，同塞止奴隸的去路，不足去平民主義的障礙物。現在談平民主義的，有些研究平民政治，有些研究平民教育，有些研究平民經濟，無非為平民設想。我談奴隸問題，是替平民做最後的設想，所以奴隸解放，好算平民主義裏唯一的要務。

單看以上三條理由，奴隸解放的正當，何消說得呢？所以我提議這問題，不愁社會反對，倘若反對，就是奴隸解放有研究的人了。單愁人心如死，抱冷淡主義；那麼奴隸的前途正好一哭，現在我暫且不管他人覺悟，不覺悟，且拿補救辦法，從我良心上說出來。辦法有二種

（1）消極的方法

（2）積極的方法

從消極的方法着想，又可分兩種一種被動的，一種自動的，什麼是被動的：就是使做奴隸的主人，有澈底的覺悟。爲人道的行爲，實行解放奴隸，還他自由，使他回家鄉。或者設立貧民工廠，招收經濟困難的人，使他自食其力，不致陷爲奴隸。對於年幼者，設立貧民兒女院，使他父母不致忍心騙子女做人牛馬、至於立貧民工廠，可歸於國家創辦。貧民兒女院，可歸之於地方公益事業，什麼是自動的：就是已成奴隸的自己自求爲人之道。或感動主人之心，使自己脫離束縛。從事工作，以工資贖還身價，未成奴隸的求家屬的幫助。或投身工廠，以免賣身。

從積極的方法着想，也可分兩種：一種暫時的，一種永久的，什麼叫暫時的，就是奴隸界自己有一種奮鬥心，像勞工界和資本家的衝突，同主人宣告脫離。但是這種脫離，不可圖免身價，須要訂立條約；做有爲的奮鬥。什麼是永久的？就是拿法律上的權力，調查人家的奴隸。限制以時期，逼主人解放他們，且須加以禁令。凡私蓄奴隸，違背人道，與罪同幾等有期徒刑，或罰金。又凡父母有以子女出賣爲奴隸者，亦須加以拘役的罪罰，這樣做去，就可永久的禁絕奴隸。既然消滅，那麼無所謂解放不解放。

觀察以上兩種方法，以爲行消極的方法，不如行積極的方法。積極的方法中，我又以爲行暫時的，不如行永久的。爲什麼緣故？爲消極從被動方面看起來，要做主人的覺悟，我看難得的。若貧民工廠，政府一貧如洗，那來餘來

創立●至於貧民兒女院，祗或可補救將來，但是也要吹鼓他成立，不能够立行的積極從暫時的看起來，要奴隸與主人奮鬬，跳出這束縛●！咳要他自己悟覺，且難，何況奮鬬呢？祇有拿法律來禁止，可以永久禁止，沒有遺漏●

倘若政府不肯發行這種命令，我有再後的方法，儘可犧牲我們精神，實行奮鬬●如十九世紀美國的奴隸問題●南方使用奴隸，北方反對，北方雖然時時失利，得林肯演說，激動民心●奮鬬終久得最後的勝利●然而當時的奴隸，大率是非洲的黑人，美人是白種，異種族尚且如此，何況中國所使用的奴隸，是同種的麽，那麽心上何以忍耐得過！現在南政府已有禁止蓄婢的命令，但是猶是局部的，必須普及中華民國二十二行省●併且不但蓄婢，須要禁止使用奴隸，

結束我再有一段意思，供獻同胞討論：我所說的不過奴隸解放，現在社會上的僕役，也有不堪主人壓束的勢頭●雖然僕役在法律上認爲正當，因爲僕役拿勞力換得勞銀，雇主拿勞銀換得勞力，各得報酬，但是拿勞力和土地資本作爲三要素，就是把「人」看作「貨色」，像「牛馬」和奴隸也相去不遠，我希望人討論這個「僕役問題」

國民外交應該怎樣？

沈振夏

國民和他國國民互相的交際，或是交涉，便是國民外交●我國閉關時代的國民，有一種排外的觀念，當中國版圖狹小的時候，自以爲在世界的中心，文化最早，所以便稱中國，其餘四方的人民，都稱爲蠻夷戎狄●那時中國的人民，都懷着「牢不可破」「惟我獨尊」的觀念，這種觀念的發生，也不可以全怪着人民的，不是因爲有兩種理由第一便是那時交通不便，人民眼界狹淺，見聞不廣，見了一個遠處來的人，服飾，舉動，語言，習慣，都很希奇，所以以爲是文化不通的「蠻夷戎狄」，然後存着「排斥異己」的思想●第二便是人民在專制政治壓迫的下面，簡直沒有實

正國民的資格，一味只知道忠君愛國，見了外國人自然只有排斥主義；所以沿革下來，一直到十九世紀，仍舊不能消滅。稱外國爲番邦，稱墨西哥來的銀圓爲番物，這都是排外的證據呀！這種能稱國民的外交麽？簡直是國民的排外性！

現在的時期，已是較前大不相同，國民對外的交際和交涉，一天緊似一天；但是不幸我們大半的國民，依舊去不掉腦筋中排外的印像；以致發生許多禍事，引起國際的交涉。像外人起初到中國來傳道的時候，我國人因爲懷排外的觀念，發生許多非理的待遇。禍害最烈的，便是拳匪之役，使我國拋却多少國威！那時我們的國民，見了外國人，都像「七世冤家三世仇」，稱他們爲「洋奴」「洋鬼子」「洋鬼婆」。就是我們無錫這般內地的小邑，也已經發生了兩次排外的事實。第一次便是二十幾年前焚燬天主堂，以致加倍的賠償損失。第二次便是因爲日人遊錫，以致焚燬教育會，引起軍民衝突。試看這幾種事體，有沒有實益，還是禍害我們國人？以後再不可抱着「排外使是愛國」的思想，須要極早覺悟，去尋國民外交種種的方法呢！

國民和外人的交際，應該格外謙和格外客氣（客氣便是循禮的意思，恭維固是不必。）但是也不可示弱。倘若受外人的欺凌侮辱，決不「可守吐面自乾」的道德；須有勇敢的精神，堅決的態度，用國民對外人交涉的方法去抵抗。例如在日本臺灣的華僑，受種種非理的待遇；和琿春、福州我國民和日本兩次的交涉；華僑在日本集會，被日警的蹂躪；華僑的商店，在日本被盜，日官庭反說日本人程度高，決無這等事體的發生；還有上海商店，被外人鎗殺兩個夥友；最近的如澳門問題，爲一非洲兵戲侮華婦，華人爭不得公直的結果，反被葡兵鎗殺四十九人，傷百餘人，像這種種問題，我們中國的國民因該怎樣對付（國民外交後援會，正在商議對付澳門問題方法，將來我們這國民外交後援會，必須全國加入，方纔有適當的效力。）我們國民應該持不退縮的態度，根據實在理由，嚴重提出交涉因爲已過去的固然不必說現在和將來的問題，正「層出無窮」我們一定要想法子使將來的國民外交，不致「步步艱難」。

以後的國民外交應該怎樣？只要不使國民與國民的衝突，擾起國與國的衝突，不使國民外交釀成國際外交；那便是國民外交的本旨了。要實行這個本旨，不外甲乙兩端：

甲怎樣能免國民和外人挑釁？

一消除國民的排外觀念　現在的時代，是一個世界交通時代，國與國固然是畛域分明，但是國民與國民的交際，已是沒有範圍，沒有限制；國民對於外人，應有循禮合理的待遇，不可有辱侮譏罵，和一切表示異己的動作。

二對於各國人須一律待遇　國際上發生問題以後，必有和與仇的分別；但是國民外交，不可因某國與我是和親，我待他的國民便也和親，某國與我是仇敵，我便待他的國民，也和仇敵一樣，因爲國與國自有國與國的外交；國民若對於國家的地位上，便要用對敵的手段；若對於個人的地位，便須用個人的交際法。

三用演講或印刷物宣傳國民外交的方法　我國國民以前所由國民與國民間之衝突發生的事端，都因爲大多數的人民，缺乏國民外交的知識，所以一見外人，便以仇敵一樣，須以演講或印刷物宣傳國民外交的方法。

乙怎樣去抗爭外人對於國民的無理行爲？

一取和平的手端持堅決的態度　外人苟有無理行爲對待我們國民，我們據理反抗，也不可過分激烈；「急則生變」有了變端，便容易釀成國際交涉，那便更難收拾了。但是也不可過分和緩，因爲和緩了，容易懈怠；五分鐘態度，決不能成就事體，所以態度要堅決。

二組織全國合一的國民外交後援會　照近幾年內外人欺辱我們國民案件的多，可以預測將來這種事件更多；所以國民不得不組織全國合一的國民外交後援會，一處有事，便全國響應，合全國的力，起來抗爭，便容易了事，並且可以少了後來的效尤。

我國現在的國民，知道國民外交的，實是少數，又不幸在這弱國內產生；若發生國民與國民的交涉，更不易得勝利；所以更應該研究國民外交的方法，方纔將來國民外交，和國際外交，不致着着失敗呢！

金錢富有是真正快樂麽？

唐發源

人類的生存，端靠着三件東西。第一件就是「衣」，第二件就是「食」，第三件就是「住」。沒有這三件，便要不是餓死，就是凍死。這是小孩子都知道的。應該用不到我再來狠麻煩的講。但是我今天講這個「富有」二字，不得不先從這個講起。因爲「衣」，「食」，「住」，都要把「金錢」換來的；「金錢」若是多，「衣」，「食」，「住」，自然可以不愁。因此一般人的目光，都把「金錢」看待得像第二生命一樣。多一些，好一些，永不肯說一聲「我足夠了不要了」。因爲金錢富有了，可以很舒服的度日。

但是我的意見，以爲若是金錢富有了，雖然有利，却也有很大的害的。因爲樂極一定要生悲。所以有很快樂的事，便有很悲傷的事。爲怎麼要悲傷呢？但看發生的害處，便可曉得了。害處是很多很多；小則害了本身，大則害了子孫。所以我要警醒他們。但是警醒他們是一件很難的事。因爲他們不肯相信，富有金錢是有害的。要他們相信，不得不把他的害處分述出來。他的害處約畧可以分二種，就是「本身的害處」，和「子孫的害處」。我現在且把　本

思灝

身的害處」述在下面。

「本身的害處」實在是很多的。但是限於篇幅，只好大約寫兩條在下面第一就是動強人的覬覦因爲富有的人，一定穿的好，吃的也好，凡是行動舉止，都不知不覺的現在面上。所以那些又窮又惡的人看見了，一定要動覬覦的心。於是偷竊啊，盜刼啊，都要不一而作，小則喪些財物，大則危及性命。近來並且還有一種文明的搶法，就是提倡「怎麼」「共產主義」等類，若是實行起來，豈不是白白的把吃辛吃苦賺來的錢送給人家麼？所以這是因爲富有金錢，發生的第一件害處。第二就是要損壞名譽。因爲一個人擁多了財產，一定要惹人家的妬忌。妬忌他的第一件好法，便是損他名譽。所以在政界上的人，若有金錢富有了，妬忌他的便要說他的錢是刮民膏血得來的。即使眞個清正廉潔的，也沒法和他分辯。商界上的人，若是金錢富有了，妬忌他的也便要說他的錢是不明不白，或者心狠得來的。所以名譽就因此壞了。這是第二件，其他諸如此類的正多得很；只是我的意思只要舉一個例兒。所以也不必多說，想諸君也可以以此類推的了。

然而這個「本身的害處」，我以謂還是小的。因爲「解鈴只要繫鈴人」，財產是他得來的，只要能夠預先防備，可就沒有怎麼了。所以我說大害處不在本身，却在子孫呢。因爲俗話說的「只養他的身不養他的心」。父母把財產給他，他將來如何，父母却不能豫料。所以害處要大一些。子孫的害處也是很多的，但是我也只寫兩件在下面，做一個例子。第一件就是「分拆問題」。大概中國人的財產，若是多了，自己也不能夠有確實的數目，自己不明瞭，一定不能分拆得均勻。在他活的時候，還不妨，若是死了以後，可就有打架啊，涉訟啊，許多事務發生了。這就是對於子孫第一件害處。第二件就是「遊蕩問題」。因爲父母擁了極大的財產，自以爲將來子孫吃着不盡，所以不令子孫讀書，習正業。那知到死了以後，子孫因爲沒有事業能做，所以便嫖賭吃着，只把錢用去，不見錢進來。但是父母財產雖然大，總有一個限止的；所以到了後來，錢却用完了，正事仍是不能做，沒法子想，於是做了一個乞丐。這是第二件害處。其餘還有諸如此類的也很多。所以我們可以結束一句說，「財產多了，是有害處的，因爲有害處，所以不是眞快樂。」

我現在提了這一重議案；是的不是的，還要讓人家去討論。我豫料起來；一定贊成的也有，反對的也有。贊成的一定一半是受過新知識的青年，一半是不上進不能賺錢的人。反對的呢，一定是一般守財奴，其餘普通人呢，一定是不置可否。我并且還可以逆料，一般守財奴還要說我是不節儉，不上進的少年。但是我的意思，不是說應該把金錢儘用，不加一個限制。我是說應該一面賺錢，一面用錢；不可以只賺勿用，也不可以只用勿賺，但是用錢一定要有一個豫算，只要免一個「堆金積玉」就够了；不可以一味濫用，到老弱了沒有用。至於子孫呢；他也是個人，只須給他一個足够的教育就好了。我是一個沒有經驗閱歷和學問的人，今天說這幾句話，本是不該，但是一管之見，也不可以說完全沒用，惟有舛誤的地方，還要求指教指教呢。

無錫乞丐問題

諸祖蔭

生活程度，一天高似一天。那些貧民，一天難過似一天，所以社會上的乞丐，也一天多似一天。到了現今，竟可說到國國都有乞丐的了。

乞丐是一個可憐的東西。有時運道高，冷湯殘飯，得着許多；有時却終日一口湯都不能得到，肚子也只好挨餓了。終年是擁着破綿破布，睡在很潮濕汚穢的地上。那種情形，眞是比囚犯還要難過。只因他受着飢寒的驅迫，不得不做這種沿門托缽的生涯了。

乞丐到了這種地步，所有廉恥和道德的觀念，都遺棄了不管，所以就做出各種不應做的事件。故此乞丐非但是可憐的東西，也是可惡的東西。現今將他的害處，一件件寫在下面，和大家討論討論。

(一)增加國民的擔負　一個人做了乞丐，無論怎事都不要做，只要裝出他的困苦形狀，和悲慘的聲音，以便得着人家的惜憐。所以個個乞丐的衣食，都出在國民身上，倘然乞丐加多，國民的擔負，豈不要大增特增了麼？

(二)擾亂地方治安　大凡人到了貧困的時候，心裏只存着一個利字。乞丐因爲貪利，就做出種種沒廉恥的事情，像偷啊，搶啊，甚至勾結了匪人，發生許多危險！這不是擾亂地方治安麼？

(三)做瘟疫的媒介　乞丐的身體，是很汚穢的，況且臥處又不乾淨，故此就要發生種種瘟疫，由一個乞丐，傳到別個乞丐，互相傳染起來，甚至蔓延到居民身上；就發生一種社會上極可怕極猛烈的疫癘了！

以上略舉幾種，就可知道乞丐不是社會上的好東西。既然是歹東西，我們終要想法去改革他。但是乞丐有好幾種，我們要對症下藥，必先要研究他們的種類。

乞丐大約分起來，共有三種，現今將他一條一條的寫在下面。

(一)青年乞丐　這種乞丐，都是十六歲以下的青年，大都是貧家子弟，喪失了父母，或是遭水災、兵禍，將他們父母衝散；他們既失了依靠，所以很難度日子，只得做乞丐去沿門托缽了！

(二)中年乞丐　在這米珠薪桂的時候，又兼了戰爭啊，災禍啊，一重重自天而降，小民的生計，自然困難。至於貧民呢，更是不問可知，做小販沒有本錢，做苦功沒有人雇，他飢寒在後面催逼，不得不做乞丐了。然而也有因爲懶惰弄到做乞丐的。

（三）老弱和殘廢的乞丐　人年紀老了，筋骨就衰弱，殘廢了，就不能夠動作，貧民到了這種地步，真是沒奈何，無論他心中願不願，都免不了做乞丐。

上列的三種，想大家都已知道，至於改革的方法，對於第一種，先設立乞丐孤兒院，將這種乞丐，盡數收進，但這種乞丐，能力很弱，所以只好一面命他學習工作，一面教他普通簡單的教育，使他成了完全的人。對於第二種呢，自然是命他去做苦工，因為這種大都是年壯力強的人，乘間看他工作如何，使給他能夠勝任的職業。對於第三種，先設立了乞丐養老所，收納這種乞丐，看他所能，命他做簡易的工作。壞脚的做手做的工作，壞手的做脚做的工作，至於全身殘廢的，也只能養他的了。倘能照這個法子做去，就可將乞丐改造成功有用的百姓，於社會生利，產品來！

我們無錫的乞丐，也可稱多了，像崇安寺，天妃宮，財神衕等等，擁滿了乞丐，我們被他們消費的，也並不在少數。倘若能夠用這種方法，去改革乞丐，非但將上面寫的三件害處，消滅到無形無踪，並且社會上可以多出大宗的生

但是乞丐是安樂懶惰慣的了，只命他去作工，自然不肯。所以一定要用強迫手段。

改革乞丐，既然有如許的利益，我很希望這事在無錫實行，振興各種實業啊，工業啊，步南通的後塵，做世界聞名的縣城。

求學之標的與強國

諸龍翔

我國現在的國勢，可是衰弱到極點了。然而所以至於這種地位的緣故，一半是因為武人擾擾，連年的黨爭，所造

就的所以至於遍地兵匪庫竭民窮；一國中間雖有南北二政府名義上竟較別國多了一個政府，然從實際上講，又那一個可以算得個眞正足以代表全國人民的行政機關麽？這種南北的政府只可稱爲私黨的總機關罷了，何足以當眞正政府。日本人在西洋說中國現在陷在無政府狀態中間這話並非評造，乃是實在的眞相。論到所以糟到這樣悲境的根源固不得不歎息痛恨於武人的誤國。然而這種是正面的觀察，如從反面推考一下，就要想到國家是四萬萬人的國家並非少數武人的國家；他們不過是國家的公僕罷了。現在他們竟放肆到這樣地步，然而我們做主人的國民爲什麽如盲如聾，不聞不見任他們拆屋賣田，不去想法子阻止他們麽？宜乎他們的胆子，日就大了。所以今日國家的悲境，一半可以說是軍閥政客造就的；然而一半也是國民裝聾做盲，不想協起以驅逐他們，作共同改革政治的緣故。所以今日我國最後的希望，在國民的自覺。就是速即興起，以挽救中國於今日的悲境，協力作切實的政治改革。

講到國民自覺這層，以中國現在情形論，那正難極。所謂自覺，須要有自覺的能力，自覺的見識。然而四萬萬中華國民，具足够的智識的，能有幾人？大多數連吳佩孚張作霖做什麽官，幹什麽行爲，南方孫文，又是怎樣，都不曉得。還要講什麽興起救國，什麽我是國家主人翁，應該監督他們這班執政公僕。他們實在只知吃他們的飯，睡他們的覺罷了。

於是中國在這種國民，終難有望他們興起的希望了。於是所有希望，就都在英俊的後起青年。然而要培植全國的青年，使都能具足够的自覺力及判別力，而後又不得不借助於教育的推廣。

教育對於我國眞救亡的良藥，教育的根本在學校，於是學校可以說就是將來國家唯一希望會集的地方，然而推廣今日中國的學校於各地，究竟可能眞正強國麽？我們然後就須考察一下學生應抱的標的，同現在中國學生所抱的標的又是怎樣。

學生本來到學校裏讀書，應具四種標的。第一，對於個人，是求增進知識，使能有自立的能力。而且也是啓發他的心智，造就他爲萬物之靈的地位。不然呆愚闇劣，同禽獸一樣，空做天地間的寄生物罷了。第二，對於社會，則因人的一生，無論做什麽事，終不能脫離社會而獨立的緣故；於是社會同一己有切膚的關係。社會的良否，同一己有極大的影響。所以在學校裏讀書的時候，就當以改良社會爲己任，時時留心社會的缺點，以圖在學校內學成後，他日改革社會的準備，以造福於社會上的人民。實因社會上的情形，是不時變的，在變易的當兒，有許多事，非具堅深的見識，不足以改良他們。所以這副重擔，又須放在青年的肩上了。不過雖然造福社會，間接也是有益一己的。第三，學生在求學時候，對於國家的責任。就因國家興亡，匹夫有責的緣故，於是負先知先導之責任的智識階級，像學生等，在讀書時期，就須留心觀察國家大勢的所在，政治上弊點的所在；而預先審度所以挽救改良的方法，他日學成問世時，就行他的素志，以爲智識較下的社會作先導。倘使智識階級，都能如此，發聾振聵，作改革之先鋒，則國家的興盛，可以指日而待了。第四，對於世界，父母既予我五官四肢，造物更給我聰明睿智，同各種天然的東西，來供我利用，於是難道就此食息寢興，優哉游哉的消磨此百年歲月，就算好了麽？須知吾人今日所享受的，大都是先哲所造就的發明的。囟想到苟無前人發明，吾人今日就沒有這種享受。我們於是也當奮力謀世人的幸福，爲後日世人造福；使世界得以更加文明，庶不失人類互助相愛的本能。不負上天給我們聰明睿智的恩賜。所以在學生時代，人人應當有這種思想，以爲他日造福世界的基礎。

觀以上所說，可知學生求學的標的，何等廣大，學生的責任，何等重要。使能教育普及全國，人人都能盡他當負的責任，國家文化，有不增加，國勢有不強盛的麼？由此可知推廣教育，眞是醫國的聖藥。然而將中國今日的教育，照現在這樣不變的推廣出去，可能即挽中國的危局麼？我可以胆大著說，效力是極微的。

現在中國的學生，雖然負著知識階級上，先知先導的空名。然而大部學生，並沒抱有上述應具之標的。他們唯一主旨，可以說就只是得一張畢業文憑。畢業後希圖混一碗飯吃罷了。管什麼社會的好歹，國家政府的良窳，世界文化的高下。更進一層說，他們只知一己，不知一己以外的一切。只種竟成全中國學生的通病。有些人或因只種唯我主義，進而為極強的利己主義。像曹章陸等，竟演出賣國笑話來。在他們起初，何嘗不曾受極深的教育，然而終成這種地步，就是不過受唯我主義的禍患罷了。像知識階級做先知先導的學生，尚且只知拿文憑謀一己飯吃，更何望中國現在大部沒有受過教育，知識較低的人民，來協起以謀國麼？推廣只樣教育，即使普及全國，他的效果，能有幾許？亦復何補於國是？如說就此可以救國，更加不行了。所以從仔細的考察，可以結論說，要挽中國於危境，先要破迷國民聾盲的迷符，要破這重迷符，第一固須推廣教育，不過這種教育，照中國現今的樣子，是一定不行。是須經鄭重的改良，至於能夠養成學生以上所述的四標的物，而後起初能夠有人人興起謀國的希望，我國的前途，或能重現光明，禍國軍閥，或能得以鏟除滅盡。

科學

朱惠孚

小金山老牌絲光布疋

質地堅靭 顏色耐久 花樣新奇 尺幅準足

本廠自製愛國嗶吱樹皮布雙絲府綢毛縐呢厚羅緞養膠布絲麻法愛國絲紗各種細布都特製品赴賽中外博覽會請牌已蒙獎給農商部國貨展覽會並獎特等金牌並准由經過第一關征一正稅給予運單除京師崇文門落地稅外概不重征稅釐茲爲推廣國貨便利起見特訂郵便購買法函索即寄如蒙定期出貨自當格外優待以副 執事提倡國貨之熱忱

總廠 無錫新北門內裝黃泥橋

總發行所 東 圓通路 西 崇院口 北 光復門口 廠

無錫勸工廠謹啓

文華書局

本書局專售各級學校用書文具儀器一應俱全如蒙 惠顧無任歡迎

開設在北門城內 倉橋下

科學之起源及沿革

沈振夏

科學精進物質上之文化不變我國爲文化最早之邦而今科學場中無插足地是何故哉曰凡事凡物知其然而不知其所以然耳如歐人所藉以覓得新大陸之羅針盤利攻戰之火藥于十五世紀方始發明而吾國則上古已有之顧凡發明一物無復詳加考察力求精進以致追隨人後尚恐不及更以科學二字爲近世之發明而不知其由來也遠矣緣科學 Science 者脫自臘丁文 Scientia 其始無論何種學問皆得謂之科學後以其範圍之便利起見僅指物理化學天文數學生理心理醫學測量及動植物學等而言上古之民每演科學之實驗而不知科學爲何物蓋始而驚奇繼則推考終乃實驗實爲科學之步驟然亦有謂自理性之推揣而得科學意味者苟研究科學之起源及沿革可證科學實胚胎于實驗

人類未有發明之時無論何物皆有科學之意味而足供研究史乘以前余輩不得而知惟可信其時之人類亦有發明自有史以來述及科學之書卷之最早者爲埃及當耶穌降生前二千年埃及已有卷冊述人身之構造（生理）藥品如草麻子油（Castor oil）等（醫藥）餘如算術幾何代數測量等亦稍論及且有太陽曆之發明（天文）藉此可知科學于三千餘年前已有發明雖未完備然不知其經幾許推考幾許實驗方克臻此其後直至西元前

科學　二

四百年希臘之 Sophists 派方論數學、幾何、天文及天然科學等如幾何學則有亞克立特 Euclid 數學則有亞基米德 Archimedes 有米頓 Meton 者改良日曆增進醫藥之術注重實地考察于是科學乃大爲進步焉（以上爲上古期之科學）

自羅馬與最著之進步爲羅馬法律以後則爲宗教問題之戰爭科學之進步乃大爲阻梗而發明亦少至十四世紀德人 Bertholp Schwaltg 發明火藥意人 Flauio Gioja 發明羅針盤十五世紀德人 Fohn Jutenbery 發明活版而 John Faust 與 Peter Schoeffer 修改而完成之同時復發明製紙術而印書術乃大進夫此時之發明雖僅此數者而其效果乃莫可思議蓋自火藥發明以後西元一三六〇年於盧卑克設立最初之火藥製造廠戰術爲之一變復以國際爭端日繁戰術乃精益求精以至于今日之地位羅針盤發明後航術大進意人 Marco Polo 東遊亞洲歸述中日印度之殷富激起航海家之熱心而有哥倫布者夙習天文地理深信地球爲圓形卒發現新大陸推溯其源皆羅針盤之功也印書術既發明古之歷史及科學因以遺留至今而文化亦藉以增進焉（以上中古期之科學）

宗教戰爭之後人民遂從事于宗教之改革而反對宗教者乃鈎心鬥角欲以科學證宗教之荒謬科學由此益進普人 Copernicus 唱地動說以破宗教家相傳之天動說瓦敦堡人 Kepler 發見遊星之軌道及其運行之法則英人 Newton 見蘋果落地而發明地心引力于是各思想家益生活動至十八世紀科學益備成大家者星學有 Laplace 植物學有 Linnaeus 動物學有 Baffnu 化學有 Lanoisdr 電學則有 Volta 與 Franklin 而 Jenner 則發明種痘法于是科學大興進步愈速應用愈廣範圍之大迥非昔比矣（以上爲近古期之科學）

十九世紀之歐洲各國政治迭變爭戰頻仍黨派紛紜等諸今日之中國而科學之進步非特毫無阻礙而其精進實非能預料其最要者如德人 Mohr 推知精力不滅說復經德人 Mayer 英人 Joule 之研究乃成爲科學上之證明法人 Lamarck 創生物進化說英人 Darwin 著天演論而今則俄人克魯把金之互助論代之興焉又有德人 Kirchhoff 及 Bunsen 創分析星日之光而知其原質曰分光法德人 Roentgen 發明X光線法人 Curie 夫婦發明雷錠 Radium 俱爲科學上最有益之創作至于科學之應用尤爲十九世紀之特色自英人 Watt 發明蒸汽機美人 Fulton 利用之而造汽船英人 Stephenson 利用之而創汽車電氣之應用則有德人 Gauss 發明電信美人 Morse 完成之一八五〇年乃沉海底電線電話則爲德人 Reis 所發明而美人 Bell 完成之今也轉入二十世紀歐洲大戰禍及全球致勝之方舍科學莫屬故科學家之成功益可驚人無線電信無線電話之發明尤非能夢想餘如電燈電車電扇電爐無不用電且能以電氣用代藥石戰爭器尤爲精巧空中相搏令人莫測科學進步已達極巔然種種發明猶方興而未艾也(以上爲近世期之科學)

統觀上四時期科學發明之沿革凡一次之進步必有一次之激動機乃有發憤實驗之科學家促進科學之進步如上古期本無所謂科學故其激動機爲缺乏中古期乃哲學大進之時故其激動機爲思想之潮流近古期爲宗教之改革時期思想界欲以科學推翻宗教故其激動機爲宗教近世期科學進步之激動機則爲大戰爭激動之力愈大則進步愈速今後科學之進步恐尙非爲吾人所能逆料噫科學者誠非所謂不可思議者乎

經驗與科學

朱樹卓

十九世紀以前人類之生活猶重於經驗之途十九世紀以後人類之生活漸趨於科學之途夫人類生活之所以

變遷非受科學發明之應響而在經驗擴大之所致蓋生人之初渾渾噩噩如鹿如豕其所處之環境咸聽於天然者也因其聽於天然也時爲天然所困因其受困於天然也於是思避之之道而日常之生活至此乃漸起變遷凡天然之利人者近之天然之害人者遠之所遭愈多天然之利害漸印於腦中而成永不移之投影此投影也無所以名之即名之曰經驗有經驗後人生之對付環境知以過去之所遭以戒現在之所爲更知以現在之所爲而測將來之所成斯時也雖有經驗之足恃時仍束縛於天然所幸不爲天然困者不過隨天然而不逆之耳閱歷愈深經驗日廣終思脫其牽掣之物而人類之生活至此又起改革戰勝天然而利用之全恃其已往之經驗得未有之智識科學由是而起焉故不特近世人類生活之變遷萌芽於經驗即近世科學之發明亦胚胎於經驗經驗者實科學之母也試觀近世科學家之所發明即可知矣達爾文之生物進化論實據其數十年之經驗推理而知瓦特之發明蒸氣力由於日夕留心煮水而知奈端之發明地心學因見蘋果之下墮而知亞幾默特之發明水量學由於平日沐浴而知富蘭克林之發明避電學由於放風箏而知又有一人經驗不足以明者合數人之經驗而成之如基爾和夫朋森之發明分光法果李夫婦之發明電錠高斯模斯之發明電信賴斯培爾之發明電語諸子之發明科學引用科學何一非藉其平素之經驗推闡而得經驗之於科學關係豈不大哉然苟自恃經驗不究科學則人智之進步則又失之遲滯如我國人之辦事往往自信富有經驗弁髦科學智識卒之東亞物質之文明遠不逮西洋物質之文明者其源實由於此輩蓋經驗與科學即謂功用相妨吾以爲經驗祇可心神會悟不能說其所以若科學則可到處引證總可明其學理範圍之狹廣不待言喻然苟過重科學不顧經驗亦恐不明其奧妙故近世科學家幾認科學從實驗實驗得科學實驗者即經驗之始也觀此可知由經驗而推測實含科學之理焉吾平日

研究物理化學。最喜引以日常簡單顯淺之事實。以代試驗。覺不特使所學者易明。抑與味倍增。敢述之以供同輩之研究。

(1)人登高山。為何必以身彎前、　因山高必斜。苟人身與斜面成直角、重心之傾地面。必使全身失其平均而不能立足。

(2)食螺。為何去其殼尾。　因有孔吸之。空氣之入殼有壓力足以擠出其肉、

(3)濕天為何晒衣不易乾。　因空中已含多分之水氣、故衣上之水。不易蒸發。故難乾。

(4)車夫拖車。為何動初用力多。已動用力少。停時用力又多。　因動初必移其重心。已動即有慣性。故直行毋須用力。忽停則阻其慣性。故又須用矣。

(5)暑天而遇濕天。苟溫度不變。為何人身覺更熱。　因空中水氣布滿。皮膚中不能泄汗。即不能蒸發水氣。而減熱度。

(6)提地氈而揮之。為何塵埃即下落。　因凡物動後。必生離心力、故塵下落、

(7)久熱忽雨。雨後更覺涼。　因地面熱氣遇雨即蒸發。蒸發必吸熱度。故涼。

(8)蓄魚於缸水。苟不換以水。為何必死。　魚在水中吸水實吸水中之空氣。水久。水中之氣亦污。故難久存。

(9)玻璃之厚者入熱水易碎。薄者反不碎。何故。　因凡物遇熱必漲。厚者漲力不均。薄者漲力易傳。故不碎。

(10)投鐵於水必沉。海洋中之鐵艦。為何能浮。　因艦底之入水部分較輕於艦底所擠之水量。故浮。

(11)傷科治傷有以氣筒拔傷者。為何先燒紙於筒中。然後合膚上即能牢吸。　因燒紙時筒中燒去五分之一養

科學　五

氣。又因熱而澎漲。待合膺上。氣即縮。筒中空氣既少。壓力亦少。惟外界空氣。四壓之力不減。故緊擠筒之四周。牢吸不脫。

(12)空室中講話。覺聲甚高。　因聲浪四播。無阻力。若室中有物。聲浪易散。則低矣。

(13)室中壁上。爲何不塗黑色。而多塗白色。　因白者有反射光。光線足。黑者則無。故壁宜白而不宜黑。

(14)夏日穿衣。爲何宜穿白色。而不宜深色。　因白者既有反射光之作用。足以拒熱。若深色則容光且藏熱。

(15)衣服之毛織者。爲何較棉織爲緩。　因毛織者。空氣多。空氣者不良導體也。故身上熱氣得保存。

(16)炊飲之釜。何以要用厚蓋。　因蓋厚則不致爲蒸氣推動。則壓力大。熱度增。釜中之物易熟。

(17)俗謂金不爛。銀不銹。何故。　因金銀爲最不易與空氣化合物。故歷久置空氣中。仍不發生化學作用。

(18)銅鐵於空氣中。爲何生銹。　因鐵最易與空氣中之養氣化合。而成養化鐵。養化鐵者。即銹也。

(19)火熾而助以風。爲何火不滅而反烈。　因風生即空氣動也。火熾而助以空氣中之一部份之養氣。助其燃燒。

(20)大陸較島嶼。何以於夏更熱。　因大陸較海洋不易藏熱。即藏熱亦即發。惟海洋不然。島嶼在海洋中。故涼爽。

(21)炭乾極而燃之。則火力遜。畧加水滴則甚烈。　因水係輕養兩氣而成。炭燃析水中之養氣而成炭養氣。炭養氣最易燃燒者也。

(22)熱酒至沸。則失酒味。何故。　因酒中之精至七十餘度。即易蒸發。倘至百度。酒精已去。故味淡。

(23)燒糖過度。何以成枯屑。而失甜味。　因糖之成分爲($C_{12}H_{22}O_{11}$)C_{12} 即炭素也。倘過十度以上。則 $11H_2O$ 水份完全燒乾。僅留炭素。而即枯屑也。

(24)衣服之藍色者、爲何多晒日光中即呈紅色、　因日光中含有一種酸性、酸性能轉藍爲紅

(25)木露空氣中、爲何腐爛、　因木含炭素與水分而成、炭素易與養氣化合、一經化合、原質有損、故木腐

(26)午節有以蚊煙焚四處、謂能消除蟲豸、何故。　因蚊煙中有硫黃、硫黃氣能殺霉菌及蟲子。

(27)水之汚濁者、爲何投入以礬屑、則汚穢沉底而水亦清　因礬性有結合力、且有殺蟲力、故蟲殺、且與汚穢相聚、既結成一處、即下沉。

(28)爲何肥皂能去汚。　因肥皂有膠性。當洗衣時、塗之於衣服上。肥皂中之膠性。即吸盡衣裳中汚穢及微塵而溶之於水中。

(29)爲何火柴必劃而著火。　因劃即摩擦、摩擦生熱、火柴(紅頭)頭中有燐質、燐於極底熱度、即燃燒、故劃即著火。

(30)火柴之黑頭者、爲何必劃於火柴匣上之沙皮。方著。　因紅頭之火柴、燐質含於頭上。但黑頭之火柴、燐質不含頭上、而含沙皮中、頭上所含者、不過易燃之物、故必劃之沙皮上、方著火。

動植物之異同

諸龍翔

地球上之生物多矣、然大別之、不過二類、即動植物是已。自表面上觀之、此二類者、迥不相似。若動物能飛、能行走、能游泳、即最下等之動物、亦具行動之機能、而植物則反是。苟植於斯、即生長於斯、非藉他物之力、終莫能自行遷移。雖如含羞草、捕蟲草等、能開合其葉、略似有動作之機能、然其本枝終莫能自行移行各處、是以動植物之外部狀態、顯然相異。然苟一察其內部之組織、亦有相似處焉。

科學　八

（一）內部之功能　樹木能呼吸須滋養品能消化能生長而動物亦如是故於主要功能上言之此二類除排泄各不相同外幾少異點即如多數之簡單植物每能自行搖擺而其小枝及葉亦可作少許移動他如卷鬚葉鬚等更多還有感覺性爲是亦動植物移動機能之略相類者也

（二）體質之組織　最下等之動物與最下等之植物皆爲一簡單細胞所組成而最高等之動物與最高等之植物亦同爲多數之細胞與他變形細胞所組成換言之即動植物均爲細胞之組合體是以其體質遂極相似焉

（三）生發之機能　如余儕以榆樹爲例試一推其本原則其生也由於最初之原子或雌性之卵形細胞更與雄性之原子相結合乃有授胎之功用而動物如栗鼠其始也亦起於卵形細胞及與雄性之細胞結合始具授胎之機能是則由多數細胞組成之動植物幾無不若是自最初之細胞分生不息日益增多而成者也

綜觀上述可知動植物之相類處正多如辨鳥於獸事固易易而辨海綿與葦之異點則其相似處正或使人一時遭蹇有數種之簡單生物且或竟不辨其屬於何類焉所可知者僅此二類普通之辨別而已若植物所吸取之滋養料每較動物所用者爲粗簡大部植物能於空氣中之炭養氣內取得炭氣而動物則多不能如是惟有取之於糖澱粉脂肪等他種動物或植物已造成之物體中而已他若淡氣則植物每以根吸取之於淡氣之化合品中而動物則仍得之他有機體中已成之蛋白質內是可知植物之吸取營養品於化學基位上實較動物爲低故知動物每取植物等已造成之物爲滋養品即謂設此二類之大別爲動物較植物爲活動多多可也

譯林

恭恩沐

譯林

非基督教運動

東南大學英文教授 V. P. Tug 原著　振夏譯

世界基督教學生同盟大會方擧行於燕京而中國非基督徒學生之非基督教運動忽起此非大可驚人者乎經北京國立大學學生之首倡教授之援助此運動乃爲全國學生協力同心所贊助焉然以具有天良之識者觀之以中國備受教育之學生而有遽爾組織同盟以反抗此宗教自由世界大同之二十世紀之基督教之擧實爲可笑蓋自中國開放門戶政策之始即促進基督教之擴充中國自革新以來實受無限之利益此何待言而訝詳察英美法諸國以教育及慈善事業之法爲其傳教事業之活動可淨信基督教爲挽救中國之惟一大道故欲酬基督教竭誠傳道之心則吾全國基督徒學生及留學生當極力盡心以挽吾非基督徒諸同胞歸於正直之理解而此非理之運動得艾於萌芽之時不致欲救無及也

夫以基督教感化中國爲革新之捷徑於表面觀之非基督教運動似無足重損此重大問題然一任此運動隨波激蕩其災害騷動將與拳匪相等今姑以非基督教運動之根本動機一討論之

其第一動機爲唯物主義勢力之廣佈全國及以基督教與科學絕端相背毫無相容之餘地而有此蹶彼振此振彼蹶之勢換言之即思想之潮流欲乔滅基督教或以貶摘基督教會之成功然斯誠能使教會之活動中止此等

活動於非基督徒學生之腦中固視爲思想自由及科學進步之精神之桎梏者也此種理想爲非基督徒之大謬蓋科學昌明之國家如英美法者其基督教與科學未嘗不相輔而行而歐美近代之科學大家亦未嘗非基督徒也其思想之尤爲泥古者莫如誤以基督教傳道機關爲外政府之密探更以爲欺蒙國人以輕其擴張勢力威望於吾國之力然此亦謬矣須知基督教之佈道于吾國內地不過遵守基督四出傳道而奉聖父子靈之名以施洗之命而已其次之動機則爲中國代表之所以未能達其取消廿一條及其他外交之目的以償國民之期望者于非基督徒學生觀之以爲各國代表皆以基督徒爲名而詭譎其實而此次非基督教運動亦即表示其于華會未能收基督教誠實之果而因以悲嘆耳殊不知政略與宗教本不能相混苟能相混則亦不成其宗教之所以爲宗教而政略之所以爲政略矣非基督徒學生正誤在此耳此破天荒大運動之伏線即執迷而以基督教博愛勢力之範圍爲不廣其論曰基督教能以慈善機關及養育院等之建設表示博愛者僅及世界之一二部分而其實力則未能如其初願之廣也復論曰基督教所謂博愛者僅及于基督教一教範圍以內而不能及其外此等論調殊不能脫虛僞二字之傳染蓋基督教之博愛乃廣遍乎世界即上至總統屬僚下至士民庶衆莫不受其薰陶設或不信則試踏遍海角天涯必可見基督教博愛之星火方炎炎勃發以適人民之體而安其靈也如此次華會能得裁軍問題之結果及世界多數重要問題之解決亦未始非爲基督教博愛之力也

非基督教運動之又一原由即盲認教會機關僅以宗教教育栽培其教徒子弟故基督徒學生皆偏狹固守以致其考求科學之能力即不致完全汨沒必已大受桎梏是說也不免爲非基督徒學生之揑造虛構余嘗掬誠以爲之余既得攻讀于聖約翰大學知該大學爲美國教會事業之領袖該大學學生雖必讀基督教之理論及聖經等

書然除宗教之外于哲學科學非常注意故該大學學生之大有造于哲學科學者大不乏人約翰然其他教會機關豈不然哉非基督徒學生又有一話說曰基督徒學生既受歐西教育于教會則已完全歐化而失其愛國之精神遂爲無補中國之人矣是說之虛僞可笑較前尤甚試觀 Drs David Yui, C. L. Wang, F. W. Kuo(東南大學校長南高師校長)及其他教會份子其愛國之熱忱豈稍亞于非基督徒學生如最近之愛國運動籌款贖路事王博士爲其中堅人物又豈非人所共認者哉非基督徒復有一誤解即以基督教爲宗教迷信之原此說之僞惑亦與前數者等蓋基督教非特不引迷信于中國且能助吾人以一切固執鄙陋之非基督教迷信及媚神如瞻拜偶像信用風水等事掃蕩一清焉

吾人一思基督教會于中國之可歌可美之事業及藉基督教以實現吾望若雲霓之國際裁兵則知有立即息滅此無端起釁胸襟狹窄其害足阻基督教繁殖之運動之必要因基督教之盡力及中國之基督教化殊堪受吾人之贊助也故凡吾教會子弟苟欲協力同心奮往直前以抵抗此悖理之運動庶不使吾師友之期望切禱逐之東流曷其與諸

鴉片問題

刁德仁博士原著　諸雲

鴉片播毒禍遍亞東黑籍寃魂沈淪海內仁智之士覩夫鳩形柴骨之足以弱種金錢外溢之足以窮國于是慨然起作廓清煙毒之運動然歲月飛去而煙霧未斂黑籍鄙都顧形態如昔能不爲之長嘆雖然是果孰使之然哉觀刁博士所著可知世界人士莫不踴躍從事以求消除此害物而吾國之武人軍閥乃猶施其頑强之手段以勒逼人民種植之一若惟恐煙毒之不普及者在彼等固志在取利奈世界之呵責何黑籍之增益何噫苟圖

人而欲儕其國于文明國之列儕其民于文明國民之列者曷速起而謀根本上之補救乎慎勿待外人强迫實行始作補牢計也爰譯刁博士之報告以明世界禁煙之始末

國際聯盟委員會于日內牙所議決之鴉片貿易事周密完善誠可慶幸是固不僅復使世界人士注其目光於此事實亦于禁阻此萬惡貿易上作有極著之進步者也

彼最初作是鴉片問題之討論者厥爲一九〇九年上海之萬國鴉片委員會 The International Opium Commission 然是會不過限于協同之討論其決議亦僅貢其所得于鴉片問題有關之政府而已至一九一二年時于海牙會議中乃有正月十二日鴉片條約之簽定是約原于一九一四年年終時實行然以世界大戰之發生遇不幸而中止焉因是鴉片貿易及其聯屬所發生之禍害日益擴大凡爾塞約條之著作者遂不能漠然置之國際聯盟條約中第二十三條聯盟因是有處理鴉片貿易之職權當國際聯盟於一九二〇年十二月開第一次會議時即決定設鴉片貿易委員會而聯盟之秘書遂開始搜集關于是項之報告及論題焉

此委員會由約翰覺但及哈密爾頓拉脫夫人(其夫曾極力反對鴉片)Sir John and Mrs Hamilton Wright等三幹練輔助員之協助開會于日內牙論定詳晰之問題傳之各國以待其答覆以明其國內鴉片事業之眞相此外則委員會更貢若干阻抑鴉片貿易之計劃于國際聯盟會且建議列强在中國之領事須由各該國政府訓令調查及報告中國復行種植罌粟之情形惟須得中國之應允而已

上述鴉片委員會之報告遞交于二次聯盟會議同時更退在未接到中政府高等調查委員會之報告前于該國領事調查其種植罌粟之行動宜暫緩之建議於是經一度磋議後委員會之所議肯得批准在中國領事調查罌

粟事亦決暫緩惟當商議時中國代表與印度代表曾有劇烈之爭論經中代表切實宣言中國政府之採取最近反對種植罌粟之計劃且中政府于得調查之結果後必能置之實行以得良好之効果印代表始同意于中國領事調查暫緩之建議

聯盟會之秘書既得盟會之允許始行投書各政府詢及各該國鴉片及其于醫藥上與科學上連屬品之消耗額吾人意此詢問之通知既實行聯盟會于設法制止鴉片貿易上當更明晰而易爲彼鴉片貿易及其連屬品既得實施阻抑及限制後是又須再設法以防止鴉片之復產矣

既觀上述則于路透社電述之消息當易明瞭電謂聯盟會之委員會已採取朱兆華君聯盟會宜請求中國政府作更完善而徹底之種植罌粟之調查以使聯盟會可得更可恃之報告之擬議是議更謂者商會若教育會等凡能有志于討論是事之團體皆可列入調查委員會中者也路透電結論遂有當初議決之調查團體本顯爲領事之代表而今則因朱君强固之反對卒易以彼之擬議之言

一種證明之法制既經上述之會議決定且可決爲第三次國際聯盟會可通過者于一九二三年一月亦將置之實行以制抑危險藥品之輸入是于前日不願單獨行此急迫之舉之國家亦可以因各國之協作而阻止鴉片及其他毒藥劑之入境矣此等毒藥劑如最烈之嗎啡及哥開痕 Cocaine 等可以列表以計其貽禍之程度若一九一五年至一九一八年四年中嗎啡之運入中國者自五噸半竟驟增至二十八噸而每噸嗎啡言可使中國四萬萬人平均得四次之注射其害亦可駭矣斯日本代表之陳詞乃爲大衆所極重視也（參照五月二日倫敦路透電）約翰覺但君曾質問日本何爲于一九二〇年有四八〇〇〇磅嗎啡之輸入而彼自己國內更有七八三三

磅之製造于台灣亦有八〇一八磅之製造日本代表即答謂以前所有之嗎啡誠爲大部違法而密輸入中國者然是後亦即勵行新條例以切實禁止之焉約翰復謂在中國所查得之嗎啡均粘有美洲英國及日本之招紙鴉片委員會即承認美洲英國之輸運嗎啡入中國爲有罪然謂英美最近與日本協作之新條例當能迅止其出產也于時更有極强烈之評語云及瑞士之不與委員會而其產哥開痕之多爲世界冠于一九二〇年產額及三〇〇〇〇磅且更輸入日本以此九六三磅之嗎啡焉當日內牙開會討論鴉片時亦有爲國際聯盟于禁止是物產額之大難題者即印度代表謂印度之醫院及藥房過少不足人民之需用而各種之病若厲拉利症等復盛傳各地欲事救治人民所以古昔至今有罌粟之種植而用之爲預防及醫治之用是以印度對于此問題苟其經濟上之情態未先得處治者印度政府終不願聽從誰何所提關于彼減少罌粟出產之建議是印度此議誠於禁絕煙毒上與以極大困難矣路透社今又電告海參威有鴉片專利之賣買海參威之執政者竟不聽任何勸告而特准其六十二鴉片貿易專賣所一意由與中國卑劣之貿易中取得高稅此事更令人感及中政府禁絕鴉片及其聯屬物成功之困難焉

中國今日又行種植一九一七年前百分之三十之鴉片已成不可掩之事實然亦不過一省內或一區內之武人擅自准行之固未嘗得中央政府之允許甚或蔑視其勸誡而全國民意莫不反對此事故余儕可知苟中政府之政治上能致更良善者此等情形必可即時彌正而同時於中國有租借地及與中國接壤之强國苟能協同以助中國其效果必有可觀故茲實深望與聯盟諸國及未與聯盟諸國同能籌議決者切實施之則於廓清世界煙毒其必能有良效也

合浦還珠記（原名 Pomegranate Seeds）（譯自 Tanglewood Tates）

發源譯意

乍寒乍暖。宜雨宜晴。麥禾蓬勃而生。農人東奔西走。忙碌異常。須理斯夫人者。植物之神也。有一幼女名波索比娜、愛之甚。曾未任其一步離。是晨夫人冠花圈。駕雙龍車。將往田間。波以獨守家園。殊寂寞。爰以往海濱與海神遊請。夫人許之。但以勿獨往田間囑波。波允之。夫人乃鞭其插翼雙龍去

波至海濱。招海神。無何。駕浪而來者四人。秋波如水。綠髮如雲。既至。乃環坐濕沙中。製一蚌殼之鍊。既成。加諸波之頸。相顧而喜。波尋思彼賜我以鍊。我當以花圈爲報。乃告之。海神以陸地乾燥拒。波乃獨往。并囑海神坐以待之。波既登陸。見近處之花。將殂謝。乃信步而前。約百武。見綠英繽紛。研麗奪目。喜甚。乃採之。盈袖正思返身。忽見矮樹一棵。滿枝春色。萬紫千紅。難形筆墨。波始訝甚。蓋來時固未之見也。繼乃愈看愈愛。遂珊珊來前。思拔之歸。以爲私有。詎根深蒂固。雖一拔再拔。用盡纖力。終難動其分寸。然再接再厲。卒被拔出。波一手提裙。一手執樹。嬌喘不已。體態之嫵媚。固可眩人眼目。而詎知一場驚人之事。即於是時發端耶。蓋矮樹拔出之後。地窟忽愈擴愈廣。愈擴愈深。而車聲轔轔。復如自洞中出。愈趨愈近。波對之不禁大怖。反木立不動。無何。四黑駿自洞中躍出。曳一金車。鼻中噴烟縷縷。出車中坐一王者。遍體金鑽。窮極奢華。揉雙目。抑似久居黑暗。不慣見陽光者。回首見波。喜甚。下車。挾以登。波雖竭力抵拒。王者殊不顧。加鞭如飛去

波呼母不應。求免不聽。乃狂呼大哭。手中花紛紛墮地。亦不之覺。縱王者竭力勸慰。無如其粗暴之聲。黧黑之色。已足令波破膽。欲求其安心服順。固非易也。但王者終不顧事之有效與否。仍以金鑽動之。珠寶眩之。蓋彼名白洛土。乃寶物之王也。然波呼號如前。曾未少息。無何。隱約之中。忽見須理斯夫人勤勤然操作田中。波乃大呼。但距離過

譯林　八

遠。馬馳過疾。以致未得絲毫效驗。俄傾車入一洞。怪石嵯峨。幽光如漆。蓋已入白王國境矣。由是白黨黑之面亦漸現彩色。而欣然示波以道旁珠寶之樹。但波仍以歸家相請。而白亦仍以好言相慰。行行重行行。已抵國門。白示波一龐大呼其名曰蘇勃老司犬。以足摔車輛。波覷之有三首。凶惡異常。然白則愛之甚。而波乃大懼。白乃慰之曰。是犬不妄噬人。惟不奉吾命而出入吾境者。則必被其噬。言罷推犬去。而車乃行。未幾至一鐵橋。橋下之水污穢不堪。據謂係理斯河。外人若飲是水。必變其性。終身願居於斯而不復一念其家。白過是。乃命人預備一杯水。以謂波索比娜晚餐之用。波聞之。乃力拒。

金光燦爛。白洛土之宮殿至矣。白挾波下車入室。波舉目四望。見觸人眼簾者。金也。珠也。鑽也。寶也。但思家念母心切。卒未一露笑容。黽手執一枝花木立而已。俄傾筵席備矣。理斯之水盛矣。但波不食亦不飲。雖白洛土一再勸慰。亦不之顧。蓋席中所有者皆珍饈異味。波見所未見。故不敢食。使席中爲牛乳麵包者。則波索比娜殆矣。蓋牛乳之屬。波所常見。當此飢腸轆轆之時。豈能不食。但食之。斷思歸之念。豈不殆哉。波亦幸矣。

波處白之宮中。雖不飲不食不歡不笑。然尚無不安之處。故予可移吾之筆一述須理斯夫人矣。夫人工作田間。正在忙碌。忽聞車聲轔轔。自後過。初不注意。繼聞小兒呼號聲酷類其女。乃回首望。則車已杳。於是中心砰然不安。殊甚。然猶以謂波索比娜遠在千里外。斷不致迷途至此。但終覺不能放懷。故遂輟其務。駕車而返。比抵門。則見室內空空。乃急往海濱。則見海神猶坐待。問以女。始知採花未返。不覺大驚。乃尋之林中。但遍覓不得。乃大戚。奔至家。天已黑。乃鎖其戶。持火種步行以出。蓋大戚之下。幷其車亦忘之矣。

四海茫茫。長途僕僕。天涯地角。何處方是掌上明珠。須理斯夫人手執火把。雖霜露頻侵。亦不之顧。惟逢人卽問其女之跡遠夜深人靜仍踥蹀街中或竟敲門打戶驚人清夢然終未得一好消息也天既明仍未息其火把忙忙然訪問如昨不休亦不息焉遠人類中訪問殆遍乃折而謁神先謁橡樹之神繼而泉水之神種植之神山羊之神然其答語終不出一否字如是九日夜卒未得一佳音至第十日偶過一山洞探首望之黑暗異常夫人不顧其足跡之不遍世上也遂側身入舉目四顧別無長物祇一犬面婦人獨坐敗葉中以蛇作花圈圍頂上憂容滿面不語不言夫人知爲希開脫乃趨問其女希以未見對且謂之曰予雖於九日前曾聞女子泣聲過此向東但未知其究竟以予之意蓋已爲虎狼所食矣子不如舍之而入此洞較爲善也夫人拒之且邀其同往一訪希初不允後以夫人再四要求乃偕之而出

行行重行行夫人忽得一策因謂希曰吾輩盍一訪福抱斯彼必能知之也希曰非日坐陽光中之少年乎噫此物將傷吾目恕不奉陪然夫人再四相强始允同往於是乘陽光未墜也乃急急而往既至見福方抱琴而歌夫人乃趨前而問福沈思有傾始曰吾憶之矣波索比娜已爲白洛土王刧掠去矣但甚安勿念可也夫人要福同往福以幽明不合拒之夫人不得已偕希而出

須理斯夫人今知幼女之下落矣但欲珠還合浦非入白洛土王國境不可然茫茫天壤何處可尋希開脫復以同歸山洞請須仍拒之希乃辭之歸須挽留無從祇可聽其歸去

蓬頭垢面濫褸滿身可憐須理斯夫人已憔悴不堪矣而此白洛土王國境又無處可尋終日奔波不休不息一日忽至西羅司王宮中王后摩退尼拉見之喜其能乃以病中之小王子付之命爲保姆夫人受之幷奏王后曰既以小殿下付予切不可干涉予之撫養后許之自是夫人遂留宮中約月餘王子之病痊後數月瘦瘠之王子已肥白

可愛。牙牙學語人見之皆羨王后詫其保護小兒之能也。常思窺之。一日之夜。王后闔門後。潛窺之。見爐火熊熊。夫人抱王子坐其側。既而見夫人以箸畫炭成一竅。且以藥塗王子身。既畢。從容不迫以王子置爐中。以炭覆其身。事畢。起身去。王后大驚而呼。奔而入。急以王子自火中抱出。不圖呀然大哭。似怪人之擾其酣睡者。王后正在驚喜之間。忽夫人奔入。爲王后曰。王子休矣。此後雖亦能爲一世之雄。然不能長生不老。吾法不售。請從此辭。遂不顧而出。

須理斯夫人離西羅斯王宮後。無所事事。乃復理其尋女生涯。然而踏破鐵鞋。終不能得。白洛土王之國門。於是夫人乃由勞而憤。遂下令曰。吾女一日不返者。世間植物一日不得生長。令既出。世上遂草木不生。五穀不結。牛羊死於途。老弱斃於壑。滿目淒涼。而夫人亦遂歸。

光陰如箭。波索比娜入白洛土王宮者。已六閱月矣。不飲不食。然肥白仍如初。蓋魔力致之也。一日。王復以食請波與其相處已久。稍爲融洽。乃答曰。御廚之物。予誓不食。蓋不適予口也。物之適予口者。惟予母手煮之物及予園中之果子。王大悟。乃立命僕往世上取然。適於是時。須夫人下令禁植物生長。以是遍覓世間。費盡苦力。祇得一乾枯之石榴。持以歸獻。諸波。波見其祇留皮子。無汁無肉。乃屏不食。然飢腸轆轆。御僕退後。乃試食之。得子六粒。方入口而室門忽呀然闢。王與一少年入。少年名水銀。異人也。杖履皆有翼。以是步行若飛。聞須夫人因白洛土王劫其女故。禁止植物生長。致天下荒涼。寰中悽慘。不覺惻然。水與白本爲老友。因是至此爲民請命。白聞其語。亦覺己之太過。乃允以波歸之。當此櫻口含榴之時。正二人議妥之傾也。故王與水俱入。謂波曰。此水銀君特來請汝歸者。汝可與俱去。斯時波已食榴。頓改性情。覺白洛土慈愛依依。不忍舍。水見枯榴在桌。波無喜色。知有異。遂不待辭謝。竟挾波而出。比出洞。登大陸。見滿地枯黃。盡變綠色。牛羊搖尾。鄉民色喜。水駕起雙翼。挾波歸家。

文苑

悳吾林馨書

什麼樣能使我國的商界進步？

至少須有下列的條件

（一）要有富於進取性的青年而且有商業常識能改革商業陋習者

（二）要有完美組織純正宗旨而能力守誠信者

（三）要有精良國貨發售定價務須低廉使買者激發愛國熱誠而土產自易推廣商業自能競進。

（四）要有誠懇態度接待于顧客遇彼疑惑之處務須不厭其詳一一指示了使買者信服

（五）餘如對於守舊或劣貨製造家加以正當針砭勸導而於商界上應樹立新進之模範

●漢昌路 試弌百貨公司 有這幾種優點

營業要目

糖果餅干
日用百貨
家用藥件
化粧香品

兼理

通訊販賣
預定採購
小本貨販

夏季福音

本公司經理鷹牌滅蚊盤香謹將該香特點摘錄如下

質地 此香係以純粹除蟲菊粉製成故能驅逐一切飛蟲而無害人畜尋常蚊蟲香有以雜物質之類製就者燃之足以傷腦衛生家切不可用

聲譽 此香出世之初即經呈送農商部考驗於十年七月間奉到批示認為確有功效頒給獎勵其餘如浙江實業廳獎勵浙江省長備案均為別種蚊香不可得到之榮譽由此可以推知此香確非尋常可比惟切近蠶室之處慎勿燃點

用法 應于房室燃點此香一盤或二盤蚊蠅之屬具氣即紛紛倒斃傍晚之時及陰濕之處蚊類齊集將此香燃點後蚊類必盡倒地下用帚掃除置火中燒却之如此用法可使蚊類滅跡平時燃點此香於廚房則所等處則蒼蠅亦可滅絕

文苑

遊虞山記

沈振夏

聞有虞山焉秀挹琴川靈鍾昭邑雖無懸崖削壁之險深谷高峰之奇而地以人傳自來稱為名勝之區形勢蜿蜒曲折石嶂玲瓏林巒蒼翠尚湖西湖環繞前後佳趣天然山之麓虞仲及言游之墓在焉相傳虞山有勝景十八余戀慕久之未得如願以償壬戌二月之十九日適以事赴常熟次日首途由道前街經圖書館館與公共體育場相銜接參觀一週而至石梅山之麓也石梅於城之中心為一殿宇之故址豐碑華柱悉橫臥於碧苔襯之不勝今昔之感再上為逍遙游屋宇不甚富麗而清雅宜人位在山之陽前為西湖仰望風雲起闔瞬息千變俛察煙帆出沒忽隱忽現全城景色歷歷在目較之錫山雲起樓尤勝故自名清高之人十日必一往呼朋嘯侶引吭高歌以為享盡清福實則大為湖山之清幽減色湖山有知必當竊嗤之也堂懸一聯云山色湖光相激蕩春花秋月儘消磨不啻為此湖山勝景公子盤桓寫一肖照既而復下至石梅由觀音殿拾級而登山非峻屹經亦平坦須臾至巔上有清風亭俯觀全城如闤圜學童攜紙鳶來登高縱之着風飀颺而上飄入雲際觀之不覺胸襟豁然折而下石級纍纍杜坊疊立者虞仲墓也偶思古賢在即徘徊不能舍旋復折而左言子墓在望矣較之虞仲墓差為雄壯石級百餘利滑不容駐足下為監理公會教堂古蹟留遺新築不煥絕妙之點綴也歸至舅氏寓所余請於舅氏欲遍遊虞

文苑

山而虞山之大名勝之多盡一日不可及其半乃決于次日果行翌晨鐘報六下余已與果腹舅氏偕表弟與余登焉舅氏體肥碩不健步乃僱山轎約于福興寺相待余等則僱導者行六里而至福興頭山門復里許而至寺焉梵宮清靜佛像尊嚴令人肅然起敬入客室見舅氏已待之久矣寺僧款以茶清冽濃厚堪供余牛飲問諸寺僧寺有田十數頃足供六十餘和尚而有餘訪方丈不值聞係駐于下院方丈之椅以一樹根鑿成大可兩抱晶瑩光潔刻劃有致佳品也余等小坐片刻即出邐迤六七里沿途皆小石然行亦不甚苦至清涼寺或曰三峯俗稱半峯寺址于幽谷間環寺皆山也門有一聯云長嘯一聲山鳴谷應舉頭四望海闊天空亦可想見其氣概矣時已二下余腹枵甚僧餉以飯杯盤雜陳蔬果鮮美助以厚醴味甘而性烈余素惡此涓滴不沾唇舅氏量本洪然亦未敢暢飲也遊客每至此輒提筆作書故名人佳作頗夥僧一一出而觀之三時許復鼓勇前進徑稍崎嶇然古木參天蒼翠蔽日秀色當前樂而忘倦更前達松林青針掩山巔中夾羊腸石徑爲綠叢中風景尤佳然途徧傾斜轎班力不能支止而憩焉余等先之而上颯颯和風當襟吹來里許林盡乃出幽蔭重見天日及巔途徧平坦茫茫一片耀余眼簾者尚湖也越坡入報國院憩焉院較興福清涼殊小而風景過之倚山面湖前架一橋曰長壽俗傳過之能延壽余欣然跨之未知余壽之延然何也無何舅氏亦隨至詢之導者知劍門在邇矣乃前行舅氏亦出轎步行有望梅解渴之概不數十武巨石嶷嵬當道而立高可十仞廣大絕倫有觀止去思石等字鐫于石間表其景之勝也石有一洞深丈餘余以爲已抵劍門矣導者曰猶未也信步入洞冷氣侵人懍乎其不可久留也乃退乘輿復前舅氏以力疲而止見一石曰果然殆昔人已近目的地欣喜而作也自是余知離劍門更近折而下百步果得劍門余喜而呼曰劍門在茲矣於是舅氏徐徐來其石較前見尤高廣巍巍欲跌中有一深隙似爲劍劈故曰劍門下有烟嵐高曠

四字寫湖景也余欲入際一探究竟遂攀藤緣石而上亂石銳利如刄不易插足石後水聲淙淙似灌余頂乃止焉既下瞻顧左右皆峻石也俯觀湖景艢帆點點如沙鷗蠕蠕而動烟雲高曠浪靜風平一綫斜陽滿湖金色俄頃颶風猝發波浪洶湧烟霧四合頃間景色遂不復見余等本欲復往馬尾尋探勝景惟力恐不勝時亦甚晏遂尋道返跋蛇鳥道步履殊艱顧不足阻余遊興余聞桃源澗者名勝也堅欲一往導者謂彼處爲下山之孔道歸必過之此時余之望桃源之渴一如望劍門矣行十餘里越兩岡有廣石深澗流水涓涓然猶非桃源名曰零泉古月又二里而至桃源巨石方數丈平而滑澗水潺潺出自石間至夏令雨後輙奔騰如懸布四週題刊頗多暮色蒼茫寧跡瑽駁不可辨乃行比抵城已萬家燈火照林稍矣翌日乘輪返濡筆記之以示不忘云

送黃君玉書赴粵東序

趙璧

君居江東忽焉南下離桑梓之鄉而赴萬里之粵毅然決然登大艦赴大洋不作兒女之態非有抱乘風破浪之志負經天緯地之概曷克臻此豈以足下之才之識不能展布於故鄉吾知足下必有所宗旨雖爲俗人言者任也現當二十世紀之秋中外交通四海一家欲佔强國之地位必須注重實業君深識時務曉暢事機故雖畢業於武進之師範學校不投考各大學而獨進上海之中華職業學校在無識者觀之未始不笑君之愚且謬也入學以後苦心研究科學及種種機械後卒以優等畢業嗣後踵門來聘者冠蓋相接而君皆辭而不就獨慨然離家鄉赴粵東執教鞭於某校悉心教育培植人才豈某校之俸多於故鄉歟抑異域之生活較易於故鄉歟以俗人言之必謂是說近理不知足下別有所抱負也蓋粵東實業之發達超越吾蘇遠甚不過所缺者人才耳足下有心社會熱心家國故願棄家庭之樂作異鄉之客他日富國富氏君與有力焉吾子勉乎哉國家强弱匹夫有責愛國熱忱豈讓他

人譬救世有心濟民無術對君誠有愧焉今君遠赴粵東數載知己一旦分袂能不依依然豈可以區區之私衷而阻足下之盛行哉爰贈一言以表餞行之微忱吾子取其意而略其辭可也是爲序

龍山餞別賦 以一聲河滿子爲韻

唐發源

條件紛紛戰雲密密正中原板蕩之秋夷狄交侵之日然而長江之左平原尙得居身惠麓之陽淨土逌堪容膝熙熙攘攘欣看鷄犬桑麻長長親親歡叙父兄叔姪不啻世外桃源好比山中石室節過端午太空五色旌飄月屆修皐同級九人業畢大會開雜誌出諸君皆有錦繡文章小子獨無凌雲妙筆憶往日元亭問字忝附驥尾於三千到今朝碧嶺餞行聊盡友情於萬一維時風和日暖天朗氣清望蠡湖之浩蕩覩龍岫之崢嶸仰觀兮白雲縷縷俯覩兮碧水盈盈於是或吟東坡之句或飛北海之觥或鼓琴以作樂或踞石而敲枰游目騁懷不讓蘭亭之會賞心悅意何先滕閣之盟所恨嵐影波光動我悲時之念桑田滄海引人弔古之情對景傷神看花間之淚跡助人興歎聽樹杪之風聲一卷未就三巡方過鳥鬧嘈雜鴉鳴已在千年古樹陡見橫斜烏道將來百丈巖阿皓魄東升映白雲而益白夕陽西去照酡頰而愈酡嗟夫數年相叙一室觀摩同班心切良友情多那堪日月互更催人上道東西各走握手高坡目聽步行兮躑躅涕泗兮滂沱叮囑兮一聲珍重踟躕兮頻喚奈何腦海昏昏空望滿天星斗心期鬱鬱但眺兩面山河只此一朝情景歷歷難忘且彼爲丈愁絲源源不斷想此後天涯地角難見朱顏縱從今雁扎魚書可通斑管嗚呼分離絳帳之徒阻却芸窗之伴連床抵足雖能暢叙於他年剪燭談心安得適逢在仝館遞杯馬上固應至友情長灑淚人前未免英雄氣短一肩負天下男兒之志方成隻手挽狂瀾豪傑之心始滿生當亂世難爲避世高人運際艱時應作救時志士投袂揚子域拯斯萬萬同胞洗甲太平洋息此重重國恥壯心壯膽好師宗

懇之乘風不屈不撓豈學孟軻之隱几遠游海內奠基乃寰中脫屣林泉退避再叙同學之衷情詩酒尋盟各訴異鄉之行止故此去同求專學不須下淚千行到將來各展高才定必前程萬里振爾浩氣絕裾投筆望諸君鼓我精神控馬執轡看小子

與同學留別詞

嚴金釗

金釗肄業輔仁閱有四年西文在本二中文在本四原以是年夏季畢業奈事垣公司處屢函催促不得與考畢業因誌此以贈同學并以祝同學云

湖我母校戊午創成約輪同志俱抱熱誠散財與學毅力經營留華迅速寒暑迭更同堂四載融洽感情今當分別束裝起程聊書數語藉表愚衷小子不敏竊聞遺風才爲國寶古今皆同英賢培植學校之中慨我輟業爲學末終諸君學問私心素崇知識敏捷日增月新他年養就福國利民或扶社會辦事認眞或襄家國不憚勤辛或任外使折服强鄰前程遠大諸凡攝珍

京畿喋血行 七古

唐發源

發胡經畧兼巡閱坐鎮關東莫與埒威風八面上將軍權勢薰天炙手熱助人倒段恃功高殺氣憑陵眄綠濤自謂世間無敵手寰中惟我獨稱豪攫大權兮竊高職恣情跋扈矜頑愎地盤既據特列區虎目復窺揚子域連連電信入京來督促中央赦罪魁大帥受金庇國賊哀皇餘孽又登台蒙事千鈞懸一髮受命提師張撻伐爲爭國內利與權屯兵畿輔遲遲發東結倭兒南結孫曹家兒女又連婚中原盡是橫行地遂想帝皇萬世尊野心勃勃肆奸詐統一中原還口藉雄師十萬進關來一聲動員令初下不聽同胞反對聲軍糧城裏駐虎駕洛陽鼙鼓忽然來曹公不

顧。是。姻。婭。兩湖巡閱吳將軍。英雄蓋世。絕人羣。一舉摧殘安福系。練兵河北意勤勤。洞燭奸情懲不法。鞭梢北指肅妖氛。連絡曹公並七省。熊羆八萬建華勳。陽光燦爛照虎帳。誓師洛邑氣何壯。英雄涕淚灑金刀。馬前軍士盡悽愴。諸君今日赴輦轂。國難同趨毋退縮。不撓不屈是英雄。後方紛起前方扑。闔閭不准肆蹂躪。降兵不准多殺戮。遵我令兮聽我調。外僑保護免傷睦。此行莫作小事看。關係國家存與覆。不濟佩手死繼之。濟兮同享共和福。吾妻已故吾子愚。天涯地角影形獨。諸君皆有老幼。行當謀團叙共骨肉。欲謀團叙別無方。惟有共殲此胡族。諸君從此盡與乎。同心協力將胡逐。歸來一醉賀功杯。同看幾輔報消蕩。戰機已發可奈何。兩軍對陣試干戈。調人奔走歎無效。白河行看變紅河。五月朔日戰雲布。兩軍調遣馬與步。奉軍似較直軍多。進行皆是分三路。向安馬廠日無光。長辛店畔戰尤苦。一聲令下殺機生。鎗似林兮彈似雨。小戰三天不見功。洛陽精銳赴軍中。新硎初試氣正烈。奉軍奔命氣已折。五月四日大戰開。雲天溈鬱雌雄決。烟霧彌漫日色歛。吳公猛擊長辛店。直軍本是逸待勞。奉軍疲憊心切切。旌旗倒捲望風退。兵丁降服主將逃。長驅直入到豐台。破竹聲威敵陣摧。英風勃勃吳巡帥。策馬揚鞭落後來。奉軍大敗聲四播。司令聞之膽爲破。將軍一敗亂兵心。兵心一亂軍威挫。軍威一挫難再振。從此奉軍不能陣。可惜貔貅十萬兵。或降或散或成燼。奉軍三路盡披靡。敗報軍糧傳百里。得耗徬徨沒奈何。汽車一輛灤州抵。收集殘軍剩不多。江東雖見淚滂沱。鄙芬不面朝棟死。拜弟恩情薄如紙。一番心血付東流。受傷更有學良子。英雄到此已窮極。榆關歸路又被塞。揚子江中杜將軍。雄兵登岸來相逼。進不能兮退不能。驚耆辦與褫職。楚歌四面不堪聞。何異項王垓下。色東鄰相助不以誠。孫文北伐將言食。孤軍行看作楚囚。威名一旦喪冀北。吳公功績著汗馬。聲威久已振中夏。一倒段兮再倒張。將軍神武蓋天下。嗚呼關外南面王。而今北向身衣赭。今日昂昂不世雄。安知他日非四者。

保身明哲獨先機功成解甲歸田野將軍若得鑒斯言林下優游承天嘏

勝地吟

唐發源

予幼處窮鄉足不出戶閾及長遷邑城復以課務羈身不得遨遊勝地故馬齒十八增而回想所歷其著者祇一十有二爰各吟一律以誌不忘

天接江兮江接天江天古剎位江邊梵鐘每雜林間鳥游艇時生水面烟嵐影波光齊獻媚青螺翠色互爭妍登臨最是開懷處共酌名山第一泉（登金山）

中流坐鎮抵狂瀾何異蛟龍怒目蟠形勢可稱天下險風光更喜水中寬遺容瞻仰心初慰（焦處士）勝地徘徊興未闌舉目長江千里白漁舟三五逆飛湍（登焦山）

躑躅淒涼碧艸叢當年想見舊英雄三吳古寺穿屏雀二主懸崖勒玉驄紿被使君歸蜀去却留怒氣膽江東可憐公瑾擒龍計盡在綸巾羽扇中（謁甘露寺）

琴川臘月謁先塋虞麓遨遊到處停亘古雙賢留勝地斜陽一線照花亭劍門積雪鋼錚白松柏臨湖凍水青夜坐孤舟燈下讀山風吹樹擊窗舲（登虞山）

昔日深宮內苑地今朝策馬竟來遊遙看萬壽如蓬島誰說昆明遜莫愁傑構樓台何處覓大然山水此中收可憐幾許洋邊艦移築名園娛冕旒（遊頤和園）

社稷壇邊無限景一番改革變公園風吹落葉林中吼客挽飛禽巢內喧丹脊兩三懸樹角金鑾咫尺叩天閽森森只是多高木不許斜陽照殿垣（遊社稷壇即中央公園）

文苑　八

動植搜羅收此地名園千畝百年垂虎狼奪肉驚游客桃李爭春放玉。翠鳥頻將新柳弄芳枝時被好風吹樂中偏有傷心處白石巍峨四烈碑（遊三貝子花園即萬牲園）

萬壽山巔望右鄰圓明滿地是荒榛外人肆劫名園燬中土傷心幾輔淪傾殿殘宮存赤日寒風冷月閃青燐回鑾若有文宗駕應想如何哭四春（望圓明園）

兀然矗峙對皇城八刹清幽素負名山鳥傾聆泉水曲松風互答寺鐘聲高峯螺影臨巖立岬徑羊腸介石橫一帶懸崖頻爽膽應教蜀馬見心驚（登香山即八大處）

溫泉可洗人身垢難覓溫泉洗此心樹滿山邊春正好車盈門外水初深風來婀娜飄花徑浴罷徘徊坐柳陰回想華清前日事虜鬼應爲淚沾襟（遊北湯山）

渤海泛舟冀北歸余山浪裏立巍巍驚濤時合冲巖薄旭日初升照嶺緋煙裡千絲飛隱約洋樓百尺認依稀可憐夾岸屯軍地卻與西人作釣磯（望余山）

莽莽神州第一山巋然高處入雲關凝眸垂鬫千峯影屈指稱雄五岳班觀日好從霞際辨猱蹤徐俟月中還攀天雙手東洋岸不讓蒼蒼壓九寰（望泰山）

留別

溫祖翼

一堂聚首樂如何絳帳春風四稔過益我中西非淺鮮名師訓誨力居多
四載同堂共琢磨而今瞬轉唱驪歌他年後會期何處臨別贈言感慨多

感懷

前人

無成一事實堪憐已墮紅塵二十年為學不勤深自痛願將修業補從前（感懷）

銅龍漏滴到深宵獨誦芸窗最寂寥一枕殊難安蝶夢聽殘夜雨也魂銷（聽雨）

懷古

趙璧

觀光上國佩干將相送君王志未償三尺孤墳荒艸裏空留一劍恨綿長（吳季札掛劍）

代糧割愛泣通神保障江淮扼守頻自古英雄誰不死空山俎豆萬千春（張睢陽守城）

不滅奸雄誓不休將軍壯氣貫千秋當年射塔未酬志長使忠臣涕泗流（南霽雲射塔）

計日將軍正渡河金門下詔忽收戈十年枉事風塵苦半壁江山喚奈何（岳武穆班師）

詠當代人物詩

朱樹卓

（徐世昌）傾心總統出林泉大局紛紜掌上旋四載回頭殊戀棧誰知舊會逼殘年

（孫　文）革命重興乘舊勳西南倡義統三軍中華改造心何急護法功成未歛氛

（黎元洪）禍臨復辟走天津敝屣勳名避世人偏是蜩螗多宦客來求大士出紅塵

（曹　錕）虎威拔擢感皇恩坐鎮京華帶弟昆杌隉中華誰比福將軍獨得進龍門

（吳佩孚）蓋世英雄出秀才川湘皖奉盡軍摧斯年不抵黃龍府大好江山半壁開

（張作霖）半生跋扈霸關東狼狽京畿夢想中盤馬彎弓怨未報吞聲塞外遇途窮

（陳炯明）阻孫北伐具明眸意氣難投別廣州將士情異同勸駕未知郭伋再來不

（王士珍）北洋舊系隱嵩山皓友同招忘鶴顏東海風波時變劇徒嗟閣上已新班

文苑 十

（董　康）堅持鐵面破狠貪司法包公桒口談毋奈庫空財掌後裁員借款兩難堪

（顏惠卿）駐歐出使歷年過國際抗爭奈弱何有志振中任外長折衝禦侮仗才名

夏日遊公園

諸祖蔭

長日如年坐小齋公園勝景每縈懷假期忽屆欣無事綠蔭叢中散步佳

浮圖矗立碧煙橫芳艸連雲一路迎亭榭迴環紗徑曲新荷初放晚風清

松崖緩步聽清泉俯仰縱觀疑欲仙蛺蝶蹁躚如解意碧雲深處快流連

翠濃石靜隔塵囂蟬曲高歌慰寂寥垂柳微飄千慮祓功名榮辱淡雲消

送戴校長返國

與校課徒具熱忱盈門桃李灌成林文傳妙諦兼歐美學授眞新備古今三載春風慚未報一堂化雨感尤深而今汽笛長鳴去高唱陽關淚滿襟（趙璧）

談道傳經上講堂六年熱血灑東方殷勤授讀臨吾校慷慨捐資解此囊正謂常留無錫地俄看橫渡太平洋一帆風順梓桑去萬里波濤望美疆（倪人鑑）

堅志願將聖道肩慨宣眞理澤無邊六年播道來吾邑遐邇同欽夫子賢

三年弟子坐春風茅塞頓開啟我蒙今日先生歸國去私心願與戴輪東（諸龍翔）

數年受業挹風徽情性謙和主講幃教授辛勤殊不憚四方學子賦來歸

為華造福萬民賓返國俄傳炎夏時一代良師今暫別依依不舍訂來期（諸祖蔭）

説部

紫陽居士題

本校招考期

（一）	陽歷七月十號	陰歷閏五月十六日	禮拜一
（二）	陽歷七月十七號	陰歷閏五月廿三日	禮拜一
（三）	陽歷七月廿四號	陰歷六月初一日	禮拜一
（四）	陽歷七月三十一號	陰歷六月初八日	禮拜一
（五）	陽歷八月七號	陰歷六月十五日	禮拜一
（六）	陽歷八月十四號	陰歷六月廿二日	禮拜一
（七）	陽歷八月廿一號	陰歷六月廿九日	禮拜一
（八）	陽歷八月廿八號	陰歷七月初六日	禮拜一
（九）	陽歷九月七號	陰歷七月十六日	禮拜四

集錦小說 天虛伊生

第一回

鎮坐愁城心牽畢業　傳來噩耗淚別同堂

朱樹卓

鈴聲振座。旗影搖空。大禮堂中。履聲雜沓。時方夏午。濟濟八九百學生。莫不汗下如雨。然樂意融融。皆觧然見面。殆以家庭懽聚在即。久羈之馬。行將返轡。無多刻苦。殊不覺也。堂東特別席中。約二十餘人。笑容可掬。緊何人。殆即本屆之畢業生也。中有一生。胡姓名釗文。爲狀尤活潑。右顧同學龐有驥。髯髯笑顏中。微含憂鬱者。胡生就問之。曰。龐君胡不樂。豈以鰲頭爲他人所占耶。龐曰否否。實告君。昨得家報。悉家伯病甚。伯無後。愛我如己出。培植我。致有今日。吾身雖在此。心已旋繞家門久矣。故擬會後。即須乘輪回里也。語竟。見校長來賓。絡繹入席。最後一人。匆匆隨校役至。見龐生。立語曰。速往郵使處。快函待汝於門房。龐去。急啓函讀。甫兩行計。涕泗滂沱。殆傳伊伯之噩耗也。亟欲乘輪返。見時計。尚有三十分之暇。行李亦摒擋竣事。儘有領取文憑餘地。乃含淚入坐。同學詢問。無意置答。僅示以函。時正校長訓話。言雖諄諄。不能領受。繼省視學演說。洋洋灑灑。歷十五分猶未盡。龐心急如火。不能復耐。觀畢業式秩序。至給文憑時。尚有教員及來賓等演說。預計領憑不及。祇得起立。向校長聲明原委。告假先出。並託胡君代領文憑訖。乃入寢室。携行李。雇人力車。徑往輪船碼頭。幸輪船尚未開駛。即售票而登。俄而汽笛三聲。轟然行矣。龐家在澄江。抵時適死者含殮。慟哭盡禮。出殯後。餘哀猶未忘也。蓋龐家故貧寒。雙親衰老。平日柴米油鹽之供給。悉出伯氏。伯雖有所蓄積。然久病之後。亦所存無幾。而伯母尚在。奉養之責。轉須龐生料理。躊躇無所爲計。忽得郵局掛號信一。內匯諸友賻金。劍文所代收者。並文憑一紙。龐心稍慰。而淚涔涔下矣。

第二回

世態炎涼徒關至戚　教員委任暫屈高材

嚴金釗

有夔既接劍文寄來文憑。畧覩一過。即置之案頭。見賻金。不覺淚涕橫溢。口不成言。蓋觸其哀感之心也。一日伊父召夔而言曰。祀龐氏者。非汝而誰。今伯父已逝。吾又老邁無能爲矣。汝母與伯母皆女流。不克自立。汝二弟一妹。年幼無知。仰事俯畜。悉汝仔肩。好自勉之。夔唯唯而退。嗣思家況如此。責任如此。求學之志。已成絕望。欲入商界。謀一相當位置。以爲堂上滫瀡之具。而茫茫天壤。苦無提挈之人。雖有姑丈朱叔武者。家頗厚。第姑母已於前年沒世。朱又以龐家素寒。輕視之。朱設立一錢莊。當北門內通衢。營業甚盛。夔知己不爲姑丈所重。然誼關至戚。往求之或有成效。翌日齋沐往謁。道艱困。求一安插地。朱聞良久。乃曰。敝莊無缺。吾交遊復不廣。不敢虛應。失良會。賢姪請他圖。有夔見其却己。悵悵辭歸。以謀商又絕望。乃赴西門訪其友胡劍文。直告所謀不諱。胡慰之曰。君材十倍吾。毋憂不見遇。家叔父近爲板橋鎮學務委員。今屆秋季。各校開課。教員必有更替。俟往商家叔。再行報命。有夔稱謝而返。逾三日。胡來函。謂已謀得第四校教職。囑即日赴校。有夔忻然別父母。面胡謝盛意。胡笑曰。吾知月得十數元。味同雞肋。不足以供君用。然爲目前計。暫屈高材。吾信池內蛟龍。翔於天際。會有日也。有夔致謙辭而去。

第三圖　依館爲生板橋掌教　匪交以義有護他圖　　諸龍翔

金風送炎炎暑盡消天上輕雲映晨光作五彩色兒童十餘輩咸手書包口嗚嗚作歌聲面上備呈歡欣之態蓋已節屆孟秋今日即板橋鎮第四校開學日也彼兒童自暑假放學時已匝月頗覺倦游今思及復與諸小友同堂讀書嬉戲誠樂何如之不一時鈴聲錚然羣兒排班入教室行始業式先校長述訓詞次諸教員訓詞最後學生演說會畢振鈴散隊是校校長何才有教員二一范通一即龐有護也有護自胡生介紹就斯職然月薪僅十二元膳食在內以一中學畢業生而僅僅得是心殊不甘惟以一時不易謀進取故聊復爾爾耳若欲長守此等小學教習生涯則區區十餘元一身用之且不足奚復有餘力支持其家計苟他日而取妻育兒女者不將盡入凍餒途耶早日在校作學生時常以爲教育神聖事業人苟爲神聖之教育犧牲無論所入微薄亦當竭力教育兒童以盡其爲社會犧牲之天職因常覗小學教員之教育兒童每以所入不多敷衍功課誤人子弟輙誚讓爲溺職及今日身任是職自覺俸微沈悶不快雖欲振起精神而中心怏怏不復可得始恍然昔日之過責他人爲不當也而一念及米珠薪桂度日大難教育當局長此不爲小學教員生計增加月薪者則一有機緣任斯職者必將紛紛他適而無人願食此雞肋矣吾不禁爲教育前途一哭是校校長本舊日冬烘胸中所蓄積與龐較不如遠甚惟有一技深得浮沈今日教育界之秘術蓋即諂媚奉迎是也范教員僅畢業高小且劣等爲人粗鄙猶詡詡自炫其博學與校長深相得有護性耿介殊弗善二人因竊歎教育界之腐敗如彼其人而濫竽教職者比比皆是有護既嫌俸薄又不樂與彼周旋是以時蓄去志今雖暫執教鞭其心目中固無日不思另覓機緣以爲他日偉大事業發源之基焉

唐發源

第四回

小姑易嫂長樂奇思　良友假銀釗文重義

韶光如駛，秋去冬來，方看橘綠橙黃，而一霎間已冰天雪地矣。有蘐任職斯校，瞬將半載，何范二人以有蘐學識在己上，妬之甚，有蘐知難與共，故去志益堅，擬寒假返里後別圖良策，是以一面從容上課，不露形迹，一面寄薪回家贍養老幼，如是者日復一日。臘鼓頻敲，年關至矣。蘐正預備放假後束裝返里，忽接家書，命啓讀之，蓋其父抱孫念切，已爲其聘婦矣。閱竟不覺長歎曰：予素慕婚姻自由，今爲環境所迫，將奈何矣？既復思吾家貧困，誰願以文明女子匹吾，而老父亦胡爲瞶瞶若是，不思納婦須命耶？又不禁大詫。光陰容易，轉瞬寒假，有蘐遂駕一葉扁舟束裝返里。既歸，見家中景象窮形可掬，不禁淚下。幼弟痴憨，且躍且笑而前曰：新郎返矣。有蘐怪而問之，對曰：哥明年正月十六日結婚，非新郎耶？何假惺惺爲？語罷笑而去。有蘐大愕，既入，見父眠病榻，母坐機中，伯母方誦藷生經，合十懺悔。一一問候畢，即以婚事相問，母曰：誠然，父已函告汝矣，何問爲？有蘐以未悉其詳對，母遂停梭詳告之。蓋城北有李長樂者，家亦貧，而妻早故，子女各一，子年十五，女年十八，與有蘐實同庚。而長樂與蘐父子彬夙交契，久欲以女匹之，顧歷久未出口，近因得風疾，恐不久人世，故亟欲爲兒女完姻，了向平之願。因聞有蘐之妹與己子亦同庚，且不俗，遂作以姑易嫂計，粧奩禮敬，各從其便，因請媒與龐父商之。龐父果大悅，遂不謀諸子女而訂婚焉，且謂命宮時日通利，故遂擇明正十六日結婚。有蘐聞之，付之一歎，默然而退。無何新年至矣，爆聲除舊，椒酒迎新，越半月而婚期至矣。屆時境遇雖困，自有一番熱鬧，迨新婦臨門，登堂四拜，洞房送入，而吉禮告成。逾三日，有蘐以開學在邇，且同家一月，尚未與釗文一面，故午後往謁之。既相見，傾談衷曲，有蘐亦以與校長所見不同及家境困難等直告。

且求其另謀位置。劍文曰。位置誠非易易。弟當為兄綏圖。若阿堵物。則不妨向弟處暫借。俟兄稍得意。趙璧可也。遂與二十番。有葭稱謝出。

第五回

輕義食言提携老姪　重情卻聘辜負良師　　趙璧

有葭與劍文別後。獨行回家。時伊父抱病臥床。呻吟之聲。不絕於耳。有葭延醫診治。不遺餘力。夜不解帶。親侍湯藥。然久不見効。未幾而所借之二十番又告罄矣。一家數口。惟恃有葭一人。回憶前年在校時。領師長之清誨。得同學之切磋。每於假期日。與數同志。登高對酒。臨流賦詩。無憂無慮。其樂陶陶。今為環境逼迫。擔負日重。既無恒產之可恃。又無適當之位置。得以謀生。思念及此。不覺淚下。是時郵差適遞來一函。細閱之。即劍文所發也。急拆視之。不覺喜形於色。蓋劍文已介紹充任第二高小教員矣。月薪廿四元。是校校長雖未有確定之允許。然大約可以玉成。一星期後再行函召云云。遂亟作覆函。允如所請。翌日有葭母校校長夙知有葭才學兼優。特遣人至家。聘有葭充書記一職。月薪三十元。顧有葭重義不重利。已諾劍文。不敢貿然爽約。即婉辭校長之聘。光陰如矢。一轉瞬間。已一星期過矣。有葭望劍文之來召也。若大旱之望雲霓。未幾幼弟跳躍而至。手持一函。呼曰。哥哥。有信在此。有葭急拆視之。未及半。而面際呈死灰。瞠目不一言。頻嘆奈何而已。繼乃歎曰。何天之阨余若是之甚乎。蓋劍文來函謂校長已聘伊姪為該校教員。有葭教職。暫作罷論也。既而思曰。母校校長曾聘我充書記職。我雖未允許。然不妨往前探之。如仍乏人。往就斯職。亡羊補牢。未為晚也。即日往謁校長。詎知蒼蒼不佑。事與心違。至則該校書記已聘定張生矣。有葭怏怏而歸。時已夕陽在山。倦鳥歸巢。甫至家。已萬家燈火。闇黃昏矣。即入寢室。坐臥不安。愁腸轆轆。暗歎更籌。

既自慰曰大丈夫能屈能伸不有今日之屈安望後日之伸藐余一人擔荷至重榮宗耀祖翼庇後人余之責也歟至此意境頓寬安然而寢

第六回　喜得薦書重登師席　要求加俸再失教鞭

溫祖翼

駒光如箭歲不我與有穫賦閑已經數月家無擔石之儲安能久坐穫雖遍託同人然欲求一相當位置苦非易易一日晨有穫正倚窗閒閱禮拜六聞喜鵲鳴於樹際若捷報有穫之幸運將至者斯時有穫私衷自度曰余居此久得未曾有喜鵲當前詎有意乎是日有穫午膳後盥漱畢忽聞戶外叩扉聲一綠衣使者持快信至啓視之乃毋校校長已薦任金陵某高小學校充任英文教員也並囑從速起程有穫大喜翌日摒擋一切匆匆就道和風作拂好鳥嚶晴車塵不揚路花齊放若表示歡迎之色彩值茲佳日大好行期乘滬寧車僅四小時始作嗚嗚聲停駛於月寧之畔有穫下車暫假旅館爲棲宿詰朝晨餐畢遂持薦函往謁校長鍾苯民既謀面寒暄畢約定下星期一來校就職有穫才多學博爲諸生信仰掌教甫半載而各處高小學校相續要求加薪之風潮驟起有穫亦激烈派之一份子常謂同僚云吾等非達正當目的不止欲達目的非從積極進行不爲功有穫於是隱與諸教員議決堅持罷課並散佈傳單喚醒大衆然而好事多磨十分幸事乃轉爲大不幸蓋校長已知有穫爲發起人之激烈者遂暗恨於心慮將來或有大不利於茲校也會暑假諸生考試蕆事鍾校長欲洩前怨值有穫旋里之日特告有穫曰校中因各教員加薪風潮常年經費愈形支絀收入學生之學費尚不敷用倘一旦加薪竊恐茲校亦不能長久支持今爲先生計不若另設他就較勝此區區多也逐客令下不能久居有穫驟聞斯語如冷水澆背徹骨皆寒下半年飯

盈問題又不知依託何所不得已整裝返梓神色慘淡今日之有襲實不啻厄閏黃楊連遭磨蠍又烏得不仰歎長歎歟有襲暇時仍在書齋自修浩然歎曰吾生不逢辰而先祖蔭庇之福澤終不余渥奈何使吾顛沛一至於此耶

諸祖蔭

第七回

姑家借欵財虜受田　涸濱就商英雄失志

有襲百感交集涕淚橫流念長此賦閒決非良策曹邱絕跡推轂無人瞻望前途何堪設想正顧慮間忽憶離此不遠有集益社者專以報紙供人閱覽余胡不往或有好消息得來也乃盥漱整衣往當時正新企業興盛之時報紙廣告欄中觸目皆是者非交易所則信託公司有襲注目於廣告欄不稍瞬即見大字一行曰「上海世界物品交易所招考所員練習生廣告」視其所規定之程度頗與己類新水甚豐其考試日期即為後日有襲大喜曰吾有託矣喜極歸家忽又念曰吾昔聞交易所專以買空賣空為事非正當長久之業吾奈何欲入乎……繼念一家數口賴我生存今日謀生乏術舍此別無良圖是夕兩念交攻不能成寐然卒為利心所勝乃質衣服洋數元携一從前在校所攝之四寸照片赴申就試既畢而返日俟佳音之至乃秋水將穿遲無消息一日忽於報紙見物品交易所之考試揭曉有襲竟褎然居首列庶務科科員於是闔家大悅其父亦展其枯瘦之兩頰作吃吃笑聲不意喜氣初臨而難事又至矣蓋有襲家況較前尤困赴申之旅費及膳宿費頗為不貲如欲借貸而世態炎涼多加白眼思維再四祇有忍痛將田單一畝向姑丈貸洋數十元矣詎武叔初不允繼見有田單遂允假二十元有襲得金遂整理行裝乘車赴滬寓於萬利旅館一日有襲接到該所之通知書謂於明日行正式開幕禮有襲如期往至則賓客滿堂極一時之盛理事長且有極長之演說畧謂同人鑑於潮流之所趨創設此所甚願盡吾等之力關剩各商業

以慰諸君之厚望也。

第八回

滬上投機千金一擲　天涯落魄同病相憐

有蘐侯開幕禮畢即謁所長及庶務科科長預支月薪三十元僅一椽於物品交易所附近以爲棲息之所勤於所事不敢稍有差池且秉性誠實雖所員不乏佻達少年之引誘然終未隨遊北里舉凡尋花問柳紙醉金迷之區有蘐從未涉足其間是以深得所長之信任不及兩月竟一躍而爲文牘職薪水驟加至五十元有蘐此時心神頓快急函告老父並匯若干洋爲家用此時闔家之欣喜可知矣不料有蘐生不逢辰命途多舛亨時甫至而厄運又臨有蘐於此時耳所聞者鏘然之銀洋聲也目所見者閃鑠之金銀及五色彩之鈔票也日所款待而接洽者大腹便便之富翁也日與金錢接觸爲銅臭薰染遂爲金錢所迷亦欲纍纍左右爲大富翁矣顧月薪雖豐然除家用及膳宿外所餘無幾欲爲投機事業資本殊淺然爲利欲所勝以爲致富捷徑捨此莫屬致富時期考時則可故不得不盡出所有並貸千餘金與三四同志合股爲孤注之一擲買棉花數百擔買進七兩二錢以爲轉瞬提價必驟如睥如而爲富翁矣不意時運不濟人不勝天未幾物價揭曉棉花市價低落買進僅五兩四錢賣出僅僅五兩八錢而已統計有蘐所獲以償虧折不敷甚鉅而各交易所亦於此時多所虧折不能支持紛紛停閉物品交易所亦其中之一也有蘐此時交易所失敗債臺高築而又失衣食之途進退維谷欲留則無衣無食欲回故鄉又乏川資意念俱灰遂抱厭世主義隻身步至黃浦江僻靜處灑淚而呼曰父母乎兒不肖不能謀生奉養甘旨有負二十年教養之勞今生已矣維圖來生作犬馬報耳言已縱身一躍欲與波臣爲伍忽覺衣爲人牽急回顧之則一貌振振夏葛

其衣之人也彼何人斯殆同病相憐者耳

第九回

沈振夏

淪落海濱窮途遇友　遄歸鄉里苦境纏身

有義欲萌短見縱身一躍忽有牽衣者口嗚呼義兄胡爲出此有義駭然驚潛然淚心欲言而不能出之口其人見狀亦哽咽失聲於是兩個淪落人四行窮途淚相向揮洒洒竟兀坐唏噓既其人曰落魄人末路竟遇斷腸人余之來亦謀葬身魚腹長辭塵世耳不期遇君於此余固欲死然不忍見人之死而不救也今我兩人爲傾蓋之患難交盍聯袂而逝乎有義與詢家世畢曰余一家七口枵腹待哺避債無方故甘心一死劍兄饒千餘金俯仰無慚胡亦與予同調劍青曰千金無所補余負人且萬金爲之奈何有義曰然則死乎歸乎劍青曰余不値君君已逐浪而去余亦決無生理是殆天遣吾兩人相遇也天命不可違不如歸休于是各返寓所翌日有義質衣得車資悵悵而返往別劍青至其家寂無人聲會客所桌上僅遺一書面有義兄親啟字視之劍青之絕命書也書曰嗚呼余已與君長別矣昨夕余歸余母余妻余女均已服毒死余乃不得不追隨於地下余屍在書室度君必至故遺書相邀懇君達吾姊謀葬我一家遺骨感且不朽義讀竟泣不可仰乃至書室枕尸痛哭馳報其姊助之葬乃歸焉比至家則老父伯母均一息僅存奄奄床褥越日而逝有義典屋得價了喪葬事方忙碌間忽呱呱一聲寧馨墮地妻則以難產死有義益身世無聊頓足悲嘆曰阻我昂藏七尺不能有所建樹卓立人羣命也天乎遂以子寄乳於人己則奔馳南北盡力社會教育著書十餘萬言津漢縉紳之區幾於人手一編而名滿江河矣

（完）

偵探小說

血濺漢江錄

沈振夏

新月初上。晚餐甫竟。明窗冷月。寒氣襲人。某生方與其愛妻圍爐坐。生曰。枯坐無聊。請爲吾愛述一謀殺案。以破沉寂。得毋懼乎。其妻曰。吾殊弗懼。此等事當爲余所樂聞。趣述之。某欣然曰。民國三年秋。余客居漢口。在某公司充書記。一日亭午。余在辦公室。偶閱日報。見華氏別墅之主人被刺一案。報載不甚詳悉。但言華氏係廣東人。年事約四十許。二年前攜其女來漢。築別墅。深居簡出。友人之來訪者亦鮮。前晨離別墅。嘗告其女。謂踐友人約。午後當歸。歸時見其父蹣跚而前。似微醺。扶使寢。當其未歸也。有客來訪。其女接待。略述寒暄去。九時許。忽有不速之客入。時女已寢。聞與父唧噥。客則留半時許而出。至昨晨。華老遲不起。女入其臥室。忽見其父橫臥血泊中。刃貫其喉。女急奔而號。及臧獲畢集。則女已驚而踣。衆救女醒。亟遣人報警局。是夜無他異。惟少一僕。其眞相則正在偵探中也。吾閱報竟。好奇之心頓熾。知而不詳。心殊忐忑。翌日至下午四時。是案之事實及余之猜想。猶縈廻余之心腔。澎湃余之腦海間。俄傾余友葉君至。業偵探。其至也。余竊竊喜。蓋余預知其必有所得以惠我也。葉君曰。吾於屍場詳加考察。固已稍得其詳。惟于破案之綱領。尚無頭緒。此案疑點頗多。從事偵探者易爲所惑。而轉入歧途。故是案之破獲頗須考慮。余聞畢。因欲知其已知者。即促以所知者見告。葉君徐曰。別墅在城西三里。屋宇殊軒敞。僅居父女及臧獲輩。華老出粵來漢。平日無所事事。而享用殊豐。故料其必爲富有。顧女係舅氏孫女。非己出。歸華養祇五齡耳。居恒亦未聞華老身世。其友人亦鮮有知者。故咸疑必有不可告人之事在。華老與女極親愛。臧獲輩亦言華之愛女逾於所生。而女之事華亦敬禮備至。華君固簡出。偶出而歸。足甫及門。必疊呼娟姑。女亦聞聲趨近。若恐後至。此可徵娟姑見華被害而昏踣。信其不謬。華之待下亦甚寬。僕役輩無怨之者。大凡謀殺之案。惟金錢愛情怨仇三者爲最烈之導火線。今華老之被害。偏察其財物以至家用什品。毫無所缺。則此案之不爲金錢可見。華老年逾四旬。無妻子家室則此案不涉愛情又可知合是二端其爲怨仇所殺毫無疑義然華來漢後待人寬和絕無新怨於是又斷定此案必爲宿仇報復矣案由既明第二步即當研究案中之嫌疑犯華與娼姑雅相愛則娼姑必與此案無涉此案發生之日初來訪詢之客亦無甚可疑之處惟逃亡之僕不速之客或係正兇僕不告而去且適在此案發生之日客之來固排闥直入者雖聞其交談未逆於口然其出也未聞致別之聲又未見華老送出以是度之此案之正犯必僕與客無疑然又安知非第三者越垣而殺之耶今則惟追索僕與客二人訊得端倪再來趨告矣言已匆匆去

翌晨有警士押二犯就鞫于一私家偵探之前一則衣冠清潔一則狀類僕厮偵探于衣冠者再三詰訊命警士引去看守僕役則畧訊數語揮之去傍立警士駭然失色以爲斯乃一謀殺案之嫌疑犯正兇未獲竟遣之去寧有是理然皆弗敢聲僕厮出偵探亦退此二犯何人即華被殺案之嫌疑犯偵探即吾友葉君也

葉君于鞫犯之後一日復來訪余余不待其發言更不待寒暄即問曰吾友君所指爲嫌疑犯者已就獲而又釋其一乎何得之如是之速而釋之復若是其易耶葉曰君請少安毋噪聽余言余不述無怪君之不知也不速之客聞案發生而自首謂彼之於華本爲知己友彼于此案無罪皇天后土實共鑒之余對此客既不能證其有罪亦不能即證其無罪嫌疑所處故未敢遽釋之也至於逃僕余本疑之畧詢即釋者適所以證其罪耳君聞之得毋以余言爲荒謬乎此僕之被捕事出偶然方彼之見客匆匆出也彼如已知有事發生不久亦即逃避其出亡時已在夜深行至中途遇夜岡警士警上疑爲小竊捕之翌日余就訊華氏其他僕役以何時不見此僕皆謂余是案發時即已陽飛冥冥遍索不得矣余乃訊諸夜岡警士彼即引僕就余余一鞫即知爲逃亡之僕當疑彼爲正兇蓋客既出彼

何用逃若以客爲正凶則彼苟非助客者何必急避故僕之避即可證客之無罪也此僕與華老必有宿怨因改變爲僕以圖謀殺之機會也藉非宿怨即受人之託前夕既有可疑之客來彼即思行事而委罪於客然事後彼亦出亡此則令人不解總之此僕之爲正兇可無疑義但今者未獲確證未能置罪于人故即釋之而復躡其後苟彼被釋而逃者余必復逮之即不復逃則余亦覘察其行蹤徐尋其確據以證其罪則此案可結孰知事之變幻出人意料之外者此案之離奇自余追躡僕蹤而愈甚余之躡僕後也彼行亦行彼坐亦坐迨夜分時彼忽趨向別墅逾垣入余不禁駭疑乃嚴囑警士緊守別墅之前後左右于其出時復捕之毋使漏網部署畢余亦隨僕越牆入復潛蹤之彼乃逕往娟姑臥室以指彈窗時娟姑尚未寢方兀坐啜泣淚簌簌下聞彈窗聲揭窗幔窺之見逃僕急啓之入余自窗隙窺之見彼二人方對坐細語余即躡足往較近處竊聽之聲細殊難辨惟聞娟姑曰汝何逃者今……至此……僕曰彼刃非余往購得者乎余既逃即被捕……娟姑急曰被捕乎胡能至此言時聲稍大僕曰余已釋矣彼偵探殊頑頑……不……至是音微莫能辨俄而僕出余趨暗陬避之旋見逾垣出余尾之至街端命警士捕之余乃歸寢今余早餐甫竟即來君所知君方渴望佳音也嘻吾友余此行殊不虛君以爲然乎葉君述次余乃謝之復祝之曰望君破獲是案葉君退

車馬奔馳行人雜遝余方倚門立葉君踽踽自街端來謂余曰案破矣余喜曰案破乎慶君成功願君以詳情見告葉君言此案之破獲與余所預料者相去殊遠幸自歧途得正兇否則此案恐非余所能破也此案之正兇非僕非客乃華君至體恤至親愛之娟姑也余自見僕入娟姑室及聞其細語余乃知此必與娟姑有關今晨乃復往察屍傷見兇器係一尋常利刃傷口祇一處他如門戶窗牖承塵地板及一切器用什物遍察綦詳並未發見任何蛛絲

馬跡供人考慮者此次考察更詳刃之長約五寸許物雖平常而甚鋒利手柄亦甚光滑似爲人久佩而專供謀殺之用者旋察屍身創口其深不足二寸而喉管已破死者面色呈驚異狀血跡滿地知被刺時未曾即死輾轉反覆以致血染遍地也凡強有力者之謀殺必一刀已足致人于死苟未能即死者必以第二刀享之矣今華老傷痕深不及二寸更未見第二傷處而血跡滿地則其必爲一弱女子所爲矣此女子下手時必係全身顫動故未能着力再奏二刀華老既仆此女不忍覩慘狀必先他避臨既欲甘心于其人而復憐恤之者度其人必與兇手相處莫逆者此則兇手非娟姑而何舍娟姑以外別墅中並無別女在耶余意既定乃命一警士携逃僕至女所余即訊彼二人令趣言殺華老故能直言不諱者罪當末減女與僕相顧愕然初尚不願自認余謂之曰昨宵汝二人果何謀者余已悉之審矣至是女駭絕不復能言僕乃道其顛末其所道者亦一謀殺案他日余當述之今此案既已破獲其原因乃見果爲宿仇也葉君述竟余拍其肩賀之曰君誠能今後名當大噪矣

某君爲其妻述此謀殺案畢其妻曰曷述致此案之謀殺案余聽與正濃也某君曰時晏矣不覩夫初上之月已掛向樹梢去耶

閱者諸君讀竟是篇得毋疑娟姑與逃僕有私乎非也蓋此僕實娟姑先父之忠誠老僕娟姑之父爲華老所謀殺家產盡爲吞沒而華老本隻身遂育娟姑爲已女携匿漢口此早爲忠僕所窺破又以不忘故主之恩故艱苦備嘗追蹤至漢受傭華老家乘間以隱情告娟姑驚痛之餘復仇之心遂切而此案因以釀成焉夏附識

十七字詩（嵌同級諸君名）

沈振夏

叢莽荆棘裏，嶄嶄露頭角，任爾葛藤繞，樹卓。
大德昭先世，後人堪作式，得受餘蔭者，祖翼。
待聘珍留席，英奇久蓄積，價值勝連城，趙璧。
抱負異尋常，況乃運際昌，撥雲見鳳舞，龍翔。
左史復右監，終身防缺陷，千秋可作照，人鑑。
舉世類塵囂，古風君獨饒，堅厚宛似玉，金釗。
大陸據中原，渥我子元元，黃河之水溯，發源。
才抱棟樑任，根深殊已甚，茂葉常托蔽，祖蔭。
慨我古國勢，江河千里下，小子愼莫忘，振夏。

雜俎

樹敏題

本校暑假學校簡章

宗旨　聘請通材碩學選授英算兩科利用長假增進學業預備補考升班或插入大中學各級地步

科目　英文學　英讀本　英文法　英作文及造句　英文啓蒙　算術　英代數　英幾何

期限　自陽曆七月十一號起至九月五號止全期約五十日

時間　每日上午八時起十一時止下午四時起六時止星期日停課

（注意）學生選讀功課最多每日以三小時爲限須照公定時間

學費　凡本校舊生新生之已交保證金者均得免費其餘諸生不論選課之多少於報名時各須納費兩元作爲全期之學費半途中止者概不找還

規則　用輔仁中學課堂規則報名時須填寫入學證書不願者不收

學額　暫定百名（寄宿生不收）

書籍　書籍須用本校教員定本一律由學生自備

考試　於全期將終之一日行之各科等第當由本校報告學生家長

校址　北門内後書院衕舊撫院址輔仁中學校舍

報名　在光復門新民橋堍下輔仁中學宿舍自陽曆七月初旬起至七月三十一號截止每日上午九時起下午五時止過時不候

雜俎

本級同學之寫眞

唐發源

予與人鑑趙璧同班半載與祖翼祖蔭振旻金釗則已三稔與龍翔則二年有半而樹卓則于本校開辦之初即與予插入同級故已四更寒暑矣一堂切磋意氣相投瀝膽披肝夙稱知己故諸君言行學業皆得了然於胸中今畢業期近別離在即枯腸遍索無可留言會刊行畢業雜誌爰捉筆成斯篇聊當紀念于萬一至於直言不諱或間涉詼諧則予天性使然知己者必不我責也（以長幼排先後）

朱樹卓

樹卓字子立年二十一本邑人現居東門惠宇先生幼子也先生邑之文豪授讀吾校者已四稔發源窃其化雨沐其春風今得附諸君子之末而畢業者先生之功居多君則幼承庭訓長親教誨國學一科根深蒂固凡文言語體無所不能而尤以韻文見長觀其登高作賦即景吟詩既工且雅非儕輩所能及曾以誄嚴母朱太宜人一文（登知新二卷三期）見嘉於毘陵李繹之先生先生閱文最嚴少加許可而是篇獨邀贊賞不可謂非佼佼者矣其書法合父兄筆法陶冶一爐遂另成一體堅勁無匹而峻峭異常如瘦瘠之人但見骨而不見肉辦事富經驗能得衆人心故歷任學生會正副會長書記幹事長等皆能稱其職而副人望能各種遊戲及運動且善于手談喜詼諧每

置一語，輒令人捧腹不止。至其形容體魄，則可以數語包之，曰：魁梧其體，碩大其元，休休其度，靄靄其顏。

溫祖翼

祖翼，字君擴，年二十，本邑籍，以雙親旅贛江，故生長他鄉，返錫者祇三載于茲耳。現居西門。以民國八年秋插入本級。謹守金人戒，不多言，不多事，靜默寡笑語，如閨中處子。而其文質彬彬，復如黌宮秀士。不愛運動，惟近則稍稍習檯球而已。讀書最勤，終日困守書城，不越雷池一步，是以進步甚速。好韻文，善咏詩，類皆研麗異常，多寫景之筆。此雖天資聰穎之故，抑亦年來潛心研究所致也。文言語體雖亦均能，然用心不若詩之專，故亦不若詩之長。書法師成親王，且能維肖。貌則恂恂儒雅，面白身中。以其兩耳特大，術者謂其頗有貴相云。

趙璧

趙璧，字連城，其取名之巧且妙，為全校所鮮有。年亦二十，籍毘陵。今春自萃英中學轉學來校，插入本級，故于本業也，祇半載耳。初入選科，後因同級之敦勸，遂幡然改計，除西文仍隸選科外，中文則改為全讀。其品性之恬靜，讀書之勤奮，深類夫祖翼，且稍能運動。其喉音之響亮，有若春雷之驟發，所謂聲若洪鐘者是也。善音樂，而精戲曲。其引吭而歌，揮指而彈，啓口而吹，皆能抑揚有致，動人聽聞。其作文也亦然，每得一題，輒出其腹中所有，筆而出之，諷而誦之，至條理井然而後止。於是佳著遂成，而讀者亦為之動容。竭除文章外，亦能詩，雖學習未久，而居然已升堂入室，備悉門徑。其進步之速也如此。

諸雲

諸雲，字龍翔，別署逸雲子，年十九，本邑北鄉八士橋人。以民國八年春插入本級。短小精强，神光煥發，英風銳氣，矜勃然現於眉宇間，兩頰赬然，一望而知爲身強體健之少年。雖背部微傴，目光短視，然昂昂之態固未遜也。書法師孟頫，頗得其中三昧。善屬論體文，班中推巨擘。而口才之便給，且非特全級，卽全校亦無其匹。其登壇演講也，從容不迫，態度自如，發其響亮淸脆之喉音，鼓唇搖舌，侃侃而談，既無重複之詞，復乏窘迫之態，脫口而出，不假思索，滔滔數萬言，有如風發潮涌。其辦事也，沈毅果決，富判斷力，有堅忍心，且長於交際。故其初任學生會書記，不得見其能；後任交際員，長才始得稍展，然猶未盡于萬一也。活潑能運動，且嫻音樂，鼓琴品笛，或且過趙壁，惟戲曲則非其所能耳。

倪人鑑

人鑑，字重威，本邑人，年十九，亦以今歲春季來本校，插入是級，係轉學自桃塢者。其舉止之活潑，體態之敏疾，于班中獨樹一幟。首較小而膚微黑，兩目雯雯，善開合。右頰有疤絕巨，謂係少時傾跌所致。性好動而不好靜，除讀書外，殆無安坐之時。善運動，足球、藍球、網球皆能之，而長距離賽跑尤所獨長，故運動一門稱佼佼者，當推此君爲第一。且亦擅文辭，文言、語體皆能之，詩復有可觀，惟較其文稍遜。雅善滑稽，作趣語，雖無樹卓之精，然間或啟齒，亦足令人噴飯。一聲語出，四座粲然，班中有此解頤妙人，亦第一快事也。

嚴金劍

金劍，字葵初，本邑龍塘岸人，年十八，以民國七年秋本校開辦時考入預科一年級。其後以進步神速，預一非其久屈地，故即於是學期升預科二年級。越年秋，又因考試列前茅，升一級，尚不合其程度，爰平地飛升，一躍而入本科二年級，於是遂與予同班矣。故予與之同級雖三載，而同學實已四稔。所惜是級爲最高之級，不能再事飛溯，不然，恐早已鵬翮高舉畢業數載前矣予故謂此君進步之速直如驥馬加鞭大有一朝千里之勢非儕輩所能及也其人品格端方繩趨矩步不苟言笑有古君子風讀書以勤稱辦事以忠著是故歷任學生會庶務員幹事長皆能至公無私克盡厥職勤勤穆穆翼翼謙謙當此世風日下道德凌夷之際而社會上有此忠厚少年不可謂非中國之福也其特性復高雅絕倫喜與劉伶爲伍量亦甚豪但以其易於誤事也故屏之不常飲

沈振夏

振夏字伯誠本邑人現居北塘年亦十八以民國八年夏插入本級恂恂其貌靄靄其容左耳藏其鋒而當唇二齒突兀如嵯峨之怪石若放而大之直與虞山之劍門相彷彿蓋彼自言之也設當其大笑之時奮擊其口者則挙且可以立碎工心計且機警絕人言語之間甚匪易於對付蓋其不激烈不鹵莽從容不迫語語中人要害人雖欲禦之不可得故歷任學生會副會長書記庶務等職皆能隨機應變令人欽佩善屬語體文爲全班冠猶憶去年三十節及大遊行吾校所發語體文傳單皆出其手筆激昂慷慨痛快淋漓邑報遍登覓有讀之而潸然淚下者其文之妙有如是書法宗王右軍娟秀異常如出佳人手筆口才亦甚便給數千萬言可立就但喉音不若龍翔之清脆故倘遜一籌

諸壽熙

壽熙字祖蔭於校中以字稱故人但知其字而不知其名籍本邑年十七在本級中齒最稚亦以民國八年秋插入本級嬌小玲瓏天真爛熳惜體質不强年來多病因是形容消減瘦弱不支但自今歲桃符換舊以來已較前大佳且愈形活潑想此後可無二豎患矣天資聰穎讀書甚勤擅詩詞而能文章常師荆公用筆雅不願作粉飾詞爲文

每以一二語包羅萬象含蘊於中令人尋味得無窮意趣且以其心思敏疾也故下筆甚速題纔到手已振筆疾書一揮頤間大文立就而他人則未及半也因是任學生會書記甚稱其職近且專心於小說家言旣廣閱名著復勤於練習爲未來之小說家亦意中事也

唐君發源之寫眞

朱樹卓

唐君所撰闔級全人寫眞入篇形容盡致不嘗爲同人寫照足以點綴紀念不少第卓犄以爲憾者唐君傳人而未傳己故爲唐君作此以補所缺

唐君發源字岷春年十八貌魁梧體碩大頗似干城之將廟堂之相趙子一身是膽唐君則一身是肉同級人因其體重且坐常居中也視之若一級之重心而尤奇者左腕之力勝于常人髮則疏密適中使以余首當之必嫌溜溜矣爲人惟謹惟愼不特爲一級所信仰且爲全校所信仰故在學生會任會計歷有年所在中文級中詩詞一門研究尤爲專心每遇報章及雜誌上載有詩詞恒咏誦反覆咀嚼英華非心神領會不止下筆時資料頗富不假思索揮毫立就故凡學生會編輯事務常推唐君爲文苑部主任生平不喜運動課餘暇日祗約二三知己散步公園而已故體雖糾糾質實彬彬也

吳從周先生傳

趙璧

自古能成德業者必先有眞性情大局量抱民吾同胞物吾同與之心而後肯濟世利民而不讓大而天下國家小而隣里鄉黨雖所處不同而所施則一也今梁溪吳從周先生爲可傳已先生名讓字從周世居富安鄉之修補少時好讀書然淡於功名不汲汲於利祿即所學亦不求甚解年十九而洪楊亂起先生避難於中江充書記於譯站

迨亂平而歸於是筆耕舌耨設塾鄉里先生居心仁厚待人以誠遂被公舉爲董至年六十有五忽抱西河之痛嗣後先生嘗患足疾然辦事仍無少倦享年七十有九遂棄世長逝焉嗟乎自世風不古人心險詐俱思瘠人肥己自利自私若此者比比皆是也先生急公好義當仁不讓排人之難解人之紛無惰容無德色閭里有事輒懇先生至雖嚴寒氷凍未嘗少緩須臾常徒步往來省人舟車之費夜深人靜後設有人造請先生必披衣出不辭勞瘁迨先生一至而凡事消矣勤且耐勞如此其殆古之人歟且先生德齒俱尊望重鄉閭縱有強暴之徒見先生輒鼠伏不出而仍退無怨言是非懷其德而畏其威耶今一般名爲鄉圖之長徒知魚肉鄉民儼同豺虎若而人者聞先生之風亦可以少愧矣噫先生去矣然先生德澤之深閭里皆知之至今鄉間父老猶嘖嘖稱先生之德不置介孫景陽百魁俱好讀書曾畢業於無錫之東林學校與愚旣關戚誼又係知交景陽仍推爲圖董敏事善斷有先生之遺風後起有人克承堂構天之報施善人爲何如哉璧自愧無文安敢率爾操觚然心之所至筆亦隨之有不得不形諸文字者特書此以識先生之盛德而垂敎於後人是爲傳

虞建安君小傳

過祖翼

虞君燦斗字健安梁溪人年十八即棄讀習商性情和藹善接物重信義雖靜默寡言而機警過人爲事不少懈積勞過度以致疾中增疾漸釀成癆症當初患之日君方以爲微恙無關輕重其家人亦以君青年不應成怯病惟君時患時愈故亦不甚留意焉自今春以來君疾屢作甚至痰間常附紅色猶以爲不久自瘳俟臥病不起方悉勢日鄭重乃思訪和緩施診治而時機已遲回春難得二豎無情侵入膏肓藥店飛龍竟成烟化嗟夫胡昊天不仁奪君以去忍使伯道無兒不亦悲乎君齡今纔廿四婚後未三載拋此離鸞寡鵠三寸桐棺人天永隔身後如斯其何以

堪君與吾有葭莩誼遽傳噩耗淚下潸然憶及床前慰問之日歷歷如在目前人事難知倏已幽明異路淒凉薤露棄我如遺恨故人兮不見徒聞笛於山陽余故傳此以慰君於九京之下或可稍斂君哀焉

記華翁事

嚴金釗

余隣鄉西漳有一老翁華孝子後裔也壯歲身列戎幕足跡所至凡七省性和藹可親絕無舊官僚習氣今年踰古稀而精神矍鑠每談往事輒孜孜不倦一日翁飲酒方酣謂余曰吾平生遇一最險事汝樂聞乎余曰固所願也翁乃執杯徐言曰當洪楊之亂余方八歲是時忠王李秀成南下殺戮無辜人民東竄西奔閭室皆空適値春夏之間氣候頗暖某日洪軍追逐余勢甚急遽一躍入河平日素習游泳故無傷也登彼岸洪軍繞道來余氣喘力竭不克免終見虜隨之西行薄暮抵一所刀鎗林立洪軍以千計余置生命於度外聽天而已不意軍中遇一老學究同鄉也遂與共處以余幼終日嬉戲毫不束縛然思念家鄉無時或已奈無間走脫且出入甚嚴須持對符乃放行某夜學究已寢見案頭有赤符懷之潛出經後廐牽馬一廐卒曰小孩子牽馬何爲應曰將夜遊伊固熟余者不之禁廼加三鞭向東回幸有對符方出虎口此時余心始稍安然不敢中止天明抵禮社爲守防團所獲（俗名白頭）搜余身得對符繫於樹將加刃焉時鄉人畢集余惶恐萬狀痛哭失聲大呼曰容盡吾一言死亦瞑目吾家姓華世居西漳請人寄語我家云我華某非死於洪軍乃死於禮社之士人也余言未盡就中閃出一中年人謂曰汝家非開槳鋪者乎余曰然彼遂請釋余攜至其家曰我姓薛與令尊交甚厚日後當送汝回也余謝曰長者重生我矣翁語畢謂余曰我之有今日惟此君之力也汝盍爲我記之余許諾歸乃筆之於簡端

智婦

趙璧

纂組　七

張渚多山，為群盜出沒之所，白晝輒行刼掠，居民莫不寒心。是地距宜興約四五十里，而大嶺小嶺橫隔其中。旅客往來，舍水道外，必越此嶺。路出叢竹中，狹僅數尺，盜賊潛伏於此者，不計其數。遇行人，必肆刼，搜括盡始去，或殺而投之窮壑中；遇婦人，則肆行強奸，拒則白刃立下。即有鳴諸官者，然以連山絕壑，難于捕獲，故雖盜案纍纍，鮮有破網者也。

寡婦周氏，世居張渚，年約四十餘，雖徐娘半老，而風韻猶存，垂涎者固不乏人。然心多智慧，具雄力，每出必佩短刃以自衛，故夫歿多年，未嘗一受汚焉。一日有事，跨驢赴宜，背負衣包一。未踰半嶺，一賊自竹林中躍出，以棍橫攔去路，并呼曰：速下驢，乃翁欲與汝作藁砧，否則將置汝於死地矣。周氏知此賊不可以力取，祇可以智勝，乃下驢嫣然一笑。賊慾益熾，遂繫驢於竹，置包於旁，賊為之解裙。周氏即以裙鋪地，自作解衣狀，并曰：你請先臥于地，待我解衣後，即當與汝合歡也。賊不察，遂中其計，即自臥地解其衣。周氏出其不意，拔懷中短刃，直刺其喉。賊欲起相搏，已鋒穿咽喉，奄奄欲絕矣。周氏遂從容整衣，收拾衣包，惟裙已滿染血痕，即棄而不取，仍跨驢去，竟安抵宜城。

旅琴雜錄

沈振夏

余以事赴常熟，盤桓三日即返，爰述此數日中調查所得該縣之地位、風俗、人情、實業、市政、教育、自治團體等數項之大概，以供同好，或亦可作吾邑他山之助。惟于此短時間內，頗不易得其詳，茲不揣譾陋，筆而述之，聊以記此三日非為虛度云爾。

地位　常熟位於虞山之麓，去古吳之東，水程可九十里。城牆跨山而築，背負虞山之勝，面挹西湖之秀，風景幽逸，無與倫比。惟鐵道未設，交通頗感不便，商業亦受其影響，而人民習性，尤為地勢所囿。其地質之肥沃，水土之豐厚，于農工商業均甚適宜、而其人民、被引于湖山景色、習尙游逸、未能有所發展、故斯邑非爲事業發達之地、而實一絕妙遊息之所也。

風俗　琴川社會風俗、可蔽以一言曰、未脫官僚餘臭、而無平民氣概、往來市廛間、聞其稱呼、必曰老爺少爺。而不呼先生。間或有之、亦中等社會以下之寥寥者耳、戚友酬酢、或途次相見、亦多見其以作揖代點頭、或鞠躬、即此二端、亦可見其風俗閉塞之一般矣。

人情　游手好逸、爲常邑人民之特性、蓋都以優遊爲貴、而視僕僕風塵者如下走、故少事業之發展、每見山麓市集、不少王孫公子、遍身羅綺、飲酒酣歌、安閒之態、溢于眉宇、每晨八時許、中上社會之人、必至茶肆品茗、習以爲常、如一日三餐之不可缺、雖有碍衛生、不顧也、至晚八九時、則群至酒肆、否亦必已黃粱一枕矣。

實業　農林尙佳、棉穀野味尤夥、工業殊爲幼稚、全城除電燈公司外、無一大煙突、而對于玩物一類、獨精細異常、至清明時節、喤喤於耳者、舉首仰望、悉是紙鳶、式樣衆多、莫不新奇奧妙、此亦可見其于供人玩樂之物、特爲注意、商業亦以消耗品類爲最發達、街市間以茶館酒肆爲最多、屋宇洪敞、窗明几淨、非若吾邑之偪促汚穢、然其所以能支持者、賴顧客之衆多、此可證其人民游惰之性矣、

市政　街道湫狹、過于吾邑、而不潔也相等、城厢內乏河道、故每家必備井一方、洗濯飲料、皆仰給焉、其無力獨備者、則數家共鑿一井、以供應用、或于街間公井中汲取、此種公井、以應用者太多、故尤爲不潔、邑中醫院頗多、然都非完備、稍大者凡四、此外西醫亦多、通俗教育館陳設不備、圖書館與公共體育場相連、亦以創辦未久、規模不廣、藏書無多、救火事業亦不如吾邑之發達、然此皆以發展較遲、倘努力進行、他日或駕吾邑而上之也。

雜組

教育　教育頗發達全邑學校約二百餘處惟中學校尚缺聞于下學期亦將創設學生活潑有生氣各校大半組織學生自治會其始雖不能達完全自治之目的實爲練習自治能力之良好機會余往觀縣立女子高小學校適該校學生自治會請某校長演講某校學生自治會之法述及起始諸事仍須由教員規畫指導後乃積極進行成績頗有可觀故學生自治甚爲琴川教育界生色余覺該地高小程度較吾邑之高小程度稍高然未敢卽以其爲全邑之代表也邑中人士頗多而倜儻不羈者半有崔氏之藏書樓相傳爲全國第二藏古書之樓云

自治事業　常熟自治事業進步至速每市各立一自治會討論一切公衆事務惟由各市紳董組織之恐不能得平民之同意尚遠離眞正民治之目的耳每鄉有一農會但創設方始當然不能完美余以爲時匆促未能考得其內容至爲憾事其自治事業發達之原因恐亦以人民無一定之職業故多暇晷得注意于公衆生活也返觀吾邑自治事業付之闕如曷不急起直追之

逸雲軒餘墨

諸龍翔

孟子言性善荀卿言性惡揚子言性善惡不分人之天性果善耶否耶抑如揚子所言善惡不分者耶千載下聚訟紛紜莫衷一是實則人性如雞蛋之黃白相間未嘗有單純黃或單純白者性之所禀一以父母之遺傳性爲斷以定其善惡之成分焉迨年既長處社會之洪鑪中由教育及環境之良否而其性丕變其善其惡遂莫定矣所謂后稷之幼也岐岐然嶷嶷然文王之在母也母不憂既生也傳不勤既學也師不煩者是亦不過由於帝嚳姜嫄及季歷太任悉皆賢者斯后稷文王之所得於遺傳者本至良善益以自幼至長均得極佳之教養遂至於是非偶然也至瞽叟愚頑而有舜鯀之惡劣而有禹似若與上說相矛盾然安知舜禹之母非賢者而舜禹之所禀於母者獨厚

耶又安知非舜禹之得於外界者或獨多耶至堯舜而有丹朱商均不肖之子此不肖之稱非極惡之謂不過不如乃父之聖智耳夫聖智豈僅特夫遺傳之本性而謂可以致者哉蓋又有賴夫環周及不時之所遇焉惟環周及不時所遇鮮有相同者則丹朱商均又安知其非由於環周及所遇之不如乃父斯不肖乃父之聖知耶此二人於史冊未載若何過惡可知其人尚佳是彼遺傳之良不可推測而知歟由是可證遺傳之於性其影響爲匪淺矣唯世無純惡之人則可斷言觀彼極惡如盜賊輩之子弟因恣睢暴戾者多然至極可憐時亦未嘗不動其惻隱之心可知雖惡劣成性者亦未嘗絕無善性不過其性之成分因惡者過多乃壓抑其善性使潛伏而莫得發耳故聖人創爲敎化亦以人性本易變能善爲之導則化惡養善未有不可收最後之效果也是則孟子言性善荀卿言性惡揚子言性善惡不分其或皆有所偏乎

外人每謂「中國人民無背骨」Chinese have no backbones 蓋譏吾國人之人云亦云毫無主見五分熱度更鮮毅力之可言也然彼此言不過隻眼所見苟大張雙目環察全國則外人且震驚閉口不敢再作此言矣夫彼軍閥政客亦何嘗無透澈之主見堅持之毅力耶彼等唯一之利己主義色彩彰著與其軀殼以長存苟有一息誓必堅持之以期達其目的終未見夫中途或改變其主義以爲福國利民計者更觀夫全國志士之呼號奔走國民之痛責怒罵協力以圖推覆之剪滅之而彼等時仆時起未嘗稍沮其素持之主義若安福雖倒猶思再起張辮既敗尚謀負隅下之若販運奸商雖時遭懲罰而運私米販日貨售鴉片猶不滅纍日其怙惡不悛遇患不變此誠何等毅力外人見之豈尚敢云華人無背骨哉而惟此輩之頑强乃成今日中國之時局吾民欲圖改革正苦若輩背骨之太硬難以理化也

國人今日之通病爲好作不思之詈不問一事一物之究竟即肆口攻擊之此誠大惡習設如老學究見白話文彼必曰小子何知妄改精深之文言爲俚淺之白話文章由是日趨浮淺斯文將自此喪矣若此之論調即略具見識者亦仍多衆口一辭然亦不思之甚矣彼謂改白話則必不如昔日文言之精深爲其最要之理由然文之精深果何所指豈謂累篇難字險句使人難卒讀即文之深乎彼夫有文之始其意豈若是耶苟一考文之原意即可知文者乃達意之具所貴乎有文者亦以其能傳吾之意於千里外人百年後人也可知文之精深與否一依意之精深與否爲斷無與於字句今文言白話同爲達意之具則意之深者豈僅文言可達而白話不能乎吾恐有時文言之表意反不如白話所達爲明顯耳然則孰謂改白話則文章且日淺耶作是言者多見其爲不思之詈而已

割裂擾攘兵戈紛起塗肝腦於白刃致國家於累卵者非今日良心破產之所致耶欲賴吾國自古以來習爲口頭禪之舊道德以挽救此破壞之人心已人人知其不可於是思借助於宗教或能收效於萬一宗教每具有眞理非可一概斥之爲迷信也吾國舊教之有精義者首推釋教佛以捨己救人爲旨以無欲無相爲宗而今日吾國之軍人政客正犯剝人利己之大弊即以全國論亦每多顧己蔑人者苟能盡脱我相人相則中國之糾紛社會之黑暗皆指日可消佛教誡一服無上清凉散然處兹世界競爭之舞台中豈作老僧入定以求明心見性之時是佛教有不可行之道焉更進而求較宜之宗教厥爲基督教

基督教言「天主」（或上帝(仁一)）以是人每疑基督教爲迷信而謂「天主」爲僞造孰知「天主」係出於眞理有不可破者在否則西人之頭腦發達較吾人敏疾多多而基督教彌漫全歐垂二千年今日且播遍五大洲未嘗受科學之影響而稍阻笛卡兒大哲學家也愛笛遜今之大科學家也咸謂天主之主宰宇宙吾人皆當信服者是可

知基督教之非以虛僞欺人者矣吾人苟讀生物進化論者即可知世界生物之起源然試問何來山川何來地面各物、更何來地球何來日月星辰、何來空氣以脫而地球日月星等、又何來吸力、各行星何以不致相擊而超軼其軌道此等事科學家將瞠目無以對苟冥冥中無造此等物之神則此等物將無來處苟無主宰宇宙之神則宇宙間一切且將凌亂相擊而造此宇宙間一切及管理之之神即基督教中之「天主」是已

芸窗隨筆

溫祖翼

近年以來於一罷字大有研究商人以驅除國賊而罷市工人要求廠主加薪而罷工國立各校因欠薪而罷課政界因欠薪而罷公卒未聞武人欠餉而罷軍竊念冗兵不裁國家破產行將不遠

官吏爲人民之公僕民爲國家之主人翁此共和國之通例也吾國則反是喧賓奪主名存實亡宜乎今日之武人跋扈官僚貪婪以致釀成干戈不息之局家破人亡爲外人譏此乃主僕易位之故

今之督軍擁重軍以樹威享萬鍾之祿猶未足其致互相猜妒以構戰禍不顧生靈塗炭邦國殄瘁諺云國家將亡必有妖孽如若輩者即爲預兆乎

扶桑藉軍閥之力而強吾華受軍閥之權而弱同出一途其優劣有霄壤之別況今歐戰早已終結列強逐漸虎視亞東深願諸公毋仍爲黑甜蝶舞遺患無窮致噬臍莫及也

吾鄉迎神賽會遠勝他邑每屆季春循例必須舉行鄉民有以數十斤之錫爐與銅鑼用無數之細鐵絲鈎刺於肘間膚內而懸之是謂誠心許願迷信習俗至於此極其愚也可笑蓋出會之舉徒然浪費金錢失業耗時輿閱者究無裨益苟儲此有用之金錢爲振興工商各業計則吾邑商務隆盛正未可限量

余誦及人爲萬物之靈一句不禁怦然有動於衷夫人既與禽獸礦植各物異勢必有出乎各物能力之外者在也人若與之並立於宇宙間而不能成一事業流芳後世終則與草木同腐泯沒無聞對於斯言不亦愧乎

余今馬齒徒增年華虛度撫衷自揆內疚無窮頻年就學寸進毫無然余亦未嘗不知自警而畏他日老大之悲終爲撤但所誘惑者使我追悔莫及矣

自由戀愛問題之聲浪日烈而受其影響者亦復不尠今日之青年男女具有中等學識者咸鼓吹不懈然此種現像即芟除專制婚姻之良機提倡自由婚姻之基礎一則自動由雙方戀愛進而爲夫婦一則受父母之強逼而成蓋新家庭之幸福甚巨豈可與舊家庭同日語哉

天下無難事有心人必成非天下之事難而實則有心人難得也非有心人難得欲其有心而能堅忍不拔者誠難得也若爲一業不問艱難危險積極進行百折不撓豈有不成之理乎觀夫西史冊中之奈端乃數學家鼻祖哥倫布發現新大陸麥哲倫啓導南美之航線類此諸輩不盡枚舉苟當日畏嘗艱險之滋味而不爲則其業又烏得迄今不朽也

數年來紛爭之魯案今已告一段落吾華代表費去九牛二虎之力方得議決於五稔後贖還膠濟鐵路至若收回各國租借地增加關稅撤消治外法權等尚未能實行苟吾國內訌不息長此已往至數十百年之後國際交涉仍未必占勝利與畫餅充飢又何異乎

風聲鶴唳草木皆兵霹靂而來之奉直戰爭尚未終了倏而新舊議員之爭持又啓雙方積極激成政潮孰勝孰敗試拭目以觀其後總之吾華前途萬象險惡一波未息一波又與於此觀之烏得有和平之日哉

學生對于科學自動之利益誠非淺鮮師僅居指導地位須自勉力爲之盖師之訓教不過枝中且述書中大意難悉其中詳旨若在授課時令生徒自己講解不但書內之英華易得而字裏行間之構造與作法亦必能臻至十分明晰觀此則自動之益殊難罄竹書矣

課餘雜錄

諸祖蔭

某同學很喜歡發奇論。有一天，他說「我希望張作霖做中國總統。」大家都很奇異；他就不慌不忙的說道：「中國現今犯了麻木症了；故此必叫張作霖來施行嚴厲酷毒的手段使百姓們受極大的苦楚大家或可以從此省悟中國或可以得救，否則恐怕更要糟了！」話剛說完，傍邊一個同學發話道：「照老兄所講，何妨請日本人來管了幾年再說呢」

禮拜日我和同學到公園去散步；只見一個豚尾長垂的鄉老兒手裏揑着烟管，點頭擺腦的嘆道：「怪不得天朝要反，原來女人都變了相了！」

今年五月九日，公園附近有一個小孩子，口裏唱着國恥歌，手裏却執着一個日本貨的響蟬，畢畢伯伯！揑個不止：引得那些路人都喊道「這眞是愛國的童子！」

三個老學究在亭子裏講得「眉飛色舞」，其中一個有髯鬚的講他的三條家教，更是得神；經我細細的調聽，那三條就是：(1)須入私塾讀書。(2)勿取女學生爲妻。(3)辮子尚不可薙去。

初次做聽差的阿大，手裏拿幾張名片，走到朱先生旁邊說道：「有幾個北方人，要來開學堂。」朱先生走去一看，原來他們來參觀的；方才聽差說的話是「我們來看學堂」北音看同鉛，又與開音近，故遂悞爲「開學堂」。

私塾先生在報上看了一篇「女子急應解放論,」大大的怒道:「女人依了男子,方得飽食煖衣,受了恩不說,反冤枉男子欺他;眞是滿口胡言,豈有此理!」

某某傳

朱樹卓

本傳集錫地方言而成、閱者倘不嫌鄙陋。盍一閱、不知能否一粲、

老虎竈對過、有某家焉、其主人即某某也。人謂某某之初也、係江北猪玀、因其初搬場至此地也、萬事皆猪頭三。又因其說話嚕哩嚕囌、嘰哩咕嚕、聽之者幾多成纏夾二先生、莫懂其口氣、故稱之曰蠻子、且腦後有曲辮子。其神氣像飯桶、壽頭壽腦。獨兼阿土生、阿木林兩銜頭、衣裳亦甚蹩脚、然好管閑事、肯做瘟大、有人罵彼爲壽頭碼子、某某即像煞有介事、扳起面孔、但觸起本地人光火、亦勿買賬、請他喫五分頭、某某大喫生活。實在吃區此時某某像啞子吃黃連。究底惡龍難鬥地頭蛇。但心中倒不以爲坍台、亦不以爲蹩眉頭。以後遇事即陰陽怪氣。:行動亦扳扳六十四、大改其以前臭介形、但軋朋友認識一洋行小鬼、託行中剛白度覷得西崽一職、以後便又寫意會串幾句洋涇浜、像也司也司、混大拉、銅生斯、從此大脫以前江北猪玀腔調。學會揩油吵光、揩便宜、時時同流氓白相兜圈子、出風頭、拉皮條。件件老槍、漸漸變成滑頭。但於自己生意太無心相、做事不是王伯伯。定要塌[illegible]、總是混天糊塗、馬馬虎虎實在太拆爛污。勿兌張洋行裏剛白度並不是呀呀糊人。一聽見某某做事搾槍花。黃落戲、便想喊去問問。某某知道自己生意要拆空、老壽星横世横、要動身。便在行裏做三只手。剛白度知道後、大請他吃外國火腿、交與紅頭阿三。坐禁在外國監牢裏。某某至此、便成船頭狼、跑馬銅錢用落、邪氣出來、已成癟三、碰着徐大老爺、一病嗚呼。就算蹺辮子。某某有妻是搭脚。且是老蟹。有子二。俱是瘟孫。洋盤、有女一、則似惠泉山之大阿福也。

記載

樹敏題

無錫錫成印刷公司

廣告

印刷事業爲輔導文明之利器本公司有鑒於社會之需要於光復後創設至今已閱九載營業日益發達內部一再擴充自建發行所印刷所於無錫城中書院衖房屋五十餘間手民百有餘名購用新式印機自備發動引擎**出貨迅速約期不誤**至出品之精良價目之低廉歷荷各埠　惠顧者之推許本公司爲發展營業起見嗣後當更加勉勵精益求精藉副　雅意茲將本公司出品之特色分列於下倘蒙　賜顧不論本埠**外埠**无任歡迎

一鉛印部份　本公司備有**各號銅模自鑄鉛字**故筆畫清楚無魯魚亥豕之弊承印書籍報章簿册表格傳單仿單招貼包紙發票禮帖證券名片以及銅版鋅版等一切精細印件無不力求精美取價則格外克己

一石印部份　特備**五彩大石印機**專印彩色地圖文憑股票商標月份牌美術畫風景片等設色鮮豔花樣精巧

一發售部份　本公司除承印鉛印石印各件外又有自鑄各號鉛字各種花邊並各色油墨中西紙張各式名片以及信箋信封五彩結婚證書各種禮券禮票等自製品物廉價發售名目繁多不及備述

本校春秋

第一年第一學期

民國七年　校長慕高文先生主任華杏鄉先生英文教員十八人中文教員三人學生九十六人

九月五日　第一日開學試驗學生中西文分列等級有三本一預二預一

十四日行正式開校禮卜舫濟徐季龍兩先生並縣長警佐等來校演說

十月廿三日球隊成立唐元樑徐執爲正副會長

三十日籃球隊與三師比賽

十一月十六日本一組織消餘俱樂部是日成立會員四十餘人

廿六日足球隊與馬可比賽未決勝負

十二月四日設立寅歲同年會

廿四日至廿五日三日俱樂部開演影戲及新劇祝耶穌聖誕及歐戰告終

民國八年一月廿三日年假放學

第一年第二學期

是年校長仍慕高文先生主任仍華杏卿先生西文教習十一人中文教習三人學生一百人

二月十八日第二學期開學日

三月十九日設立擡球會

四月十六日消餘俱樂部旅行梅園

五月十一日加入國民大會

廿七日學生救國團成立王炳策徐執爲正副會長

六月五日爲北京學生被捕事實行罷課

六日救國團游行

八日黃昏開學商會議於本校校舍

九日錫邑罷市救國團出外維持秩序

記載

十日無錫學生聯合會開會於本校

十二校中提早放暑假

十三日救國團雜誌編輯部成立會長朱樹卓當選

十六日無錫學生會成立本校被選爲書記

七月一日校中暑假學校開校

八月三十日救國團雜誌發行

九月一日新建課堂三處竣工

第二年第一學期

校長仍慕高文先生主任張恩銘先生中西教員十六人學生八十四人

九月四日開學

五日至八日補行上學期大考

十月　日本校全體往參觀縣立聯合運動會

十一月　日救國團改稱學生會徐執爲會長

十二月三十一日慕高文先生升任非列濱主教辭本校校長職

民國九年一月一日戴爾先生接任校長

二月二日行年假休業式禮

二月八日學生會發行星期刊

十九星期刊停版共出四期

第二年第二學期

校長戴澤民先生主任由薛之驊陳佩甫兩先生同任中西教員共十六人學生共七十餘人內附啓蒙一班

三月六日行開校禮

十三日學生會開全體大會重新組織正副會長徐執朱樹卓當選

十四日編輯部重新組織分各部主任

四月九日學生會開交誼會

二十日因要求廢止中日軍事協定與全國學生會一致行動實行罷課

廿四日因不達目的繼續罷課出外散發警告傳單

五月九日反對遊行實行個人出外勸講

二十七日學生會開一週紀念會
七月七日行暑假休業式聖約翰雷麥先生來校演說第一屆預科畢業生約廿餘人
十四日暑假學校開學
第三年第一學期
校長仍戴先生主任係薛之驊先生中西教員共十八人學生九十餘人外附夜課一班約十餘人
九月九日開學前四日暑假學校停課
二十八日學生會開大會重選職員正副會長朱樹卓徐執會計唐發源書記楊可均諸龍翔庶務孫德
三十日編輯部開會將星期刊改名知新半月一次徐執爲部長
十月十四日爲北五省旱災學生會籌捐四十元餘以助賑濟
廿日朝鮮人五六人(係東洋和平社社員)來校於晚上作幻燈演講
民國十年十一月一日知新刊第一卷第六期改爲特刊
廿四日年假休業式
第三年第二學期
校長戴先生主任薛先生中西教員十八人學生　百零三人內連選科生
二月廿六日開學
三月八日學生會開重新組織會正副會長徐執朱樹卓會計唐發源書記沈振夏庶務嚴企釗計雲翔
九日編輯部開會重舉職員部長朱樹卓當選並舉定編輯員九人謄錄員十二人
五月九日學生會開國恥紀念會大演講國恥以激起同學雪恥心
廿七日學生會開二週紀念會
七月四日暑假休業
十一日暑假學校開學學生約百廿人
二十日學生會開義務學校教習由朱樹卓沈振夏

記載

唐發源嚴金釗諸祖蔭丁汝楷秦秉梧等擔任並有薛之驊先生幇助學生共三十餘人

八月三十一日暑假學校義務學校停課

第四年第一學期

校長戴先生主任薛先生教員二十八學生一百四十五人夜課選科在內

九月九日開學

十六日學生會開重新組織會舊職員辭職後選舉新職員如下正副會長朱樹卓沈振夏幹事部長嚴金釗會計唐發源交際員諸龍翔陸錘偉書記諸祖蔭丁保鏐庶務丁汝楷計雲翔邵鴻逵朱乃驊

十月四日編輯部選舉部長朱樹卓副部長諸龍翔並各部主任六人

十月十日國慶日本校全體同出外提燈游行分五隊演講

二十五日本會重訂章程

十二月十六日本會爲太會風雲日惡發起全邑學生大游行派代表十五人分往各校徵求同意下午四時列整備游行談話會者男女共十八校議決翌日整隊出發

十七日本邑各校與本校同學二千餘人持旗游行街市

民國十一年一月十六日年假休業

第四年第二學期

校長戴先生主任朱惺持先生教員二十八學生一百五十八人選科在內

二月十八日開學

二十七日學生會開重新組織會舊職員辭職後選舉新職員如下正副會長薛楚材丁保鏐幹事部部長朱乃驊

三月一日編輯部選舉正副部長孫炯丁汝楷各部主任六人

六月十三日校長戴先生赴美

十五日本校第一屆畢業刊付印

students are in the school, and vary their treatment accordingly.

Some students need an Emperor, some a king and some a parliament to direct them. They must never be treated in the same way, though they submit under the same rules. But whatever may be the case, it is best to make school discipline a requirment for all students in the school (with the exception of college students who are probably better governers of themselves).

In conclusion, we must know that school discipline does not mean to destroy the liberty of students, but to foster that virtue of obedience which can check the tendency of the 'liberty' of students to become licentiousness in reality.

reports of the student strikes and the breakings-up of schools are evidences that the students are not yet able to govern themselves. These evidences make us feel the necessity of discussing school discipline at some length.

The strongest weapon in the hands of the students in most Chinese National and Provincial schools, whose discipline has since been very loose, is the student strike. Students of those schools have influence even over the faculty, and only those teachers who are disposed to favor the students' own way may remain in the school; otherwise, the students will either rise against them or cut their classes. Such and other defects, every teacher of those schools can tell. This leads many to pessimism in regard to Chinese education.

Now let us see the missionary schools which, it is likely, have been less imbued with the above mentioned tints, and in which the discipline is strict. Surely no one can deny that the missionary schools produce far better results than other schools. Why? Their students submit unquestionably to the decisions of their faculties as a result of good and strict school discipline, though they are not forbidden to have selfgoverned activities.

The importonce of school discipline, as the above comparison convinces us, induces us to discuss the worthy question of how the school discipline should be carried on. Good school discipline has a two-fold character, namely, obedience and punishment. Obedience is on the students' side, while punishment is on the teachers' side, Students must be obedient to the school rules and regulations. If they can first think for what purpose they come to school, and what benefits shall they reap from their schooling, there will be less misunderstanding between the faculty and students. When the students are insubordinste or too careless of their studies and their conducts, the authorities should give them certain reasonable punishment. Many schools cannot carry out good discipline because of undue or loose chastisements. Moderate and reasonable discipline is the only way to correct the students.

School discipline should be executed by both the teachers and students, in like manner as in the army,— that is, the former without prejudice, and the latter without question. Since students are like wild horses which are liable to wander astray, chains are needed to tie them and whips and ropes to tame them. School discipline serves for such chains, whips and ropes.

But school discipline should be carried on differently in different schools. The authorities must try to see what kind of follow either side. However, it seems to me that they somehow show their inclination towards the one more than towards the other. Generally speaking, those who have got their knowledge from the old literature fear that the new movement would some day stamp out the old learning, so they now and then strongly sympasize with the conservative party. Those who like the spontaneity of expression in the new style are very fond of using it, so they here and there practise it. even in the letters to their friends. Besides these two classes, there are those who like neither the old nor the new, and who choose the most simple and common words to express themselves as clearly as possible. They may be called neutrals.

But much can be said on both sides. For instance:— In regard to literalizm, the old form can express a profound meaning by one word which the new cannot; yet the new can express the same meaning more clearly than the old. In regard to the style, the old is more forcible than the new; yet the new is more fluent than the old. If both sides show less contradiction but readier reception toward each other, we shall see a harmony between them. But at present the struggle between them is so violent that there is no hope for reconciliation. The question whether the one or the other will prevail after all is to be settled only in the distant future, for though no human life can keep constantly without any change, yet deeper changes take place only very slowly.

SCHOOL DISCIPLINE

SHENG TSEN-HAIA 沈振夏

The world has been talking of liberty nearly to a climax. But there should be no 'liberty' in school. Schools, like armies should have discipline Schools in some parts of the world follow strictly this principie, as the German schools and Japanese schools Many schools allow students to have self-government and activities which are wholly independent of the schools. In the beginning, the new educational system of China followed the Japanese educational system which has its origin from the Germans Now the Chinese educational system has changed its course and most Chinese schools imitate the American schools. One can easily see the desirability of the strict educational system in modern Chinese schools, if he will examine the consequences of the opposite course. The frequent and her power can be gradually raised up.

To speak more broadly, the world also can be made quiet and peaceful and the God of war imprisoned for ever, if only the people of various countries can all give up their un-warranted encroachments and confine their interests within their proper limits. Therefore it may be so concluded that the sense of self-government is the fountain of happines and freedom to a single man, and likewise is the fountain of peace and welfare to society, country, and world.

REVOLUTIONISM IN CHINESE LITERATURE

BY CHU ZU-TSO 朱樹卓

With the introduction of western civilization into the East, many a revolutionary movement in Chinese culture has been brought about. Thoughtful observers of modern education cannot fail to note how spontaneous is the vernacular literature for human life. On the other hand, they also notice how inadequate is the old Chinese lilerature for modern use. With a determination to revolutionize it, Mr. Wuo Shih (胡適), a propessor of the Peking University, first issued his essay "A dissertation on revolutionism in Chinese literature" in the "New Youth" magazine. He set forth four points as necessary, viz: 1. To write for the new literature in the popular tongue. 2 To express spontaneonsly what we would say. 3. To emphasize materials rather than construction 4. To put down our thoughts in our own words. No sooner was his essay published than every learned man was ready to discuss the important theme of reforming Chinese literature Most writers of magazines and news papers are now fond of entering into a discussion with hithem on the subject. Some are prevailed upon to record news with the new way of expression. Some even suggust to replace the old style with the new one in the textbooks of primary schools. The zeal of reformation can be said to have reached its extreme.

The great obstacle of the new movement is the numerous class of obstinate people. They believe that the old literature is one of the essential attributes of our own civilization. So they insist in trying to preserve it as far as they can. They accuse those who like to write the new style of bring vulgar and ignorant.

Whether the old literati or the new men of letters are right still remains an open question. Students are wholly at a loss to

The man, who is too weak to govern his will, will suffer many disasters and can hardly get happiness. His incapacity to govern his will makes him enslaved to the evil and his mind becomes a resort of satan.

William II of Germany was so influential ten years ago that he might be called the overlord of Europe, but how is he now. Why was he compelled to take refuge in Holland and regarded as the "black sheap" of the world? We also saw that Yuan Shi-kai was at first admired and respected as the only powerful hero of China then, but what was his end? Why should he die for sorrow and later be called the overthrower of the Chinese Ruplic? It is simply because of their incapacity to govern their rapacious will, which sets all their former glories at naught and culminates in winning such disreputable titles.

Moreover, a great many men might be very good in their conduct at first. Being once overcome by their evil will, they then fall into the trap of discredit. They become fond of smoking, drinking, prostituting and other wicked diversions. Their dignity becomes degraded, their enterprising spirit dormant, and their lives, perhaps, shortened. They are like men with a dense black cloud over their heads, and like souls in a miserable hades out of which only a few with a strong effort of self-government can escape.

We see that none in the world likes to be a thief or a robber, but thieves and robbers still can be found everywhere. Though poverty is generally given out as one of the pretexts of doing such unlawful things, yet they can not be excused with impunity, since they still can work for their living however poor they are. We censure them because they desire to gain without labour. In other words, we charge them with the loss of self-control. Therefore, if every one in society can govern his will well, there will be no thieves and robbers on earth. Hence one's sense of self-government has much consequence upon the welfare of society.

Upon the country also it has an influential effect. Were the people all able to govern themselves well, they would never give up their duty of loving the country, which will surely become strong and powerful. Had the three notorious Chinese traitors, Tso Tsu-ling, Chang Tson-zian and Lao Tson-yu, strictly inhibited their desires to get money illegally and immorally, they would not have played the part of betraying the country and China might had a better prospect. If the anthorities of China to-day can all give up their unfit schems and control their wild ambitions, China can be readily reunited they will find their path made plain before their feet.

And so you go to your graduation. May there go with you the spirit of your own school, the spirit of her mother-school, St John's University, the spirit of the patron of that university, St. John the Evangelist, and the Spirit of the Master of St. John, Who was also the Master of the World, but Who came among us as One Who served.

Louise S. Hammond

SELF—GOVERNMENT

CHU LUN-ZIANG 諸龍翔

There are so many tempting objects in the world, that scartcely any man can be perfectly free from their influence. Most-people therefore possess two kinds of impulses in their minds, that is, the impulse leading to do the evil and the other to do the good. These two kinds of impulses are constantly struggling for the possesseon of the mind, so that now the one and now the other gets the upper hand.

Since any mental state may take on the aspect of an impulse to an act, the result of the struggle between the good and evil impulses has a great consequence upon one's character. If the good claims one's attention, one will donbtless keep in check those evil thoughts that will lead one to commit the undesirable movements. But if, on the other hand, the evil gets the upper hand, it will unmistakably leave a stain upon one's moral charaster.

As none desires himself to be a bad man, the inhibition of bad feelings is a method perhaps known to all. But this will succeed only when one has possessed the will power of self-government. By the will power of self-government we mean the determination to select and cultivate the good thoughts and to inhibit and eliminate the evil thoughts. It is the only power which can make our character perfeet rnd success probable.

But it is not easy to keep the sense of self government It is like an unbridled horse which will run away if you once let loose your rein. By an accidental misleading of the mind, one is apt to loose one's hold over his self-government. Hence only those can succeed who, by a strong sense of perseverance and the ability to govern themselves well, can overcome the temptations beseting them.

and more beautiful word than it has ever been before. The school has been recognized in Europe and America as the foster-parent of the pupil. But it is in China that the full significance of the relationship between parent and child has been most clearly brought out. Filial devotion, which is the gratitude of the younger generation for all the care and costly sacrifices lavished upon it during its period of helplessness, has been the glory and the tradition of the Chinese people from the earliest times. Now if you, as a body of Chinese students, come to feel that your school stands really in the place of a mother to you there may be no end to the response of loyalty and affection which you will give her.

In what way then may we expect the spirit of the true alumni of St John's Alumni School to express itself? I think for that we must turn to the Chinese name of the school. Surely one school cannot have two names without any sort of connection between the one and the other! The Chinese and English names must in some way supplement and interpret each other. And I think the hidden meaning of the double name is this: that the true alumni of this school are those who are filled with the spirit of 輔仁, of service and loving-kindness, those who, having received help and inspiration from their *alma mater,* are desirous of using all they they have gained in the service of generations still to come. This has been the ideal of the graduates of St John's who founded our school. This, I hope and believe, will be the ideal of our own new alumui.

On the Class of 1922 there rests a great responsibility. As the school is the mother, so this class may also be called the eldest son. The future graduating-classes year by year will look to this class as to an older brother for guidance and leadership. What you become, they also will become. Wherein you fail, it will be with the greatest difficulty that they may succeed. But wherein you do well and set up a high standard,

EDITORIAL

TO THE FIRST ALUMNI.

This is St. John's Alumni School. And now for the first time there are about to be alumni of this Alumni School, graduates not of St. John's University but of this very Wusih school of ours, founded by the love and loyalty of the Wusih graduates of St. John's. You of the Class of 1922 have long borne the name of Alumni. Now it remains to be seen whether you have really understood what that ancient and honorable and ever-new title can mean in the working out of your own lives. Will you as younger alumni show the the same spirit as that of the founders of your school? Will you prove by your actions the richness of your inheritance?

If we look in the dictionary we find that the word *alumnus* means a *foster-child*, one who has been nourished and cared for, and contains therefore the beautiful simile of the protecting and generous love of a woman, the *alma mater*, for another woman's child who has come to her for help. In former years the word was used for a pupil, who was considered to be the foster-child of the school from the moment when he first came under her benign and strengthening influence. Recently however its use has been confined to graduates of the school, those who are going out to face the world with whatever of knowledge and power they have been able to appropriate from her abundance. And there is something rather lovely in this usage—that we come to realize more fully the whole weight of our endebtedness just as the gift is complete. No child can appreciate the wonderful blessing of his mother's love until he begins to go up and down in a world which is indifferent to his interests.

I am wondering whether it is possible that you Chinese students will take that venerable word of *alumnus*, which was Latin and has become English, and make of it somehow by your national gift, a bigger

GREEN HORN

1922

PURLIBHED BY

ST. JOHN'S ALUMNI SCHOOL

無錫輔仁中學第二屆畢業刊

第二屆畢業生 編輯

《無錫輔仁中學第二届畢業刊》，不分卷，無錫輔仁中學第二届畢業生編輯，民國十二年（一九二三）夏季鉛印本，美文印刷公司印刷。

輔仁中學是由上海聖約翰大學無錫同學會的楊四箴等人創辦的。楊四箴（一八九六—一九七二），原名德寶，原籍寶山，後定居無錫。獲聖約翰大學神學士、文學士學位。在輔仁中學任校董兼英文教員，民國十五年起任校長。輔仁中學在一九五二年十二月改爲無錫市第二中學後，他繼續擔任校長，至一九五八年四月退休。他是無錫市政協常委、民盟無錫市委常委，還是無錫市基督教三自愛國運動委員會負責人。輔仁創辦之初，由美國傳教士慕高文任名譽校長，並有幾名美國傳教士兼課，師資力量强，如第二届畢業刊所攝本校教職員十六人，其中外教四人；國文教員中有前清恩貢生一人、秀才三名。該校對學生管理嚴格，教育質量較高，該校第二届畢業生有楊蔭瀏等十二人。該届《畢業刊》内容包括：頌詞二篇、攝影（教職員十六人、畢業生十二人）、序四篇、發刊詞三篇；並收録學生所撰言論九篇、思潮九篇、商榷四篇、譯林六篇、文苑三十篇、小説六篇、雜俎二十五篇、記載三篇。該《畢業刊》係當時無錫中學教育第一手資料，具有一定參考價值。

本書據民國十二年（一九二三）夏季《無錫輔仁中學第二届畢業刊》鉛印本影印。

（沙無垢）

無錫輔仁中學第二屆畢業刊

TO

MR. E. R. DYER M. A.,

THE PRINCIPAL OF THE ST, JOHN'S

ALUMNI SCHOOL,

THIS SECOND VOLUME OF

"GREEN HORN"

IS GRATEFULLY DEDICATED

輔仁中學畢業刊

目錄

目錄

輔仁中學畢業刊

目錄

輔仁中學畢業刊

頌詞

以文會友　以友輔仁
惟仁彌極　德進道明
休哉斯校　輔仁以名
明道進德　用訓諸生
鍾靈毓秀　輩出羣英
三元卓卓　已如先聲
七賢繼起　文采崢嶸
龍山蠡水　一樣才清
英雄時世　大好爭衡
時哉勿失　萬里鵬程

無錫協會全人敬頌

先哲有訓　會友以文
輔仁取義　即如所云
念茲同學　畢業諸君
數年共處　一旦中分
疑胡以質　德胡以薰
然惟同志　遠而彌芬
情離乃渙　道合爲羣
刱茲時局　治絲愈棼
祖鞭先著　物望孔殷
致功必力　服務必勤
追隨後起　以慰以欣

本校學生會全體敬頌

Faculty Staff

教職員

D.H.KOO.B.A.(ST.JOHN'S)
HEADMASTER.
過廷勳先生

REV.E.R.DYER,M.A.
PRINCIPAL.

REV.W.H.WEIGEL,JR.

MRS.W.H.WEIGEL.

MRS. T. P. YANG.
楊朱雪英先生

MISS. F. BERG.

T. Y. TSANG. 張紹元先生
B. A. (NANYANG)

T. S. CHU. 朱電如先生
B. A. &B. S. (SOOCHOW)
前任主任

Z. T. DAUNG.唐受甄先生
（秀　才）

W. F. TSU.朱惠孚先生
（恩　貢）

Y. T. LI.李繹之先生
（秀　才）

K. S. KAU.高景憲先生
（秀　才）

T. W. SIH.薛之驊先生
前任主任

T. W. LING. 林德吾先生

Z. T. TSANG, 張紹裁先生
B. A. (ST. JOHNS.)
前代理主任

A. P. LOH. 樂安平先生

T. T. CHENG. 鄭鍾俊先生

Graduating Class

1923

笑介紹

（以姓氏筆畫多少爲序）

薛道章（中文畢業）

三軍可奪帥也。匹夫不可奪志也。（孔子）

君立志超卓。稟賦特聰。而性習散放。動止安閒。有雅士度。待友甚寬厚。故人多樂與遊。然君方寸中自有審擇也。善詼諧。侃侃而談。四座傾倒。爲吾校之演說家。嗜音樂。管絃各器。靡不諳練。爲吾校之音樂家。長交際。本校歷屆學生會交際職。非若莫屬。又爲吾校之交際家。國學則經史子集外。又擅新文化。以爲後日改造社會之良助焉。

保鏐

鄧玉麟（中文畢業）

不愛尺璧。獨惜寸陰。（古語）

君性沉默寡言笑。爲人忠厚。心志甚專。方其用功也。雖他人喧笑跳躍于其旁。而不爲稍擾。識有泰山崩于前而色不變之概。則其性之鎮靜可知。然其遇人也。未嘗以厲言遽色加於人。不道人長短。不與人諧謔。故同學中均以好學生目之。近年來又復孜孜益進。課餘飯罷。輒手執一卷。翻覆往觀。其進步之速。大非昔日比也。

保鏐

楊蔭瀏（西文畢業）

非禮勿視。非禮勿聽。非禮勿言。非禮勿動。

（孔子）

君身軀雄偉精神充足。不苟言笑。偶發一言。必再三思維而後出。能運動。尤善足球。精音樂。絲竹金革。無不能者。且擅淸曲。當其輕吹低唱之時。聞者莫不為之神往。君富判决力。屢任本校學生會評議部部長。評議學生會會務。莫不切中。面微黑。鼻特高大。吾聞法帝拿破崙與德皇威廉之鼻。皆高大異常。君殆我中國將來之拿翁威皇乎。

鍾偉

郭鈞一（中文畢業）

務實際。重力行

（墨翟）

君磊落聰慧。談吐風雅。善詼諧。各處方言。皆能摹倣。所志淡泊。喜金石。入其室。几案累累。陳五代以上物。精究閱三四年。知之者尠。負才尤隽。異好學。深思孜孜不倦。務實際。不峻分數。常言人生祇求本分。無慕虛榮也。其處世明達。少年老成有如此。

保鏐

陸鍾偉（中西文畢業）

知道者必不自矜。知義者必不好得。知德者必不沽名。（張九成）

荀有以聰明才智之士見詢吾必以陸子對。陸子天機活潑。好詼諧。常以一語令人捧腹。而其思慮周密。行事敏捷。無不高人一等。讀書僅觀大略。而記憶力甚强。以故成績優美。輒列前茅。擅體育足球網球。無不能者。尤長演說。善交際。居校五載。于校內外紀念會。演說會。大庭廣場中。有具優閒狀態。侃侃而談。四座傾倒者。陸君也。君曾任本校學生會運動部部長。足球長。交際等職云。

保鏐

唐發源（西文畢業）

仁而不佞。（孔子）

君體壯如名將，貌白若書生，平居爲人和而不同，能言而不佞，好學而不誇。余初入校相見傾心，遂成莫逆。君平居靜默，而登臺演講，議論風生，出人意外，又時作驚奇之語，令人駭然，及經其尋緒解釋，聞者大悟，而益覺其言之雋味無窮。君中英文均列優等，而中文之中尤長詩賦，能數韻本如驪珠，能七步成詩，無不中律。同學作詩時檢韻不得者，輒問之唐君，宛視唐君爲能言之詩韻本也。然唐君則未嘗以此自誇，或以詩人稱之，則忸怩不安，蓋其得之于古人之詩者既多，而所見愈廣，自視愈謙，非上追唐宋，要不敢自誇耳。君與余交最密，晚學歸途，非同行不歡，及大考將近，相與切磋科學，爲益尤多焉。然君之性則固有與余不同者，其性清介，其辦事能力爲他人所折服，團體得君無不生色，以故團體之欲得君爲職員者甚衆，顧君則視其會員以爲不可與其事者，望望然去之，若將浼之也。吾聞之，昔有伯夷者，非其君不事，非其友不友，不立于惡人之朝，不與惡人言。君處濁世而獨清，殆有伯夷之風焉。或有挽余勸君助團體之會務者，余逆知非君意，則拒之曰：余友清介如伯夷，余樂有伯夷爲吾友，不忍擾之也。

劉蔭

秦秉梧（中文畢業）

平生之志。不在溫飽。（王曾）

君性伉直。胸無城府。勇于任事。有決斷。善經濟學。每當交。際。頻以。經。濟。術。勝。人。讀書勤懇。能咀嚼精華。英文科又多研究。故近。任。該。班(Utilize Paper)理。事。編。輯。于社會事。亦復出力。曾任本校學生會無錫協會義務學校教員等職。

保鏐

洪啓英（中西文畢業）

天下之事曰是曰正曰善。皆所當爲也。曰非曰邪曰惡。皆所不當爲也。（呂東萊）

君嬌小而精強。能技擊。嗜絲竹。在校以善書名。書法宗柳公權。挺秀絕倫。待友誠懇。不念舊惡。生性爽直。不隨俗浮沈。精網球。當夕陽西墜。課餘無事之時。網球場上。輒有君之足跡。嘗語人曰。球類之中。足球籃球。皆有損身之憂。室內運動。則又不暢。惟有網球。既無危險。又有益衛生。吾故愛之酷。其精細有如此者。歷任本校學生會絲竹部部長、書記、及網球長等。頗爲同學所欽敬云。

鍾偉

何希博（中西文畢業）

焚膏油以繼晷。恒兀兀以窮年。先生之業。可謂勤矣。（韓愈）

君穎悟若張子房。勤學若韓退之。而身體微弱。顧君曾不以體弱故少遜其勤學之心。其科學文學兩者。兼精。本級之中矯矯者也。平居讀書時間據其時日之十分之九。而遊戲之時間則甚少。終日孜孜。不知其體之倦。而身體遂較他人爲弱。然身體雖弱。腦力益强。余曰。體弱何害哉。子房多病。而成蓋世之謀。以君之穎悟。其將爲後之子房歟。且君體之弱。由于讀書之過勤。今君方從事習網球。則他日者以蓋世之聰明。寓于强健之體魄。正可以預卜。是又豈子房之所敢望哉。

陰•劉•

余鴻鈞（中西文畢業）

所守者道義。所行者忠信。（歐陽永叔）

君秉性爽直。待友眞摯。好讀書。孜孜不倦。以是各課成績皆優。惟體質不强。不能理繁劇。故近日酷愛山水遊。課餘之暇。恒涉足郊外。以自娛樂。善書法。宗黄自元。鄰里之以箑扇相託者。日必數起。言語。善滑稽。課餘柔談。非君不歡。偶至詞窮。則必自曰。「動氣」。默然而退。尤富辦事能力。任本校學生會庶務職。實爲最久云。

保•鏐•

阮元衍（中文畢業）

好學近乎智。力行近乎仁。知恥近乎勇。（孔子）

君天資聰穎。智力過人。中西文並長。爲我級中之出類拔萃者。嗜文學。又善談論。喜諧謔。課餘入室。輒手執一卷。伊唔誦讀。然學雖勤。未嘗獨學。而遺友。故友人往訪。輒釋卷招待。相對譚書。往往一言出而合人首肯者。再君每多遠慮。見我國舊文學之日頹。新文學之倡盛。嘗自語曰。我在文學上。希冀新舊貫澈中外。咸明而後已。又酷好打網球。若負。則緊咬其齒。閉其口。甚至以拍擊地。羞慚之色。現於面。蓋少年氣盛。無方自抑者也。

道章

丁保鏐（中西文畢業）

柔能制剛。弱能制強。（黃石公）

君秉性溫和。與人交。無疾言遽色。故同學皆樂與之親。好學善辯。尤善詼諧。一言甫出。而笑聲徹四座。雙目纖橫。頗彌勒佛。以貌取人者。必謂爲胡廣中庸輩。不知君固富於團體性。與辦事能力之人也。君作一事。輒徘徊顧慮。非腳踏實地。必不輕進。即進矣。則始終如一。不畏難而退。平時爲人區畫。或與人論學。縝密懇切。諄諄不倦。歷任本校學生會正副會長。中文級級長。與本邑無錫協會義務夜校校長。頗符人望。課餘無事。輒以絲竹自娛。不喜劇烈運動。常謂劇烈運動。不特無益於身軀。抑且有害於衛生。與其過勞而貽害。無寧靜坐以養心。髮微曲。竊百法不能使之直。是亦君之特點也。

鍾偉

輔仁中學校第二屆畢業刊序（以來稿先後爲次序）

學術之進行無止境亦無盡期吾聞古有肄業及之者未聞學術有止境有已時也然學校之中有始業即有畢業舉凡學校皆編有學級中學畢業定爲四年除學術有不及格須留級者外未嘗有逾四年而中學不畢業者吾輔仁中學校自開辦迄今已及五年去夏完全畢業者三人皆升學上海聖約翰大學以去一年以來傳聞其各科平時積分皆在愛皮西以上無一在西字以下者成績之優長吾聆過君廷勛爲予言而躍然以喜者久之本屆畢業生又有十二人既皆欲升學以去亦必有畢業刊以留去斯校時之紀念諸生刊印既成索序於予予因念中學所授皆普通學術不必急與高等大學實業專門相[illegible]即與吾[illegible]等專門[illegible]業相衡亦自覺其淺深各異於此可知學術之進行洵無止境決不能以一畢業爲有盡期也此次畢業十二人其學術俱斐然成章吾雖不能即以孔門十二哲佛門十二大弟子耶穌十二使徒相期許而紀以十二年而成年以十二月而成日以十二時而成天有十二時地有十二支人有十二生肖世間事事物物其爲數十二適皆與此次畢業生人數相符合其進德修業必能不自滿假而駸駸焉期與歲時俱進是則第二屆畢業刊之印行一以永留紀念一以自勵進修固有不容或緩者矣

中華民國十有二年五月二十日武進高景憲撰

序二

予授經無錫輔仁中學已四年今第二屆學生畢業復制畢業刊索予弁一言夫經綱紀人倫維繫國運之具也自中西棣通西方聖經駸駸分我東方聖經之席而基督教義間與孔教並稱我輔仁中學之設教也學參中西治孔耶教義爲一體予授左氏傳日與諸生言通經致用之道以爲禮教樂教書教詩教易教傳中徵引綦詳讀是書則凡節人發和道事道義道化之功皆能因是而明吾心之常道而后爲人之道備焉且際今時青年士夫競言國家主義其若何合羣若何交際充其志量尤非治經不爲功傳言子產治鄭國擇能而使鮮有敗事季札聘上國擇賢而交邦交以睦子產能合群季子善交際皆以一人而裨益羣衆裨益國家此經國之用也又言樂王鮒請帶于叔孫豹豹裂其裳帛范獻子請冠于叔孫婼婼與之以兩冠晉人貪利魯人守經晉終無得魯卒不喪貪廉之判文野攸分此治身之用也其尤與耶教同出一旨者耶教恒言上帝左傳常言天其賞善也則曰天叙天功其罰惡也則曰天法天討蓋以恒人之性無善無不善其善者蔚爲致治之基其不善者寖爲致厲之階時丁叔季不善人多寖假而道德不能範圍法律不能救濟人世間將無復有安寧之一日聖人有憂之故尊言天道一若果有赫赫明明者居于上而監觀察聽以儆其萬有之虛靈不使或昧牖民覺世悲天憫人此東方聖人西方聖人同具之救世苦心經國之大猷也吾國新邦初建本基未鞏羣雄逐進狎主齊盟雖舉之表旂著之制令無能俾壹則撥亂反之正益不能不歸柄於天而以人力助之經于今日之用既若是其大吾人受經顧又可或緩乎哉諸生漸漬道義已有年外觀時事內省身心尤當懍乎其所指而思所以身體力行矣抑吾人之智愚不齊也其上者經世之才經天緯地其次者經術之門經緯史是治經之功又不能離緯而獨立諸生今屆畢業凡十二人其以遷既經以文史

科學爲緯。庶令羣交際之方。救國治身之要。期諸異日。必無所施而不當。惟孔門十二哲。耶穌十二弟子。諸生人數。悉與相同。苟能通經致用。以孔門十二哲自居。不效猶大之離經叛聖。更進而益造高深之詣。則予言爲有當矣。

中華民國十二年五月武進李法章

序三 七絕四首代序

其一

艱建輔仁閱五年。道明德進後人賢。幾經國學相研講。自愧藐躬執教鞭。

(說明)本校艱於民國七年。迄今十二年已五閱寒暑矣。本論語曾子以文會友。以友輔仁之言。名曰輔仁。中文校訓。取明道進德四字。本朱註講學以會友則道益明。取善以輔仁則德日進句。溯開辦迄今。鄙人任國文一席。自撫藐躬。年衰力薄。殊覺有愧云。

其二

諸生成績貫中西。畢業纔經二次題。此後好教升大學。青雲一路共登梯。

(說明)往年中西畢業升送者。爲第一次。此番畢業者。爲第二次。其升學之象。一如雲梯之共登焉。

其三

一般中學共磋商。那許會登約翰場。幸得有人先路引。相期學業進無疆。

其四

(說明)上次中西畢業升送上海聖約翰大學三人。均蒙許可。此次畢業諸生。接踵而起。庶幾步厥後塵。

校董經營見熱忱，從事策勵望光深。他年成學幸相慶，無負諸公培植心。

（說明 本校創辦人，如[illegible]高文，朱翼元，吳稚和，許松泉，楊四箴，[illegible]錫鎮，鄧爾培，[illegible]和[illegible]，李成甚，曾[illegible]曾，周日庠，許鼎奎諸公，苦心經營，創辦此校。他年畢業諸生成學有期，非特爲本校諸生慶，抑且爲本校校董諸公慶云。）

中華民國十有二年夏季朱恩沐

序四

石蘊玉而山輝，水懷珠而川媚。學校之孕育人才也，苟得瑰奇卓特之學子，本其平日傳習之所得，與夫研究之所獲，日增而月積，充實鬱茂，發而爲光華，如是者歲有所出，且不一其人，焉於是學子之詣力見，而是校之榮譽亦因以益彰。此豈非山因玉而輝，川因珠而媚之說乎。雖然玉在璞，珠在貝，固不能識其爲玉也珠也，及乎有剖之或示之者，其果爲珠玉也，見其不爲珠玉也，亦見。不佞忝任輔仁教職者四年，於茲猶憶去夏第一屆辦畢業中文畢業者六人，中西各科同畢業者三人，此數子者，當時曾本其所傳習所研究，發抒爲言辭，纂成畢業刊，余既隨各同志後，謬序數言矣。今值第二屆畢業，列是級者又將有畢業刊之出，屬序於余。余思夫畢業刊者，不過各抒其思想意見，以證其所學之緒餘而已，要其所謂充實鬱茂，發而爲光華者，則別有所在。蓋學子畢業中學，或出而任務，或從而升學。任務者將展其抱負，煥爲異彩，乃有所稱述，即云升學，亦必成績炳然，於升入之校，均能出乎類而拔乎萃，得彼中之師長曰某與某學行優，是某校所產也；其同學者亦曰某與某學行優，是某校所出也。倘吾校畢業者，皆如此，是則諸學子之光，亦即吾校之光矣。蓋本校實爲聖約翰大學無錫同學所設立，故其畢業也，得以申送聖約翰大學。上屆畢業者三人，悉升入彼校正館肄業，其最近新知傳聞均不落人後，是不必如卞隋之見珍，或幸免獻

輔仁中學畢業刊

序 五

穢與魚目之誚。今屆畢業諸學子。於所傳習所研究。亦皆畜積有素。雖此後任務升學。或不必出於一途。然而發異彩昭成績。樂爲他人稱羡。固詠學子之心。亦即設校培植者之心。前者既略有所見矣。後者安知不更進而上之也。是雖不佞亦所深望焉。

民國十二年六昨武進唐時序

輔仁中學畢業刊

輔仁中學第二屆畢業刊發刊詞

吾校中西文學生之畢業於茲爲第二屆畢業之先例有畢業刊之出集畢業同學少數之筆著成績刊訂成冊流行於社會蓋非無意焉

本刊之文字中西文並列中文之中又駢散互見其內容則上稽往古遠及東西大之論國家社會之事小之爲箇人抒情之作更旁作小說雜俎之文博而不精雜而不一而其取材之所以然者蓋亦有說

夫本刊之體裁雜誌也非專著也本刊之作者畢業之衆同學也非一人也畢業之衆同學者僅畢中學普通智識之業而無有乎專門之學識淵深之學問也則其博而不精雜而不一不亦宜乎

本屆之畢業同學其求學之時適不幸當國家多事之秋國事蜩螗民生疲敝政府腐敗外交失章求學不忘愛國志士本宜先憂此本刊之所以有痛哭流涕憂傷國事之作以及激昂慷慨代謀國事之作也此本刊之有關於國家著論者一

今日我國之社會方在發展時期錫邑社會之進步尚在在足以先乎其他各邑而與南通共有模範自治縣之名然在變遷之中優點之外勢不能無缺點是均足以引起學生之思考更引其思考使推及於其他各社會而著之

發刊詞

於篇。此本刊之有關於社會著論者二。

同人等讀書學校。則愛學校。學校有師長焉。有朋友焉。師長有誘導之功。朋友有切磋之益。吾敬吾師。吾愛吾朋友。於是有關於學校之作。是本刊之所以有關於學校師友著作者三。

若夫小說詩辭。所謂抒情之作。消遣之辭。亦自有文字觀摩之價值。則關於私人成績者也。

同人等或在校已四五年。或二三年。其最短者。亦一年。學問之得之於師長者。終身所不敢忘。刊存己之成績。并師友之寫真者。蓋所以紀念師長教導之功。俾他日離校後。回溯往日在校讀書之事。師長諄諄訓勉之辭。將藉以喚起自愛自尊之心。以求無負於師長之命也。

前吾畢業者。已有第一屆。後吾畢業者。將自第三第四第五屆而至於千萬屆。一屆有一屆之畢業刊。吾既有第一屆先吾畢業。則上可以求先覺者之覺。我既將有無窮屆後吾畢業。則可留以餉後我畢業者之畢業刊。冀後我者之畢業刊。永永隨世界以俱進。而不復與本刊同。此本刊之所望於斯校之新舊同學及未來之同學者也。

或者曰。學生處求學時代。求學之外。責無旁遽。國家社會之事。殊非學生所宜問。同人僉曰。否。不然。教育之本義。使學生領略學識外。同時當養成其自由發表之意見之能力。本刊之論。所謂自由發表意見也。且夫入鮑魚之肆者。不自知其爲臭。入芝蘭之室者。不自知其爲馨。當局者迷。旁觀者清。處身於社會政府者。鮮能知社會政府利弊之所在。即不處身於社會政府。而其職務苟與社會政府有關係者。即惑溺於一時社會政府之潮流。而不自覺。惟我學生。天眞爛縵。既未嘗執業於社會。其言論皆處旁觀評判地位。無勢利之援。無習性之偏。自最爲公平。而不無可以採取者在也。然惟其與社會接觸之機會過少。故乏社會上辦事之閱歷。其言論時或不無謬誤。而有需社會人士校正者在此本刊之所以自由發展其對於社會國家之意想而尚欲以求社會人士有以糾正者也[illegible]則本刊者集畢業同學各個人之作而彙爲一團體之作以紀念師長教導之功者也非特彙爲一團體之著作以紀念師長教導之而已也將以貢之前我之畢業同學而求其指導留以待後之畢業同學而望其改進蓋關係於一校者也并非特關係於一校也且著論及於社會國家之事將以求社會國家之士從而有以正我者也不特此也本刊有西文之作實更欲以求歐美人士之指正焉

夫同級同學皆至友也先吾後吾之同學亦吾友也社會之人國家之士皆吾友也即遠而至於他國人士又何莫非吾友乎吾校以輔仁命名論語記曾子之言曰以文會友以友輔仁今吾輩本以文會友之旨舉行此刊不亦可乎

其二

民國十二年六月三日清如楊蔭瀏作於藝香書室

竊聞造極登峯爲學斷無止境埋頭刺股惟人需有堅心中外古今雖難畢覽聖賢豪傑可以造成曩跡匪遙試閱千秋簡策逢源自得但不萬卷詩書毋畏夫百尺竿頭祇在於十年苦志是故囊螢映雪均是大儒畫粥斷虀斯成賢相同人等隨班四載敢云中學竟修識字幾行僅慰初堦已上尚未登堂入室無窮之業待求敢先西抹東塗一冊之書編訂實因畢業之秋適值興雲之候慟國事之蜩螗看新潮之澎湃歐風傳播爭誇科學昌明大道沉淪羞說文章墮落溯自尼山講禮獨開東亞文明滿族入關漸退神州教化迫乎今日儒服幾人環顧中邦野民多數甚至皇皇元首不閱公文（馮國璋）赫赫雄藩難披報紙（張作霖）取嘲列國騰笑諸邦嗚呼斯文將喪聖道云亡惟

我青年當茲重任責無旁貸挽已倒之狂瀾學貴宏通溶各支之文化蓋古道可風新知是采舉功一貫科學萬能是當不辨中西無分新舊陶冶同爐俾得駸駸遠邁邯鄲學步敢誇洋洋大觀且四載元亭同門未免有情一朝勞燕分飛安能無語文章郁郁薈新舊於個中河滿聲聲留紀念乎永後開宗明義爰成發刊之詞略讀原情望指瑕疵之謬。

其三

民國十二年六月岷春唐發源艸於桐蔭書屋

學校為作育人才之地。自小學而中學而大學。須以中學為最重要時代。蓋小學學生。大都年齡幼稚。腦力未充。倘無過分之思想。大學學生。年逾弱冠。腦力多分。其學問之進步。反行難緩。且也大學生已經歷小學中學之長期鍛鍊。意志固定。出奴入主。恒難改變其性情。而所學又偏重專門科目。學力每失其平均。惟中學生年纔志學。腦力方銳。知識大開。正可鼓其精騖之神。力求普通之學問。預備將來入大學專科或服社會業務甚而待洩。關係甚深。矧中學畢業為普通學問結束之時。多數學生因環境遷變。大半入社會服務。僅有少數人得以升學。是以中學畢業生與社會接觸最為相近。改造社會之責。已隱隱然交付與我中學畢業生矣。往歲同學諸君畢業以去。已印有第一屆畢業刊。今者本級同人中學之制定學問告竣。第二屆修業乘時結束。有不得不表示我四年以來之所學。藉文字之能力。貢獻我同胞諸君。以天賦之思想。作中學成績之比較者。我校之教授與科目之分配。比他校不同。其特異之端。即以中西並重為旨。縱觀我國今時之省立中學。大都偏重國文一方。而教會學校。則咸以西文為主體。

輔仁中學畢業刊

譯文之目的惟採取外人之思想補充我中文之不足我之所學無過亦無不及中西相濟酌乎其中故是刊之組織參合中西思想而膠合之是主要科與衆不同之點一也今中國文學適值過渡時期同人之主張惟求普通適用之文達意而止故對於精深之舊文學並不表示同意以其古奧不能使多數人通其意然現在之新文學亦非所贊成者以其所用之詞句恆繁複不慊意一文能以百字表明者語體文必至百五十字甚至加倍其時間與運字之不經濟莫甚於此且誦讀之際亦覺不便若發起語體文本旨取其便利故也今非特不便利反覺繁難弄巧反拙何貴其然故本刊內之語體文不甚夥惟遇某種題目不得不用語體文則亦隨所宜而爲之總之本刊之發行惟求表白我之思想而已對於文字方面非所注重更何敢與人論文字之短長此文字上不同之點二也民國告成已十二稔國事蜩螗干戈不息天災連年民生日困同人素富國家思想對於國事方面頗爲注意余每見一般青年常抱悲觀態度不知悲觀實敗壞社會之原素可以鼓吹社會退步消滅人之血性與辦事之志氣苟不幸此種人類布滿全國則我神聖之中華大陸不將立取沉淪於亡國地步乎同人等於課餘之暇輒思有以興發民心之術共圖改造謀國家前途之幸福造成眞正之共和故咸抱一種樂觀夫所抱之樂觀惟何曰中國前途大有希望若從事改造將來決不亞於英美諸强國昔英美均經百年改革始有今日之强大安知九十年後中國不有若今日之英美乎雖今同人等升學者多入社會服務者少然而事之成功恆以少數之領袖勝多數吾人之服務社會者咸具一種進取心與積極之思想即升學者亦以入文科者爲多數圖將來個人發展與改良中國教育事業此同人所抱志願與衆不同之點三也改造中國事業不外農工商政各門苟能盾之實力銳利進行打破舊時之惡習與進行之障礙則本刊之思想一旦貫澈以上之主張必可收萬一之效力而余亦將獲知言之明也至於

輔仁中學畢業刊

發刊詞　六

本刊之類。則有論言、思潮、商榷、譯林、文苑、小說、雜俎、記載、英文等。吾言至此。吾尚有一言爲閱者告。則望以中等學校目光、閱是刊。毋遽以遠大者繩。只刊而繩愆糾謬。指示南針。深幸有以敎之也。民國十二年六月何希博

言論
唐時

本刊啓事

本刊諸稿排印時適敝校畢業大考無暇細加校正以致魯魚亥豕在所不免尚祈閱者諸君鑒諒

兵戰不如商戰商戰不如學戰

何希博

砲聲隆隆鎗聲霹靂烟霧滿天人馬雜踏血流滿地赭垣危樓此皆凶險可怕之戰爭寫景也試縱目以觀今世界列强何一非恃其兵力之銳利以侵壓弱小乎昔元代兵力西侵包舉歐亞兩洲大陸不及百年明祖起而順帝北遷蒙古遂亦不競法之拿破崙覩其兵力欲統一全歐事雖未成然當時鄰近各國莫不被其吞併幸賴俄英合力攻法乃始被擒而放於荒島近代德之威廉亦欲統一全歐凌轢東亞經世界諸强國協約抵禦令其屈服設彼時不激起列强之公憤而與一國作單獨戰爭則吾恐今日歐洲之强國必以德爲首屈一指矣是則兵戰豈非最凶猛者乎曰非也商戰殆更烈於兵戰古時商業以物易物近代商業則以金錢爲主設二商人遇而交易則各有智愚不齊經驗充足與否若智而富有經驗者必可操得勝利故當其營商時二者之經驗與智力必有一番奮鬬爲精神上之戰爭若夫兵戰乃激烈之表示戰而勝大則滅亡小則賠欵割地形形色色皆表示於外彼失敗者不肯默默然而無所反抗終必起而圖報蓋以强力服人者其壓力之大小適與反抗力成正比例其壓力愈大則反擊力亦愈增此即兵戰之劣點也至如商戰則公司商舶銀行公債各用其心血之能力互相擊戰而表面無所表示其結果則以智服人勝敗各無怨言倘能赴各國交易藉此考察各地形勢及風俗人情而於人之不覺中得無限

言論

之利益敵人亦未由覬若怨仇英吉利非今世界之一大强國乎其殖民地之廣大海軍之雄壯實業之發達皆賴其商業競戰與商人之心靈手敏有以致之五印度之亡亡於英國東印度公司此其尤著者也吾故謂商戰烈於兵戰然以往事言之商戰固較烈於兵戰惟以將來言之則吾又謂商戰尚不如學戰也夫學者最烈之心靈戰爭實足爲萬物產生之根本闡發科學之奇妙尤足爲開闢世界文明之利器觀彼英美德所發明之器械及種種物品非今之最新奇者乎推其發明之本卽人人受高尚之敎育其國民咸富有進取心其所學皆天然界也我國今日祇知倣效他人之所爲而不知今世界種種妙物何一非根據我古時所創始者而發明之光大之羅經猶我國之羅盤時計猶我國之銅漏鎗礮乃依我國之爆竹火藥而成借根方本名東來法卽由李敬齋之天元而消法從同舉凡墨子淮南子抱朴子中之精理明言無不被西人闡取靡遺發揮殆盡吾皆得其淺者粗者彼乃得其深者精者我國今之人亦無進取心研求高深之學問故我國學校之學科及製造出品僅能得其皮毛出口貨曾不敵進口貨之多日用品且仰給於外人金錢流溢而莫塞外人之農工商學無一不出我之上故兵學則飛機潛艇已能稱雄於海上汽學則輪舟火車早已徧行於地球光學電學尤能行使得宜發宇宙獨得之秘固不僅以精於礦學算術精於製造鎗礮爲足以致富强也西人足跡徧五洲近二百年間學術上之發明洵足以獨步千古矣故美洲之紅種非洲之黑種澳洲之棕色種其人皆蒙昧於學術而不能爭存於白種人之宇下弱肉强食優勝劣敗慨自西人學術日昌而後知兵戰商戰又不如學戰之爲得也

列强共管中國論

洪啟英

强者何愛於弱而不取大者何憐於小而不[illegible]我國之爲列强垂涎者久矣彼所以躊躇而不卽相滅者豈真愛吾

國而不取憐吾國而不吞哉特以勢不均而力不齊耳然今日之勢不均力不齊暫置弱國于苟安地位烏知其將來勢均力齊之後而不圖共管中國耶更進言之將來之共管中國烏知其不繼以共分中國耶如是則我國豈能以現在之苟安遽認爲永久之和平乎太會雖開列强之處心積慮於弱國者固未嘗須臾忘也試觀法人之無故佔領德國魯爾日本之拒絕我國否認二十一條與收回旅順大連此豈合於太會之宗旨哉彼乃顯違衆意私圖大舉而其他列强諸國亦不之干由此足見太會之開名爲保持世界和平實則可言保持列强和平而弱國不與焉彼夫德國之弱弱於大戰之浩殺人口之減少而國內之教育工業之發達製造之精美商業之擴充政府之組織民氣之激昂猶自若也是以德國之國體尙無實際之貧弱一旦奮起振作前威猶能追隨列强之後若我國則軍閥橫行政府腐敗百業消散民抱悲觀其勢將不待列强之侵略而自致敗亡矣夫德國無實際之貧弱尙復爲列强所侵略以是知列國之蓄心於我國必有甚於德國者在焉總之二十世紀之世界號稱人類平等世界共和實則列强之强權手段有甚於昔而無滅故惟强者得以自立而弱者祇可甘受恥辱任其侵略也然自來豈有弱國處列强之間而不爲所侵滅者亦豈有强大之國而不欲吞滅弱國藉以擴充其勢力者哉如弱國際此時期而不圖自强乃欲以列强之諾言保護爲千載不破之條約誤矣嗟乎中原大陸列强共羨我國存亡無人負責强權壓制不加干涉而我國之前途其勢必致毀滅無餘而後已此國得則彼國不足彼國有則此國無着此列强之所以互相猜忌而不敢獨有我國也於是我國得有片刻之存在於世界然使一朝鬩怒各國約同意見互易條件則我國之命運必危在旦夕餘如美國者雖聲言中立不犯他國然夫大國者不可測也設使他日野心勃發其手段之凶惡或有甚於其他之列强者亦未可逆料也今者臨城匪劫外人被擄惡耗傳來全國震恐而我國政府乃將

保持敷衍手段草率了事孰知事逼愈緊難至決裂於是外人乃有干涉我國軍事計畫之說財政空虛債欠不還於是列強乃有共管中國財政之議夫此二者國家之命脈也命脈既操諸他人之手則我國之生死存亡亦將隨彼不仁暴而處置之矣國危至此安能圖存反而自省則種種亡國之舉動實皆由我國自造之而自取之可不早自覺悟而共圖補救之乎

列強共管中國論

陸鍾偉

嗟我禹域南北分立黨派紛紜國無寧日自共和告成以來政令淆亂外交失敗軍閥稱雄內亂頻起財政竭蹶國稅日加天災屢長民生益亟國人所受之痛苦可謂極矣而猶有更甚之痛苦卽列強共管之說是也一國而致受列強共管奚減於受亡國之痛乎哀莫大乎心死痛莫甚於亡國已爲人類所公認則受人共管其可痛之甚可知矣不觀夫波蘭乎亦昔時共管國之一也受列強之壓制爲列強之奴隸無平等自由之可言種種痛苦何亞於朝鮮受日人之痛苦今我國人將受波蘭所受之同等痛苦則我國人民之痛必更甚於以前所受之種種痛苦也雖然孟子有言曰人必自侮而後人侮之國必自伐而後人伐之列強欲共管我中國我中國將受列強之共管予不咎列強之野心而欲歸罪於我國人之自取彼列國固無日不欲奪我中華之國土無時不思攫我神州之利權其所以不早發此議者因我國內政之腐敗民心之不一尙無確實之表示故不敢輕下毒手今覩我國本之搖動已如將崩之大廈將破之完卵故竟有此殘暴之提議向使我國人不與列強以隙則列強雖有勃勃之野心逐逐之貪慾亦不欲輕出諸口我故不咎列強之野心而祗歸罪於我國自造之而自致之也爲今之計若我國能整齊內政力爭外交廢督裁兵停止內鬨整頓財政減輕國稅剷除黨派速謀統一執政諸公去自私自利之心爲國家人

民謀幸福使吾國日趨於光明自強之途則見兎顧犬未為晚亡羊補牢未為遲狂瀾雖已倒何有挽回之餘地也

外債亡國論

洪啟英

軍閥専橫政令不行財政艱窘債臺高築政學系薪救濟之術聞之者驚懼太息談之者舌敝唇焦嗚呼沃野千萬里有衆四萬萬豐富礦產大好山河均將沉淪異域而不復返矣吾國民其知之乎抑知之而不顧乎或欲挽救而無能力乎吾不怪夫軍閥跋扈政客為禍獨怪夫吸民脂膏猶以為不足而乃善借外債靡有已時也凡一國自専制而易為共和在過渡時代一種擾攘不寧之象每所不免美利堅之革命也數十年大亂未嘗一日休息法蘭西之共和也其亂沿至百餘年而此二國者大亂既去國隨之強此種圖強戰爭實無大損於國家惟外債堆積經久不還及其後非至強迫破產不止周赧之臺幾無可避埃及之貧亡不旋踵其害實有甚於軍閥作亂政客舞弊者奈之何全國人士不察此重大問題乃於軍閥政客方面作形式之維持虛名之整頓如放言廢督高唱裁兵究其實則未撤一督未裁一卒故我國自此漸形貧窮各費無着勢將百業停頓命脈消衰矣夫外債之所以敗亡其國者本非無因彼外人之放債始則殷勤付給繼則重利倍息終則九五折扣期既滿約既定則強迫償還其狀至凶其形至惡而我國何未念及何日為償債之期夠知之亦之款項於是不得不展期以付展期實行則損失大賠償待期又至而我國患貧依然如故如此則進退維谷之勢乃成欲償所欠則國用何不足豈有餘款欲再展期則國難啟口千思萬索不得其一而債欠不得不還如此則除割地而外別無良策忖彼外人之處心積慮亦祇在此一點而已地既割債既償而國內憂貧如故且更甚於前其勢必重借外債屢借外債則土地屢失我國之土地權非將盡割付於外人不止由此觀之我國不亡於內亂亦不亡於外侵而獨亡於外債勢所必至理有固然謀救國者當

早圖之矣。

中文與西文

何希博

東西文字不相同東則以亞洲之中國印度造字爲最早西則以非洲之埃及歐洲之希臘造字爲最先書字之法不外三種法苑珠所謂造書凡三人長曰梵其書右行次曰佉盧其書左行少者倉頡其書下行是也我國自倉頡造字根於六書文字精美今傖夫乃言我國燦爛精美之固有國粹將爲他國所滅夫豈有是理歟余念當今世界各國其欲滅亡他國者必先滅其國之文字誠以文字乃一國之根本而其國之文化所係也既經滅亡其國文字即其國之文化無由復祀矣而亡國者之子孫將不思所以恢復其國土蓋其眼簾所觸耳鼓所激皆他國之文化固無一足以興其故國之觀念邇者我國內所行之西國文字莫如英法德三國文字之盛而三國之中尤以英文爲最通行計我全國同胞凡係高等小學畢業生大都能略通英文即初等小學三四年級亦設有英文一科尤以教會學校爲最注重而學者以其新奇並視爲將來謀生之必要一若能通得英文者即中文一字不識亦無關緊要且每有不新不舊之家庭咸督促其子女於英文方面力加注意希冀將來於洋行或外人經營之事業謀得一席地爲終身飯碗問題之依靠外人經營事業大都薪水頗優以外人生活程度高於中國故也職是之故一般青年學子咸終日埋頭書案伊吾愛皮佔畢西提今我國之精通英文者頗不乏人而大半精通英文者必於中文不甚通貫或間有滿字不多識者此皆非中國人之道也長此以往我國國粹雖不致滅亡亦必退化而英文必將徧布全國及數世以後終致滅亡我國文字此種文字滅亡之現象豈吾同胞所願見者乎然則他國文字寧不可讀歟曰非也我國人讀英文之最要目的乃稍救我中文之不足處英人素以海軍商業爲最著讀其文可悉彼國海

[illegible]方[illegible]之事[illegible]其辭言非今世界最通行者乎我若能通其文即可明其語觀以上之目的英文實爲中文之補助品而已故讀英文之前必先通本國文字處今日之世界際此新文學流行之時固決難再讀周誥殷盤佶屈聱牙之古文惟求其適用之文而讀之如體大思精明白流暢之經史書足爲吾人一身品行之先導不可不讀也惟各視其性質及所處之地位而選讀之務求其通貫而止是乃讀中文之要旨及中文通貫以後始再學他國文字而其學之也亦易每見中文尚未識得百字者已學習英文有時英文所譯之中文註釋未之識也試問此時之讀英文其果能得益斷斷然非可必之事也故即不論其應讀之先後亦當先讀中文試觀世界各國除我而外及已被滅亡如印度越南諸國幾無他國其國民有先通他國文字者而吾從未聞世界各國特注意於我國文字而先讀之者今英國何等强大其文已爲世界所共讀吾願我同胞奮力前進求我中文能與英文相頡頏發揮而光大之我國仍可一躍而爲世界文化先進國况我國文字長於六書精義入神無美不備倘能加之研求則象形指事會意轉注諧聲假借六書大義皆可豁然貫通以視彼僅有拼音一法足與我諧聲相髣髴者其立義之淺深廣狹固不待明智已可知矣

教育與政治

鄒玉麟

爲治之道尚文治不尚武力是以教育盛則政治良教育衰則政治窳教育固有功於政治爲一國所必需之物也我今姑捨政治而先論教育夫教育爲立國之要素開啟文明恃爲利器故今日之文明國莫不以此作爲立國之基然返觀我國今日之執政人祇知重在武力而不知重在教育無怪今之軍閥終日尋仇開釁賣弄其武力之本領而見好於執政人在執政人但能獎勵軍人而不復尊重教育致使武力日盛一日教育日衰一日不亦傎乎此

猶小焉者也一般萬惡之軍閥及腐敗之官吏平時對於教育更視爲眼中釘輒欲摧毀之而甘心教育前途乃益滋懼使將來我國爲此輩餉惡相濟之豺狼當道則恐教育完全鏟除矣文治之不良更何有於武功殊不思放牛歸馬貫革射息周初能尙文治而立國以永七德興歌學士登瀛唐初欲尙文治而武功以戢觀乎今日之政治誠名不副實外則受人侵犯內則連年操戈在人民旣寢食不安在中央財政則爲之消耗殆盡賴疊高築庚癸徒呼若長此以往我國必至淪亡爲今之計欲免國家淪亡而期教育發達惟有先從政治上着手改革進行之政治上之改革首宜從裁兵運動而限制軍閥次宜從澄淸選政而排除政客因目前之軍閥大部坐擁重兵擴張聲勢驕恣益甚往往於一細故輒釀成莫大之戰爭從此戰爭一起軍閥藉端向政府索餉以一進欵有限之財政部何能償其所欲然不將欵付之又恐觸軍閥之怒左右爲難進退維谷遂想出扣除教育費藉濟眉急在彼爲教育中人缺乏勇力斷不致起而反抗乃一而再再而三竟不付教育費矣教育前途命運幾爲之傾覆非惟虛擲青年求學之光陰且令往日抱有熱忱於教育心者至此皆心灰意爛不復如從前之精神勃發故國人有見於斯創集議裁兵之說惟是裁兵固善舉惜又未從根本上着想則兵雖裁軍閥專橫剜肉補瘡仍無濟於事也竊意不如從裁兵運動而限制軍閥較爲妥善若冗兵一旦能裁去之軍閥一旦能加其限制人民旣得安枕無憂財政亦可稍稍寬裕若於其中分出若干補助教育費如此則教育前途進步之速可指日而望其次卽宜從澄選政而排除政客蓋因我國今日政治之窳敗大半因用人不當試問今之爲財政總次長爲省長爲縣官彼所選出以任職者豈皆由民間推舉乎不過爲一般政客及少數軍閥從中推舉耳況彼之所肯推舉者非眞能用當其才亦爲一己之利害關係而已此種富有金錢之人驕惰性成以政委之必無善良政治可言宜我國政治日益窳敗至於如此也政治

既知此教育必難期發達故今欲澄還政必先排除政客庶生效力所謂政客者反覆雨雲善於挑撥一旦政治革新彼意必不滿定欲與人反對今欲免去此患亟須排除政客而用明達治體穩健自愛之新人才政治庶可發一線光明教育亦可從此而臻完美矣

男女同校之利益

郭鈞一

天之生人也男女之名稱雖異而男女之本能則一儒教流行男女有別之說遂爲世界所詬病聰明錮蔽人道亦幾乎息矣天賦人人以良知良能何祇容男子發展平生抱負而彼女子獨僅僅料理米鹽瑣屑事男女同爲同胞何僅有男子負國家興亡責任而女子獨深居閨闥不聞世事男女平等之謂何在今日民權伸張時代血性男子厥宜保護人權爲當代英雄更應恢復人格解脫一切束縛然則當如何曰須人人自治自立自助自由方能修養道德智識能力欲修養道德智識能力則惟與世界學術具同一之轉移轉移者何即男女受同等教育是也男女受同等教育則男女同校最爲第一要義其利有四

(一)養成同等識力　新文化輸入中國科學哲學天文地理男子各有專科而卓然進步女子則普通學校尚未徧設復何進步之可言哉女子未能進步者其原因有三

(一)女子智識較淺者實因無男子之開導啟廸故無裁制事物之識力

(二)女子學問經驗均極幼稚實因無男子之扶助提携故無獨立建設之能力

(三)女子限於家庭接觸寡陋又重女子無才是德之舊說故無創設新計劃之材能

由前之說如男女同校可除一切舊弊而受同等教育而將來即有同等之材能識力矣

(二)生競爭心　學問因競爭而進步。以速男女同校。則競爭心必驟與加進。如有女子遜於男子。則以求平等而勇往直前。如有男子弱於女子。亦以自羞愧而一往直前矣。

(三)交換切磋　智識以交換而日新。學問以切磋而益進。男女同校。既可交換智識。又可以切磋琢磨之效果。

(四)可省經費　現今財政困乏。教育費異常支絀。如男女同校。可省辦女大學女專門學校一項大宗經費。

上列四利。則男女同校。洵爲現時極大之利器矣。男女同校。受同等教育。即爲男女平等之基礎。男女既生一種競爭心。則科學上之進步日新。亦即爲男女解放之根本由是觀之。男女同校之利。豈不大哉。近者多數家庭。拘守成法。咸抱個人主義。孤芳獨行。不謀共同生活。以故進步遲鈍。勞多功少。今日男女解放。呼聲高唱。海內力主大同者。以爲男女同具有效之天職。而男女更有互相輔助之義務。故男女同校。實爲羣策羣力。集思廣益之本體。此等論議。實先打破男女界限。實行解放。而剷除儒教之謬說。將以歐美文化。參酌吾國情形。因革損益。斟酌權衡。務使推行盡利。力矯前數千年之陋弊。俾全國女子。均能發展自己。抱負關心治亂。服務國家社會。苟循時而求實行。庸非吾國前途之厚幸也歟。

老成政治家和少壯政治家的效果

洪啓英

共和國家的強弱。雖然說是隨着民意而生變遷。但是對於政治家的善良與否。却也狠具有關係的。倘若民意的趨向是這樣。然而在上的政治家。却不能照着民意去辦。或沒有這種能力去做。於是政治家和人民中間。豈不要發生衝突了麽。所以國家大事。就這樣破壞了。照這樣看來。去揀選政治家的一樁事。豈不是對於共和國家狠重要的麽。現在有些人說。老成政治家比較少壯政治家要可靠些。但是有些謂少壯政治家比較老成政治家。對於民意方面要合式些。這兩種傳言雖然也不是謬言但是沒有一種確實證據終難斷定不如先把這二種政治家的效果來考究一考究我們就可以顯然明白了

老成政治家大概採用舊法排除新法的居多但是現在世界潮流愈趨愈新倘若老成人執掌了政治豈不要終究沒有進化的希望麼況且外人常說中國人好守舊法不思革新所以把這個共和國家弄到這樣的頑固民意雖然要想奮發但是孤舟難渡也是無用歐美諸國一天一天的革新什麼文化呀發明呀製造呀愈研究愈精敏所以他們的國家一天一天的强起來然而我國比較了好像他們是二十世紀的國家我們還是古時的列國一般他們逐漸的進化好像是軌道上的火車一日千里我們還是古式的帆舟一旦風勢不順且還不能駛行呢這就是老成政治家的效果

少壯政治家大半具有一種新智識新學問對於民意的趨向他們完全可以懂得這種可以算政治上的新人物有了這種新人物執掌政治自然世界憑你怎樣的從新這般新人物也能夠去鼓勵自已的國民去趨新庶幾我國不致再這樣的頑固落在外人之後了或者竟可以超出乎外人之上呢這就是少壯政治家的效果

照以上二種效果看來覺得少壯政治家比較老成政治家要合宜些

但是老成政治家並不是完全不合宜於現在的國家倘若這般老成政治家能夠採用新法這就比較少壯政治家更覺好些了因為他們既有新智識新學問復有治政的經驗豈不是錦上更添了花麼

少壯政治家也並不是完全合宜於現在的國家倘若這些少壯政治家全無新智識新學問和治政的經驗這樣少壯政治家的效果比較老成政治家的效果就更要壞了

言論

總而言之無論老成政治家和少壯政治家他能夠有一種維新的智識學問和政治的經驗並且能夠順從民意他收的效果一定美滿了。

老成政治家和少壯政治家的效果

陸鍾偉

現在中國的政治一日腐敗一日；一年不及一年；這政治的所以腐敗稍有一些智識的人，都知道因爲政治家用的方法不合。但是中國現在有兩種政治家，一種是老成政治家；一種是少壯政治家，究竟是老成政治家的政策不好呢？還是少壯政治家的方法不合用呢？有的人袒護着老成政治家說：是少壯政治家無才能；然而照我的意思看起來，我可斬釘截鐵的說一句，老成政治家和少壯政治家的政策都不合着現在中國的民情，所以現在中國不能在政治上收豐美的效果，什麼理由寫在下面：

譬如一個學校在五四運動的時候，別的學校多罷課的罷課；遊行的遊行，演講的演講，做他們的愛國行動，喚醒全國同胞，同那日本倭奴絕交，惟獨這個學校裏的先生，是很頑固的，仍舊要叫他們一般學生專門埋頭讀書，不准做一些兒的愛國事兒，你想這個學校裏面的先生用了這個方法收的效果是什麼樣？他們一般學生讀的書有用沒有用自然是沒有好效果，沒有大用度的了！唉！學校好比一個國，學校裏的先生好比政治家，得了這個頑固守舊的先生，好比是老成政治家；學校裏的學生，好比國家的百姓，雖然老成政治家不像專制時代的樣子，然而總脫不了「頑固」兩個字。現在中國已受了新文化的影響了，學校裏的先生用了這種頑固手段，沒有收到好效果，老成政治家用了頑固的政策，那裏能夠收到好效果呢？所以我說老成政治家的政策，用在現在的中國，是

不合中國的民情，必不能收好效果的。

老成政治家不能收好效果，既然說過了，但是何以見得少壯政治家的政策也不好呢？要曉得現在中國的民情，不過是新舊過渡的時代，用舊固然是不能收好效果，但是太新了，就「過猶不及」，所以少壯政治家也不能夠收好效果。

照以上二條看起來，老成政治家和少壯政治家對於現在中國的民情，豈不是不合麽？若是用了，豈不是要沒有好效果的麽？所以我說兩種政治家多不好。

思潮

朱恩沐

廣勤機器紡織有限公司

本廠開設江蘇無錫北門外廣勤路長源橋用英德二國最新式紡織機器採取上等原料紡成各支棉紗及二十二支四十二支雙股線並織各種粗細平面斜紋條格花色等布且有刮絨機器兼織各色絨布皆聘專門技師精選原料出品優良早經馳名遐邇總批發處設在北門外北塘沿河大碼頭衖口愛用國貨者請購而比較之自知言之不謬也本廠商標均以織女爲記

本公司呈准　農商部註册立案在德國購置愛理德廠最新式造胰皂香皂機器及提煉甘油機器建築五層樓大廠聘請德國著名化學製胰技師監製三星牌大富貴牌大吉祥牌有匣洗濯胰皂經久耐用送禮最宜歷經上海化驗室化驗師白及拉君化驗證明此項胰皂質地精美有益衛生高出舶來品之上並提煉甘油精製各種機器化粧香皂芬芳馥郁社會歡迎各大商家如須製造定牌者無論何種均可應命倘蒙賜顧格外克已務請認明本公司

商標爲荷

製造廠　無錫廣勤路長豐橋　電話四百八十六號

總發行所　無錫北門棋杆下　電話五百四十七號　上海北河南路桃源坊二二九號

分發行所　鎮江利商街

集議與日經濟絕交

洪啟英

我國的人民要算全世界各國中最多了。所以我國國內的交易也要算最廣了。但是我國土產雖然是很豐富。不過我國的製造品及一切應用器具國內供給的狠少。所以年來不得不仰給於外邦了。然而我國的金錢。從此外溢不復返了。我國人民因爲有外邦輸進的物品。來給自己運用。並且輸進的物品。比較自己的物品又精美。又堅固。所以輸進的物品愈多。我國製造的物品愈少。我國金錢外溢的愈多。他們因爲我國人喜歡去用他們製造的物品。所以他們愈專心去製造。送到我國境內來。於是他們得到我國的金錢愈多。因爲這二個理由。所以我國愈變愈貧了。以致借內國公債。被外人貽笑或欺負也不顧了。現在我國經濟上最有關係的。就是和日本國。因爲我國人用他們的貨物最多。並且我國借他們的國債也最多。但是我國同日本的交涉。屢次失敗。日本的強權要求屢次用過。我國最近的就是否認二十一條。收回旅順大連。又遭他們拒絕。這豈不是強權勝了公理麼。在這共和平等的世界上。他們竟公然行他的強權主義。這未免太旁若無人了。我國人豈能不力爭麼。但是我們這樣的貧弱。又加了內亂還沒有平靜。憑你幾千萬人民爭死也無用。最好的法子。就是前天報上載的集議與日經濟絕交。使他們斷絕生路。因爲日本國差不多是靠我國生存的。倘然我國不給他金錢和米糧。不去同他們借款目定他們就要沒有生存的希望了。

日本人本來是我國人民就是從前秦始皇要想得到仙草使他吃了可以長生不老所以他送了五千童男五千童女去到蓬萊島採仙草那曉得他們一去不復來了這五千對童男女就是現在日本人的老祖宗從此看來他們也是中國人我們也是中國人爲什麼他們這樣的强暴勇敢把他區區三島的地竟變成了二十世紀世界上的强國我國人看了豈不羞愧麼他們在明清的時候就像我國的閉關時代他們時常到我國來搶刦我國當他們海盜這樣看守過了幾百年我國主張開通的時候他們就做些物品運到中國來騙些錢銀和糧食去度日那曉得到了現在他們製造的物品這樣的多把他們的國家漸漸的强起來就成了現在的强國了從此我們可以曉得倘若我國與他們實行經濟絕交像閉關時代一般他們勢必致又要成了海盜他們國裏現在雖很富强久終究要貧弱的。

這個法子固然是絕妙了但是有一個難題我們國民所不能不注意的就是現在我國人民的生活程度漸漸的增高了應用的物品大半要外國輸進來的倘若我國自己總沒有製造的物品要想與日本斷絕債款抵制日貨並且在經濟上斷絕關係豈不是勢所不能空勞夢想麼？我深望我的同胞想出妙計來趕緊多設工廠製造物品自己供給全國需要纔好呢。

我國和日本經濟絕交後的影響

鄧玉麟

我國人爲什麼要替日本經濟絕交呢因爲日本暗中實行法子來破壞我國大局像那二十一條件咧捎勒旅大不還咧所以我國人遂想出這個法子來促進日本當局的猛省使他稍稍顧慮國際上的道義以後永勿野心勃

物的來料待我國就是了。然而日本受了這麼大的挫折。於經濟上究有什麼影響呢。咳。這個影響說出來正話長哩。第一便要論到日本的工商。日本的工商所以會能逐天的增加上去。因爲他的經濟勢力大都得自我國的。我國內人士。不論什麼東西都購自日本。日本所以日本在我國占貿易市場的勢力很不少啦。那日本論理極應該客客氣氣的和我國人親善。大家做個永久有利的通商事業。爲什麼要拿出野蠻的手段來對待我國人。這不是他自討苦吃。要自行滅絕他工商立國的政策麼。破壞他全國國民的經濟發展事業麼。我想日本不乏明達的人。怎麼推測不到將來自己要受損失呢。旅大不交還。二十一條不廢棄。他們果足以做破壞立國的工商代價麼。況且旅大是終究要還的。二十一條亦終究要廢棄的。不過在時間的早晚能了。他何苦作此無益的爭執。把他前程遠大的經濟事業。全個兒弄壞了。他我和他想想。總有些不合算。第二是關係到日本以後的國勢。日本在今日的國勢固然是極盛時代。然而日本所以能強盛到如此地位。全是賴着經濟的力量。否則。日本地土這麼小。出產這麼少。那裏會強盛他的國呢。有人說。他們是靠人民腦筋銳利手段高強的緣故。我說這也未必見得。西班牙和意大利。他國裏的人民何嘗不有銳利的腦筋高強的手段。怎麼他們不能由小國一躍而爲大國呢。就此可見國家的強弱。不在人民腦筋的銳利手段的高強。全在經濟的力量充足和不充足的分別。但是像日本這樣的一個國。他的地土和出產上。又早已說過是很小很少的了。怎麼會超過他國的經濟呢。這也全賴我國從中幫助他成功的。我國的幫助他。並不是在經濟直接上的幫助。是在供給原料的間接幫助。現今我國和他經濟一絕交。他原料一旦減少了。在大勢上看起來。日本是不能和他國貿易的。他既然不能和他國貿易。那末他的錢財。那裏可以寬裕呢。錢財一不寬裕。他國裏的財政自然拮据了。國家怎麼不衰亡呢。哈哈。日本不自量力。眞可謂自板磚頭自壓脚了。

第三因工商業衰敗必釀成失業人的問題。日本一旦經濟滅絕。他國內的工廠。那裏維持得住。其間不是停歇營業。便是縮小範圍。然而那些停歇營業工廠的工人和那縮小範圍減下的工人們。叫他到那裏去做生活呢。他們既沒當去做生活。就難免發生思想上的變化。恐怕也要弄得像我們中國今日一般。東也發現匪西也發現匪類。掠得百姓寢食不安。我想日本在將來也恐怕要踏中國如今的覆轍了。第四因我國人民堅決不用日貨以後。那些歐洲的工業又要漸漸地恢復了。歐洲工業一恢復。日本勢必永久不能在華壔行貿易了。我現今舉那四條理由。陳述在日本少數野心家面前。自然以為不入耳的言語。我所把望的。卻是日本工商家給他們有所覺悟。羣起鼓吹他們的政府。快將旅大還我。二十一條也廢棄。以後再也不可再用野心政策對待我們。如此日本倘可不蹈到淪亡的地位。這也是為於日本工商家的前途幸福呀。

現在中國的樣兒

洪啓英

我們生在這二十世紀的社會上。眼看着世界的潮流。漸漸的變遷。凡從古所未有的大改良。空前絕後的新創作。都發現在近今的世界上。我們豈不是要算得僥倖的極點了麼。但是我們既然享受了這種的幸福。就不能不注意現在社會的趨勢。

講到近今社會的趨勢。好像一隻巨舟行在波濤洶湧的大江中。我們人民好像那舟內的旅人。世界潮流的趨勢。好像那白浪滔天的大水。一般執政的人好像那船上的水手。

在極大的波濤中行船。本來是很危險的事情。但是倘若那船的水手。用着力並不放鬆。也不驚懼。把那一枝舵。緊緊的握住。就是在更大的風浪中行也不妨事的。

我們中國自從專制改建民國。好像這隻巨舟將淹而忽然間又遇了救。這樣豈不是要算不幸中的大幸了麽。但是這隻巨舟剛在遇了救。是一定要更加竭力些去把舵。才不致復履前轍呢。唉。那曉得這巨舟上的水手以爲他們已經做了極大的功夫。那危險也已經過去了。不用再着力了。所以他們很舒服的坐在甲板上。也並不去用心那枝舵的方向了。他念着不久就要到彼岸。我們就可以達到和平的地位了。讀者閱到這裏。心裏必定想着我應當講的題目是近今中國的趨勢。怎麽把那隻巨舟說了一大段。豈不要煩死人呢。但是諸位我還是請你們靜些待我來慢慢的說出來。因爲我講的那隻巨舟却很有些道理呢。

以上一段就是比喻我們中國的一般革命首領和現在的軍閥政客。他們既然把那惡毒的專制革除了。是很可喜的事情呀。但是他們只曉得改革並不曉得怎樣去整頓。怎樣去保守。好像那巨舟上的水手。既然出了險就要想安安逸逸的坐着。

誰知道事有不巧。那隻巨舟剛在脫險。忽的水面上的風呼的一聲轉了方向。把那舟上的舵打了一個旋轉。於是那隻巨舟豈不是要站不穩了麽。再加外界波浪的猛擊。所以那隻巨舟好像紙鳶受了旋風一般。直向側邊就滾下去。

這一段就是說我們中國現在的執政諸人。不能保守。所以他們忽然受了外界的刺激。就站不穩了。好像那隻巨舟直向水中就滾了。

現在那艘巨舟。試問諸位再能脫險麽？

現代社會和改進者應盡的態度

丁保鏐

社會是人類造成的。社會沒有人類，簡直是不能稱做社會。所以社會又可稱做人類的附屬品。照人類與社會，社會二者的原則上講來，人類具有左右社會的勢力和革進與墮落社會的可能。總而言之，社會是我們人類的驅使者。但是到了現在，這種原則完全推翻了。社會非但不能爲我們驅使，人類反而變了他的附屬品了。你們看啊！社會的惡勢力何等的廣闊；人類崇拜這惡勢力的何等的多。因爲要得一些肉體上的快樂，他們就不惜費了大好的精神，甚立在這惡勢力的旗旄之下，做那惡勢力的應聲蟲。但是那一般老成化，腦筋簡單的，固然是如此，我們如花初放，將來抱有極大希望的青年，豈能因爲一些肉體上的快樂，庸偶暫時的快樂，就去了我們精神上的快樂，真正永久的快樂了麼？我想一定我們沒有這麼容易。我們必須用一種急不容緩的手段除去那精神生活上牢不可破的障礙物。在未說如何破除方法以前，我還要談一談現社會的狀態。

(一)勞働階級

在現代社會階級制度全盛時期，要算勞力者是最可憐了。他們非但沒有精神上的快樂，就是對于肉體上的快樂也可說等于零了。你看那農夫啊！苦力啊！人力車夫啊！終日勞力，汗容滿面的過日子，弄了一個不對。農夫呢！還要受着業主的惡罵；苦力呢！還要受着資本家的壓逼；至于人力車夫呢！還要受着雇主的虐待。這三等是勞働界中最顯著的。其餘等等受這黑暗的驅使，說不出話不出的還多過了不得呢！我記得有一個賣菜老翁，年紀約摸有六十多歲，他是無兒子的，全家都是靠着他一人過活，這老翁雖是精力有限，但是勉強支持還能過得下去。有一日，他擔了菜到城裏去，不道來了一個警察，無緣無故的上前要向他稱六斤菜，稱了，馬上就走，那老翁急得只是喊，「錢還沒有付，那可以強搶人家的菜啊！」一話還沒了，那警察回頭就打那個老翁，打得半死，勞働家的壓制

[illegible]

（二）中等階級

這等階級，表面上看來，總算是還可以，但是還說不到精神上的快樂，因爲這種人民，除了領略一些肉體上的快樂，只是向那社會的黑暗路上去，和那魔鬼連絡。得一個暫時的快樂，所以這種人的生命，不過一種機械式能了。社會的趨勢若是東，他們就是東；若是西，他們就是西；完全受那惡勢力的支配。

（三）貧產階級

現在能完全享着精神上快樂的，想必是這貧產階級中人了。但是他們爲了資產向外的發展，並且深中了以前的守財毒，對于精神上的快樂，可說是夢還沒有夢到。非但如此，甚至他們有捨了肉體上的快樂，去和那無辜的小民爭鬥，剝削小民的血汗，做他們子孫將來的揮霍，所以他們的腦筋，只是裝滿了卑劣的思念，想出許多的法子來，如何可以使他們的金錢增加。並且他們的肚子裏總是盤算着什麼二分錢啊！九五扣啊！到了臨終自己非但沒有快活到，連那老性命都送了終。

試觀以上種種社會如何的黑暗啊！普通人的心理，差不多都以爲這黑暗是很尋常的了。願意去和他連絡；甘心去和他交接；但是我們如白玉一般的青年，負有改革社會的使命的，豈能也就此不聞不問，得一日過一日的去求那黑暗的恩惠麼？若然，則社會將永無改革的一日。否則還有一線的希望。不過我們青年熱血的，固然是有抱悲觀的，也是不少；以致自殺的，做和尙的，都有。他們以爲厭世主義、隱居等事，是他們唯一的護身符啊！青年們，你要知道萬事非經困難不成。現在我們必須合我們青年的主力軍，和那社會的黑暗戰爭，得勝了，方才不愧我們青年是公理的付託者。至於和何向前爭鬥，和青年們應盡的態度，我約略還要在下面說一說：

(一)縮小困難

凡事要到成功的路上去，總要經過多少的困難，上面已經說過。至於要如何才能經過這困難，那全在乎我們的視察力了。一件事若是我們心中以爲難的，這事雖然容易也是難的了。反轉來說，若是很難的事體，當他容易做，雖然難也是無形中變做容易了。這話並非是我個人的武斷，閱者試看當年破崙過阿爾卑斯山的時候，他對他部下將士說：「當沒有這阿爾卑斯山看！」所以過了這山，他一點也沒有知道過了阿爾卑斯山呢！觀了這事，我們可以知道青年們改造社會的態度，第一要縮小困難。

(二)有堅決心

凡事到手，我們若是自己以爲出於公理，發於熱忱的，那我們就必須自己相信自己，不要因爲外界的惡力，或者是他種的阻止，就此自己疑惑起來，以致自殺的也有，做和尙的也有，一無好的結果。這種沒有堅決的心腸，尤其使我們中國人做事失敗的一個主要原因。什麼「虎頭蛇尾」「五分鐘熱度」都是譏笑我們中國人的成語啊！至於他們外國人成事的原因，我想有堅決心也居一半。你不看以前哥崙布的尋新大陸，受國人何等的非謁，受水手何等的刁難。然而他終究能達到他的目的地，這豈不是有堅決心的一個好例麼？

青年們啊！你的希望，真是不小。社會前途的光明，都是憑着你們去開闢的。不要因爲一些阻礙，就此罷手。青年們啊！——奮興！！——改造這黑暗的社會！！！

近今社會的趨勢

陸鍾偉

諸位閱者先生，一看兄弟這個題目，必定以爲這篇文字的內容是很老的了。不過這個題目，不比別個題目，各時的事兒不同，所以社會的各種趨勢也因之不同，並且各人的眼光不一，所以這篇的內容，好雖然不敢說，但是總覺得和別人的意見兩樣一些。如若不信，且聽我把近今社會種種的趨勢一一說來。

(一)富人的趨勢. 現在的富人他的心理，想富益求富，所以對窮人的銀錢，極力剝削。然而他自己還恐怕別人不知道他是富的，所以每每到了婚喪喜慶，總從事奢華。實在這等事兒，多是不對的。爲什麼呢？因爲富人不剝削貧人的銀錢，也不致於沒有飯吃，然而貧窮的人，已經受惠不淺了。婚喪喜慶，從事奢華上面後，不過別人知道他是個富人罷了。若是將這等錢改作了慈善事業，或別種有益於社會的事業，豈不好麼？

(二)窮人的趨勢. 目前的窮人，不是窮到底的，因爲一般有錢的富人，多情願救濟他們。現在是不對的了。一個人一窮，人人多看不起你了。既然人人多看不起你了，誰還肯來救濟你呢。不必說比我本來富的是如此，即使一個人，當你富的時候，他時常得着你的恩惠的，一旦你窮了，他也要看你不起的。唉！窮人的命，豈不可憐麼！

(三)政界的趨勢. 現在的政界，正是一個金錢賣買的地方。什麼人要做官，必要有錢。若是有了錢，只要送些賄賂，把一般執政的大老，立刻就可以有官做。若是你雖然有做官的資格，沒有錢，還是不與。一旦一般富人做了官的，後來他們必要努力的受賄賂，致于人民的直和曲是不顧的。照這樣看起來，這政界豈不是很像一個金錢賣買的地方麼？

(四)軍界的趨勢. 自古以來的軍隊，應當把保衛國家，治安；維持地方安寧；做他們的唯一的宗旨。不過現在的軍閥派是不高興依這個宗旨的，因為他們見了外國兵是怕的。所以他們的宗旨，是爭權奪利，弄到中國沒有安靖的日子。他們不知道一旦中國亡了，怕他們不做亡國奴麼！我真正不知道他們是什麼肺肝呢？若是中國一旦真的亡了，他們是最大的罪人哩！

(五)學界的趨勢。學界的趨勢可分兩種說：

(甲)教員的趨勢。中國的財政困窮極了，所以公立學校裏面的教員的薪俸，往往常久不發。要曉得做教員的人大半的家產多是很微弱的，所以他們必定要用他們所得的薪金，去養活一家的人。不過教育部裏沒有發出來，所以他們不得不罷課了。這真是中國教育上的怪現象呢！

(乙)學生的趨勢。從前的學生，遇到國家有什麼重大的事兒，他們是不問的。從了五四運動以來，學生的趨勢就大大的改換了。一到國家有大事的時候，他們往往罷市示威。唉！這種事兒雖是國民所應改做的，但是做學生時代的唯一宗旨是求學。為什麼要拋棄他們最可貴的黃金光陰呢？

(六)農人的趨勢。我中國現在農人的種種趨勢，好說和數百年以前是沒有什麼改變。不像他們西洋的許多國裏的農人種田完全是用機器的。仍舊用着那幾百年前發明的鋤頭鐵耙去種他們的田。這一件就是我中國大大的羞恥呢！

(七)工人的趨勢。現在的工人，一天要做許多時候的工，工錢是很少的。到了米珠薪桂的時候，往往不能養活一家的人口。這豈不是怪可憐麼？不過一般資本家，還要極力的壓逼他們。他們到了無可如何的時候，只有一個罷工的方法。所以若是時時披閱報紙，保你時常可以看見有工人罷工的風潮呢！

(八)商人的趨勢。 現在的商人有兩種的通病；一種是不老實；一種是傲慢顧客。這兩種確是商人的斑點，並且對於他們的道德和生財方面，是大有妨碍的，因爲說謊是道德所不許的；傲慢了顧客，顧客們就要退避三舍了。照這樣看起來，商人豈不是因爲了這兩種通弊就吃了虧了麼？

照以上種種的趨勢看起來，總而言之，現在社會的趨勢，是向道德腐敗的路上走去喲！社會的前途可怕極了麼！同胞！同胞！爲什麼不覺悟覺悟呢！

無錫拆城問題

陸鍾偉

我們無錫地方的工商業，自從共和告成以來，進步和發達的速度，眞是不可言喻。所以他邑的人士，竟有把小上海三個字的名目，送給我們無錫做混號。雖然如此，不過我還覺得有一件事兒，不但是我們無錫工商界的缺點，也是我們無錫人對於衛生方面所應當注意的。到底什麼問題呢？就是我所要說的拆城問題了。試看上海天津等和許多別的工商業發達的都市，那處的城牆，沒有拆去呢？我們無錫既然也算工商發業的地方，自然也應當把這種無用的城牆拆去了。且慢，閱者諸君，不要以爲兄弟的要想拆無錫的城牆，不過要同別處工商業發達的都邑，取一致行動罷了。我贊成要拆無錫的城牆，實在不但爲謀無錫工商業發達起見，並且也是爲謀無錫全城人民的利益起見。並不是依樣畫葫蘆，人云亦云的。何以見得？且聽我慢慢的道來。

(甲)無錫的城牆可以拆。

(乙)無錫的城牆應當拆。

(甲)講到拆城問題，第一層先要想到這城牆可拆不可拆。因爲若是不可拆，就雖然要拆，也不能拆。所以我不待不先說這一層講到這層我們又要想到築城的本旨了。這本旨是人人多知道的。不外禦外患防盜賊罷了。但是這種道理。只好行在科學未發明的時代。因爲在古時科學未發明的時候。兵士盜賊所用的武器。不過是些刀劍弓箭戈矛罷了。這種武器只要一層很薄的東西。已可以禦却他。城頭是磚石砌成的。所以很可以抵禦外患和盜賊。但是現在不對了。槍砲也發明了。飛機也發明了。講到槍砲。不要說你這很薄的磚石城牆。就是那高山大石。也很容易把他們打穿。講到飛機。不要說你這很低的城牆。就是那喜拉亞山也可以一飛而過。既然這樣。這城頭在現在的時候。豈不是沒有用了麼。豈不是拆去了並沒有什麼妨礙麼。別處這樣。無錫何獨不然。如此說來。第一層是可以解決的了。

(乙)第一層雖然已經解決了。就是雖然無錫的城牆是可以拆去。但是倘使沒有拆去的必要。也可以不必去拆他。徒費工程。不過照我的意見看起來。無錫城牆拆去之後。有兩種極大極大的利益。

(1)交通便利。　無錫是個工商業發達的所在。上面已經說過。不過要工商業更加發達。非使無錫的交通便利不可。因爲工商業的發展。先重轉運的便利。無錫和別地交通。雖然可以說是便利的了。但是本地和本地往來。尚不十分便利。最大的緣故。因爲有一座城牆隔在中間。若是將這座城牆拆去。不但可以多一條很闊的路。並且可以便利交通。使無錫地方的工商業。愈加發達。這是拆城以後的第一種極大極大的利益。

(2)有益衛生。　現在無錫城中的居民很多。所飲的水。大半是從城河裏來的。但是城河裏面。往往有許多死貓死狗和種種腐敗不堪的東西。棄在中間。居民飲了這種水。就要生病了。並且因爲居民衆多的緣故。往往這兒正在洗溺器。那兒正在洗食的東西。這種樣子。豈不是也不合衛生麼。若城牆拆去之後。城頭上的泥可以後濠河等的城河。城河填沒之後。居民必定只好用自來水了。自來水是很清潔的。很合於衞生的。照這樣看起來。豈不是拆去城牆之後。對於城中居民的衞生方面。很有利益的麼。這是拆城以後的第二種大利益。

既然拆了城有以上兩種利益。就無錫有拆城的必要了。

照以上所講的看起來。豈不是無錫若拆去城牆。可以使工商業更加發達。並且居民多飲清潔的水麼。城牆又是廢物。拆去廢物而有利益。到是一件一舉兩得的事兒呢。或者有人說沒有經費。這因爲有城磚可以抵去也。可以不必勞心的。所以我很希望這拆城問題。不久就成爲事實呢。

改造無錫的我見

秦秉梧

近十年來無錫改造的地方極多。光復時闢了新北門。通了馬路。邑人的交通覺得非常便利。公園亦在這個時候建立。到了現在公園面積擴充得很大。這是對於衞生方面的改良。至於交通方面。添了幾條馬路。教育方面。又有圖書館的建立。通俗教育館的設立。中等學校高等和初等各小學校的創立。對于商業和實業方面的改良。工廠建立了真是不少。到了現在又要開闢商埠。自此以後。無錫的希望正如「一日千里」。不可預料。所以照無錫現在的景象看來。吾知道無錫各界的進步。簡直是有蒸蒸日上的趨勢。不過對這將來的希望。雖然我們不可預定。然而進一步的改良。我們還須有一些研究。茲略述如下。

（一）第一步的改良。就是要放寬道路。我們多知道無錫的街道狹極了。所以對於內地的交通很是不便。要想街道廣闊。非是要開闢道路。無錫的城垣。我們多知道是無用的了。除了幾個頑固的人說什麼城垣可以防禦兵匪。他們簡直不知道現在的時候。軍器用了鎗礮。無論鐵的石的多可打進。所以這種磚土的城垣。是完全無用簡頁的。所以無錫的商家就有提倡拆城的問題。他們的宗旨。就是要使我無錫有一條闊大的道路。藉此推廣商業。這豈不是極好的計畫麽。但因爲經濟的困迫。這種建議就此冷淡。不過要謀無錫內地的發展。這磚土的城垣。照我個人的意見看起來。是非拆不可的。

(二)城垣拆了。無錫就可多一條寬闊的道路。這條路上就可產生內地一個極大的商場。我們多知道無錫的商業。和人民生活程度。一天高似一天。一天發達一天。從這個道理看來。無錫將來一定有一個大商場發現。因爲這般商家。他們的生存競爭。也一天高似一天的。况且現在商埠已經成立。這個商場。必定不小。如果商場已經成立。街道仍舊狹小。這對於發展方面。那是極有影響。所以現在先要拿城內的街道放闊。做將來的後盾。這不是良好的計畫麽。

(三)交通便利了。商業一定可以發達。但是工業方面。也必定要有一個改良。這種改良。無非是多設工廠。多設工廠有二種利益。第一種是一己受的。第二種是給貧人謀生計。現在這生活程度。一天高一天。貧人只是貧。富人只是富。如果富的人多設工廠。招用這般貧的人作工。一面可以使得貧人生計寬裕。一面可以發展本地的實業。這豈非是一舉兩利麽。

(四)無錫的商業工業發達了。這教育方面。也應該改良。現在錫地的貧窮失學子弟極多。他們因爲貧困。不能讀書。但是國民都應該有一種普通教育。所以要多設貧民學校。教育貧寒子弟。使得個個國民有一些普通知識。這是對於補救初等教育方面的改造。講到高等方面。亦很有改造的地方。現在本邑教育最高的。就是中等學校。除了中等學校以外。盡是高等和初等。所以這般中等學校畢業學生。有進取志向的。只好到別處去求學。就有種種的不便。種種的困難。要解除這個困難的最良方法。無非是合着許多的資本家設立高等學校和大學。造就高等人才。總上兩種說法。初等教育所缺的是貧民學校。、高等教育所缺的是大學。如過完備了這兩種。可就不負我無錫這一個教育發達的地方了。

（五）商業工業教育發達了。然而政界方面也必定要有一種改良。因爲無錫發達了。事務必定繁雜。所以政界方面亦須有一種相當的改良方法。就是多設警局。警局多。辦事的人也就可以注意。於是地方的治安就容易了。所以政界的改良亦斷斷不可缺乏的。

上面所說第一改良街道。第二希望商埸進步。第三多設工廠。第四增進教育。第五改良政治。如過這五種竟能樣樣辦到。那麽我們無錫將來的局面眞正不可限量了。

放寬無錫街道的簡捷方法

郭鈞一

凡是交通便利商業繁盛之區。城市街道。終是很寬闊的。無錫也可算得一個交通便利商業繁盛的城市；但是街道倒狠狹窄。愈在店舖密集熱鬧的地方。愈覺非常狹窄。所以行路狠覺不便。現在市公所定出一個章程。凡翻造房屋。門面須讓進三尺。這個方法固然狠好；但各戶不能同時翻造。所以目前終覺不好。古人有一句話：『俟河之清。人壽幾何』現在我想着一個極容易辦到的法子。能使無錫街道頓時闊出幾尺來。究竟是一個什麽方法呢？我且略述於下：

無錫商店狠不顧公德。他的櫃臺。那一家不半個探在街上。半個藏在家裏。兩對面都是這樣。豈不佔去幾尺了麽？還有工人。都攤在街上工作。譬如做木匠的。街上堆了許多木料；做漆匠的。也當街油漆。諸如此類。豈不又佔了幾尺了麼？還有小担擺得很滿，兩對岸都有，這個又佔去了幾尺，把極狹極窄的街道，他也佔幾尺，我也佔幾尺，無怪要路都不能走了！現在祇要市公所先出一張佈告，限定商店不許將櫃台擺在街上，不准工人在街上工作，不准小担擺在要道，於是，逈讓出了幾尺，豈不是街上就大寬而特寬麼？這種方法，完全在極快極簡易方面着想的，既非苛待商人，又是市公所應負的責任；聚蚊成市，衆志成城，還望大家注意這個，贊助這個，纔是哩。

演劇也是學生的良心發現

何希博

自從五四的那一次運動以來，我們全中國的學生，都有一種救國的思想了，所以每逢到國家有患難的時候，譬如經濟困難，奸黨賣國的種種，若是一有發現，我們全國的學生，就都起來同聲反對，共同討伐，現在又逢有一個困難的問題了！這問題叫做什麼呢？就是我們山東的一條膠濟鐵路，要拿了五千四百萬馬克去從那倭奴的手裏贖回來，但是這樣大的一宗欵子，從那裏來呢？我們大家都曉得中國的國庫，是一個錢都沒有的；還有什麼錢來贖路呢？所以這一宗大欵子，勿得勿由我們百姓捐出錢來去贖，但是我們中國的百姓，素來處於被動的地位；惟有我們在學生時代的一般青年，是處於主動地位的；一聽見膠濟路可以贖回，我們全中國的學生，就大家都起來提倡那贖路基金，有的學校裏拿了一面校旗，走到街上去募捐；或者向各機關募捐，於是各處地方上的人民，以及一般的機關，都已知道，並且都肯慨慷解囊，這都是以前的情形，現在我們學生中間，大家都商量說，我們去募捐，固然是替國盡義務；但是對於我們自己本身方面說來，却一個錢都沒有拿出來，有一位便說道，我們自己也已經捐了幾角，或者幾塊洋錢，這不是我們所捐的麼？這不是對於我們本身方面盡的義務麼？但是諸位要知道我們自己用的錢，是那裏來的呢？不是我們父母給我們的麼？我們現在要想一個法子，能使得我們自己拿出錢來；照這個問題看來，試問我們做學生的人，從那裏賺得錢來，因爲我們在這個時代，是一個分利的人；怎麼能生利呢？思來想去，沒有第二個法子，只有演劇的一個法子，是極高尚極有功用的，在歐西各國的學生，是都能做戲，在我們中國是兩樣的；因爲從古以來，我們中國人看了一般優伶極下賤，所以大半的中國人，都不能做戲；而況我學生麼？近來雖然漸漸的開通了，但是沒有學過，怎麼會做，不過國家是最要緊的。俗話說：國家存亡，匹夫有責。膠濟鐵路是國家命脈所係，怎麼好不救呢？所以對於演劇一事，既能生利，就可以救國，若是不會做，儘可以學習起來，只多費些工夫；沒有學不會的，然而生利的法子多得很，爲什麼要取演劇呢？這也是一個極可討論的問題，因爲演劇的一事，最能感動人心；我們所演的劇，無非是愛國舉動；既然是愛國舉動，那麼看劇的人看了這劇；大家都知道愛國，就是這劇的感動力了。我現在還可以拿一個證據來證明證明他；從前希臘國被波斯國打敗了，希臘國的戲劇家，就將當時戰爭和受苦的情形，演給百姓看；百姓看了，大家都悲傷得狠，並且憤恨得狠；於是大家都知道愛國，後來終究將波斯國打敗，這就是演劇感動人心的一個明明白白的證據了。我現在還可以說普通人的心理，大都歡喜看戲的，若是要他捐出錢來贖路，倒不情願；你若叫他拿出錢來看戲，他是狠情願的；這種人固然是無知無識，並且是沒有國家思想，好在我們學生時代，所演的劇，無非是愛國新劇；既然如是，那種人看了我們的劇，可不是也知道一些愛國麽？從以上兩條理由看來，演劇是學生救國的一個好方法。別處地方的學校，都已演過了。就拿無錫地方來論，演過劇的也不少；現在我姑且把我們自已學校裏來論論；我們校裏素來沒有演劇的舉動；不比別處學校，有什麼劇團哩，劇員哩；所以演劇這一事，在別處學校裏，是不難的。我們學校裏，聽得演劇籌款，充那贈路費，仔細想想，是一個好法子；但既沒有劇團，救國又很要緊，所以也不得不從事練習；並且個個人都熱心，以期收得效果，比較別個學校好些；從這樣看來，我們學校裏的學生所演的劇，實是良心發現；並且要比別處學校裏學生的良心格外的呈露了。

商榷

本校校舍建築地點的討論

陸鍾偉

無論辦什麼事業根基總要排得好因爲無論什麼事業根基好了，辦起來就容易發達，若是根基不排好，這件事業要辦好，就覺得非常爲難，這是一定不易的道理。不但辦什麼事業是如此，就說辦學校也是這樣的。校舍地點，就是學校的根基。有許多學校，因爲了校舍的地點不合，甚至做父兄的人多不肯把自已的子弟送進去讀書，弄到學校的前途非常危險，若是根基弄好了，那裏有這種危險呢？本校是上海梵王渡聖約翰大學無錫同學會公立的，從開辦到今已經五年了。當開辦的時候，因爲經費缺乏，沒有把校舍建築起來，宿舍課室，多是租人家的房屋。現在校董部裏諸位先生，以爲租人家的房屋辦學校，總不是長久的計劃，所以有自已建築校舍的提議。但是校舍既是學校的根基，就這校舍地點問題，必定要選擇妥當，免蹈許多根基沒有打好的學校的覆轍！所以這個問題是很要緊的，和學校的前途很有關係，並且很有討論的價值。我有一種意見，不敢說是妥當，不過寫出來給校董部裏幾位先生做個討論的資料罷了。我姑且把我個人的意思寫在下面：

現在對於這個問題，最普通的意見，不過兩種。一種是說要建築在城中的，一種是說要建築在野外的。就這兩個意思決擇，我說還是野外的妥當，贊成城中的也有許多理由，其實多不成問題。我不妨把所以要建築在野外

商権　二

的理由，分兩層說：

(甲)學校方面

(乙)學生方面

從學校方面，又可分做兩種：

(一)經濟方面　本校的經費，凡和本校稍有一些關係的人，那一個不知道很缺乏的。倘使不缺乏，校舍那裏要到現在才建造呢？既然本校的經費很缺乏，就建築校舍起來，應當從最省錢的地方走去；野外的地，無論如何，總要比城中的地賤一些。因爲地方愈熱鬧，地價愈大；城中本來是熱鬧的，無怪他的地價要比野外的地價貴了。既然野外的地價，比城中的地價賤，就把校舍築在野外，對於經濟方面，可以比建築城中大大的節省了。這是對於學校方面的第一個益處。

(二)發展方面：　辦學校總希望這校將來非常發達，從來沒有聽見希望辦的學校不必十分發達的；若是學校發達起來，原有的校舍，一定要不夠應用，就一定要擴充到學校的四面去。在城中沒有極大的地方，即使有稍大的地方，不多幾天，一定要被別人來佔據去；既然如此，這學校若建在城中，一旦發達起來。那裏能夠有發展的餘地呢？倘使建築在野外，自然四面都是荒野，一旦發達起來，儘可以擴充出去，一點沒有阻碍。這是對於學校方面的第二個益處。

照以上兩種看來，就對於學校方面，本校的校舍應當建築在野外，不應當建築在城中的理由，明瞭已極。這是我贊成野外的第一層理由。

從學生方面說，可分三種：

（一）讀書方面　學生入學的惟一宗旨，是讀書，所以學校的校舍，總要選合於讀書的地點。合於讀書的地點，就是清靜的地方。城中是熱鬧的所在，人人都知道的；野外總沒有城中那樣鬧熱，也是人人都知道。鬧熱的地方，沒有不鬧熱的地方清靜，這是一定不易的道理。照這樣看來，本校校舍建築在野外，不是對於學生的讀書方面，非常有益處的麼？所以這是對於學生方面的第一個益處。

（二）衛生方面：　無論做什麼事，必定要有健全的身體，讀書也是如此的，所以建築校舍，總要選合於衛生的地方才好。對於衛生方面最緊要的，就是新鮮空氣；因爲空氣這件東西，對於人類和許多動物有極大的關係，不能夠一刻兒沒有，倘使不清潔，我們吸受了他，就要生病；所以建築校舍，總要選空氣新鮮的地點。野外多樹木，樹木是吐新鮮空氣的，城中多人烟，少樹木；照這樣看來，就野外的空氣比城中的空氣要新鮮些；既然如是，本校校舍建築在野外，可使本校學生個個有健全的身體，這是對于學生方面的第二個益處。

（三）道德方面：　地方越繁華，越熱鬧，道德越敗壞，引誘青年的事物越多，野外是不繁華的地方，所以沒有引誘青年的事物；本校的學生完全是青年，若是本校校舍建築在城中，學生就要被許多污穢的環境來引誘，如在野外，就沒有污穢的環境來引誘學生；於是本校學生就個個可以變做良好的青年，這是對於學生方面的第三個益處。

照以上三種看起來，就對於學生方面，本校的校舍應當建築在野外，不應當建築在城中的理由，也已極明白；這是我贊成野外的第二層理由。

依了這兩層理由，就野外方面，豈不很妥當很合宜，做本校校舍的建築地點麼？

野外方面的理由上面已經說過。可以見得城中方面的理由，是不成問題的。因爲城中方面的最強的理由，不外兩種：

（甲）交通便利。

（乙）多通學生。

對於第一種，只要學校辦得好，學生決不嫌路遠，有如清華北洋許多大學，遠在京都。但是學生仍舊很多；照這樣看起來，就第一條「交通便利」不成問題了。本校是中學；中學裏的學生，大半可以有住宿的能力。校舍建築在野外，通學生雖然要少，但是寄宿生也要多些。所以第二條「多通學生」的理由，也可以推翻了。照這樣看起來，豈不是城中方面的理由，多不成問題麼？

現在野外方面的理由，既已說過；城中方面的理由，也已經推翻。本校校舍應當建築在什麼地點，一看就可以明白。但是這許多的話，不知校董部諸位先生的意見以爲怎樣？

欲謀本校發達的商榷

秦秉梧

我輔仁學校。爲上海聖約翰大學無錫同學會會員于西歷一千九百十八年夏季所創。建推諸創建是校之主旨。因地方各高等小學畢業生。欲進求中等教育。非往他校不可。因是集資數千元。創建是校。並受上海聖約翰大學校訓（Light and Truth）之鼓勵。乃有是校之設。

近年本邑敎育。日益發達。大有蒸蒸日上之勢。中等學校之相繼而設者。已有三四校。如工商中學。無錫中學。實業中學等。我輔仁學校之創設。實居其首。今來校學生。日形踴躍。幾無餘額可插。故對於本校之發展。亟宜有正當之商權。茲述本校應發展各要點分述如下。

（一）校舍　本校新校舍。急宜建立。校董及教職員。雖已有新校舍問題數次之討論。然尚無事實可言。故自今以後。正宜積極進行。因我校之舍。現在劃分三處。又租借民房。終非久計。且校舍宿舍分離過遠。學生寄宿上課。均感不便。建設新校舍。必課堂宿舍於一處。此急宜建築校舍者一也。我校年支校舍宿舍租金。不下數百元。設自一九一八年至今。集其支出之租金。建築校舍。已渠渠可觀。今為一勞永遠計。此急宜建築校舍之二也。

（二）入學考試　一九二二年夏間。我校受上海聖約翰大學承認。允許直升正科讀書。此大可慶幸之事。第欲謀將來保全升學信用計。則非實行整頓本校招生不可。夫入學考試。原所以試驗學生之程度者。近今我校學生多有程度不合者。雖年年留級。於實際無裨。卒之悞人子弟。可不寒心。我校入學章程。入學年齡。原定在十二歲以上。乃現今預科學生。竟有八九歲者。故地方人皆謂我校為小孩學校。此入學考試。宜嚴格。萬不可不注意者也。

（三）課程　中等學校所授之課程。為國民知識之中堅。當依國民應知者。故中等學校課程。極宜注重普通。我校現分中西兩部。分時教授中西課程。平均每級。約有十餘種。而十餘種課程。如習字等課。鄙意當於平時練習。非一時所能求工。不如一律删去。改為他種有用課程。依照新學制施行。蓋新學制課目雖繁。然悉關重要。此課程之急宜求合於現今社會之需用者也。

（四）上課時間　我校上課時間。採東吳約翰制。以四十分為一小時。每日共授課八小時。此四十分之小時。於教師講能。既無切當教程。而學生方面。亦少相當研究之資。一舉而兩弊。此時間支配之宜商權者也。

商權　五

（五）編定年級　本校採用之學級制。預科二年。本科四年。共爲六年。預科畢業後。有不能入升正科者。故余謂本校學級制。宜因時度改用新學級制。以前三年爲初級中學。後三年爲高級中學。其故有二。改行新學制。則學級程度平均增高一也。改定學制。性質雖與省立不同。而觀念則一。二也。此年級之亟宜編定者也。

總上數端。我校苟不棄芻蕘。實行改良。余敢言我校將來之進程。正未可限量也。

恢復縣自治問題

陸鍾偉

民國三年。袁世凱做大總統的時候。國會被他强逼解散。國會解散了。於是省議會和縣議會。也就依次的解散了。去年黎黃陂復了職。舊國會和省議會。是已經恢復了。於是有一般人。要想趁這個間隙。把那各縣縣自治的縣議會。也恢復轉來。和民國三年三月以前的一樣。所以近來恢復縣自治的聲浪。一天高似一天。贊成的人數。一天多似一天。好像有一種矢已上弦。不得不發的勢頭。但照我的意見看起來。這一個問題。要分兩個問題討論。第一種就是要不要問題。第二種就是進一步想的能不能問題。若是第一個問題通過了。而第二個問題通不過。這件事還是嘴上塗石灰的白說。若是第二個問題到通過了。而第一個問題通不過。就這件事還是不行。必定要兩個問題完全通過了。方才能行。照我的意見看起來。第一個問題是可以通過的。但是第二個問題。覺得十分困難的了。什麽理由。寫在下面。

譬如有一爿銀行。銀行裏的經理先生。還是他們股東先生自已做的好呢。還是別人做的好。這個問題。我知道無論何人。一定說股東先生自已做的好。爲什麽緣故呢。因爲若是別人做了銀行裏的經理。一定要自私自利。股東先生們。根本不關他什麽相干。若是股東先生自已做了經理。倘使行業不發達。就蝕的本是自己的肉裏財。於是股東先生一定要想種種的方法使行業發達。所以這經理先生是股東先生自已做的好。既然如此，就縣自治是要的了。爲什麽呢？因爲那縣就像是銀行，平民就像是股東先生，縣知事就像是股東先生們請的經理先生。若要股東先生們自已做經理，就是要有縣自治。這樣看來，這縣自治豈不是很好的麽？豈不是要緊恢復的麽？所以我說第一個問題是可以通過的。但是恢復縣自治，必定要有一種極大的經費。我們的政府、省公署和縣公署，多是窮極窮極。不恢復縣自治，尚且要横借外債，豎借外債，還有什麽閒錢來恢復縣自治呢？所以我說第二個問題到覺得十分困難哩。

我的話已經說完了。雖然第二個問題是很難通過，但到了有經費的日子，恢復了縣自治，就是我們的大幸了。

女子剪髮問題的商榷

郭鈞一

我們中國人只有五分鐘熱度，是確實不錯的。無論什麽題目，都說不穿的。一時解放，一時抵制日貨，一時男女同學，一時女子剪髮？但是一鬧之後，便無形消滅了！前幾天都把女子剪髮問題，鬧得徧地皆是。這種聲浪，但是不多幾時，又一個人也沒有提議了！我現在却把他研究一番。女子剪髮本來是極好的事；對於衛生上，經濟光陰上，和其他種種；都有絕大的利益。從前民國日報覺悟上討論得很詳細？前幾天發議論的人，也說得明明白白：諒都知道了。但我的感想稍有不同；我是要完全女同胞正確明白覺悟這剪髮的本旨！不可胡亂妄從。以爲這剪髮問題，是近來極流行的：像使我拿髮也剪了，可以顯出我是個極通達時務的人；如果胸中懷着這種思想的，那可是完全謬誤！失了剪髮的本旨！而且使剪髮問題，從極光明的地步，走到黑暗的道上去！這就可嘆而可想了！我何以說這等語呢？因爲近來已經剪髮的女子，雖把辮兒剪去：然而頭上仍舊留着很長的頭髮，披在肩後：那香膏上了一

商權　八

厚層，梳的光明似鏡。照這樣看來，只少了一條辮兒，以外並沒有什麼更動。關於衛生上，經濟光陰上，的種種利益；一些沒有得着。照這種情形看來，非和那不是剪髮的，簡直沒有差別嗎？我敢說一句，他們不是因爲利益而剪髮的，不過想趨趨時髦了。！咳！這種女子的心理，是不使女界光明，反使女界黑暗，豈不可嘆呢！且我國女子的裝束，都想仿效歐美各國的文明裝束，然而歐美的女子，倒并沒有剪髮的舉動；我國的女子教育和服務一切，都沒有學着，却弄得非驢非馬不三不四的樣子起來！我想剪髮，雖也是解放的一種問題；但是或者完全剪去，祇留些護腦的頭髮，或竟學歐美文明，男子剪髮女子一概不剪；倘使見樣學樣！一味跟着男子做去；不但仍舊沒脫妾媵奴隸的腔調！而且陰的雌的；恐怕億萬年總不能變做陽的雄的；何苦這種瞎忙瞎鬧呢？

譯林
樹敏

無錫啓泰棧

開設光復門外漢昌路

本棧自建高大西式樓房規模閎壯裝潢華美陳設布置管理辦法均效法海上著名之大旅館共有精雅客房百餘間房內傢具用品均以適合起居爲宗旨凡便利旅客之用者莫不設備完善並有寬廠大廳以備喜慶酬酢晏會之需所僱茶役柔順伶俐以供旅客之驅使茲特新闢花園以爲酒後茶餘散步眺覽之所形形色色美不勝收如蒙惠顧方知斯言之不謬也　本主人白

中國新學制

譯自一九二三年三月三十一號之密勒氏評論報 Jameson Y. chang, B. Sc.原著　何希博

對於中國今日之教育者人有何論乎教育經費充塞於軍人私囊。致各校教職員之欠薪者有五月至十月之多。復以政潮汹湧。釀成教職員學生罷課之學潮。往年不可勝數。然吾教育界人物仍不忘其天職。見夫舊學制之缺點。共謀建新學制以促進吾教育界前途之進步。

至於英美在我國所設諸教會學校。其數甚多且頗佔有勢力。故我將新修學制。明以告之。無所隱藏。倘蒙贊同。或可行之。是非著者之欲各校猝變斯制。不過書之以備注意遠東教育事業者之攷慮耳。

先以此制之歷史簡單述之。考我國舊制之輸入。在一千九百十一年。大半皆倣自日本。即初小四年。高小三年。中學四年。大學預科一年或二年。大學正科四年或六年。其極大之劣點。在中學時代。因其四年之年限太短。既不能栽培學生直接入大學。更缺職業足夠之預備。對於中學畢業生。無論課何事務。或求較高之教育。甚爲艱難。故在一千九百二十一年十月。第七次全國教育聯合會在廣州開會時。廣東省教育會提議新學制。當由十省附議。並從事修改。嗣由會外大教育家。經一載之深思討論。當一千九百二十二年之十月開第八次會議在山東濟南。議決會於去年十一月一日。將議決案呈北京教育部。乃得大總統黎元洪命令批准。故此制並非鹵莽之組成。乃彼大教育家用其素有之經驗與西方之思想參合組織而成者也。

新學制大半依據於美制。卽小學六年初級中學三年高級中學三年是也。其要利凡七。(一)應社會發達需要。計(二)提倡共和國敎育之精神。(三)發展個人之才能。(四)着重國民經濟之能力。(五)照料平日生活。(六)普及敎育。(七)柔順地方之情形至精細描摹之表示及講解列述於下。

(甲)初等敎育

(一)小學課程爲六年。(註釋)或可多加一年。由本地之情形而定。)

(二)小學可分爲高等及初等。初等四年可單獨設立。

(三)義務敎育以四年爲根據。但可延長之。惟必據當地方情形之需要。故其年限可由本地定之。

(四)小學課程照本地之情形。在最高數級可設職業預備科。

(五)在初小畢業後。可設補習班。

(六)幼稚園之小孩須在六歲以下。

(七)補習班專爲以前未受敎育之成丁者而設。

(乙)中等敎育

(八)中學以六年爲限。分爲高級與初級。初級中學三年。高級三年。但可依據敎育之性質。而排爲初級四年。高級二年或初級二年高級四年。

(九)初級中學可單獨而設。

(十)高級中學必附設初級中學。但遇特別緣由可單獨設立。

(十一)初級中學爲普通教育。但因地方之要求亦可設立各種職業科。

(十二)高級中學再分成數普通科。如農工商師範國政等。一校可包括一科或數科不等。以照地方情形而定。

(十三)中學可採用選科制。

(十四)中學補習班之設立亦因地方情形之需要。其種類及年限。可由地方上決定。

(十五)職業學校之年數及制度。可依據地方之習慣及需要而排定之。

(十六)因推廣教育事業起見。師範科之於職業學校可設在相當之學校內。

(十七)師範科定爲六年。

(十八)師範科可單獨設立。在較後之二年或三年。必取初級中學之畢業生。

(十九)師範科之最後三年。可行選科制。

(二十)師範科相當之年限及簡單之課程可設立之。以應各初等小學教員之需。

(丙)高等教育

(二十一)學院與大學可含有一科或數科。學院之僅採取一科者。爲分科之選定學院。如醫科及法律科等。

(二十二)學院有自四年至六年之課程。(其年數以該科之性質而定。)

醫學與法律專門學校。至少以五年課程爲限。

譯　林　　　　三

師範學院以四年課程為限。

(二十三)學院課程為選科制。

(二十四)高等教育之三年或較多年限者可照地方情形而設取高級中學之畢業生。其名譽及特權適與學院之年限及課程相等。

(二十五)學院與高等教育可設無限期之特別練習科。

(二十六)應初級中學教員之需要可添設二年課程之師範班於大學或高等師範或師範或高級中學。但必以師範或高級中學之畢業生為有入學之資格。

(二十七)郵政畢業生科為學院或大學畢業生課外工作或為其同等制度無一定年限者之工作。

既有如許之講解現余試指其利弊數端其第一利為柔輭之性質因其可以隨地方之經濟與職業而變更即小學可設立以四年、或六年、或七年課程中學或以三年、或二年、或四年、或六年之課程。並無嚴重之限制若中國之廣大實難夢想建設一固定之教育制度。因北自蒙古。南至廣東。或自海而至內地。其生活之方法及風俗事業之利益與壓力社會之環境氣候之變化。文化與心靈活動之發展力。或普通知覺力。宗教之信心。階級之分辨等。設一邑之維持佳者則可由反面進行。現在之制度。僅供奉數種簡單制度。並非棄絕地方之本性。故必與本地人士。詳察該地之性情並用其有利之處。

其第二利為學生增進各種科學。並發展彼輩天然完美之才能。吾輩可有中學之選科制在不同之學校中。在以前時代。吾輩常聞學生之宣言。謂讀固定科目而無趣味之艱難。即著者亦親受其苦處。此種事實已為普及教育

輔仁中學畢業刊

家之經驗。諸固定制實有阻碍於青年智力之發展。確有許多少年自中學畢業後而入事業場中。無一機會能用其三角化學之知識。或校中所學之正弦與餘弦。或原子重量。分子重量。實郎與潑鐵脫之定律。而當彼輩所需之學問。如簿記、核算、打字。俄經營等。如許必要之練習。當其在學校時從未學習。此即如前所云舊制妨碍之點。並即其所以失敗與成惡名者。至目下之方法。初級中學有主要及簡單之分科。因少年之在彼時其各科特性意想未充。並之才能及選擇力而於高級中學設多數詳細之分枝。以供給各種職業之需要。並因此時之學生有自己選擇之能力矣。

在中國現在時代名爲力依孩童工作規律。禁止十二歲以下之孩童在工場做工。但察其內部。則又未然。此制之中。其赴工作以前在童年以下之孩童。適在求初等工場學問之時期。即彼等不再進求學問。若中國力行强迫教育。則孩童工作自可割削。而無難色。此制尙有他利點。即適用於男及女。並可爲男女同學之基礎。此亦經試驗而得之。

在正面觀之。選科制則使利於學生。但從對面着想。其對於管理及財政上之關係則甚難。因有許多班次之分枝。則必供給足夠之教員。教授各特別分科。並須充足之從者。超過一定之至少數。在每級擔保教授之效力。此非可得而希望者。蓋必發達之學校。學生冊達千人以上之中學。方有可期。因在較小之學校。此種利益反無之。大都困於財政問題。其結果至某校臚列於某某科。設彼等不遇別種機會。反使學生求學之道。漸形窄狹。故一校之行選科制者。必多費於舊制學校以同數之學生。既需若大之欵。則吾輩無一定之基金。決難奏其功用於正道。並須基金以建實驗工場。圖書館。若無之。則某種科目非紙上所能講明者。故若、無一充足基金之預算。此制非所善也。

此種學校之科程。尚未排成。但由委員會簡單報告。今推列於下。

小學

本國文 (甲)言語 談論 古事 辯論 語法

(乙)宣讀—原文 新聞紙 雜誌

(丙)書寫—句子 結構 作文 習字

數理——算術

普通知識 (甲)社會—衛生 公民 歷史 地理

(乙)天然—天然 現象

格致知識 園藝 種植

手工 簡單工業 手藝 商店工作

技術 (甲)圖畫

(乙)音樂

身體運動與田徑練習

外國文言自第五年始

初級中學

固定科　公民　中文　英文　數理　理化　歷史　地理　技術　手工練習　身體練習　選科之普通於各科者　英文　中文　生物學　法律　經濟學原理　倫理學原理　社會學　學術原理　工業練習　童子軍

普通選科　三角　立體幾何　政治地理　近代史　亞洲史　世界地理　普通理化

商業選科　打字機　簿記　商業知識　商業實習　商貨　社會法律及事業規則　銀行原理及練習　銀行簿記　保險原理　經濟　實用英文

理化選科　物理原理　化學原理　化學工業　機械畫　普通格致　三角　幾何

高級中學

固定科　中文　英文　數理　格致　社會學　體操　選科之普通於各科者　英文　中文　心理學原理　倫理學　生物學　經濟學原理　社會學　近代格致史　哲學原理　物種進化原理

普通選科　(甲種)(文科)　世界歷史　世界地理　政治地理　中國文學史　世界文學史　教育　國文　第二種外國文

(乙種)(理科)　高等代數　解析幾何　定性化學　定量化學　無機化學　物質學　地質學　礦物學　應用文學　第二種外國文

商業選科　(甲種)(銀行科)　銀行業事　銀行核算　銀行練習　商級經濟　財政原理　交易　貨幣　社會法律及事業規則　中國算盤

(乙種)(關稅科)關稅規則　核算　社會法律及事業規則　航海法律　商業地理　商業算術　商業英文　統計學

(丙種)(普通商科)商業文件　英語　打字機　縮寫　計算　經濟　保險　社會法律及事業規則　商業算術　中國算盤

師範選科　教育原理　心理學　教育心理學　兒童心理　教授法　教育歷史　學校管理法　學校衛生　孩童唱歌　學術

以上之表。偏重於事業進程。因大部分中學畢業生入社會作事。僅一小部分升入分科大學。至於大學科程。與中學之課程同。惟其趨勢較高耳。即外國大學亦在同等地位。

論其結束。則新制已可試行於各校。即新教科書亦已著就。並已爲首領印書局從事印行矣。但終不可依賴及固執於此制。或嚴刻之拘泥。若蒙洛保羅博士之言曰。中國教育之難處。在教員之教授法。學生之缺乏自動能力。讀書材料之不充足。管理方面之不完全。及各地言語之難通達。故此制僅供給便利者之方法。與教育者之能得最大效力而已。

中國前途之樂觀

譯自密勒氏評論報　Tur Teng chi-chien原著　阮元衍

茫茫大陸。振起無望。中國將遭滅亡矣。中國之末日不久將至。此種悲嘆沮喪之語。吾人蓋耳而熟之。出之者。非僅中國人。即在外人亦然。當若輩談論中國時。幾無不作此呻吟語。余常驚奇不知何者實使若輩如此絕望與悲觀。

抑擁地三千萬方里。具有四萬萬人民之中國。將真不久滅亡乎。抑彼正新產生。前途尚無可言光明之希望。

而已陷於悲觀絕望之地生氣僅存一息乎。以愚意度之所以使我輩觀察者悲沮喪者大概由目下政治之紛亂官吏之腐敗與夫軍閥之殘暴諸景象有以自取之果爾則余直可謂彼等太易受刺激且亦太無遠大之目光矣吾人既欲判斷中國命運須知欲將一國之境遇刷新整頓者非先經過一紛亂時期不可今日中國外觀之紛亂蓋爲由專制政體變爲共和政體之過度時期內不可缺少之順序。猶少年在未得經驗與眞正之剛毅性前必須經過一番試驗也況中華民國成立尙不過數年目下正有與各國已經過之同一困難爲自由而戰也美國自屬民地獨立至統一爲國其間約歷七八十年。法國之成爲眞正共和國亦歷百有餘年今試再以英國爲例。英國在斯的阿脫族未驅逐以前亦曾受百年餘之革命中華民國年尙幼小自建設以來僅不過十一易寒暑故受教之時正多。

至於官吏之腐敗與夫軍閥之自私自利吾人亦不必絕望今姑費片刻之時間一調查政府官吏冊雖非完全然實皆係一種寄生蟲而爲清室無用之遺臣今擇其彰著之例證以歷任之五總統言之蓋有三人焉使彼輩果皆有驚天動地之才則早應自顯於前朝使帝國鞏固不致有革民暴動之發生無如彼等乃腐敗之官吏促亡帝國。今則又欲亡我中華民國矣吾人豈可信任彼等哉。雖然余已言過吾人亦不必絕望蓋彼輩祇過渡時代之人物耳不久自必屛棄自此或有教育完全智慧充分之人繼而代之此則中國之救星也。

今一觀中國各種事業之進步則確有可安慰者在人民愛國心之發達卽中國進步最彰著之證例。高矣哉四萬萬同胞之愛國熱度也甚至爲國犧牲性命亦所不惜對外既排斥山東一日本事業對內復以學生與商人之鼓動推翻安福派其行事卓卓概可想見。

譯林

公衆評論之發達。亦中國進步之奇異記號也。目下中國人民對於評論國政。甚爲注意。一如注意於公衆之事務然。此豈非公衆評論發達之表示乎。

中國之進步。更於敎育見之。近數年來。兒童敎育與女子敎育之發達。實令人驚奇。學生之數驟然增加。每年敎育費亦因以大爲增加。最適用於現時及學制最新之大學。亦已設立。爲數殊屬不少。敎之者類皆推爲智識界之領袖。與歐西留學生孟祿博士曰。藉敎育上文化之力。能使弱國轉爲强國。以致彼政治上之地位。亦得鞏固。中國敎育發達之速也。既如此。則彼政治上之地位。自不致動搖。可無疑義。

不僅此也。中國之進步。又可於實業見之。試一觀目下乳廠與實業公司之多。所有組織方法。與專門技能。皆採法歐西最新而最適於現時者。至於鐵路。殊亦發達。幾遍設於全國矣。

由此觀之。中國非無希望。非不可救治挽回者。有充足新生命。即甚有希望。至於一國之生命。與有無希望。則大率惟人民是視。使人民於道德上及物質上皆智慧而堅固。則國家早晚必富强。無論彼當時之情形。如何紛亂。固可無虞。此殆成爲通例矣。

今再述第二問題。即何者爲吾人民應作之事。庶幾中國進步得以更速。而更有希望。惟腐敗之官吏與自私自利之軍閥姑置不論。余今敬爲陳數條議焉。從事發展實業與敎育。及從事其他發展國家根本上必須之計劃。此吾人應爲者一也。强國要素。既非政府之官吏。又非政府之勤動。乃國民之努力與勉勵耳。故余甚望我國民皆能自敎。而不賴藉政府一絲一毫之力。

凡我各級人民。皆可組織一有統系而整齊堅固之會社。是會社有極大之功用。既可得堅固之請求。且可監察政府之舉動。使時機已熟。且或有效於放棄目下之政府。廣除督軍與裁兵。爲中國主權地土之保障。不致受外人之侵害。旨哉團結卽勢力之言乎。余今再加其言曰。無論其事之如何困難。如有團結力。則事無不成。有望哉中國同胞。其各竭盡爾力。使中國成爲一强大之國。得耀於世界。并照耀於永久。

中國共和告成後軍隊之暴動（譯自密勒氏評論報）

丁保錫

自滬上總商會首創裁減軍備之議。其聲浪現已響應於全國。卽孫逸仙、及其他諸領袖。亦均以爲此乃實行南北統一之第一步辦法。凡人民之談商業政治教育工業之不靜者。莫不謂軍閥所致。蓋彼等身擁甲兵。借國家歲收飽一己私壑。復無統御之方。卒使兵士時起叛亂。陷人民於水火之中。

試觀十一年來中國處於督軍武力之下。軍隊叛亂以及盜刦等事實。告人以一可悲之記載。中國軍隊與土匪實難分別。易言之。軍隊實無異於盜匪。蓋軍隊變爲盜匪。盜匪變爲軍隊。不過地位關係耳。故此叛亂統計表之成立。無足怪也。

在考察此等叛亂事時。實難盡悉其原因所在。蓋每一報告。終必歸罪於欠餉。然而統計每年餉項。實佔全國費用百分之七十。每經一次叛隊之擾亂。一切損失不可勝數。設一計之。其數或在百萬元左右。至於受災小民。能得政府撫恤者。寥寥無幾也。每遇兵災。則銀行銀樓絲號以及各大商店。必首先受災。甚或房屋遭焚。全城被患。兵士之暴虐。不勝言狀。也至於城之較小者。則小康富戶。必首遭其刼。彼身爲督軍、執兵符者。以理言之。罪實難逃。乃當局然竊據高位如故也。對於受難小民。毫不顧及。惟務招募新兵。以繼叛亂之卒。若偶而擾及一二外人。則北京公使團。必出而干涉。故兵士亦伶俐異常。必不擾及外人。因此當地居民往往避難於外人醫院、教堂中或講道所中以暫保一時生命之安全。

下列統計表係用最留意之手法以集成之。閱者可知自西元一千九百十一年至一千九百二十二年止叛亂之事。共一百八十起之多。但此尤未得爲完全。蓋報告不全。尚有所遺漏也。至於去年（卽一千九百二十二年）統計。則於一百八十起中。僅占四十五起。若以省而言。則湖北有二十六起。直隸二十三起。河南十五起。山東十一起。安徽十四起。湖南十一起。江西十四起。江蘇十起。廣東八起。福建七起。陝西六起。四川三起。山西五起。吉林二起。奉天三起。雲南二起。廣西一起。甘肅一起。新疆一起。貴州一起。浙江無。至於浙江雖無。但有一二次於杭州寧波等處。亦現不穩之象。不過設法較早耳。

更有進者。卽此表並非專門記載軍人禍亂之事跡。如黨派之私鬥。以及內亂等事。不過軍隊叛亂刦掠等事耳。但尙望閱者諸君毋忘一千九百十二年在江西、江蘇、廣東發生之二次革命、復辟、直皖戰爭、奉直戰爭。湖南、湖北、四川之內亂。一千九百十五年至一千九百二十二年河南之匪亂。粵桂之戰、滇黔之戰、閩粵之戰等等。迄今戰爭猶未稍息者。廣東是也。此等內亂。則較刦掠之禍更深萬倍也。

吾人欲免去以後一切刦掠等事。惟有本地自集團練。互相保護。但此等必非軍閥所喜。亦非本地有權勢者所能贊助。噫。吾民現已失去其合法之保護。尙望何法之保護哉。

中國共和告成後軍隊暴動統計表

下列報告對于一切損失。因少記載。故只得付缺。至于暴動之慣技。不出刦掠、放火、姦淫、殺戮等事也。

出事地點	年	月	日	附註暨出事原由

直隸北京	西元一千九百十二年	上	二月廿九日	此乃自二月十二號清帝讓位後第一次之叛亂大約爲欠餉所致但有人信此乃袁世凱之陰謀欲取消彼所反對之移京至南京故也
直隸保定	同	上	三月二日	軍隊叛亂後保定全城被劫殺戮無辜無數甚至有害及外國公使者
直隸天津	同	上	三月三日	此次叛亂完全出於北京軍隊煽動所致全城完全被火
廣東廣州	同	上	三月九日	新軍對於京有軍不允遣散及死力出戰之命
江蘇蘇州	同	上	三月念七日	兵士噪鬧劇園
江蘇南京	同	上	四月十一日	江西軍乘城內之失愼藉口秩序劫掠面積甚廣
直隸灤州	同	上	四月十一日	先是一晚軍騎兵隊之兵士購物不給貲致與店主互毆事聞與長官處軍法不意當夜全隊兵士叛變共殺長官
黑龍江呼瑪	同	上	四月廿六日	捐稅局被搶
江西楡山	同	上	五月四日	一巡邏隊之長官結合匪徒搜尋全城
江蘇蘇州	同	上	五月卅一日	詳細不知
山東濟南	同	上	六月十三日	此事致動於戲園致全軍攻打城之東門及黎明乃進城縱火劫掠
奉天省城	同	上	六月十九日	因長官强派公債之故以致軍士變亂劫掠一空
湖北襄陽	同	上	六月廿日	詳細不知

輔仁中學畢業刊

江西景德鎮	一九一二年		七月一日	陶器工與本地兵士結合成匪但部爲武裝警察抑止是役也攻打警察所且刼掠銀行數家
安徽蕪湖	同	上	七月三日	不知因何細故致一部份軍隊變亂刼掠長街一帶
河南河南府	同	上	七月三日	奉軍與土軍交惡致發生一小衝突但財產損失尚少
安徽安慶	同	上	七月二十日	詳細不知
江蘇浦口	同	上	八月一日	欠餉三月不發兵士偵知長官所儲餉銀地遂奪起取給結果商市略受影響
安徽滁州	同	上	八月一日	欠餉
湖北武昌	同	上	八月五日	高級長官處理失策
安徽安慶	同	上	八月十五日	欠餉二月所致
直隸通州	同	上	八月廿四日	豫軍叛亂因餉銀無着致地方損失無算
湖北沙市	同	上	九月七日	因一兵士與一典當鋪之爭鬥致兵士略受責罰後忽而全體兵士譁變刼牢獄毀電杆搶商店
湖北武昌	同	上	九月廿四日	騎兵一隊譁變原因不知
陝西西安	同	上	十一月十四日	無記載可尋
奉天安東	同	上	十一月十九日	爲保皇黨之搖惑有一部分佔據中國銀行及東三省銀行

安徽蕪湖	一九一二年	上	十二月十五日	欠餉不發全體兵士殺長官取給於商人
江西南昌	同	上	十月十日	爲本地匪類所激起
山東烟台	一九一三年		一月五日	滿軍於一月一日被裁在未散之前彼等焚房屋刼銀庫而去
吉林延吉	同	上	二月六日	慶祝舊歷元旦兵士與長官衝突致起變亂
直隸熱河	同	上	二月十七日	結合本地匪徒叛變
江蘇金山	同	上	二月十五日	土匪給合之軍隊因聞欲裁撤之消息遂仍還故業
廣東東莞	一九一四年		五月十一日	欠餉四月所致
雲南臨安	同	上	四月十七日	客軍之來城保護者反逆命而結合土棍佔據城之銀行及公產損失約二十萬餘元
黑龍江齊齊哈爾	同	上	四月二十日	因全軍之叛亂遂全部改組並長官數人撤差
廣東嘉應	同	上	四月廿九日	兩部軍隊衝突
黑龍江齊齊哈爾	同	上	五月廿日	因謠言政府五月軍餉不發致本地步卒焚掠小城
直隸張家口	同	上	五月念四日	警察干涉兵士賭博兵士報復致警局被毀二百餘家被刼
湖南衡州	同	上	七月十三日	因被裁致叛人數約萬人擾亂時甚久
安徽桐城	同	上	七月二十日	原因不知

譯林

四川順慶	一九一四年	九月二十日	原因不知
雲南永北	同上	十二月十二日	原因不知
福建桂化	同上	十二月十二日	二軍官衝突致知事被殺商店被搶
四川延津	一九一五年	一月十日	原因不知
山西沅庫	同上	二月十七日	因細故致店鋪被搶
湖北武昌	一九一六年	二月十八日	騎兵隊叛變
甘肅平涼	一九一五年	二月三日	軍官被殺鎗械被奪銀行被搶
直隸北京	一九一六年	四月廿四日	要求加餉
江蘇金山	同上	四月廿四日	河工局與官鹽稅務所連給叛亂並釋放一切俘擄
湖北巴東	同上	五月不知	原因不知
湖南寧湘	一九一六年	六月十二日	軍中上下號令之衝突
湖南寶慶	同上	六月二十日	因欠餉殺戮長官三十全城被搶
河南嵩縣	同上	六月廿七日	知事被殺商店被搶
湖南岳州	同上	七月十四日	北軍一支因加餉變叛
湖南長沙	同上	七月十八日	二黨互爭
山西汾州	同上	七月三十日	步軍作盜刦掠
江蘇揚州	同上	八月三日	官鹽稅務局不遵撤裁之命

輔　仁　中　學　畢　業　刊

東	一九一六年	上	八月六日	濰縣高密等縣客軍與土軍衝突
湖南澧州	同	上	八月十三日	二匪黨衝突
湖北漢川	同	上	八月廿三日	原因不知
山東昌魯	同	上	八月廿四日	兵士強逼收稅鄉間團練抵抗兵士制服團練全城被焚戮
山東周村	同	上	八月廿六日	兵士均係滿洲土匪出身
四川瀘州	同	上	八月卅一日	欠餉
山西汾州	同	上	九月八日	此乃第二次歸化亦受影響
四川興津	同	上	九月廿七日	欠餉
吉林長春	同	上	九月三十日	欠餉
甘肅涇州	同	上	十月三十日	兵士爲禍[illegible]有一支幾攻陝西某城
山東	同	上	十一月七日	聞濰縣章邱周村等城裁兵之到來即大起恐荒
黑龍江青崗	同	上	十一月廿三日	原因不知
山東濰縣	同	上	十二月五日	城中各軍衝突
四川成都	一九一七年	上	一月廿四日	滇軍突起殺害官[illegible]一及警察無數鄰近如[illegible]縣石坊(譯音)灌縣等均波及
福建泉州	同	上	一月廿五日	殺戮居民百餘

譯林　　一七

陝西無廣	一九一七年	二月八日	近漢中（原因不知）
廣東南雄	同上	六月廿八日	滇軍所致
山西大同	同上	三月三日	原因不知
山西德漳口	同上	三月三日	約離大同五十里（原因不知）
奉天新民屯	同上	三月十九日	原因不知
陝西藍田	同上	三月廿五日	原因不知
廣東陽山	同上	七月五日	潰軍先近城東之一小鎮然後入城
江蘇徐州	同上	七月十二日	被所敗之張勳殘部圍攻此城
直隸張家口	同上	七月十四日	將軍被殺城鎮被掠
山東榮成	同上	八月廿七日	兵匪連合攻打此城及近城
安徽安慶	同上	九月二日	殺戮一將軍
江蘇徐州	同上	九月二日	此城已三次被劫但非同一軍隊
安徽太平	同上	九月七日	原因不知
陝西西安	同上	十二月十一日	原因不知
河南西川	一九一八年	一月一日	原因不知
廣東香山	同上	五月廿九日	軍隊不[illegible]移至別處

陝西商州	一九一八年	六月十四日	陳樹藩之殘部威嚇商州人民有多時然後再佔據潼關
福建德化	同上	六月十四日	因激成粵軍之煽動故有此亂
山東青島	同上	七月六日	警察長本係出身匪領故今再同其徒黨恢復舊時生涯
廣東肇慶	同上	八月廿八日	Kwang Tung 艦艦長被殺船身沉沒
山東	同上	九月十七日	龍濟光新編之援軍遣至瓊州用以攻打南政府者結合土匪拆毀津浦路數段
安徽宿州	同上	十月七日?	龍濟光部下之叛變
直隸安德	一九一九年	四月七日	欠餉
福建福州	同上	四月十一日	軍械局被搶
安徽安慶	同上	四月十五日	原因不知
廣東肇慶	同上	六月廿二日	原因不知
直隸興河鎮	同上	八月七日?	因欠餉銀行被掠
湖北浦溪	同上	八月十六日	無明晰理由
直隸熱河	同上	十月七日	無明晰理由
河南伏滋	一九二十年	三月廿一日	拆毀京漢路鄭州以北一段
河南信陽	同上	四月五日	原因不知
福建福州	同上	四月三日	無記載

湖北武宿	一九二〇年	四月七日	刦掠
福建廈寧	同上	四月十一日	刦掠
山東烟台	同上	四月十四日	刦掠
湖南岳州	同上	五月二十日	披譚延愷所敗之張敬堯殘部到此刼掠全城一美教士亦被殺致全城紛亂數日
江西	同上	七月十[illegible]日	張敬堯之殘部至江西有數城遭刼
山東榮成	同上	八月六日	損失甚大
直隸保定	同上	八月廿四日	降服之安福軍隊叛變
直隸通州	同上	八月廿四日	降服之安福軍隊譁變損失甚大
山東兗州	同上	八月廿六日	一混成旅讓成
湖北武宿	同上	九月廿五日	欠餉
貴州貴陽	同上	十一月十一日	欠餉
直隸老陽	同上	十一月十五日	欠餉
湖南平江	同上	十一月十四日	兵士不服長官殺之
湖北安陸	同上	十一月廿二日	刦掠城南之一鎮
湖北宜昌	同上	十一月廿九日	外人亦遭損害日法二國在北京開會係段
湖南長沙	同上	十二月五日	因欠餉騷動後本地各會連合供給被給十萬元亦靜

湖北沙市	一九二一年	二月廿三日	餉銀無着
河南彰德	同上	四月十八日	衞輝亦波及
湖北宜昌	同上	六月四日	擾及外人
湖北武昌	同上	六月八日	學宜昌之例
湖北福溪口	同上	六月十九日	原因不知
湖北孝感	同上	八月廿四日	原因不知
湖北宜昌	同上	十月五日	本年第二次
湖北襄陽	同上	十月	宜昌之逃民來到北之湘陽樊城及河南之城
湖北武宿	同上	十月九日	欠餉
湖北宜都	同上	十一月廿三日	被四川軍隊之結合
新疆古城	同上	十二月十三日	在迪化府之北
直隸通倫諾	同上	同上十八日	欠餉
湖南城陵磯	同上	二月七日	外人亦被擾及
安徽正陽關	同上	同上十日	欠餉九月
湖北蘄州	同上	三月二日	有十處被火
四川林縣	同上	二月五日	原因不知
湖南平江	同上	三月十日	一軍隊在未遣去前劫掠全城

直隸通倫諸	一九二三年	三	月十八日	原因不知
福建城河	同	上	同 上二十日	一兵隊刼着值數千元之鴉片隊官賣去後盡飽私囊僅分出四十元云乃獎自知事者於是兵士不足遂刼銀庫一空
安徽蚌埠	同	上	同 上廿六日	毀軌後搶津浦車
湖南岳州	同	上	五 月十六日	岳州北之小城火車自漢口來到此被刼
河南歸德	同	上	同 上十七日	原因未知
直隸保定	同	上	同 上	被外人軍隊擊敗
陝西離川	同	上	六 月十日	無事原可尋
安徽壽州	同	上	六 月十九日	匪結之軍隊得自政府六千元因彼等報告擊退盜匪之故
直隸保定	同	上	七 月六日	欠餉四月
直隸熱河	同	上	同 上同 上	欠餉
河南靈縣	同	上	同 上十日	欠餉
河南豫州	同	上	同 上十一日	陝軍因該城豐饒之故
河南衛輝	同	上	同 上十三日	無記載
河南彰口	同	上	同 上同 上	刦監
河南彰德	同	上	同 上十四日	無記載

河南懷慶	一九二二年	七月十四日	陝軍暴動
江西豐城	同上	七月十五日	無記載
河南彰德	同上	七月廿九日	本年已第二次
江西九江	同上	八月二日	無記載
江西九江	同上	八月三日	第二次
江西瑞昌			無記載
直隸北京北苑	一九二二年	八月十三日	暴動軍隊一夜擾亂三次
黑龍江北都	同上	八月十五日	無記載
湖北漢川	同上	八月十九日	同上
江蘇鹽城	同上	八月十九日	同上
安徽宿松	同上	八月	同上
湖南平江	同上	八月廿一日	兵士此次已第二次勒索商會四千六百元
江西湖口	同上	八月廿七日	無記載
廣西柳州	同上	八月廿六至三十日	婦人都被姦淫臨走時擄去三千殺戮無數焚去房屋千餘間
直隸通廣	確實日期不知		
江西青興	一九二二年	九月一至二日	無記載可尋

江西南昌	一九二二年	九月五日	江西新聞紙禁止登載此事
湖北鄖陽	同上	九月八日	無記載
湖北岳街口	同上	九月十二日	
湖北樅新河	同上	九月十八日	
江西建昌	同上	十月十五日	金城被掠一紳士家報告云掠去七十萬元及二十八人被殺
直隸順德	同上	十月廿五日	司令被殺
河南崇州	同上	十月廿七日	叛亂兵士約計一萬京漢路亦受影響
直隸順德	同上	十月念五日	礮兵叛

以上各處地名一時不易考察故只得由英文翻譯誤會之處尚祈閱者原諒

著者識

魔主記（英譯漢）

楊蔭瀏

有某國王。多子。計國中之資財疆土。分給諸子。使美宮室。盛儀從。得王子應有之威儀。有不足者。遂命糊口四方。人自爲計焉。幼子年尚穉。辭兄離父。負笈出遊。僕僕風塵者有年。資斧將罄。未得啖飯處。一日。至一古宮。主是宮者爲一巨魔。巨魔富于貲。廣畜牛羊。王子以其富也。遂主之。至之日。巨魔命除廄。王子以其他請。巨魔曰。若除廄。潔一日。事即畢。可任若自由矣。若運大佳。幸遇良主。其好爲之。今吾將驅羊出牧。若爲我應門。特除若寢室外。不得妄窺他室。違則當以死償之。王子唯唯。巨魔大步去。王子深自慶幸。且自語曰。除廄易事耳。當時無幾。畢此則一日。

優遊矣。顧巨魔之命有可疑者。禁吾不得窺他室。何也。吾盍竊窺之。一窮其異。不亦可乎。既脫第一室扃。蒲伏入。初無所異。惟罌瓶一具。懸東壁鈎上。耳諦視之。瓶滿盛水。水方沸而下無星火。王子詫曰。羹沸若是。下無纖悉爐。奇矣。內果何物耶。遂截髮數莖。拋入焉。少選取出。已成銅絲。王子則又詫曰。異哉羹也。吾將一嘗試之。然亦不果。即入次室。壁懸罌瓶。瓶口泡沫四溢。沸如前。下亦無火。王子又詫曰。是又盛何物者。吾將卒觀之。納髮入。取出。頓成銀絲。王子曰。嘻。美矣。曩者吾居宮中。宮中珍寶膳羞甲全國。未見若是之美羹也。羹美矣。其味亦美。方爲稱耳。且語且行。入第三室。壁亦懸罌瓶。狀類前室。白氣上騰。水蒸發殆盡。而沸仍不止。納髮如前。及取出。則光明閃爍。類純金。王子曰。我幸矣。于此爲金。更進。又奚羨耶。立脫扃入第四室。則光景大異。更無罌瓶。而坐榻上者一來常謀面之宮主也。宮主聞啟戶聲。驚而卻步。及門啟。始見王子。乃止步呼曰。若何人。來此胡爲者。王子應聲曰。我巨人僕也。昨日始來此。宮主沉吟久之。乃曰。君乎。巨人之僕乎。此非善地。吾願君去此。爲佳。王子曰。何謂也。吾方欲得良主也。自朝而晚。僅除一廄。爲役不勞。而巨人性易與。有何厄耶。祈宮主明示我。宮主曰。唯。君殆不知其所以然歟。君果爲除廄者。則一叉塵埃出。十叉塵埃且入。廄無潔時矣。君願聞之乎。吾將有以啟汝。王子曰。諾。曰。君必倒其叉。擁柄拂拭。不須臾。塵埃自相挈飛出矣。王子曰。是亦易易耳。敬如君言。遂傍宮主坐。喁語永日。深相得。日晡而後出。從事除廄。初欲試其異。始用埃端揮塵埃出。乃一叉出。而塵埃果紛紛入。頃刻之間。塵埃山積。室幾無駐足地。王子知不可。乃立倒其叉。更一舉手。而廄潔如洗。事竣。即回臥室。居頃之。履聲橐橐。巨人呼吼以入。問廄潔未。王子則安坐床側。應曰。然。自前徂後。無之乎不潔矣。巨人吼曰。吾必往視之。于是大步入廄。察之。果如王子言。則更怒吼曰。賤奴。倘誑言耶。若必竊入吾室。與宮主謀面矣。王子立。抑己之智。佯爲愚狀曰。宮主耶。宮主何居。吾深願一見之也。巨人信之。則大悅曰。

譯

甚善不久終當令汝見之

次日巨人命王子取乘馬山坡間而繫入廐中謂畢此則終日閒暇可矣若私入他室當斬首以償罪在不宥言已又去王子俟其出自語曰余豈畏君哉余素嫻乘馬繫馬微事耳奚足介懷吾又將與宮主作竟日閒談矣遂入見宮主宮主問巨人何命王子笑且答曰此幾不足稱之爲事彼僅命余取一馬于山坡間耳曰然則子將何如曰余乘馬多矣縱不馴余亦必馴之宮主哂之曰君謂爲易乎非吾助君君必不能成此馬非常馬也君臨其身則口出火焰焚君矣曰然則爲之奈何曰君能從吾言則亦易耳廐門後有馬銜取投馬口則其馴若羊可任君鞭策王子誌之坐談竟日時夕陽在山始辭宮主赴廐取馬銜還上山坡馬見王子狂奔而來火炎自口出王子急手馬銜止步待之俟其至舉投之馬啣馴若穉羊遂繫之廐既而巨人歸即問曰馬取也未曰然吾見馬多矣未有若此馬之駿者也吾初願騎作絏塵馳今則直繫廐中下鑰矣巨人察之信則大怒曰若胡求助于宮主非宮主助若必不能王子又佯爲愕狀曰主人前稱宮主今再稱矣而僕尚未得見宮主幸主人出見之巨人領之曰唯甚善子毋亟亟見宮主有日也言已遂就寢無何鼾聲作矣

黃粱一覺朝暾又上屈指第三日矣是巨人又驅羊入林將行命王子曰今日爲我取火稅山穴中火稅得一日事即畢若所遇誠良主哉王子未之答待其出搔首詈之曰君誠良主乃命余所爲事無一易者然余可問諸宮主也遂趨入室自朝至于日中仄談笑未少休而火稅事竟忘之日且落天色將冥宮主問及巨人命王子始覺曰甚矣吾忘之矣彼命余入山洞取火稅吾殊不知所謂火稅者何物取之之法若何時迫矣巨人轉瞬且歸矣今靜聆君言請告我我畢此需早回寢室遲則爲巨人察也宮主曰然君當速往山麓其地有木杖一極長且巨持之以叩洞

石洞石必有應門者出其人渾體生鱗如火製君見之毋懼彼問君所欲幾何君揣己力所能任答之可也今宜亟往。主人將歸矣。王子遂出抵山麓。拾杖叩石數聲而石扉洞闢。守者當戶立。體燄若黃金。耳目口鼻間火焰四射。目爲之眩。曰君招我何爲。曰奉主人命取火稅耳。曰需幾許。曰以吾力所能任爲準。毋過多亦無或少。曰然則隨我來。吾將給汝。王子隨之入洞左金銀山積光耀奪目王子欲多取之。而守者盛金銀一袋授王子。曰此火稅也。君可以去矣。曰不然。吾之力實有過君之所料者。區區重量以吾雄偉之驅御之已輕矣。請益之。守者益之至溢出袋口。而王子猶不足。復請益。益再三。王子乃負行還宮。及巨人還。王子正倚榻獨歌。巨人吼問火稅至未。曰已至。至則爲我攜之來。王子遂負袋入。置巨人足前。巨人見金銀而悅。顧王子曰。吾知子必請于公主矣。吾前不云乎。入他室而與公主言者罪誅。吾今將戮汝。王子曰。宮主耶。主言宮主者屢矣。而未嘗見我。我甚疑之。曰可詰朝起吾首導若見宮主。第若見公主。彼厄即及身。爾時雖自悔已無及矣。王子曰吾願之。不悔也。稱謝而退。

翌日晨興。巨人導王子至宮主所。謂宮主曰有狡童于此。可烹之充吾午餐。肉熟即告我。我倦甚欲往睡矣。宮主笑顧王子。附王子耳語之。取金針刺王子小指。血三滴墜地板上。更持舊衣一束。破鞋二三。投入鍋中。盡出篋中金銀。盛之一囊。已即與王子同遁。出古宮。穿林而行。至海濱。適有巨舟過。遂乘焉。揚帆竟逝。及巨人醒。呼肉熟矣。地板上之第一滴血答曰羹方始也。巨人又睡。轉輾又入黑甜鄉。少選復醒。腹已微飢。復呼肉熟未。第二滴血答曰半熟矣。然猶未也。其聲無異宮主。巨人不疑。即復睡。醒則復呼曰時久矣。肉究熟否耶。曰熟甚。備之矣。巨人推枕而起。入其室。則不見宮主。呼之寂無應者。巨人面有慍色。親持匕箸撩撥久之。無所得肉。而淤泥縈繞匕箸間。爲之作惡。巨人知已受愚。急奪關追之至海濱。望之則帆檣與波上下。隱約猶在雲霧中。巨人怒而哮。躍入海中。鼓浪洶而進。其疾如矢。俄頃已將及。。主望見之。命王子抛握鹽入海。陡現高山。橫障海中。巨人不能進。遂返宮。宮主則與王子同登陸。驚金治產。歡樂終身焉。

錯中錯（譯自沙氏樂府）

丁保鏐

雪蘭古和以弗所是著名商業的二個城；一個在西西利，一個在小亞細亞，但是因爲商業上的競爭，雙方人民，就時時爭鬥起來！有一次不知爲了什麼？雙方又鬧起來了；弄到以弗所法律上面，也載有專條說：是雪蘭古的商人，不准到以弗所來；倘然誤入了邊境，他就要定做死罪！否則也要罰銀七千元！代贖身價．所以這樣看來，雪蘭古商人，簡直是一個罪犯！

伊炯是一個年老的雪蘭古商人，忽而在以弗所街上，被人偵知了；就此捉將官裏去，受同一的刑罰；但是當審判的時候，審判官倫爵就狠奇怪，因爲他年老如此，爲何要明知故犯的跑進邊界來；豈不發瘋了麼？所以就詳詰這老人的身世，和所以冒險的緣故，老人迫於沒奈，只得細細說道：我（指老人）是雪蘭古產，自小就是生意出身，當我娶妻之後，不多幾時，爲了公幹，就到愛必達地方去；留了六個多月，還沒有完結我的公事，所以只得請我內人也來此地暫住；但到了不多時，就生產了二個同胞小兒；最最奇怪的，就是面貌大小，都是一樣，甚至彼此也難分個清楚；當這時候，眞是事有湊巧，客棧裏面也有一個婦人，生了兩個同胞小兒；一切形狀大小，眞個是一版刻出來的．但是這婦人是很窮，無力支持，於是我就收留了這二小兒；預備將來服侍我自己的兒子，我們是很快活的過日？不過惡果也就此種了！因爲我們全家回鄉的一日，到了中途，這船就遇了險，狂風大雨，把全船人貨，都飄流江中，所幸我們事前就有一個防備，以致沒有喪命．這個防備，就是我們用二根木條，一條的一端，繫自己的年小小兒彼時繫那年輕的僕人(指前婦人的兒子)這是我保護的,還有一根,也照這樣法子,繫大兒子和年長的僕人,這是我內人保護的。不過險惡的風水,把我們二根木條打開了;我內人的一根,遠遠地看見,是被一隻魚船上救起;我們是被另一船上的水手救起?這水手是很和善,一直送到我們雪蘭古。至於我內人和大兒子的生死,音信全無;所以我小兒子到了十八歲時候,就時時要想去尋他的母親和弟兄,我千萬的阻止,也無可如何;只得任他們(一子一僕)去了。現在他們去了,已有七年,我出來尋訪他們,也有五年;希臘亞洲等處,都已尋到,獨有這以弗所還沒有找過。我不願再這以弗所地方空空的過去,所以敢捨生冒死來的。現在我死也無妨,不過我願我的妻子,永遠活着!

審判官聽了這話,很是可憐,並且說道:倘是法律上沒有如此的嚴禁,我決計要救你;所以現在只得寬限你幾天,聽憑你去商酌這筆罰款了。

這寬限的日子,讀者想必也無益於伊炯;因為伊炯對於此素不相識的以弗所,也無親戚,也無朋友;用什麼法子去借這筆罰款呢?不過上天造物,眞有幸運;就是講到這伊炯的事情,也是這樣;因為現在伊炯的妻子,正在以弗所呢。

講到伊炯的兒子和僕人,除了面貌相似外;對於名字也是相像的。二個兒子,都是叫安得福;二個僕人,都是叫屈落明。現在我為閱者觀看清楚起見,可以叫伊炯大的兒子做以弗所安得福,大的僕人叫以弗所屈落明;小的兒子叫雪蘭古安得福,小的僕人叫雪蘭古屈落明。

這眞說也奇怪,當老人來以弗所尋雪蘭古安得福的那一天,他和雪蘭古屈落明,也是在這一天到了。他們因為受了一個朋友的忠告，並且講到他們同鄉一個老人，已竟在危險之中，所以他們就吧裝了愛必達的商人，脫此危險；但是他們也一點沒以爲這犯罪的老人就是他的父親，至於伊炯的長子，在以弗所已竟二十多年，並且是變成一個很富的少年；現在有足夠的欵子可以去贖他父親的性命。但是他一點不知道他的父親，總以爲是一個漁人養的，因爲他被漁人從海中救出後，立刻就同他的母親分別，賣到一個著名將軍麥納封身邊；這麥納封是以弗所公爵的叔父；所以他時常抱他到侄子邊去；他的侄子，很是鍾愛他；長大了，就給他做將軍？這以弗所安得福也是很體會這伯爵的意思，在戰爭之中，常常得勝，所以這伯爵就同他做了一房親事，娶以弗所最最美麗的一個女子安狄奶爲妻；講到他的僕人屈落明，仍是跟從他。

雪蘭古安得福，離了他朋友；他就命他的僕人拿了洋錢到客棧裏去，預備中飯；他自已就在城裏各處走走，領略風景；屈落明本是一個很有趣的小僕；當主人愁悶的時候，他常常做一種奇怪的形狀，滑稽的口吻，去娛樂他的主人；所以他們簡直是沒有主僕的分別。

雪蘭古安得福差去僕人以後，四處偵察，都沒有他母親和兄弟的音信；他就自言自語道：我好像海洋中一滴水，要想盡我的同伴，反而連自已都失掉了，當他如此想時，他看見他的僕人屈落明來了，於是就問他銀洋到什麼地方去的，讀者到此處，必定要弄清那個來的僕人，並非他自已的屈落明：是他兄弟的僕人，就是以弗所屈落明；因爲此刻安得福兄弟二個，和屈落明兄弟二個，仍舊如同伊炯所說的容貌大小，都是一樣，並未改變一些；因爲這個緣故，安得福就一定以爲他的僕人無疑；所以又問他道：你爲何回來得如此般早，那僕人就答道：少奶請你快些回家吃飯，那隻雞已經燒熟；豬肉已是炙沸；倘是回家稍遲，飯菜都要冷了，安得福聽了這話，以爲他是瞎鬧必說道：你這等話是不合時候了，但是屈仍說着道：女主人命我請你來吃飯的；安道女主人麼？屈道先生是的；就是你的賢妻。但是安得福只沒有妻的，所以狠忿忿的說道：屈落明我放蹤你了些，你就如此同我頑笑麼？你要知道我現在是不在快樂之時啊！你快快說出銀洋是到底到什麼地方去的。況且你要知道我們在此處同是生人；你爲何這樣大膽的樣子？』屈落明聽了，以爲他的主人顚顚說：生人不生人，就懇求主人道，不要知此了。請你回家後，吃飯時，同你的賢妻和他的姊妹說罷。安蘭古安得福聽了，再也不能忍耐，就立刻重打這僕人，並且趕他離開他的身子；於是這僕人就回家告訴他的女主人。

安狄仍是以弗所安得福的愛妻，狠有暴躁的脾氣；聽了僕人的說話，以爲他是必定愛了別的女子了，就自言自語的咒罵他丈夫，妒忌他丈夫，至於他姊妹路雪奶，雖是立在他身邊，也是無可如何。

安蘭古安得福趕去了他的僕人，他就一路的向客棧裏去；忽然看見他的僕人同了銀洋，正在那裏等候，並且仍舊的說笑如常，猛然之間，安狄妨來了，她以爲對面看見的，是她真的丈夫；就立刻上前詰責他說：你爲何要生異心，我們未結婚前，你何等的愛我；那一結婚以後，竟如此的棄如草芥，還是我什麼地方待錯了你了麼？安得福狠奇怪的說道：小姐，你錯了罷。我並非是你的丈夫啊，我到了以弗所，才二小時還沒有。但是那安狄奶急迫的要他同家，安得福迫於沒奈只得跟她走了；到了他哥哥家裏，也就只得同安狄奶和她的姊妹吃飯；吃飯的時候，一個叫他丈夫一個叫他哥哥；弄到安得福又好氣又好笑。一定以爲是在夢中結婚的，並且以爲現在也是在夢中弄於那隨安得福來的僕人屈落明，也是這樣，同爲一個廚房裏燒飯女傭就是他兄弟的妻，也是叫他丈夫丈夫不止呢？當安蘭古安得福同他兄嫂吃飯的時候，那真的主人〔安狄奶的丈夫〕和跟從的屈洛明，卻回來吃飯；但是大門，先前已被女主人交待清楚，說無論何人都不許進來並且叫僕人關緊，所以他們越是敲門敲得急，這大門越是關得緊因爲他們雖說是這裏的主僕看門的只是回答說主人在家吃飯僕人在廚房下呢？於是那主僕二個，氣極了，只得退下，狠詫異家中那陪他女主人吃飯的一個紳士．

疑惑不決的雪蘭古安得福吃飯完了，仍舊狠奇怪的，對他常呼丈夫並且也疑惑他的屆落明，也被廚中傭婦呼做丈夫所以他常常想圖謀脫逃，然而他對於路雪奶談話之間倒狠覺投意安狄奶總是一種妬忌的樣子，使人討厭並且屆落明在廚房中亦不狠得意；所以主僕兩個，是狠想脫離他們新得的竇內助主僕兩個出了門對面來了一個金匠；那金匠以爲他是以弗所安得福，就喊起他的名字，給他一條金鍊，說是你親自定的安得福雖是極力拒絕，總是沒用，只得吩咐他僕人快快預備上船，說我們再不能居留此地了．

雪蘭古安得福得了金鏈之後，那金匠因爲欠人一筆欵子，就此捉將官裏去了．當捉拿的時候，以弗所安得福恰是走過這地；金匠以爲他是接受金鏈的一個人，就此向他追問這金鏈的工錢．因爲他所欠的，適等於這工錢的數目但是這個安得福金鏈是明明沒有接到，所以他們爭論了好久，總以爲是自已對的；雙方並沒有想到此處有兩個同樣的人啊．到了終久安得福和金匠兩人同樣的收監；以弗所安得福進監的時候，路中恰是遇見雪蘭古屆落明（他弟兄的僕人）以爲是他自己的屆落明，就吩咐說道，到女主人那邊去拿罰的銀錢來．屆落明聽了，以爲他主人還要差我到這裏屋去麼？心上就疑疑惑惑的，不敢回答．雖然要同他說船已預備了，不過此刻他主人的凶猛，要同他開頑，也不能了．所以只得自言自語說道：不願去，也要去；因爲主人的命令，僕人不能不聽啊．屆落明拿了銀洋出來，就遇見雪蘭古安得福，此刻安得福，真是弄得不可開交；因爲他的兄弟在以弗所是很有名的街上的行人都是向他稱頌像一般恭恭的樣子有的送他銀錢有的請他會客有的謝他盛禮都以爲他是以弗所安得福，甚至有一個裁縫，拿了各種綢給他看，並且替他量身材做衣服；如此種種，到處都是安得福一定以爲此處是魔王所居，巫覡遍地的地方了。所以屈落明見了他就問道：主人那個賠你出監的？現在我已覓從安狄奶處拿了銀錢來了。安得福聽了什麽監和罰欵，就說道：這個屈落明眞是發瘋了，我們眞是到了一個魔國了；請求救主大力，給我們出了此地罷。

話還沒完，一個美麗的女子，忽然上前同他接吻和顏悅色的叫他一聲安得福，說道：前次我們宴會席上，約定的一條金鍊打好了沒有？請你給了我罷。安得福奇怪道：你眞是一個女巫，我幾時同你宴會的？我幾時允許你一條金鍊的？我以前還沒有同你見過一面啊。這女子就大聲喊道：你前次是否同我宴會的麽？在這宴會的席上，我給你一隻金戒，於是你就允許我一條金鍊，倘是你眞的不能給我，請你拿那戒指還了我。安得福見了這種樣子，如發瘋的一樣，呼他女巫女巫，並且堅決的拒絕有這等事，就此雙脚跑過，影跡全無。

這事的原因，我可講在下面：當娶妻的安得福被他妻拒絕了，他就以爲是他妻的惡作劇；他就決意同他前所相好去宴會，在這宴會席上，就有以上交換飾品的舉動，所以這女子對於安得福是狠情深不過自從路上悞會「她以爲眞的」了，她就立刻去告訴他的安狄奶說是你的丈夫瘋了，正當講的時候，忽然以弗所安得福同了一個獄吏來索那應罰的銀洋這筆欵子，就是屈落明送於雪闌古安得福的。

安得福見了安狄奶就忿忿的詰責道：那吃飯的一日我並沒有回家，爲何要請我吃閉門羹啊？當時安狄奶一定以爲他是發瘋了；於是料理那獄吏後，就命全體僕人綑住她的丈夫，關在一個暗室裏面，並請醫生去治他的瘋。

僕人屈洛明，也是一樣的關在暗室裏，事還沒了！一個僕人忽然跑來，向女主人說，主僕兩個，現已脫逃了！都在後街走來走去，請少奶設法罷。於是安狄奶就立刻帶了男僕，趕到後街寺院近傍，眞的看見一主一僕，來往不定。〔此兩人並非在暗室裏的兩個，是雪闌古的兩個，所以要請看官們弄請〕安狄奶見了她的丈夫，就喊道：瘋子！你脫逃了麼？你們趕快上前替我拿回去！不意他們早已逃入寺院中去，向那年老的女院長懇求保護；所以那女院長就出門向那女子詰問，說：爲何你的丈夫要發瘋，豈不是在海中失掉了財產，或是他的好朋友死掉了，以致這樣的麼？安道：都不是的。院長道：是否你的丈夫鍾愛了別的女子，以致被你追到這樣的麼？安道：他鍾愛別的女子，常常不歸家中。院長道：他這種樣子，並非爲鍾愛別的女子，一定是爲了他妻室煩擾的緣故；因爲一個妬忌婦人的煩鬧，比瘋狗的牙嚙，還要毒一些！並且照你的口吻看起來，他的發瘋，實實在在是你的噪鬧所致！此時路雪如在旁，雖然同他姊妹辯護，也是無可如何；安狄奶雖是可恥可羞，只是向那女院長要她的丈夫，不過寺院是不能進的，倘使沒有院長允許，他們只得忍氣退下了。

種種的錯悞，被雙雙同胞兄弟所造成的！眞是說也說勿盡，不過看官還記得伊炯的危險麼？伊炯的限期，現在已是滿了。因爲找了幾天，一個銅錢也沒有找到，可以去償他的罰金。

伊炯的行刑場，就在這寺院的近傍；當伊炯到場的時候，女院長已是入內休息了。行刑的監察，就是那伯爵，他能捨施這老人，能代他付這筆罰欵。

安狄奶離了寺院，立刻就跑到伯爵面前來呼寃，說那女院主勿肯交還她的瘋丈夫；在這時候，她眞的丈夫和僕人，兩個脫了他們的束縛，乘着看守不備，逃出來了。告訴那伯爵，他的妻子如何監禁他，誤認他是瘋子。這兩人一來把那安狄奶嚇了一跳，以爲他的丈夫還在寺院裏呢？

伊炯見了他兒子，歡天喜地的，以爲一定能夠代他還這罰金了．就發出一種父子間的愛情，向他兒子問答；却不知道他的兒子，適成相反；堅決的不認他做父親，說以前一次都沒有見過．正當伊炯疑信之中，寺院裏的安得福和屈落明出來了，於是安狄奶看見兩個丈夫和兩個屈落明在面前．現在的錯悞，己是明白了．這伯爵看見了兩對同樣的人，就立刻决定這兩個是伊炯的兒子．講到這女院長，就是伊炯的妻．當她被漁翁自海中救出，離了他兒子後，他就進了一個尼姑庵；因爲她辦事勤懇，她就升做了院長；不知道無意之中，竟能保護着她的兒子呢？數十年的悲苦，現在都化爲烏有；一種快樂的樣子，眞是無可言喻，幾乎忘了他們老主人的罪；於是他的大兒子就付給伯爵這筆款子，但是這伯爵因爲事出奇怪；就罰金都不要，馬上捨這老人無罪．於是他們就進寺院，得一個親愛的老人，談講談講，屈落明也是很快活的，你說我好；我說你好．從此安狄奶也無妬忌之心，雪蘭古安得福就娶了美麗的路雪奶爲妻；全家老少，都很快活的度日．提起了以前的錯悞，還是發笑不止。

漁翁遇險

[From the Arabian Nights]

玉麟譯意

漁翁某甲年己老。所生三子尚幼少。其妻撫子外。餘事則無力顧及。故家中一切生活。皆賴於翁。翁每於東方發白時卽起。起卽攜漁具趨海岸。然翁以精力有限。每日僅可撒網四次。將所得之魚。悉由早時賣去。然後以易得之錢糴米買菜而歸。一日三餐。罔無虞不飽。倘偶遭失網。則翁之合家老幼必終日不得一飽也。嗚呼漁翁之家庭。亦云憐矣。一日朝暾方起。翁已在海濱。初擲其網。覺甚沉重。翁以爲必滿網皆魚。不禁喜形於色。手舞足蹈者再。已而將網拽起。視之則數塊巨石。惡而去之。及再起網。又覺沉重。翁意必非巨石矣。待拽之出。復裝無數泥沙蚌殼及碎石。翁乃大失所望。懊喪異常。旣而自解曰。今二次雖空。然尚有一次可望也。姑勿慮。及至三拽其網。乃仍來舊物。翁大痛。蓋翁所以痛者。實因年老神衰。祇可撒網四次。今三次已失望。卽使末次滿載而歸。亦不足償其一日之餐。翁無奈。再沉其網。求最後幸福。無何。開網細視。見一銅瓶。乃取而細按。見鉛封其口。堅不易開。搖之無聲。舉之甚重。翁欣然曰。此瓶無論若何。我若取而售諸古董家。至少亦有十塊金洋可得。我今姑開其塞。一探其內中藏有何物也。乃取刀去瓶塞。引目內觀。一無所有。舉而倒置之。仍無物滴出。於是翁執諸手中。呆視良久。不料一刹那間。瓶中忽發輕烟。漸漸上騰。由淡而濃。由濃而密。一片烟霧。漫布半天。繼而結成實體。成一巨大之妖魔。現於翁前。翁不禁倒退數步。股慄不已。妖乃向之厲聲呼曰。速下跪。俾予殺汝。翁蜷縮而言曰。我將汝從海底拖出。汝不報我而反欲殺我。汝心忍矣。妖曰。余之所以欲殺汝。有極大之理由在。翁敢問其故。妖曰。汝聆我言。知殺汝之理。我乃天神之一。因違沙羅門大帝法旨。致觸帝怒。故爾置我瓶中。並塞以木針。膠以堅鉛。投我海中。迄今約有百餘年。予歷伏海底。倍覺困苦。且心中悶甚。於是我乃私定一賞格曰。有人能將我出諸海中者。予當使之爲巨富。然竟無人也。再越百年。乃易其詞曰。有人援予出險者。予當告其世界珍寶之所在地。然仍無人也。再後百年。予乃再易其詞曰。有人能將余出險者。予當於每日中貢獻其三次之大希望。然其人仍杳也。余乃大怒。立卽取消賞格而立一重誓曰。今後有人將余救出者。予允其自擇何種死法。死之。余卽如其所言而處置之。不料立誓後未久。汝適當其衝。汝思殺汝當否。今汝毋多言。汝之生命決無挽回。速自言若何死法可也。漁翁聞其言。大驚失色。自思決無生路。顧我死後。家中之一妻三子。顧何處討活。勢必轉乎溝壑而亡。轉念及此。心中不禁哀痛至再。因而謂妖曰。汝若不由我救出。安得有今日之道遙遙汝當念我前功而釋我矣。妖怒曰毋多言速死速死。漁翁此時焦急萬分。不意於無意中思得一計。急告妖曰。予願汝解決一問題。然後我即死。夫以瓶身若是之小。而汝身若是之大。況汝之足趾已較此瓶爲鉅。汝安得困此瓶中。余不信也。要非余親目覩之。方信。妖聞其言。即化作輕烟。散滿空中。頃刻間烟霧已滿入瓶中。空氣亦豁然開朗。翁乃急取塞就瓶口。大聲呼曰。蠻而無理之妖魔。汝永不得出矣。翁亦因此而脫險云。

輔仁中學畢業刊

譯林

文苑
藝劉

文苑

六家要指一致百慮同歸殊途論

楊蔭瀏

戰國之世。諸子羣興。道家主無爲。墨家主兼愛。法家主明法。名家主正名。農家主並耕。兵家主攻伐。縱橫家倡合從連橫。諸家各樹一幟。道不同不相爲謀。古來通人達士。爲之分支異派。別白不同。至漢太史公談。乃謂諸子一致百慮。同歸殊途。余初疑之。既而讀諸家文。考其身世。乃見其所謂同歸者。儒家祖孔子。孔子嘗問禮于老子。焉老子則道家祖也。儒道既相師。則其道必有相出入處。老子道德經有曰。多言數窮。不如守中。不猶孔子所謂禦人以口給。屢憎于人。焉用佞之意乎。儒家中庸之道。亦老子守中之說也。且道家無爲。自隱。以舉世役役。逐逐。務自全也。孔孟初志。雖欲行堯舜周公之道。而晚年知不可爲。亦不復求仕。教授弟子。著書以終餘年。其與老子自隱自全者。相去幾何哉。老子知白守黑。不敢自矜高。而孔子之序易泰則受以否。升則受以困。晉則受以明夷。更終之以未濟。蓋亦深明道之難行。而不得不危行言遜以自全。其思慮之周。用心之苦。猶之老子也。墨子以爲天下之亂。皆由不相愛。于是乎有兼愛之論。儒家重仁。仁者愛人。卽墨子旨也。孔子之答齊景公曰。君君臣臣。父父子子。卽墨子兼相愛則治之義也。墨子愛人。故非攻。其非攻也。卽春秋無義戰之意也。然我非攻。而不能止人之不我攻。故講求備禦之法。則又與老子專氣致柔。而必實腹強骨以植之基者。其用意不謀而同矣。他若韓非以法家巨子。而從學于荀卿。

荀卿吾儒別子也。公孫龍求正名實。而孔子論治亦先正名。則名家儒家又同歸矣。兵家以戰勝攻伐爲事。民之殘也。似若儒者所不道。然孔子曰我戰則克。孟子有天地人之論。荀子有議兵之篇。皆與孫子之說相發明。農家並耕之說。卽孔子旣富而教之之說也。且道家見世俗之爭。彊梁鶩進。取而倡無爲。墨家見天下之亂起不相愛。而倡兼愛。法家隨事隨人而異其法。縱橫家量權揣情而施其論。名家疾名器乖實。而求所以正名。儒家祖述堯舜。憲章文武。兼皆因時俗之失。謀所以補救之方。其趨雖異。其憂天下一也。謂之一致同歸。不亦可乎。

儒墨異同得失論

楊蔭劉

大學曰。唯仁人爲能好人能惡人。墨子兼愛篇則曰。聖人以治天下爲事者。惡得不禁惡而勸愛。蓋儒家好惡並施。而墨則無所不用其愛。此其所以異也。（此言儒墨之異）儒墨與於春秋。並稱一世之顯學。今則儒教大昌。而墨教竟歸烏有。風俗之敦。儒也。人心之正。亦儒也。政教之行。儒也。國基之固。亦儒也。有秦坑儒而秦亂。漢唐崇儒而國昌。儒之爲教。薰陶乎人心。充塞乎天地之間。國之存亡。民之安危係焉。而墨教則蕩然無存。無復肄業及之者。噫。是何故歟。夏葛而冬裘。渴飲而飢食。爲時不同。所需各異。以墨子之道。行諸大同之世則可。用諸小康之世則不可。孔子亦有志大同矣。特以大道旣隱。不得已而小康耳。此孔子所以爲聖之時。無可無不可也。苟孔子執一。若墨子者。其能不與墨子道同歸泯滅耶。何則。大道旣隱。天下爲家。各親其親。各子其子。舉世爲己。而一人者獨欲拯狂瀾旣倒。勢必不能也。舉世之人。拔劍張弩。起兵作謀。務於侵奪。而一人者袖手下心。笑靨迎人。欲兼愛於天下。勢必不可也。嗚呼。吾愛人。人不我愛也。吾愛盜賊。盜賊不我愛也。吾愛異家。異家不我家愛也。吾愛異國。異國不我國愛也。墨子守兼愛之旨。㛹𡢃於强權之世。其何以自立哉。夫不能自立。安能立人。不能立人。而人信仰之。心於是乎殺矣。嗚呼墨子有兼愛之心而不能行愛人之道此墨之所以不行也至於儒教則好善惡惡剛柔迭用行仁講讓示民有讓仁人之惡何莫非愛人一念之所貫徹此儒教之所以稱重千古爲萬世師表也（此論儒教之得墨教之失）

讀西漢文

楊蔭瀏

夫文非一體鮮能盡善是故古之爲文者莫不各有所短長或短於此焉或長於彼焉蓋惟畢全力以求其所長故不得不棄其所短所謂精而不博也兩漢文之長議論者有賈董及劉氏父子擅敘述者有班固司馬遷工詞章者有司馬相如之數人者魁絕等倫各具所長要非後人所能及雖相如之雄雋之筆史遷之妍麗之辭固不掩所長也吾又以爲天下事理皆從經出而經學莫盛於兩漢故擅議論者于時獨多如賈誼之疏董仲舒之賢良策劉向之諫外家封事劉歆之移讓太常博士書皆焯焯有經籍光非沉酣六經者其孰能出之而司馬相如之賦則書之昭明詩之諷諫禮之博物左之華腴一人而四美具焉史遷之記則兼括六藝百家之旨惻怛之情抑揚之致得之於詩而意以深遠而愈亂尤得離騷之情亦以所遭不偶數奇故然耳苟史遷得志於時者則崇論宏義緯地經天亦賈董儔也兩京之文章富矣吾于數子者歎爲觀止焉

文中子論文商兌

楊蔭瀏

文者所以達意也古有懷其理者欲人之解其理也著而爲文以名於世其有懷發揚蹈厲之氣哀痛鬱抑之情者著而爲文亦以名於世夫言理者貴明其理寫情者貴抒其情詞之當否無與也文之繁簡亦無與也論語載孔子之道簡而約矣然孟子則丁寧周至論道惟恐其不詳何則孔子與羣賢談而孟子則與庸衆論辯故也周誥殷盤

大樸無文而詩則不嫌正而葩蓋取其抑揚反覆感人尤易入也孔子曰不學禮無以立立者致知以修身也致知所謂明理也又曰不學詩無以言言者詞采也理與詞之並重於茲可見矣文中子曰古之文也約以達今之文也繁以塞斯言也有未盡善者屈宋之文文之艷者也而其理甚明顏推之之文文之約者也而其理亦甚明吾故謂文之繁簡無與文之艷否無與也然而六朝之文其言不及詩也其抒情言理非若屈宋也詞藻而背於理矣詞繁而意失其旨矣文中子生當六朝文勝之季其亦有感於世之深有爲言之歟

勵進同志會雜誌序

楊蔭瀏

易否卦之下受以同人與人同者物必歸焉故受之以大有是轉否而爲大有者同人也則同人之爲同也不其重乎然而同人之爲同有其不同者焉孔子曰小人同而不和是亦同也阿附比匪同利而不同義一旦利盡而交疏或見利而爭先反眼即不相識雖兄弟親戚有所不顧此則小人不和之同而非大易之所謂同也大舜有大爲善與人同舍己從人樂取於人以爲善是則大易之所同已道義同所志所學同人卓其學我即同其學人崇其德我即同其德人志乎修學勵德我即同其志人之於我也亦然是即所謂同志也斯可貴矣今吾勵進同志會成立於多數同志肝膽相傾道義相同切磋扶持爲之規約以申誠爲之雜誌勵學者善與人同而志在躋大有之盛懿歟然矣抑劉有進者蘇東坡之論王介甫也曰自孔子不能使人同同之仁由之勇不能以相同而王氏欲以其學同天下地之美者同於生物而不同所生惟荒瘠斥鹵之地彌望皆黃茅白葦此則介甫之同也然此同之在與人之同我而非我之同於人以爲善也則甚矣其不善也諸君將奚所取焉可不慎旃

讀雷瑊論模倣文明之害

陸鍾偉

凡辦事業於事業成立之先必有一度之籌備籌備之時愈久則事業之基礎愈固事業之基礎固則能達其所至籌備之時少則事業之基礎淺事業之基礎淺則無真正成立之期辦事業而能達其所至謂之實行辦事業而無真正成立之期謂之模倣文明之於歐美各國也實行也文明之於我國也模倣而已歐美各國之文明則國強民富我國模倣文明則國愈弱而民愈貧其所以如此者無他歐美各國文明之基礎固而吾國文明之基礎淺而已文明之基礎即國民之知識是也吾國所模倣之文明若憲法也國會也司法也政黨也選舉也皆以達真正之目的亦何莫非由於國民之無知識乎使國民皆有知識則可得真正民意之選舉有真正民意之選舉則有完美之國會有完美之國會則有良好之憲法產生而政黨諸人亦必去其自私自利之心為國家人民謀幸福即司法亦能獨立何致乎國之不強民之不富乎今因國民無知識不知國家之重要選舉舞弊國會憲法因之不良政黨人物祇知自私自利不知國家為何物即司法亦受武人之指揮此吾國之所以不能強民之所以不能富也總之皆我國國民無知識而文明之基礎未固而已

因生而學因學而生解（本校校訓）

洪啟英

夫人之生也何為豈以盡權極樂羨慕美景乎豈以貪名愛利快享幸福乎如以羨觀世景而生者則其生將無益庶能盡其所好否則瞬息數十年人生若泡影一霎間已人亡物在無復追蹤矣如以快享幸福而生者則其身將隨名利以存沒方能遂其所欲否則一屆年邁同歸於盡雖一莖一葉之微亦不能攜帶去如是則人之生也究將何所取乎余曰惟學問耳夫學問者無論極短生死人影雖離精神尚在本身即去學業常留孔子作春秋西伯作周易屈原著離騷左邱成國語夫如是皆所為生有益而學無窮也故人之所以生者以學耳人既生焉而無所

學則其在世也將隨波逐流任其所止而任焉若使世界人類人人而無學則將若太古時代野蠻無知等於禽獸而所謂農業也商業也製造也改良也將無從而發現於世界如是數百年數千年後則所謂人類者將受天然之淘汰事有必至理有固然然則人之所以學而生者夫亦可恍然矣

鴻山遊記

洪啟英

光陰流矢人世泡影一轉瞬間又屆春風和煦百花齊放之日矣紅桃綠柳隨風掩映庭前小鳥齊鳴樑間勞燕復至物猶如此人豈無情況陽春召我以烟景大塊假我以文章詎能置之不顧辜負此韶光耶三月初旬適值假期故余得以復叙家庭樂事暢談異鄉習俗知孩兒之歡樂作客之艱難而故鄉佳節美春風景不可復失矣是月九日早餐既畢余赴友約作鴻山之遊乃告別堂上忽聞聲呼余曰奇乎汝忘却弟乎抑弟不足高攀乎視之則吾幼弟也余笑應之曰吾弟年少力弱不克勝任恐阿母掛念耳吾弟答曰弟年雖少而力尚不弱須知將來投艱遺大扶助國家且挺身不顧勇往直前豈平地行走以爲懼耶余壯其志乃偕之行而余母尚依依不捨余則立言負責余母始唯既出門牆則見余友已待立門外久矣於是乃攜手同行余弟乃步行在先恐其不克追隨余等也出西郊不數武見黃花平鋪田間柳樹排列道旁余等步武其間覺和風送香胸襟暢然宛若桃源之行往來無俗人縱跡而余等幾疑入仙境矣行約五六里則遠遠小山已顯然在望然尚非數百步所能達到行經劉園橋橋旁茅屋數椽留樓雖無瓊之玉樹高大門牆爲之點綴然環堵蕭然柴扉半掩風趣極雅彷彿南陽諸葛廬西蜀子雲亭焉復行二三里則見以前之小山已障立目前余戲謂弟曰行路艱難得無悔乎余弟聞之則曰否否言覺行走較前加速余知其心好勝乎他後故力勸其慢行恐返時方倦耳余與余友隨意談笑或論古今英雄成敗或話歷來

國家興衰。迨其末。不覺感慨係之。未幾。已行抵山麓。余等卽就山坡坐下。略事憩息。並將所帶之食物各取少許。以充腹飢。既畢。沿山麓行。長松古柏。直立道旁。枯櫬遺骸。散雜叢中。蓋此皆異鄉作客而無所歸者。觀物思情。不禁爲之三嘆。距此遺骸不數十武。則隱士梁鴻墓在焉。荒墳衆多。碑石俱毀。經年累月。無人祭掃。而所謂梁鴻墓者。其舊址已無從查考矣。過梁鴻墓。復行十餘步。已達山中之一端。余等乃披蒙茸。履蜀道。攀緣直上。余弟賴余等扶助。努力前行。不稍退卻。行至中途。見一古寺。大門半開。詢之寺人。則曰此周代吳太伯墓也。太伯以朝廷多故。逃亡至吳。其後吳地文化。卽爲所闢。既沒。後人以紀念其功績。乃建墓此山。俾得不致毀滅云。余等聞言。起敬爲之悚然。蓋此枯寂窮山之中。世人罕達之處。乃有古昔聖賢之墓存在。而余等名爲讀書之士。竟漠然不知。洵有愧焉。所謂有眼不識泰山。得不爲外人嘲耶。今既不期而遇。天所賜也。寧能失之咫尺。而使後悔哉。於是緩步入寺。覺英氣勃勃。宛然存在。墓旁松柏蔚然。碑石林立。然字蹟皆模糊不復認識矣。徘徊既久。若不忍離者。惟時將向晚。不克終留。於是緣舊道出寺。繞寺而西。曲折而上。行經礬石。直立如屏障然。余試以石擊之。則砰然有聲。相傳謂古時一孝子。常立石上以望故鄉者也。未幾。已達山巔。余等縱目四觀。心神怡然。仰觀宇宙之大。俯察品類之盛。阡陌縱橫。河水縈帶。蠕蠕而動者。行人也。排列井然者。屋宇也。茫茫大陸。莽莽神州。何處非英雄用武之地。何時非丈夫得志之日。使其中坦然。將何往而非樂。使其中鬱然。則觸于目。接于耳。周圍萬物。將何一非助其悲傷之資料哉。余念及此。不禁悲嘆。隨之反而思之。則我輩蓬勃青年。豈止終日悲嘆而已乎。國事危殆。外人貽笑。匪亂踵起。生命塗炭。政府諸人。視若無覩。而所謂青年者。揚眉吐氣。扶救祖國。此其時矣。奈何如余等者。終年消磨於山水間。而置國家於不顧。清夜捫心。能不有愧于中乎。是時紅日將沉。暮色漸濃。余等乃急切下山。准備返家。余見余弟行走較遲。乃問之曰。長途

跋涉吾弟倦乎弟曰唯唯余知其力弱故扶之同行抵家時已萬家燈火矣歸而濡筆爲之記時民國十二年三月九日

致我國諸大軍閥書

洪啟英

諸大軍閥公鑒民國不幸南北分裂攘權奪地弱肉強食一國之內一日之間而戰爭不息外人視之徒增訕笑斯果誰之咎歟嗚呼誰無父母誰無妻子而乃背離鄉井效勝於內戰死傷積野遍地哀鴻父母聞之叫哭連天一將功成萬骨已枯諸公其有以教之乎夫我國者民之國也治政以律教訓以法衛民以兵然政不能自治法不能自教兵不能自衛故假手於諸公而諸公不棄慨然受職是則國家治亂悉操於諸公之手而民之望於諸公者一若父母之望其子女始則扶育長大繼則教之成人終則望其建功立業榮宗耀祖庶不負十餘年之心血其殷殷垂望之心重且大焉孰知事有所不料望有所不及自諸公受職之後國內擾攘既無寧日金錢浪費生命塗炭一種凄涼悲慘之狀不忍目視究其原由小民等亦明知非 諸公等不惜生命好作禍亂所致不過以胸中不平之氣一旦勃發而不可復抑所可怪者乃以區區微事竟釀成可畏可懼之戰禍於是小民苦矣國家危矣然則 諸公何不思乎昔者平勃交歡而漢安牛李黨爭而唐危廉頗無理於相如而相如不與之爭趙乃得存由此以觀國家存亡全係乎內國之和睦與否諸公既執掌我國之大權爲人民之領袖肩負重大之責身受國家之恩則當朝夕勤勞維持內亂救祖國於未亡回狂瀾於既倒庶幾吾國不致終於淪喪諸公等毋以危國不可救亂政不能治須知執咎但防覆餗亡羊猶可補牢惟諸公等能互相退讓各自收兵以民意爲標準以國家爲主體則危國何爲而不可救亂政何爲而不能治哉小民等雖非我國有力軍人亦非重要政客然亦民國之一份子爲共和主義理當

享平等權利，故敢直告而不諱。即今日言之於前，而明日死之於後，亦所不擢。小民等願斬屍漠斷，葬身漠野，目視我國之強盛，爲世界各國之冠，而不願苟全生命，惡受取辱，爲亡國奴隸，步印度、朝鮮後塵，故不得不冒險上書於諸公之前。諸公其垂聽焉，幸甚。

勸直曹洛吳奉張息爭書

陸鍾偉

頃閱報章，悉諸公又已積極籌備戰爭，不勝驚駭之至。公等皆吾國軍界中之矯矯者也，執吾國軍界牛耳，爲吾國軍界模範。平時熟聞諸公統一政治、掃除障礙之高論矣。今諸公開戰之宗旨，豈欲謀統一、除障礙乎？如欲謀統一、除障礙，自有人民公論，不宜出以武力，奚用諸公之開戰爲。諸公開戰，使真有益於國家，有利於人民，則敢以煩諸公。溯我中華自共和告成以來，歲有天災，年有內亂，國家破產，人民如焚。在稍有國家觀念者，亦當力主和平，謀所以自強之道。奈何諸公不此之圖，而亟亟籌備開戰，使政府財政日益困，人民日益悴，國家日趨於衰弱險惡之途耶。茲以爲諸公開戰有五弊焉：人民恐慌，一也；商業停止，二也；糜費軍實，三也；軍民流血，四也；起外人干涉，五也。既有五弊，是諸公開戰之後，即能滿願欲而得此，失彼功不補患，於諸公何利焉。望諸公即日息爭，共倡正當之事業，使吾國日趨於光明富強之域，則漢之鄧禹、祭遵，唐之李靖、蘇定芳，皆不足以比諸公也。能如是，則諸公之名可傳於後世，照耀簡冊。不然，吾輩小民將疾視諸公爲公敵，日羣起而攻其後矣。維善圖之。

祭奉軍陣亡將士文

何希博

維中華民國十一年五月九日，某等以杯酒致祭於奉軍陣亡諸君之前曰：桓桓赳赳，如虎如貔，此非果敢有爲之諸君與直軍劇戰情形乎。諸君不幸挫敗陣亡而死，其於奉張，固可謂忠勇，然亦曾思及奉張之入關起釁，誠爲統一南北歟抑擴張其勢力範圍歟不言可知矣諸君之附從也若爲權勢所逼初不知奉張之陰謀詭計或可云然謂爲統一起見恐難信之卽以統一論諸君亦知以武力統一其於戰區人民不將傷身毀家乎且不觀夫今日之情勢我全國人民其對於奉張咸具反對之態度從未聞有目張爲良善政策者某等以爲諸君附從奉張似失在未能擇人前車覆轍豈未之見揚雄之從王莽蔡邕之附董卓後世莫不嘗之諸君其亦三思之歟且也諸君之對奉張既已黨附亦當進以忠告違逆民意所宜勸阻設此次張不入關何致發生戰事諸君苟不盲從何致死於非命耶嗚呼哀哉尙饗

祭亡弟啓秀文

洪啓英

吾弟啓秀年少英俊敏銳過人鄰里之人呼之爲洪家千里駒孰知天亦忌才乃於民國十年夏染病卒合家痛哭咸不欲生而以母爲尤甚余作斯文以祭之

維民國十二年三月六日汝兄具時羞之奠告汝秀之靈曰嗚呼秀弟我與爾爲兄弟者十有三年然勞燕分飛天各一方魚雁雖通形影難見所謂天倫之樂事骨肉之親愛未嘗一日相敘也爾何爲乎遽去吾而沒乎豈以國家多故人生茫茫而不欲生乎抑以鶴立雞羣不得逞志而不欲與汝兄共居乎否則汝病不致歿汝相不類夭術者嘗指爾言曰此兒必壽且貴爾兄與弟不能及也孰爲汝一病不起乃與世長逝此何故乎盜跖長壽顏淵短命蓋天亦有忌汝之才如顏子者在焉然吾聞之天生奇才必有所用際今國事蜩螗外患屢侵之日則如爾者當可奮發有爲扶救祖國爾又何爲乎捐棄爾同胞于危地坐視爾祖國之滅亡逍遙以登仙隨波而淹沒乎此吾之不解汝之死者一也爾初得病未三日乃愈食量大增精神振作仍不減健時之活潑孰知一病不已後又復發于是病

勢加劇轉入齊宮醫院東手良藥無效惟有反覆褥上呼母叫娘而已鄰里之人聞之哀傷何況生爾育爾撫爾之母親哉養育之恩未報毛羽之水未乾而乃一逝不返爾亦何必乎此吾之不解汝之死者二也是歲爾兄以投考學校故不能伴侍在側親送湯藥及歸時爾已臥病不起者二旬矣爾歿時又以爾病易于傳染吾母不欲余以近汝故得遷居他室嗚呼秀弟生不能相養以共居歿不能扶汝以憑哀是爾之死我實負之矣汝病在牀嘗告爾母曰我愈時恐不及見吾兄之錄取矣又指鐘而言曰兒去時當在明午矣汝母不解爾言乃不作聲豈意明午即爲爾病歿之時乎距汝歿之四日始得滬校來信謂爾兄已錄取而爾言已應矣於是合家咸哀傷成泣痛不欲生蓋爾在牀已知已之必不能生矣徒作出長嘆語也俄而惡神來臨俄而小鬼相逼鬼怪之言時出於爾之口中而爾乃不覺嗚呼爾精銳強健之身體乃爲可惡之病魔所纏使爾神昏使爾意亂甚致親族不認姑嫂作仇房屋不知何往已身不知所臥傷哉爾欲得見汝姊於牀前而爾姊以遠地相隔不便即歸而視汝又以少年體壯間有疾病不久即可痊愈孰知汝竟不復見爾姊矣我知爾姊將抱無窮之悲矣嗟乎秀弟與吾俱少年今日雖暫相離終當久相與處故兄之遊學滬地欲抱四方之志而不敢作兒女之沾襟誠知爾即去我以歿則爾兄棄學而歸視汝宜也生兮汝不能與吾形相依死兮魂不能與我夢相接時尤久而我與爾之情尤離生尤長而我與爾之蹤尤遠如是雖走盡天涯踏平大地而我終不訪汝蹤跡矣嗚呼言有窮而悲不可終汝靈有知其機何離其無知則不悲者無窮期矣嗚呼哀哉尚饗

放蕩子問卜

洪啟英

放蕩子倦極既返過易者而卜焉曰吾聞之盛衰無定去就有時人事變幻天理循環泰極則否否極則泰久悶者

必洩久塞者必通由此以觀人既達窮極無聊潦倒困頓之地則當有優游安樂之日僕有所疑願先生教之易者曰夫卜者卜未來也子已明之又焉用卜放蒍子曰僕未能盡明願因先生卒教之易者曰凡往事者今日之因今事者往日之果將來者今事之果現在者將來之因天道無窮貴乎人擇夫昔日之花天酒地今日之愁雲慘霧也昔日之逍遙娛樂今日之懊喪悲痛也昔日之黃金白銀今日之碎磚殘瓦也昔日之香妓名媛今日之荒墳野塚也昔日之所有今日無之不爲恨昔日之所無今日有之不爲過今日之所有將來無之不爲悔今日之所爲將來有之不爲喜子已明之又焉用卜

雜感(仿離騷體)

洪啟英

民國告成兮鏟除清室漢人執政兮國內迄無寧日安福首先作亂兮全國爲之戰慄軍閥相繼專橫兮南北從此不一政客舞弊兮不顧萬民之呵叱政府多懦弱兮乏平亂之術國內既不寧兮外患遂紛焉而雜出中日屢次交涉兮國權因之喪失五九國恥兮無理壓逼五四運動兮學子變色最近之旅大問題兮又遭拒絕全國其震恐兮具心腸似鋼鐵持國旗而演講兮不懼挫折結大隊而游行兮表示愛國熱血憐我數千年之古國兮弱肉強食恨彼區區之島國兮野心廣極我四萬萬之同胞兮曷羣起而殺賊十人其擊一人兮何爲而不克三戶尚能亡秦兮況我堂堂之大國立志掃平東亞兮惟死而乃息夫國家之興亡兮匹夫俱有責國將敗亡兮豈以餘生之足惜頭可斷而身可斬兮惟我祖國不可滅誰非我國之同胞兮當互相誓死以連結同胞其各存恒心兮幸勿復陷前轍各勉勵而爭進兮爲我中華之豪傑一旦得勝東亞兮何威榮之烈烈日積月累之國恥兮從此以申雪

唐發源

梅花行・

冰天凍地初開闢湧出三春好景色鶯梭燕剪去來忙轉瞬江南花似織花似織穠桃艷李非巨擘青青一片柳絲中襯出梅花千樹白千樹白遠望還疑冬令雪莫怪飄飄纔棧留須知朵朵含情立笑靨對東風清芬飄紫陌嵐影萬仞青渠流一帶碧輝映枝頭風韻極春光明媚一齊香相連山水天然絕天然絕天然絕景成儂癖阿儂非是愛孤芳阿儂却爲春光遇春光歲歲常虛擲十九年來太可惜太可惜鼓琴宮角我未習書書畫畫愧無才敵枰之伴空据石浮杯月下亦無聊擊劍花前復寡力閉門誦讀古人書硯池不見東風涉長吟一篇寄傷春寰中又少知音客恨恨恨對此春光徒太息太息復何爲春光過駒隙駒隙春光幸未過天然絕景今逢得疏影枝枝破寂寥暗香陣陣銷魂魄魄從今終日對梅花也慰春光萬裏一慰春光梅花共晨夕只是梅花少主張一春幾日在儂側噫吁嘻一春幾日共歡娛幾日仍孤寂都是老天汝令敵梅花未必輕離別噫吁嘻老天底事太無情梅花底事受天妒爲梅大作不平鳴不曉老天知未知梅花識未識

遊太湖遇風 七古

洪啓英

扁舟纔出小芙蓉迎面崢嶸萬座峯三萬六千渺無際渺然輕泛碧湖中一舸一詠極時樂誰料中途偏遇風東不接岸西依近更有沙鷗側面衝吒叱舟人猛着力舟入又是白髮翁幸得其子氣力壯反棹鼓槳態從容歸來倚枕倦欲睡猶驚耳畔水淙淙

謁讓王寺 五古

洪啓英

入寺心嚴然宛立古人前五尺讓王墓餘英猶昔年

楊柳樓臺

郭鈞一

樓臺四面柳成林一片濃陰翠色深烟雨迷離堪入畫好將此景快題吟

賞雨茅屋

數椽茅屋住溪前賞雨吟詩似入仙遠眺雲烟千樹鎖聲聲滴瀝宛操絃

汽車

郭鈞一

人工製造奪天工萬里前程轉瞬中利用軌輪增速力五洲今日便交通

杏花春雨江南

江南多好景二月杏花辰鉄甕千枝粑金陵萬象春紅邊烟影鎖白下水光勻何處遊人跡尋芳不染塵

留別

七絕兩首

郭鈞一

謳罷驪歌倍悵然觀摩四載信前緣老番小別成真個更有離愁不盡宣

其二

轉睫揚鑣把道分陽關初唱怎堪聞他年為問傷離淚記否今朝恐別君

夜不成寐

洪啓英

電機徹夜發聲聲倚枕三更夢不成坐看一輪窗外月也隨雞唱到天明（我校宿舍適對耀明電燈廠每夜發聲拍拍不已睡夢輒為所擾）

獨居生感

前人

書城獨坐影橫斜寂寞空齋話自嗟燈火不知人去盡今宵又放一枝花

鄉間散步　七絕

洪啓英

乘輿遨遊亦快哉
西南郊外獨徘徊
村人不識異鄉客
笑問余從何處來

賞雨茅屋　七絕

洪啓英

連綿春雨洗塵埃
茅屋三間幾被摧
嫩日晴光微透放
一番詩與一番催

夜遊鵝湖　七絕

洪啓英

風清月白盪輕舟
欵乃湖心向碧流
時到四更萬籟寂
鳥啼兩岸我遲留

楊柳樓臺

前人

百尺高樓百尺臺
倚欄縱目共徘徊
迷離一帶垂楊柳
翠色無邊入畫來

四時即景

余鴻鈞

楊柳絲絲一色勻
園中桃杏著花新
黃鶯百囀林深處
遙對深閨報道春

密松濃蔭蔽炎陽
竹楊深林隱士藏
飛瀑流聲隨處佈
不揮蒲扇也生涼

秋風秋雨雁行橫
街外蕭蕭落葉聲
惟臘東籬標晚節
清香時與好風迎

朔風怒吼報殘冬
飛絮婆娑滿九重
萬里江山銀一片
羅浮昇夢好追蹤

感懷

丁保鏐

難如意事時時有
哭笑皆非最不堪
七尺昂藏傀儡耳
吐絲自縛效春蠶

一事難拋萬事休
百千遺憾盡臨頭
人當腸斷魂銷際
春雨瀟瀟也送愁

戲贈道南

丁保鑅

道南新婚後十日赴滬就學楊柳依依自不免有兒女情長之感爰信筆成二首戲以贈之道南貞我刻薄不顧也

新婚十日唱驪歌。白里滬濱奈若何。爲受名韁利鎖累。雲天從此感懷多。

蜜月光陰半未嘗。畢生遺恨歎河梁。臨風楊柳依人舞。繫住相思兩地長。

口占送道南行

丁保鑅

策馬餞台別曉粧。問君底事太匆忙。銀爐未暖瓊杯酒。絮語且留待發裝。

自勵 七絕

阮元衍

歲月蹉跎年復年。徒增馬齒愧先賢。少時無意攻書籍。老大悲傷孰與憐。

春草 七絕

前人

少年好比春時草。勃勃蓬蓬長不休。但望吾儕能努力。方名進步不且發。

賞雨茅屋 七絕

前人

數椽茆屋築深山。與世不聞心自閒。春日有時邀賞雨。雅人興致絕塵寰。

賀友人結婚詩 七絕

前人

隻雙仵耦結婚姻。才子佳人互愛親。琴瑟調和增艷福。齊眉鴻案敬如賓。

春草

何奇博

楊柳樓臺

前人

冬盡春來萬象新，路邊春草軟如茵。每偕知友二三輩，席坐園中洗俗塵。

賞雨茆屋

前人

峻峭樓臺四面開，濃陰碧柳式新栽。倚欄入畫迷離際，恍有雲烟天外來。

詠菊 七絕二首

鄧玉麟

覆茅矮屋兩三椽，隱士幽居別洞天。每屆瀟瀟興愈足，一樽清酒一詩篇。

爲伴幽情秋興濃，紛披燦爛鬥芳容。寒英映月光如許，醉卧東籬影幾重。

桃柳 七絕一首

前人

春色迎眸似錦綾，桃花含笑柳含烟。爲憐綠意紅情滿，栽取春光一角妍。

雪中行軍 五絕

洪啓英

朔風怒拂旆，滿處雪花飛。鐵甲冷難著，軍書莫敢違。

杏花春雨江南

秦秉梧

江南風景好，千樹綠含春。夜雨催人夢，晨雲繞客津。金陵禮意綻，鐵甕碧烟勻。二月良辰至，清香駐水濱。

夏夜

郭鈞一

納凉庭院晚來晴，新浴如仙遍體輕。倦倚竹床黛露下，靜搖葵扇覺秋生。兩三螢火參差現，千百蛙聲雜亂鳴。斜月一窗催入夢，滿身花影動簾旌。

文苑

洞仙歌

題楊清如小影　唐發源

昂藏七尺看頭顱大好風信韶華遠懷抱男兒生亂世重任千鈞肩上負策馬加鞭趁早榴明剛五月萬里薰風學子成功共多少老友獨如何鶴立鷄羣晴雲朗日遊龍蟜只一曲瑤琴聽他彈己壯志滿腔盡情傾倒

滿江紅

春閨　前人

僕僕西東慣郎慣走天涯陌流光不顧催人老多離少今萬里難期征客返一枝已報梅花白看江南又是到東風儂岑寂

看盡了陌頭色望斷了遠歸客恨薄情如紙一無憐惜楊柳樓前譏獨坐燕兒巢內矜雙息遙問君畢竟有情否無言答

長相思

送雪　前人

雪滿窗日滿窗一片紅光罩白光星星掩映忙　日茫茫雪茫茫流水洋洋滿地汪輕輕入小塘

憶秦娥

春寒　前人

紅雨急重雲競蔽當空日當空日含羞掩面怕看春色　和風不到江南陌柳絲萬縷傷心碧傷心碧征車何處小樓默默

菩薩蠻

春雨打柳絲　前人

絲絲楊柳千條碧春雲驀地連天黑淅瀝打枝頭淚珠點點流　低頭招展拜宛轉求天赦造物豈無情嬌柔帶淚

月夜 新體詩

洪啓英

銅盆似的圓月何等皎潔！
無數的小星襯了更顯的明淨如雪！
兩人對坐月下，
狠濃密的互相談話。
覺得一塵不揚幽雅疑仙，
好像煞與世隔絕。
忽地裏、
漆黑的濃雲佈滿天空，
漸漸的把月明掩沒；
害得他們無興再說、

雜詩

薛道章

（一）

思想初來的時候，像亂絲一樣的。

後來整理了一翻，却又像流水了。

（二）

世界是為已者而存在的．
人們誰不向着這條路上走呢！

秋之夜

薛道章

夢後；
酒醒．
躺在床上；
忽而向外，
忽而向裏．
張開眼來；
黑暗暗地．
衆多情緒；
泉湧似的來哩．
重合眼皮；
靜聽那，
金風颯颯，
蟲聲唧唧；

和那，
玉露滴……滴……。

雜詩一則

前人

我瞧見花園那邊，
栽培着一顆「神之」花。
雨露的潤；
陽光的照；
花兒就欣欣向榮了。
一個無情的花癖者，
把他移植盆內，
置諸案頭，
作娛樂的品，
賞悅他一已的心。
什麼灌溉啊！
什麼施肥啊！
「神之花」無情，

漸漸兒萎靡了。

回憶

前人

回憶！
我記得：
有一天用着你，
令我悲哀悽慘；
哭咽咽地。
回憶！
我記得：
有一天靜坐着，
你來糾紛紛地；
打破我的無思無慮。
回憶！
我記得：
已送了絕交書你，

愛—情—恨

無愛斯無情；
無情亦無恨。
愛啊！
情啊！
恨啊！
都是人們自尋的煩悶。

說部

樹鈹

小說

覺悟

阮元衍

在一間小而精緻的書室裏，獨坐着一個廿二三歲光景的少年，蓬了頭髮，拖了皮鞋，身上雖然穿得美麗，可是很不整齊。有的鈕扣沒鈕，有的鈕錯像個斜十字形。但他兩只袖子管却佈滿的血淚痕漬，眼胞高腫得像胡桃一般；一種委靡不振的樣子，不期然而然的顯露出來，一望而知爲天地間的傷心人了！他當時手裏拿着一張報，他的眼睛，雖然呆呆的注射在上面，然而可以斷定他並沒有甚麼心緒看去。因爲他當着了還沒拿報看的時候，他的眼淚，已經汪汪像潮水般的從眼睛裏湧出來，眞的把張報紙滲個全透，油印的字跡，早被熱淚弄得模糊不清哩，這人如此悲傷，究竟爲着什麼緣故呢？

這少年名叫黃乃覺，是北京某大學裏的一個高材生；愛國思想，極其發達，他目擊那政府腐敗的情形，和這般政客們，只知自私自利，不顧國家人民幸福的行爲，他很是忿怒！他常常自己說道：「中國好不幸呵！重用這許多「酒囊飯袋」的政客們，非但不能替人民造福，簡直將人民推入火坑。咳！中國若要振興起來，除非將那班政客們一個個處之死地纔好。」黃乃覺的愛國思想，時常在文字裏流露出來。他的先生和同學，都很贊成他，大家都說道：「黃乃覺倒是將來一個改良中國的大人物呢。」有一天，他忽然改了常度！看見人就痴笑，人家不去睬他，他就對着人家痛哭人家去問他爲什麽這樣他又痴笑起來。眞令人莫名其妙大家都很覺奇怪說：「黃君平時不是很沈靜寡默的麽，爲什麽今天變到這樣呢」後來校長曉得了，看見他確和平時的態度不同，就叫他的父親來領回去了。獨坐書室中悲傷得不了；

飛一般快的光陰，一天一天的度過去黃乃覺困在愁城中已有二星期了。他家裏爲他請過了好些醫生，用過好些銅鈿但終是沒有効驗，這天是星期日的下午，他父親看見他面容憔悴已不像從前的豐滿了！勸他到外邊去散散心黃乃覺也允從了，就同着他的父親到街上去，走得還沒有多遠忽然看見許多人簇擁一個年青的學生。他們父子二個看了，也不知何事，也就隨着衆人上去看見一個年青的學生正在指手畫脚演講演講的題目是「用什麽方法來救我們垂亡的國家。」聽的人很爲動容黃乃覺看見這個題目。一般辛酸的熱淚不由得又迸出眼眶來了！他父親看見他又悲傷起來，亟亟拉着他手想到別地方去。但他執定不肯，堅持着說道；兒要等那演說完了，纔肯走呢。」他父母不得已也就立定陪着聽聽「起初這演說人講中國所以貧弱的緣故，和什麽政治腐敗，社會黑暗，實業不興，都足以被外人看輕。但是因爲我們自已看輕自己所以他們纔敢來欺侮我們的。那小小三島國，竟敢將亡國條件來壓迫我們，這是何等的可氣可恥呵！」說到這裏語語沈痛，已嗚咽不成聲了。旁邊站的人聽到這裏也下兎洒了幾點眼淚中間最悲傷的，不消說自然要算黃乃覺了。他聽了這些話，竟號淘大哭起來。他父親到很覺爲難。勸也勸不住。叫他回去，他又不肯。眞是沒法可想。這時演說人忽又將他的語言一轉說：「中國雖然貧弱到這樣地步，列强都來欺侮我們，然而還不要緊還有法子可以補救，只要……」這時大家都止住了哭，除掉演說人的悲壯聲音，簡直靜悄悄鴉雀無聲。大衆目光都呆呆的注射在那演說人身上。演說人接續說道只要我們能夠覺悟自今以後，各盡着各的本分去做事，怕將來不成就一個富强的國家麼」老實說「現在時候，廿一條條件用不着去請求他的允許，也可以取消的」什麼叫做「覺悟」呢？第一就是起初因爲國家貧弱，被人家欺侮，成了悲觀派厭棄人世的人。現在就應該快快覺悟，用全副精神去做事，庶幾國家還有挽回的一天。要曉得徒然悲痛，一味像賈太傅一般痛哭，是沒有用的。倘使大家不聽，都變做了悲觀派，國家就沒有人去做事，豈非更糟了麼？黃乃覺聽到這裏，就大大的覺悟，不像從前的徒然悲傷。這時演說人又繼續說下道：什麼叫「覺悟」，我已經講過。現在我要講到什麼叫做各盡「本分」了。譬如讀書的人，就應該用功去讀書，研究社會上所缺乏不全的，將來把他改良，這就是讀書人應盡的本分。做工的應該用心做工作，悉心改良工具，和舶來品並駕齊驅，這就是做工人應盡的本分……」黃乃覺聽到這裏，真的徹底覺悟，面上愁容早被那春風吹散淨盡了。立時就對他父親說道：「父親我已徹底覺悟了，現在我們回去罷」他父親聽着很是快樂，回家後告訴合家的人，沒有一個不高興歡喜。一星期後，黃乃覺在校裏讀書，雖然已經脫了三星期的課，因爲他天資聰敏，又很用功，不到幾日，早已補完了。這年恰巧修業滿期，考試畢業後發榜，高取了第一名，由校中派到美國進政治科，他很是歡喜，就辭別雙親，束裝西渡。

四年以後，畢業回國，榮耀非凡，因爲他在外國學校裏，又高高的取了第一名，得了個博士學位，外國人都狠羡慕。他回國以後，就進政界，用他一生學問，來改良政治，起初很覺困難，然而他具着百折不回的毅力，竟將四旁障礙和環境的壓迫，悉數打破。政治改革好了，又改良社會，振興實業，獎勵教育，十年以後，中國居然成了個全世界最强的國家。無論什麼政治呀、實業呀、教育呀、軍備呀、商業呀，都比別國好，竟沒有一國不來做做我們，採取我們的制度。人民安居樂業，不相侵擾，眞可說得全世界的極樂國了。人們飲水思源，却不得不歸功那赫赫有名澈底改造中國政治社會的大人物黃乃覺的苦心毅力呢。至於黃乃覺能夠成功這種偉大事業，却不得不說他幸虧當時聽了那少年演說的話頭。所以我們生着現在二十世紀的世界，熱心毅力固然不能沒有，就是演講的口才也不可不注意練習的。

元衍曰此係理想小說。我因爲感着許多有用的青年，爲着國家貧弱，受人家欺侮的緣故，往往一受挫折，就變成了厭世派。對於國事，不聞不問，這是很可惜的。我很希望他們能夠覺悟，或者中國前途，總有一天能夠像我上面小說中所說的日子。這是我做這篇小說的微意。

一個議員

鄧玉麟

一天的早晨。某處有個議會。正要舉行開會討論的時候。各議員眞個項背相望。魚貫而至。中間有蒼髮花白的。有年輕貌美的。但聽得他們談論的聲音。如同瀾洶鼎沸。幾乎把幾幢議會的房屋都要抬起來。眼看着場內那些議員們。莫不意氣洋洋。拍掌叫好。一片的歡聲直衝向雲霄裏去。連外邊看門的警士也都喜不自勝的快愉起來了。咳。你道他們所爭的是何事。爲什麼這般歡樂似的。閱者諸君至此自然要狐疑滿腹。莫明其故了。且聽我慢慢的道來。原來有一個軍閥。叫做曹大帥。這個曹大帥起初不過是一位平常的師長。後來不知經他這麼一弄。他竟一躍而爲一個大大的軍閥。從此他的聲名。震動中外。他的勢力。日漸擴張。他的財產累千盈萬。照我們平常人的目光看起來。也好算我們中國第一等有勢有權的人了。還有什麼不滿意呢。但是這個軍閥天生一種貪婪的性情。他偏偏不肯知足。反而要想做一個大大的。你道這個(大)是什麼東西呢。遂是一個大總統啊！但是做這個事就是狠不容易的倘然不從國會議員選舉出來總不能生效力的所以這位曹大帥不免拿出一些錢來向一般議員面前去運動運動。此外再允許他們事成之後。非但貢獻一筆極大的酬報。并且要送給他們官位咧。這般議員們慫容得了一個難得的機緣。那一個不興高采烈到議會場內開一個善後會議。麼當發言的時候。其中有的說依李君的主見纔好。有的說還不如照張君的主見纔妥。弄得一位議長先生無從表決。只好提着二隻耳朶靜悄悄的聽他們私自辯論。從此他們愈議愈起勁。那管有人在外竊聽呢。正在人聲龐雜之中。忽有一個聽差笑嘻嘻的呈上一張曹大帥請全體議員先生的酒帖。並且還有十餘位在曹大帥帳下的上級軍官在外室等着他們。得了這個請吃的消息。遂不約而同的散了會。於是三五成羣。排隊結團的跟隨十數位軍官。遥向東方飯店去了。弄得路途上擁擠得了不得。連那路上的行人。也不敢向前進了。還有那善拍馬的警士。一見了神聖不可侵犯的議員。和如狠似虎的軍官。竟格加起勁。手拿軍棒向行人亂打亂敲。强要他們分出一條大路。讓這般大老們經過。眞是俗語說的有勢有利的人。鬼也可以差他推磨哩。正在這當兒。忽有一個衣裳襤褸的人。年紀不過五十餘歲。手裏携了竹籃。一步一步的向西面一條横路裏穿出來。要走過東面去。只聽見警士吆喝道站住。這老狗子不要命了麼。那人却不理會。一步一步的才走到街心。但見兩旁走路的人都停了脚步。沿街那些做小生意的擔子都收了進去。連那走在街上的馬車也都停下來。在兩旁等着。個個人嘴裏多說道議員和軍官們來了。那人東張西望。似乎也想躱避。無奈議員的前鋒和軍官的前鋒都已到面前。怪他碍路。舉起馬鞭一揮。那人負痛不住。早倒在地上。後面便有許多如狠似虎的軍官和强凶霸道的議員從他身邊踐蹈過去。這時路上的人都以爲闖了人命。圍攏來看。幸而還好。不過他脚上稍着了傷。流出一些血來。衆人遂扶他起來。那人一面感激行人的垂愛。一面咀

小說 六

嘆的感嘆說道，他們當我什麼人看待。我在七年前也曾當過一位議員。不過如今失了時。眾人聽他的口氣闊大。越發希奇。都追着問他。那人道。我姓史名叫公明。原是一個議員。洪憲那年被同袍的人說得天花亂墜。搖惑我的心。你也說袁世凱做得成皇帝我們可以升官發財。他也說袁世凱一定登基我們可享盡無窮的幸福。我不知不覺的入了迷。竟肯赴湯蹈火的助他們去運動。不料事未告竣。雲南首先起來反對。以後各省也都響應了。竟把袁公立即急死。我在這時只管逃命。還敢出來領袁公手下的人去抵抗呢。從此之後我歷年費盡心血得來的議員銜。竟無形中消滅了。到了如今。非但望官無着。反把抓來的私產也用掉了。諸位呀。你看我一時貪心。竟弄到如此不可收拾的地位。你想我可恨不可恨呢。眾人皆接嘴說道。與你七年前同袍中有當勢的沒有。史公明搖搖頭道。有是有的。不過他們如今仗了軍閥的威勢。竟大模大樣的不認識人了。我屢次上他的門。要求給一個事兒與我做做。他反叫家門丁擋駕。或者說是人不在家。弄得我白走了幾十次。如今我再也不願上他的門了。諸位呀。你想這般混帳的狗議員。竟一仗着軍閥的威勢。連我老友情面都拋掉了。這可惡不可惡呢。

現今我眼看着那些走過去的議員。個個裝摸作樣。像煞有介事的。我不知道同胞選舉他們去幹什麼事的。至於說代表民意。我細看他們終日幹賺錢的事兒。還有什麼功夫去替政府留心政治。改革弊端呢。其次如說代表全國民權的。他們終朝和一般軍閥聯絡一氣。軍閥說一聲不。他們那敢起來强一强胸。或有志願稍大的。要想做總統。他們無不竭誠竭力的四出運動。幫他達到如願纔止。還有那些軍閥當缺乏軍餉的時候。他們那顧人民的禍福。替他向外人訂約借款。面子上還要遮瞞着。這也無怪現下的軍閥膽以日益大起來了。你想這般利令智昏的議員們。他代表民意民權在那裏。豈不是白白的請他們來殃民呢。還有我很不明白的。就是他們以後的地位設使日後軍閥的勢倒了。我們中國有一位很能幹的總統在了座。一旦要查起他們以前的舞弊案件。我想這時他們還有什麼靠傍去靠呢。恐也要達到我今日貧困的地位了。語畢。顯有一種感慨的樣兒。遂向衆人面前作一個揖。望他的原路上去了。

枕畔淚痕

郭鈞一

夜闌人靜。愁緒紛來。獨坐芸窗。惟孤燈一盞。數卷殘書。足資消遣。余方閱竟學生雜誌一册。鐘已報十下。若催余速臥。勸余注意衛生。無過用腦力者。然魔斯時睡頻迫。倏聞嗚咽之聲。出自東鄰。其聲淒切。不忍卒聽。余遂啟扉入小院。欲一探究竟。仰首遙望。皓月當空。四溢清光。襟懷頓爽。而鄰婦悲聲又作。細辨之。泣且怨語曰。玉而今亡矣。與貞結褵未及滿載。追憶畫眉窗下。笑語並肩。一刹那中。曇花影沒。從此桐棺三寸。永隔人天。錦帳淒涼。蘭閨寂寞。無兒伯道。後顧茫茫。未亡人之身世。正可憐也。曩君在時。君姑已視貞爲眼中釘。今君既逝。貞奚能倖存於荆棘之家庭中。貞無他留戀。生死從君。遊九原少待。貞行且來也。

余聞至此。憤不能平。幾欲立叩其扉。一治其姑之悍暴。詰朝午餐畢。即造訪王姓家。有客出迎。談及昨宵事。客曰。余與死者爲葭莩親。略知其家世。願爲君述之。死者陳姓。字玉樑。家貧。年十八。棄讀習商。二十一始完姻。顧玉樑體素弱。嫡母早世。受制於庶母。庶母待之苛。玉樑嬰疾病。已非伊朝夕矣。玉樑曾供職邑之某商號。爲人和藹可親。與人約。輒不少爽。居恆寡言笑。遇事無懈怠意。故其疾。又由抑鬱而加劇。初尚非劇。屢患而屢愈。庶母漠然視之。不甚措意也。翌年春時。咯血日益加重。體力漸不支。庶母苛虐。不使就醫。日復一日。疾勢益增。親友累進言。庶母終不納。久之。疾遂不可治。一枕黃粱。長離人世矣。其妻葉靜貞。痛夫夭折。血淚盡傾。庶母厲聲詬誶曰。討債鬼去。正吾祖宗之

靈應小妮子胡作悲涕泣爲

玉樑庶母本爲大家女頗性情怪誕歸玉樑父不三稔生一子故視前妻之子若贅瘤玉樑有疾不施診治益望其速死課全己子之幸福也

靜貞係玉樑表姊曾畢業於某女中學校事姑以孝聞奈其姑以別有懷抱往往借題發揮詬罵爲常事貞則自怨自艾恒歎不幸爲女子身獨就枕畔飲淚耳因賦詩自誌曰夜夜思君淚天明不敢留恐逢姑嫜怒暗向枕邊流

余因歎曰鄉里此等黑暗專制之舊家庭正不知凡幾安得十萬化身爲王家客向人告訴留爲文人之紀錄也耶可憫已

一個私塾教師

洪啓英

一隻寬大的講堂裏坐着四五十個小學生。教室的左邊。掛着許多地圖。右邊擺着一張用白布擦着的敎檯。這時有一個約略四五十歲的私塾敎師。正在那裏指手畫脚的講。好不興味十倍。這許多學生也側着耳。定着眼。仔仔細細的聽他講解。好像他們狠有些會意的樣子。並且狠有些感觸的色彩。現在面上。

噹……一連打了十二下。才知道這時候已經是午餐的時候了。這許多學生也就預備回家用午膳。但是這位私塾敎師依舊是滔滔不絕的講。害得這幾十個學生。要走不能。只得勉强陪着這位老敎師坐在講堂裏

砰的一聲。忽然間那位老敎師不知怎的把那放在桌上的一把裁紙刀在桌上擊了一下。猛然就向自己的心坎刺下。這許多學生肚裏本來是餓得不了。忽然看見這個樣子。嚇的他們跑的跑了。走的走了。把那隻敎室走個一空。內中有一位年紀稍長的學生。見勢不佳。况且許多同學已經走了。只剩他一個人在那裏。他這時欲跑。[illegible]時。

我若不救我們的先生再也沒有別人來救他哩。他就決意跑上前去急將教師的手捺住。幸喜這個學生應變的快，那把小洋刀還未曾刺下。倘然慢了些，這位可憐的教師恐怕不在人世了。這個學生既然救了他的先生，就扶着先生慢慢地回家去了。

這位教師姓王名叫世空。家中本算小康，但是從他出世以後，他的父親隨即去世。隔了半年，母親因爲哀悼他父親的緣故相繼死了。他再有二姊一兄，在他三歲的那一年，夏天遭了瘟疫，一個個同升極樂國去。於是他的家產被幾番喪葬事情耗去三分之二，剩下三分之一的家產，就算給他以生以養的經常費。

光陰過的似流水一般快，不一會兒他已漸漸的長大了。他眼見得別人家無論怎樣貧窮，終有些遺下來的財產拿來度日，但是我呢，可說得一塊瓦片也沒有。別人家無論怎樣的孤苦零丁，終有四親八眷互相依靠，我也可說得六親無靠。好好的二位姊姊一位長兄，也不喜歡與我同住，一個個相繼亡故，剩了我孤單單的在世界上，好不苦死人哩。

照這樣的光景看來，王世空自然是沒有力量去讀什麼書了。但是他的志願却狠要想去得些學問，方才不負這寶貴的青年時度呢。

諸位呀！那王世空環境這樣的悽慘，他還想要求些學問，眞是要算現在青年中難得的人了。我（作者自稱）想起來，倘然換了別的人去處他的地位，恐怕早已流爲乞丐了。

最可嘆的就是現在一般名說是富家子弟奮發青年，天天厠身於花天酒地的場中，把有用的金錢寶貴的光陰消磨於不適宜的事情。一旦不得意了，雖然要想出外謀生，然而滿腹草芥，手藝全無，於是不做傷風敗俗的流氓定爲害民禍國的匪盜。他日犯了法。後被公庭捕來。輕的無期徒刑。重的就要請他吃衛生丸呢。把這許多的人來和王世空比較一比較。豈不要相去天壤麼。

王世空這時千思萬索。終沒有一個良好的計策使他能夠出去讀書。到後來忽然想着像我這樣誠實勤儉。倘然給人家作工。那一個不喜歡呢。我可以將賺下來的工錢。去買些舊書自己拿來揣摩揣摩。倒也是個一舉兩全的計策。想着便行。一個月後。他已經是個富家的僕人了。因爲他歡喜讀書。益發盡忠於主人。主人因爲他忠誠。所以狠愛護他。狠信任他。還有一個小主人也狠愛惜他。他也狠喜歡這位小主人。小主人時常教他讀書寫字。於是王世空在富翁家裏。轉瞬之間已經工讀了七八年了。肚子裏也狠有些學問了。

但是現在有一個狠可惜的問題發生了。就是這位王世空本來是一個好深思的人。他不讀書還好。一讀書却讀壞了。因爲未讀書的時候。既不曉得什麼是人生的樂趣。也不知道什麼處世的方法。自從讀了書之後。却把這俗世的黑幕。被他層層看破了。他想人生世界上。須要煩惱全除。方才能夠得到眞正人生的樂趣。像我們這種人類。却終不能脫離煩惱鄉。況且我現在這樣光景。要算煩惱已到極點。還有什麼人生樂趣呢。所以現在世空也不想進取。只抱着悲觀。隨着世人度度日子罷了。

世空看着村上無知頑童。簡直不少。天天在外邊戲嬉作樂。世空狠可惜他們的寶貴光陰。費的太不經濟。所以他就在這村上立了一個改良的私塾。叫這許多無知頑童。聚在一起讀書。村上的鄉紳父老。倒也狠贊成他的提議。立了這個私塾。所以不到一年。他私塾裏的學生已有五十餘個人了。這許多學生本來是村上的無賴種子。經他一年的教化。大半已經成了有用的青年。世空這時[illegible]他的學生。諒來可以同他們講些較深的道理了。[illegible]

自己做的一部書叫做（世空經）書中的道理。大概取一種消極主義。拿來講給學生聽。起初的時候。這許多學生聽了他的經有些不耐煩。到後來也就漸漸被他感化了。

這許多學生因爲受了他的感化。所以他們對於這位教師很有些服從心。就是這位教師對於這許多學生也很重視他們。但是照公衆的道理論起來世空把這許多良好的青年領到消極路上去似乎有些不大合宜。然而王世空腦筋中深印着消極的主義。並且很喜歡去演講給人家聽。那裏肯就此半途而廢呢。講到這許多學生的家長因爲很信任這位教師的緣故。所以也不常常去考察他們子女在這私塾裏究竟得了多少學問。或是有益的。或是無益的。於是王世空越講越高興了。一天八個鐘頭的功課沒有一刻不翻到這部（世空經）所以他日積月累頓發了一種厭世之心。

現在且把前事補述一遍。然後再講後事。好叫你們閱者不生驚異哩。

那一天所以自殺的緣故因爲他講的經太多了。把他自己的心靈幾乎奪去。所以他這時候覺得世上萬事皆空。厭世之心勃然怒放。幸喜遇着他的小主人慌忙上前搶住他的手腕。還未曾把這把尖刀刺下。然已危險萬分了。

他回到主人家中。主人連忙立起身來迎接他。主人看見這樣光景。就詰問小主人何事。小主人詳細報告他父親聽。他主人明白了。狠可憐這位教師。所以時時去勸慰他。叫他把校裏功課暫且停了罷。但是世空做事勤謹。卻依然去上課。並不肯荒廢一時的。

有一天早晨他洗了面略用了些點心。立起身來往外就跑。到了私塾裏面他看見已經有許多學生在那裏頓着。他也就不用休息。徑向教椅裏坐下。不假思索的講了。他講的長篇闊論。我姑且寫在下面。聽閱者評論罷。

小說

人類彷彿是一個戲園裏的伶人。世界彷彿是一個極大的戲園。在這大戲園裏演出悲慘離奇富貴快樂的戲來。好像人類在世界上做了榮耀的事業和潦倒不得意的事情一般。所以人類在世界上。無論做什麼事。到後來終是一個空影子。好像戲園裏的伶人演戲長久的也不過半個或一個鐘頭。就要調換的。所演的戲在當時好像是真的。但是末了一想。這不過是一種夢境罷了。倘若我們在深夜寂靜的時候。細細的試想一想。我們必定要生出一種奇異來了。什麼奇異呢。就是人類到世界上來。倒底有什麼目的呢。我可以說人類到世界上來。並沒有什麼目的。因為人類來到世界上的時候。並沒有什麼帶來。到去的日子。也決然不能帶了什麼去。照這樣看來。人類到世界上來。既沒有得了什麼。也沒有失了什麼。豈不是很無為的一件事麼。我想起來。人類到世界上來。不過遊玩一躺罷了。借世界上的萬物。來互相運用。有的時間長久些。有的短促些。有錢的和有能力的。在世界上作一個很舒服的遊玩。貧窮的和無依靠的。只好當一個艱辛苦的旅行。不過到了結末的一日。都是一樣的同歸於盡。無論你貧罷富罷貴罷賤罷。終不能常住在世界上。與日俱存的。所以人類活在世界上。實在是很沒有趣味。簡直就是待死罷了。與其在世界上虛度光陰。奄奄待斃。還不如早些離開世界的好呢。

他講的還沒有斷頭。那只自鳴鐘已經打了四下。他想今天講的已經太多了。把這許多學生和他自己的一頓午餐。也打消了。於是他就此放學。他回了主人家後。不到一刻天已經黑了。他稍用了些晚膳。覺得很疲癃。所以他就老早上牀去睡了。

朦朧一覺。翻身醒來。他看見已經日上三竿了。他想昨天夜裏稍疲癃些。怎麼一直睡到這時候。心裏極其懊喪。所以他也不用些點心。洗了面。忽忽忙忙的就走。他一會兒走。心裏一會兒想今天還許多學生。一定要等個不了。不一刻他已經到了校裏。他一看、不由的心裏薄噴一跳。莫說許多學生在那裏等着迎、一個人影兒也瞧不見。他這時候糊思亂想道。莫非是我今天遲到了。他們因爲等我不來、所以一個個都出去遊玩了罷。然而桌子上既沒有書包。也沒有紙硯。一定不會在外面帶了書包遊玩的。莫非是他們因爲我不來。一個個都回家去了罷。但是他們天天狠喜歡聽我的演講。一定不會因爲我遲來了些就回家的。况且遲到的時間是極短。他們天天也有幾個學生在這時候還不來的。但是今天却一個也沒有。就說他們一個個都回家了。路途上也應該相逢的。我却又一個也不逢到。這究竟是什麼緣故呢。他猜來猜去終猜不着這緣故。於是他只得悶悶不樂一氣不休的回主人家去。

那許多學生的家長本來是很信任王世空。自從那天王世空大演講了。連這許多學生午餐也沒有用。到回家的時候。他們的家長就盤問所以遲回的緣由。這許多學生一一二二的把演講的事情告訴了。於是村上的鄉紳父老。都爲着他們兒子的前途擔着極大的憂慮。不得已就在那天晚上在富翁家的密室內開一個秘密會議。經共同議決以後。無論那一家都不許讓他們子弟再到這私塾學校裏去讀書。所以在開會的明天。那個私塾學校裏連一個影兒也瞧不見。但是王世空却悶在鼓中呢。王世空那天回了主人家去後。他連忙去打聽他的小主人。小主人就把昨天的議決告訴了他。王世空聽見了這個消息。心中就非常的愁悶。他想我既然不能受村中父老的歡迎。我還有什麼面目去見老主人呢。他想着向外便走。小主人以爲他又去郊外散步了。所以也不甚留意他。

王世空此時心裏好像萬針齊刺。暗想昨天這時候演講剛在完了。回主人家裏去。誰曉得禍根却種在這番演講呢。他一面走一面想。但千頭萬緒也想不出什麼妙計來。只管慢慢的向前走去。那知道前面攔着一條大河。再也不能過去。他此時原是心煩意亂已到極點。又看見四野裏漸漸的變成黑色。路上既無行人。河中更少船隻。只有飛。只似。鳥飛翔。天空像燕歸。宿的樣子。這種現象的景象更使他生一種悽慘的念頭。他又想着前面既然不能過去。卽使過去也無人認識我。那裏來給我三餐一宿呢。後面也勢所不能再去的了。唉！上天。也要絕我。我也就不免效子婿靈均葬身於波濤之中罷。說罷將身一躍。只道一聲。沒入河中去了。此時天色已黑。風勢漸急。波濤也很洶湧。只見那世空的屍身隨波逐浪的向東流去了。後來也再沒有人去考察他的事跡了。

自由結婚

余□鈞

任心理是江蘇某縣人。世操米業。近年販賣獲利。家境饒裕。安閒度歲。倒也優游自在。所慮年過半百。髮妻陳氏從未生產。實爲一生可憂之事。於是倩媒婆。許以重酬。納一年少婦爲妾。光陰迅速。新年將屆。元旦正午。忽聞呱呱連聲。嬰兒墮地矣。老夫老婦。今而後喜可知也。爲取名孝芳。初二日。心理赴米行。取洋五百元作三朝湯餅費。一時賀客盈門。街巷中排滿包車人力車。途爲之塞。僉爲某翁好福氣也。日月如飛。輪光陰若驅馬。曾幾何時。孝芳年已及冠。入中學讀書矣。於此期中。心理家運亨通。商業亦甚發達。但當六十歲時。陳氏忽患心疾。遍請名醫。迄無功效。某日黃昏。竟離世長逝。心理頗爲傷悼。幸有妾在旁。可免寂寞。且念孝芳讀書用功。足以娛老。故轉悲爲喜。孝芳在申校。忽接大母病亡電報。卽踉蹌歸家。痛哭盡禮。料備喪葬。畢。復赴校上課。心理常函詢孝芳所習何術。孝芳謂習外國語言文字之類。心理雖不學。然愛之甚篤。

孝芳在中學時。異常伶俐。新文化。絕端贊成。中學畢業。入大學。對於男女平等。女子參政。生育限制。自由結婚。種種問題。非常熱心。所以他的父親屢次同他訂婚。他終完全拒絕。口稱年齡還小。弄得心理無所適從。後來心理接得他兒子一封長篇文章的信。解釋種種新文化之好處。方曉得孝芳并不是不要家小。不過贊成自由結婚罷了。心

輔仁中學畢業刊

理雖是老派。但存了愛子之心。并抱孫的希望。所以許孝芳自由結婚。不過囑其留心選擇而已。孝芳自接父親函信之後。非常快活。從此常偕朋友到女校裏去參觀。公園中去遊玩。欲乘此選擇女界人才。一日。孝芳獨步至公園。倦坐鐵櫈上。斜睇園中風景。冀有所遇。瞥見一女郎自園門入。身穿嗶嘰單衫。嗶嘰裙。鼻間懸晉克眼鏡。足上穿大英皮皮鞋。手提書籃。雖非天香國色。尙覺美麗可喜。孝芳忘其所以。不覺失聲喝綵。那女郎聞聲回頭。報以一笑。步入茅亭。翻閱他所携書籍。孝芳深信其爲高尙之女學生。於是獨步徘徊。然察其動靜。而女郎則始終閱書。遲遲不去。薄暮游人皆散。僅留孝芳於鐵凳。女郎于茅亭。孝芳雙目注視女郎。女郎則注視書籍如故。孝芬心想如此美女。我若娶之。不但將來永享唱隨之樂。即家道亦能昌盛也。愈思愈樂。愈樂愈思。不覺身離鐵凳。移步入茅亭去矣。既至亭中。微聲曰。天晚矣。女郎胡不歸。女郎擧首微笑答曰。敝校距此近。故不須早歸。兄姓氏奚若。府寓何所。孝芳曰。吾即某中學畢業生。今肄業某大學之任孝芳也。籍某邑。今寄宿在校。女郎何氏。盍亦告吾。女郎曰。吾名鄒芬英。即某女校之學生也。當時因天色漸黑。二人未及多談。丁寗後會而別。約下星期日仍在此時再會。至期孝芳易服新製西裝。駕摩托車至公園。見芬英已先在茅亭矣。此次相見。不若前次之生疏。初則二人相對談話。繼則促膝談心。後更並肩私語。孝芳爲言自由結婚事。女郎忽顏色慘淡。淚痕被面曰。妹固得父母自由結婚允許。顧至今終乏相當人才。足以選擇。奈何。孝芳作戲言曰。君視吾何如耶。芬英笑曰。兄年逾二十。饒資產。必已定婚。胡出言以相譏誚耶。孝芳立言無有。當時二人互換手帕。以爲定婚證。復談話少許時而散。孝芳回校大喜。雖因遲回被師責議。亦無怨心。當晚即快函致其父。謂己擇女學生某爲妻。並描寫芬英種種優美處。心理接函後亦頗歡喜。孝芳自與芬英自由訂婚後。二人常常通信。或約至花園談心。或約在戲園觀劇。未來夫婦間之情意。極爲親密。翌年孝芳大學畢業。芬英亦畢業某女校。孝芳意欲與芬英同赴德國留學。告之其父。父不允。孝芳堅欲往。乃竊父名片及存銀摺。向某銀行付洋五千元。作兩人留學之費。既即出立雇快車赴申。約芬英于某旅社。孝芳隨給三千元與芬英。令其預備束裝。當晚二人宿某旅社。定明日早輪長行。當晚。孝芳令茶房將電燈閉滅。另置一半明不滅之燈于桌。乃各就寢。不料孝芳臥後。翻來覆去。終難入夢。歷數催人速眠。丁丁不已之鐘聲。夜半。忽聞有步履入門聲。孝芳就帳隙細窺。見隱約一男子進房入芬英帳中。大驚。欲呼。又恐身遭其害。惟在被內戰慄而已。繼聞唧唧私語聲自芬英帳中出。孝芳大疑。歎曰。此必伊之野合夫也。吾愚昧。不速去。必遭毒手。兩披衣起。欲遁。突被芬英下床扭住。裂眥言曰。吾早有夫。汝痴心妄想。欲以妻吾。今手帕尚在。可速調還。旁一男人出。亦作怒色曰。以後若再有瓜葛。吾必致汝於死地。以洗吾辱也。孝芳唯唯而去。

孝芳連夜返家。詳告父親遇騙狀。并失去洋三千元。其父驟聞。憤極氣厥而亡。孝芳萬分痛楚。自怨自艾。從此極力反對新文化。有講自由結婚者。孝芳輒怒目視之。曰。此禽獸文明也。

小說的小說

秦秉梧

古時候也有小說。書有的叫做虞初新志。有的叫做齊諧志怪。統統是說部的體裁。大概古人編小說的意思。因為經書文理忒深奧。看的人不容易明白。所以編出這種淺近說部。處處帶著俗話。教粗識幾個字的人。多可以看得清楚。就是不識字人。聽那識字的人講講。也能夠學幾句舌頭。然而能夠觸動人家的感想。倒比五經諸子。格外容易。這便是古人教化普天下衆人的妙用。到了漢朝以後。編出漢魏叢書。唐朝以後。又編出唐代叢書。宋朝還有種說部。也是不少。元朝人看重詞曲。格式雖然不同。他動人的功效也是一樣。清朝有部儒林外史。把筆極其尖酸。把明朝末年的大小官場詞林紳士酸秀才白身人物腳色各種的性情面目一一寫入書內描在紙上看了這部書局世界上人來往個個逃不出他書中的範圍認是妙筆無雙。又有兩部好書。一部叫做水滸。是施耐庵肚裏積滿了牢騷。借此發揮罵盡世上的貪官汙吏。一部叫做紅樓夢傳說是曹雪芹做的。把富貴大家從盛到衰的光景一一描寫淨盡。也可以發人猛省。然而這兩部書好處很多。壞處却也不少。水滸一部。誤了直隸山東無數英年豪傑。因爲人人多想去做武二哥。鬧出案子。把性命送掉。紅樓夢一書。誤了京畿無數貴家子弟。也因爲人人多想去做寶二爺。鬧出許多不端的事。光陰錯過。成了一個廢人。你看這兩部書的流毒還淺麼。還有一部三國演義。大半陳壽三國志。添了許多紛飾。像諸葛孔明。說是三代下有一無二的人物。竟把他裝模做樣。疑鬼疑神。像個捉妖的王道士一般。你道可笑不可笑呢。書內還有一椿奇事。蜀道難行。人人都知道的。他要裝孔明的幌子。動不動一輛四輪車。綸巾羽扇出來。難道不怕翻車磕破鼻子麼。更有幾種書最荒唐的。就是西遊記。封神傳。毫無線索。全身模糊影響。藐紙夢話。反惹出許多和尚道士來認祖宗。累他燒香磕頭。忙得要死。這兩部書流毒更大。十年前北方鬧的義和拳。就是他嫡派子孫。這些亂民。我也不值得說他。想那些鬧人眼睛裏不會看過一部正經書。從小却把西游封神讀得爛熟。又時常從戲裏看慣。所以信他是義民。弄成滔天大禍。豈不是迷信小說的禍根麼。聽說泰西各國說部書最多。幾個通品都編成說部。印出來賣與各種人看。雖是村言俚語。其中却有無窮道理。非但平常人要看。就是婦人孩子都容易看得懂。所以通國知識漸漸開了。今日中國不讀書人多。不識字人更多。應該聘請幾個講究中西學問的通材。先編成幾部小說。暗暗裏把愛國報仇雪恥的意思放在裏面。教大家看看。激發各人的志氣。扶持各人的忠義。豈不勝似名師登壇說法麼。世俗上一般老先生的教法。多不准學生看閒書。只管着高頭講章。

小說

到了後來他的文理倒反不如看閒書的有些進境。豈不是小說的功效比正書還大麼。但是中國現在沒有正經小說。這也是一大弊病。近廿年內出的小說甚多。大概不出三種毛病。一是迷信鬼神仙佛僧道。二是信風水星人命相。三是看重科第。又多附會才子佳人的勾當。這才子吃盡辛苦。臨了團圓。必定中了狀元。甚至翻新花樣弄出女狀元來。如黃崇嘏史幽探之類。令人把科第二字。深深嵌鑿腦中。却不知道科名越盛。人才越乏了。江蘇有個金聖嘆。善於批評小說。泰西人多愛他的書。他的聲名。漸漸流出外洋了。二十年前出有七俠五義一書。是從龍圖公案脫胎。自是水滸的旁支。北邊人最喜看。拳匪亦有自號黃天霸的。上海編譯的海國妙喩等書。淺近中間却有深理。於上文三種毛病。掃除乾淨。是小說中漸化文明的轉機。不過現今所有的小說。大多是淫亂的小說。看了這種小說。受害不淺。可不必看他。至於其他關係。到歷史上的小說。可做童子考究史學的階梯。我實望今日的中國各處多宜刻刊白話報白話叢書。藉此破除惡習慣。使人人可增長智識。那麼中國很有期望的一日了。

雜俎

林馨題

雜俎

我的學校生活

丁保鏐

我是一個十九歲的青年，從發蒙到初小高小中學，足足有了十三個年頭。現在雖是中學畢業，對於以前的經過一切的生活，從經歷變遷，真是狠有記載的價值，所以我不顧自己的學問淺陋，敢與閱者談談；一則可以做我自身將來的記念教訓，一則也可以做過去中小學生的背景。

(一)發蒙時代

我四歲時候，我的母親就沒了；一切飲食起居，完全由祖母照料的。所以當時若沒有祖母如此般般保護，我今日的地位，至少也要變換一些。母親沒了的明年，我就進了同街的一處改良私塾；這私塾裏的教課，是夫妻二人共同擔任的。有手工，也有唱歌，遷塾的第一天，我狠快活的。看見那絲織包袋裏，有許多紅雞蛋啊，烏菱啊，桂圓啊，棗子啊，狀元糕啊，種種的小吃，眞是應有盡有，所以頭二天，只是想到學堂裏去，到了後來袋裏的小吃，漸漸少了，進學堂的興緻也漸漸退了；所以屢次的想逃學。但是迫於家庭的嚴訓，逃學心思，終不能發現。此刻我有一個最好的朋友，名字叫壽永，是一個女小孩；他的姓我已忘掉。他一種活潑的樣子，時常使我狠快活的；同他猜謎啊，彷彿嘣，等等。年紀到了七歲，我就同我的兄弟慰訓，進了一個城北小學堂，現在是無錫市立第四國民學校；這時我已進了初小時代了。

(二)初小時代

我進了城北小學以後，就漸漸知道勤學了；我記得有一次修身口問的時候，分數竟能拿到一百分呢。到了初小二年級，我就被舉爲級長；當時心中狠是快活，以爲級長是一個極榮耀的職務；所以每逢這足等事，總是拿了第幾隊的隊旗，站在一旁照料諸同學。還有一件事，到現今想想使我狠希奇的，就是我當時的寫字，這時本班寫字先生是姓張，他是狠贊成我的字；時時拿了我的字給三四年級生看，說是丁生的字，不配他的班次呢。有一天，我記得是夏天上體操的時候，因爲天氣是狠熱，全體學生，就去要求說是可否請先生拿這體操課改爲溫課；但是先生說是不准，於是全班學生就拿了啞鈴到操場上去排班，待體操先生一來，各各學生，拿啞鈴投的投，都大聲呼喊，說是不操不操；於是這先生只得說道：讓你們去罷。講到此事的發動，我也算其中的一份子，所以這次可算我小時羣衆運動的第一次。

此時有一事：使我想着是狠痛苦的，就是算術。我此時雖然對於算術，不大用功。然而那先生的教授法，或者也不大精美；因爲當時我們一班同學，共有三十多人；那位先生教書的時候，只是立在教檯上講，不問懂不懂，總是一直講去；所以下面的學生，笑的笑，打的打，鬧了講書聲音，一點都聽不見；至於我呢，雖然要聽，也不能夠，也只得和在他們中間笑笑罷了。因爲那小的時候，自治能力，可稱完全不懂；若是沒有先生的指導上的課書，得的效果可稱等於零。

第三學年放了暑假，被一個鄉人的引誘，每逢太陽落山時候，就惠門出去捉了蟋蟀；非甲與乙鬥，定是乙與內鬥因爲輸贏問題就常常起訌，還記得有一次因爲輸贏問題，拿那蟋蟀盆一起踏破呢。

進了初小以後，眞眞的向學心還沒有，終日同小朋友嬉戲的過去，甚至幾日不看書的時光也有，眞學問一點沒有得到；想來想去，終不知如何能夠畢業；即使初小畢業，拿這等蹩脚學問，豈能馬上考取高等小學嗎？

(三)高小時代

我進高小的時候，年紀方纔十一歲；這學堂的名字，叫做乙種工業，在學前是縣立的。因爲離家太遠，所以只得寄宿在校中，那時候年紀固然是十一歲；但是同班中要算我是頂小，無論種種事情，總是落人後面，甚至全校都是叫我「老小」。至於我自己呢，實在是無與人爭論的可能，只得吃他人的馬後屁，做他人的牛馬了。

該校的規模是狠大，縣立學校的用費，要算這校是頂多。但是學生很少，只有六十餘人；各位敎員，到是著名專門學校畢業生，所以我起初進校的時候，看了此種規模，眞是欽佩，該校分染織二科，其餘普通科目，也是各種都有，不過勿着重罷了。

在第一學年第一學期的時候，正當是秋天，對於我有一件很悲傷的事情發生；就是我的祖母在此時死了！因爲這事，對於我讀書心就受了一極大的打擊；從此後我對於家庭觀念，也漸漸淡薄了。

此時無錫恰是開全縣公私立各學校聯合運動會，會場在火車站近旁，那時的運動，眞正是從未經過的。會場又是大成績又是好，八百八十碼啊，低欄啊，高欄啊，比了現在的省立運動會也是差不多；我還記得校中加入的一節短棒操中，我也狠活潑的在中操演的呢。

這只乙種工業是在孔子廟裏，所以佔的荒地很是多，每逢禮拜日，或給假日，只是同了幾多同學，到校後面荒園襲去尋尋鳥巢或捉捉飛蟲；到了暑假開學的幾天，更是勸競因爲這時草昇長了，各種的飛禽都是生育了，一切的卵雛眞可隨心所欲，應手拿好了。

以上說的是我進了高小幾種課外的生活，至於學業上，因爲這是工業，對於染織二門，非常注重；一天的工夫，有小半天費於染織實習；當中我頭幾天實習的時候，對於染只是染布漂白算分兩什麼『西西』啊，『瑎蘭姆』啊，『磁皿』啊，『苛性鈉』啊，『炭酸鈉』啊，種種的名字，充滿在腦海中；問學了一個多月，方才有些明白，有一些與緻，去研究這件東西；至於織呢，終日的穿綜搖紗，起初一看，眞是低微得狠。染織二科，普通人心理，總以爲是一種手藝；並沒有研究的價值◎這是不對的！因爲要改良我們中國的工業界，除非由開辦學校起始不可；所以該校本這個宗旨，一切染織上應用的物件，約略都有；如各種化學藥品顏色等物，均可勉强施用。

我觀該校宗旨的遠大，就非常熱心去學，總算徼幸，一級都沒有留，織的一門，自從初步起頭，學過織布機，一直學到提花機，染的一門自從染布起頭；學過染紗染絲，一直學到印花，並且還學到一些做絲光紗，所以進了這工業以後，對於一定的工業專門智識，固然沒有學到；對於普通工業常識，總算學到一些。

那時校中有一個附屬工廠，除了另雇工人作工外；也許學生實地的練習。所以學生平日從先生講義上得來的，都可到廠中去實驗實驗過的心得，每星期必須造了一張表，交到教員處，表明究竟研究勿研究，用心勿用心，三年級的上學期，有一位先生，姓陶，他是教我們的修身課；他很注重實行；所以每逢他上修身時，他必定要領實是一個極完美的教授法，很可給我們小學校裏效法的。

那時我的用功心，漸漸開化了。平日所上的課，一下課就去讀，所以這學期的年假考試，我用了全身的工夫，要去搶一個第一；除了日中的預備，半夜裏還出來偷看；這時天又來得冷，我身子又勿大強壯，如何經得這種連夜的寒風呢？但是當時還不大經意，不過考試完了，頭裏就痛的了不得，馬上就回到家裏，當夜就全身發抖，抖了我自已的知覺完全失去；急請城內某醫生來診治，那醫生說，這小兒恐不能過明天呢？於是合家都急的了不得，東請醫生，西請醫生，忙了一夜；真到天明，我方才有一些回生景象。但是手足仍舊抖過不止，如此樣子，有一個多月，全家方始放心。

第二學期開了學，我就狠喜歡足球，每逢本校操場上踢球的時候，我是總有一份子的，但總是做看門的。有一次正當看門的時候，一羣人同了一個球，飛也是的來了，偶々不經意，正要去還那球，出去一踢，踢了下去了，於是的踏的踏，踢的踢，都是從我上面走過去。唉！我輕容易給這等踐蹈啊，如何不受傷呢？所以從此以後，我再也勿敢踢球了。

(四)中學時代

光陰一日一日的飛過去。畢業期又到了，我三年來的成績，總算是不差；畢業文憑上，總算得了一個第二名。

那時無錫的中學，除了師範，一隻都沒有要想找一隻好好的學堂，除非到別處去不成。但是適當我高小畢業的暑假，那無錫報上，就看見本地將有輔仁學校開辦了，於是馬上就去索一份章程，看後倒覺還好。於是就決意去報名投考，因為學堂在本地，對於一初事情，路可便當些；況且別處的學校，未必較本地是好，這是我所以進輔仁中學的初旨。

這校的分級是預科二年中學四年我起初進這校是英文預科一年級中文預科二年級後來上了一星期課因為我對於英文總算是用功就調此預科二年級如此一調把我的用功心完全奮發了雖然看了那種狠厚的書在高小時每次只讀半頁至多一頁現在要三四頁也只得嚥下的讀不顧什麼難勿難以爲雖是不懂只顧看讀總有懂的一日如此的樣子一連約有三年一直到了本科三年級方才稍稍放鬆所以我狠相信這三年是我讀書的最盛時期一切的學問在這時期差不多進了頂快得了頂多。

到了三年級未知爲了什麼緣故或者是環境上使然對於求學非常消極嗎嗎呼呼隨隨便便一無向上之心然而一方面對於社會事業倒是狠熱心所以對於本校的學生會無錫協會等我都帮忙過的。

唉！我現在總算是中學畢業回憶所得到的真學問真是不敢說！

以上種種不過利用我半星期的餘暇隨便寫寫當然沒有修詞的工夫在裏面所以閱者只可當作叙述觀看並沒有文學的價值在裏面。

談談我鄉的情形和我對於本鄉的意見

黃道章

我所住的鄉名叫做梅里歷史上也很著名的他的位置在無錫縣東南面積縱橫不過十餘里一鄉的居民耕田者最多其次經商的讀書的佔最少數一般自命「大好老」靠着他祖宗的遺產一天到夜揮霍金錢吃鴉片賭銅錢既不讀書又不經商的社會蟊賊到也佔着不少種種腐敗情形我所親眼見到的把他述在下面給關心社會的人們研究一番並供給別鄉做一個「其不善者而改之」的借鑒。

(一)農民方面：我鄉的農產物，米麥爲大宗，蠶絲利益也不少．但是他們耕田的方法，和養蠶的手續，都沒有學識，沒有研究；仍舊依着老法子；倘使收成不豐，蠶花不利，不去根究他的病原，反都諉諸天命，這是一般農民風氣鄙塞，迷信心深的表現．

(甲)耕田：談到耕田這個問題，我最替一般農民所不平；爲什麼呢？照我的調查，鄉間農民，平均一夫受田不過十餘畝，最多也不過四五十畝．(一鄉中這般人家很少很少)受田十餘畝的，倘然是自田，(自辦糧)還可「仰足以事父母，俯足以畜妻子．」但是這般人家也是不多．受田十餘畝的農夫，大半是還租的．(這種叫租田糧由他人辦理)每畝租米還八斗，至一石以外不等．征收米的一輩「倉廳老爺」，對於農夫，非常苛刻，毫不願諒．米少些不好，就要「耀武揚威」的對付農夫．倘然積了陳欠，必定拿捉農夫，拘禁捕罰，叫做「行差．」每至年關盡頭，因爲征收太苛刻，一般農夫「遁匿逃避」「兄弟妻子離散．」這般農夫，全受着他人的壓迫，弄到這般地步，未免太武斷了．一小部份中，固然也有自己不能支配自已的人，然而大部份是因爲上面的原故．我目覩此情，心有不平．嘗詢一老圃的種田情形．老圃對我道：『阿你們讀書公子，何必去談耕田一樁很粗俗的事情呢？這是讀書人向來所不齒的！』我對他道：「現在的讀書人，和從前不同了．從前讀書人的腦子，完全裝滿「升官發財」「榮宗耀祖」的陳腐思想．他們以爲讀書是好頭銜．好像是他們的所有權，顯然有階級的．以爲四民中「士農工商」「士」派第一．所以他們認爲讀書人是很尊貴，不與庶人並列的．現在却是不同了．四民中農要派第一；況且在我們「以農立國」的中國，更加要重農．(可資獎勵)所以現在四民應得要把「農工商士」倒排過來．況且現在的讀書視爲人人的義務．很平等，沒有一些兒階級的．很普及，沒有一些兒特權式的．讀書與不讀書的人，完全不像從前的尊卑區別。你勿要視我是讀書人，與衆不同，要曉得現在的讀書人是關心時局趨勢的；謀社會進步的；增公衆幸福的。我的素性又很歡喜和農夫接近，留心田家的風味，所以請你和我談談，俾我知道農事情形』老圃對我道：「我們種一畝租田，實在是沒有多大利益可得，終日終年的勞碌，徒然做田主的牛馬罷了。每畝田需要栽培的資本，至少化到七八元左右，倘然天時沒有下雨，費盡許多人工去戽水，七八元的資本還要不夠。每畝所得的報酬，（一米）不過二石，最多也不過二石五斗。我們還到倉廳上去供給一排「不勞而食的老爺們」，到要八斗或者要一石以外，按每畝之値，細細計算，不能盈餘。差不多正負相消，餬口。。。。。。。倘嫌不足呢！倘然一年運氣不好，天災流行，稻苗不登，田主又不肯原諒，所以往往一般農人，因了一年的運氣不好，就要牽連他穿的生活。這樣一年一年的斷折下去，終究弄到「借貸無門」「仰不足以事父母」「俯不足以畜妻子」一到年關盡頭「急急如流網之魚，茫茫若喪家之犬」困迫異常，還有一輩愚兒農夫甚至自殺的也有」我聽了這翻話，不免替這輩農人歎息，希望共產。實現。至於他們的耕田方法，也是我所極不滿意的，爲什麽呢？因爲他們完全是用乃祖乃父的遺傳方法，絕無研究的。播種時施肥期都不注意，選擇種子也很鹵莽，還有除害蟲與施肥料呀……都沒有確切的方法。一旦遇着害蟲爲災，或施肥料失宜，以致稻苗萎死，他們就要信口胡言，天災流行，於是乎就有什麽待秋齋呀！出會呀！人口不太平，還要鎭宅呀！……種種迷信舉動，這也是我鄉可笑的一種。

(乙)育蠶　本鄉的農人，對於養蠶一樁事情，很是熱心，一輩養蠶人，都稱做「發洋財」爲什麽有這個名稱呢？大概是因爲在一個極短時期內，可以得到許多銀錢（計自收花以後至上山不過一月之久）因爲要想發洋財，於是乎一般無識農人，貪心不足，養了許多的蠶，我們試想養了這許多的蠶還可以細心調養麽？因爲不能細心調養的原故，再加他們沒有育蠶智識，也像種田一般的享用乃祖乃父的老法子；所以近年來我鄉的養蠶成績很是不好。其的病原，除不能細心照顧之外，據我考察所得，還有數種：像溫度啊，飼葉量啊，飼葉時間啊，都沒有確切標準；這中是致病的原因。還有像病蠶的蠶沙（蠶屎）和蠶食餘的桑葉，他們都把這種東西擁在桑樹上，作為肥料；這雖是經濟的方法，然而也有些不妥當，因為病蠶的遺物，多少終有病菌存留在內；倘然把這種東西擁上桑樹上，那沒病菌一定要附在桑樹上，鑽入桑的幼芽裏，而去到來年〔及時而發〕，再把這種桑葉飼蠶，恐怕要傳染呢？所以本鄉近年的死蠶，傳染病也有關係哩。其他還有因為選種不良，以致影響到蠶業發達的，現在一般育蠶者，倘然養蠶不利了，他們就信口胡言，諉諸天命，說道：運道不通，所以養蠶不利，那沒他們要想養蠶順風，於是乎在養蠶的前期，什麼要燒一個〔路頭、接財神〕，或是在二月間到無錫的蠶娘廟裏去，志志誠誠的燒了一次香；以期養蠶順風，達他們（發財）的目的，這又是可笑的一件事。就是有幾個運氣亨通的人家成績較好，然而也沒有盡善盡美的圓滿結果，到落山、採繭的時候，什麼雙宮繭啊，薄皮啊，爛堂啊……很多很多這種情形。據我調查，大概因為上山太密的原故。我前四五年調查一次，每個山蠶所作的繭子，四兩至六兩，去年調查，計算每個山蠶，十二兩至一斤，或者還有超過這個分量的。大概養來太多，沒有許多柴草供給山上之用；所以他們特別的上來很密，無形中受了許多損失，還有繅絲成績，也較前減色，前四五年，每繭一斤，可繅絲一兩四五錢，現在每斤不過十二三錢了。這種情形，簡言之，都是不考究的原故，改良蠶事，也很要緊的。

農產物像菓樹蔬菜之屬；我鄉雖然略有出產，然而是不重要的。因為不重要，大家就忽略了；不知道他們的真相，所以我也不敢談了。

(二)社會方面：我鄉的居民，大概可分『富』『貧』『無業』的三種，顯著堦級，待我分述在下面

『甲』富：我鄉的人富的是很富，他們『衣』『食』『住』的講究，固是富者的通病，無需批論，還有一種極不堪的毛病，就是吃鴉片！在本鄉的不動產，把田來計算，不下六七十畝；有了這許多家產，可得許多金錢了，但是他們一些兒不肯幹些公事情，把留餘的金錢盡是供『吃』『著』『嫖』『賭』的開支；他們家裏的子弟呢？一天到夜，擺擺架子，沒有一個在外讀書；要是尋一個高等小學畢業生，在他們族裏也是很難的，他們的子弟大約自十五歲至二十五歲，飲酒賭博，荒淫無度，我送他們一個名字，叫做『賭錢時代』，自二十五歲以後，到他們老死，就是吃鴉片了；我送他一個名字，叫做『吃鴉片時代』他們的子弟，都是依着這樣階梯漸進的，脫不了這兩種時代，平安時候，他們刻剝窮人，虐待佃戶，也無以復加了；賭起錢來，數百元的輸贏，不算什麼希奇！就是數千元，他們也眉毛不縐，倒反得意洋洋，算他們的『闊氣』『不在乎此』我見他們這樣的揮霍，曾經感化他們，將這種烟〔鴉片〕金賭費，提了幾成出來，做一樁有益梓桑的事情，他們覺是話不投机，說是我的金錢，我有使用權，與你何涉，還罵我瘋大說痴話.

『乙』 貧：有了這種大富家，差不多金錢都聚在這一家，好像光學裏面的聚點一般；所以我鄉的貧民，實是苦極了，〔家無擔石，地無立錐〕上面說的（耕田）農夫，就是貧民的代表，也可見我鄉貧民生活的一班了.

(丙)無業游民：居住在本鄉裏面，這輩人也很佔多數，他們又做有什麼多大資財，然而他們一舉一動，都是像上面所說的富家子地一樣，終究弄到〔走頭無路〕不顧道德，做出盜竊行爲來，這輩游民實在是所處的環境不良，無形中被富家子弟的潛勢力引誘到壞的方面去的；他們又沒有受過教育，又不明白經濟使用法，入生日

的生活程度，超過了他們的生活能力；當然要不能支持他們的生命。

(丁)市鎮　講起這個問題，我〔理直氣壯〕的說一句：須把這個鎮，盡行封鎖，從新建設，方能滿我的意。為什麼呢？本鄉的市鎮，也有好幾個；他們生意不甚大的，不過供給一般鄉人的日用物能了。然而這種店在本鄉裏面，每鎮是佔少數，大半被茶妨酒肆佔去了。這種地方，我叫他是〔誨盜誨淫〕的傳習所。一般無業游民，吃起茶來，蝟集在一張桌子的四面，七勿搭八瞎三話四的談談；皇帝出現呀，妖怪鬼事啊，握了潮烟管，搭起了腳，搖頭搖腦的，作無稽之談；也可算得本鄉人的懶惰表演了。從前朝鮮將亡的時候，一般人民，據說也是這樣的，不作什麼事情！那知道本鄉倒也有這種亡國奴件在裏面，可恨可恨！還有酒店聚了許多人，在一處，常常作這種無價值的議論，那裏面更是可笑；除了這種無稽之話之外，那班酒鬼，飲了過量之酒，神經倒亂，還要闖出禍來，除了這種店外，還有許多更不堪掛齒，為法律所不許的；就是鴉片烟店。本鄉裏面，有一個小市鎮，共有店鋪，不過二十爿左右；然而鴉片烟店，倒有七爿；茶肆酒店也有五六爿，每爿烟館，每天可以做到十餘金的生意，我鄉的無識少年，傳入吃鴉片病的，年年增加，大概也是被所處的環境，引誘到這樣的。關心社會事業的人們，能不傷心麼？本縣治理的人，他心理上不知究竟怎麼樣？

(戊)迷信舉動　我鄉的居民，對於迷信神佛觀念，簡直是牢不可破的。倘然一個人，身體有些不安，或者發熱等病，輕就請兩個道人，拿一個木魚，酷…………酷，…………嘴裏還要嗚……嗚……………嗚…………的讀個不了。這種叫〔敲罐頭〕病重了，就要多叫幾個道人，鳴鑼擊鼓，書符念訣的，慎重其事，叫〔齋菩薩〕！就是太口太平，也要打什麼太平醮啊，祈免火災，打什麼災醮呀，…………等等。求稻苗成熟，收成豐盈，他們也有兩種表示；在七八月裏叫〔待獄齋〕又叫〔待猛將〕因爲猛將老爺有驅蝗逐螣保佑三秋禾黍的才能．在二三月間他們抬了一個泥木人，在田野間，沿了阡陌自西自東自南自北的走個不休叫做〔出會〕．到也彷彿像從前守土官出來勸農的樣兒．

我鄉的大要情形，悉如上述．實在腐敗到極點了．像一盤散沙，幾乎不可收拾．然而我們可以放他〔隨波逐流〕的過去麼？我們無錫縣素有〔文明〕的頭銜，有了這樣的地方，留在縣裏；豈勿是要被人家說〔名不符實〕的麼？眞正慚愧啊！我們一定要毅然決然出來改良一下，勿讓他再生存下去．然而這樣的紊亂地方，改良起來也很勿容易的．我們必定要〔愼思篤辨〕一步一步慢慢兒的像編髮的理亂髮一樣．想一種具體辦法，從那方面先着手，用一種對病發藥的方法，照這樣做去，方纔收效能夠快些．且把良改本鄉意見分述在下面供給人們研究．

(一)教育　良劑是治病的仙丹，教育是救社會的藥石．這句話，雖是的撰杜，然而我想大多數的人，可以承認這句話頭的．所以望讀者勿要說我是〔老壽星唱曲子〕〔三句不離本行〕讀者說我單提〔教育〕二字，未免太籠統，不知道我說的教育，並勿是設立幾處初等小學，或高等小學，就算能了．照我的意見，要對本鄉的病，發本鄉的藥；第一要緊的教育就是農業學校，教授農業智識．談到這裏，我想一定要有人來問我現在中等農業高等農業等學校，都已成立，你們貴鄉人，勿好去讀書的麼？我就要對他說：現在的中等和高等的農業學校畢業生．他們都以爲得了文憑，銜頭大了，不肯〔以身作則〕的做去．這是普通弊病．我鄉農民大半是很苦的，無力去讀書；像本鄉的國民小學校畢業生，據我調查，十之七八因爲了經濟的關係，不能升學；所以我的意思，須把這種小學，盡數改做初級農業學校；可以差一般農家子弟，稍稍得些農業智識，可以免去像現在的〔所學非所用〕的弊病．我

的教育化本鄉大概就是這樣的主張

(二)組織農民銀行　一般農人，往往因爲沒有錢的原故，以致田地荒蕪所以我又要主張組織一個農民銀行，補助他們的種田費。這個銀行的組織人，最好是本鄉裏面的大富翁，(慷他人解囊)的出來組織；但是像本鄉的富翁，我想是很難教他們拿出銅錢來做這樁事情。然而我們終要盡我們的力，用三寸不爛的舌去說化他們，像和尚敲木魚募化一樣。

(三)設立游民習藝所　本鄉的游民，充塞閭巷，多得不了。以致盜賊橫行，本鄉的秩序，非常紊亂，所以我主張設立一個游民習藝所，一牢。可以拘禁這般人，一牢。又可以教化。這般人，豈勿是(一舉兩得)(善莫大焉)的麼？

(四)養蠶模範所　本鄉的養蠶，非常發達，(上面已述)他們希望蠶的順利，什麼買一張(蠶花茂盛)的招牌；粘在蠶檯上，或是燒香，或是燒路頭，(接財神)種種令人(冠纓索絕)的可笑。我們試想蠶事的良不良，決不是這種舉動的，所以我主張設立一個模範養蠶所，一方面可以無形中感化他們，一方面又可以教他們養蠶的新力法。

(五)警察　警察在我們一鄉裏面，雖然也間有成立；但是大半是(無功食祿)，不能治安，反而爲害。所以本鄉的警察，最好。是用本鄉的人出來擔任；每家輪流提出數人，限幾個月的服務。此種期內稱做。警察義務期。現在本鄉的警察。大半是他方人，言語不通，性情隔膜；本鄉的風俗人情，都不確切明瞭，所以他們幹什麼事情，有隔靴搔癢的弊病，不能切實維持；倘用本鄉的人自己服務，自然那種弊病，可以免掉；還可以有互相監督，互相勉勵的利益，那麼本鄉的烟片館賭場……種種不堪的地方，可以去糾察了，化他們爲齊六。(未完)

（六）設立游戲場　我常常聽得一般農人說今天沒有事，我們來賭賭銅錢，打打麻雀，消消遣，上面所說的賭鬼，安知不是在那時候播的種子麼。要補救這種缺點，還是設立一個正當的遊戲場，給他們沒有事情的時候去娛樂一下。那就不致有這樣無價值的舉動，養成他們的懶惰性。

我的意思發表完了。（人惟不平則鳴，）我爲了本鄉的形形色色，也算是我的一鳴，不知道可能鳴醒我鄉的人們麽.

父老兄弟呀！聽我鳴！……鳴！！……鳴！！！……

父老兄弟呀！醒！……醒！！……醒！！！……

慰我的一鳴，療我的心病！

廢除分數制度底我見

阮元衍

在我未說到本題以前，我要聲明幾句，就是我是一個學問譾陋的人，這種題目原不配我寫。無奈骨鯁在喉，擱了好久，勢不得不傾吐出來，所以現在不揣譾陋，胡亂的寫了出來，和諸位討論討論。第一步我們要講到分數制度存在的緣故，就是爲要鼓勵學生用功讀書起見，使得他們看見了分數，生出奮勉的心來。這種用意本不能算錯。然而他的結果往往和原來用意相反，非但不能使學生刻苦用功，并且害了他們，以致他們前途的光明也絕滅了。這是指大部學生而言，其中固然也有幾個好學生，真能刻苦讀書的，然而究屬少數，不能代表大多數學生。

這分數制度的害處既然這樣，那分數制度就無存在的餘地，不得不快快起來把他廢掉，庶幾青年學生不致受着他的流毒。現在我姑且把分數制度的害處寫在下面。

（一）養成學生的傲驕心　有的學生因爲分數得着多些。就驕傲起來。旁若無人。自以爲我的學問已經狠好。不必再用功了。於是終日嬉戲。字也不看。書也不翻。結果非但學問沒有進步。幷且養成一種「自大」的惡習慣。在校爲同學所排斥。在社會上做事。也必定爲同事所排斥。

（二）養成學生的失望心　有的學生因爲分數得了少些。或者不及格。就懊喪起來。處處抱着悲觀主義。作起事來。也沒有精神。於是舉動也和前者一樣。書也不翻了。字也不看了。終日只是痛哭憂愁。結果不要說自己的學問沒有進步。就是自已有用的身體。也無形戕傷了。

（三）養成學生的虛僞心　有的學生因爲要分數得着多些。自己却反不肯用功。沒法想。就用卑鄙齷齪的舞弊手段。或者自已抄夾帶。或者請人家傳遞。有時僥倖分數倒得着狠多。然而這種行爲。非但學問方面沒有進步。而且對於個人的品行人格大加墮落。將來在社會上做事。也難保不用這種手段。因爲他的虛僞心早已在學校裏養成了。

（四）養成書本的奴隸　有的學生因爲分數緣故。狠用功。教過的書。幾幾乎一字一句都能背得不錯。然而往往你去問他所背的一段的意思。他就呆若木雞。瞠目不能回答。試問這種讀書有益處麽。老實說。不過是個（留聲機器）能了。這種人。我無以名之。名之曰書本的奴隸。就是分數的奴隸。以上所說的四種弊病。是我從觀察力面得來的。幾幾乎十個學生。倒有九個學生犯着這種通病。我狠希望國內教育大家。快些把分數制度廢掉。另換上良好的方法。庶幾青年學子能得着眞正的學問。替社會造福。替國家造福。我不禁拭目而待

我呢。

秦秉梧

是我原非我。非我却是我。我之一字。似實仍虛。似眞仍假。無奈今日世界。人人祇知道有我。祇講究爲我。沒一時不把爲我置諸心中。沒一事不把爲我放在眼前。雖在夢寐中間也祇求一味利我。不獨求利一人之我。凡與我身家相關。與我情意相投者。無不思因我而使之富貴。一同於我。除我之外。盡置之不聞也。噫。其視我太眞。看我太實。故覺天地之間。惟我獨尊。惟我至大。惟我最親最切。要知今日是我。安知異日卽非我。前世是我。後世或非我。既不能長保我之爲我。則我之或富或貴可聽之。我之或貧或賤可置之。我亦何苦恣我之慾。戀我之貨。失我之守。而自忘其天耶。今試就淺近者言之。譬如我著鮮衣麗服。他人就尊我敬我。我着粗衣破服。他人就卑我賤我。其敬我賤我者。非眞敬我賤我也。敬我衣服。賤我衣服也。我因衣服而爲人敬之賤之。可見我自我。衣服自衣服。我與衣服合爲一。仍分爲二也。推之我之財產。我之妻兒。我之子女。凡我一生所最親愛寶貴者。及至無我之時。絲毫不能攜帶。不能顧惜。試問平日爲我所有者。今仍在我手中否耶。在我身旁否耶。世人不察。祇因爲我一念。生出許多事端。造成許多冤孽。忽而動刀兵。忽而結仇怨。也相攻相殺。相併相吞。皆是看我不透。遂我太甚。非特無益於我。實是損我本來之我。豈不可惜。豈不可嘆。然則我究何以爲我。無我方是我。有我卽非我。佛老捨身度人。大公無私。因此成爲清淨之我。現出原來之我。練成金剛不壞之我。以此言我。庶可謂爲眞正之我。方可稱爲萬世常有之我。否則我其名我。其貌我。其身今日視爲我。不轉瞬則我又非我矣。

作文要有價值

阮[illegible]衎

爲什麼要作文簡單的說就是要發表我們個人的意見使人家看了能夠曉得我們要說的是什麼話雖遠在千里或者時過百世也不因之隱沒這是多麼有用啊！然而也要看有沒有價值假使沒有價值表面上看起來雖然似乎像篇文章實在只好說是覆瓿的廢紙罷了那裏配稱文章呢話雖這麼說我自己却也是不會作文的所以的東西簡直連覆瓿也不配現在來講這個題目也不過激於一時的衝動胡亂的寫來罷了下面所說的就是把我個人所曉得沒有價值的作文和怎樣纔是有價值的作文的意思略略獻些醜。

一 沒有價值的文字

（甲）應酬文字　這種文字要算最沒有價值了。其中固然也有有價值的不過究屬少數只要求稿者有些面子或者有酬勞金到手就不問他是何等樣人或者人格如何只是一味恭維怎樣好怎樣……說得天花亂墜像壽文一類的文章總說做壽者怎樣和藹可親怎樣熱心公益……應該享大年……然而細細地考察起來却大半是虛僞的壽文上說他和藹可親或者就是個殘忍暴虐苛待僕人者壽文上說他熱心公益或者就是個視錢如命一毛不拔的吝嗇者……諸如此類不勝枚舉最可笑者是一般自命高尚的遊民在家一些事也不做只是做肉麻的捧角文希圖賺些錢用用咳！文字的價值在那裏作者的人格又在那裏我不禁爲之放聲一哭。

（乙）駡人文字　我不是說駡人是絕對不可以的事不過要駡得得當對方面是有被人可駡的地方我們不妨肆駡像殘忍的軍閥和腐敗的官吏他們是我們之蟊蠹我們不妨在報紙上竭力攻擊他們辱駡他們假使對方面沒有可駡的地方我們駡了就是我們的罪過現在所謂駡人的文字大都不甚正當他們唯一的目

的，不過報怨或者洩恨罷了！至於對方面是否有可罵的地方，却漫不顧及；所以我說這種文字，是沒有價值的。

(丙)現在的小說　小說在文學上占着重要的地位，是狠有價值的，也是狠有功於改良社會的。但是現在的小說，(指大多數而言)非但沒有價值，幷且間接的害了社會；試看現在的小說出版物，就可知道了，誨淫誨盜，就是他們適當的評語，咳！這種文字，好算有價值麼？我却不敢相信。

(四)深奧的古文　上面所說幾條，或者有人還相信；惟有這一條，恐怕大多數人要反對我說我喪心病狂了，然而在我自己承認的以前，我要問幾句；就是文字還是供給大衆看的呢？還是供給少數人看的？這不言而知，大家都要說是供給大衆看的。大衆是都受過高深的教育麼？這恐怕未必見得，既然大多數人是沒有受過高深的教育，那末深奧的古文，對於他們，就不生効驗；換句話說，深奧的古文，就沒有價值。

(二)有價值的文字至少要有下列四端

甲　明白　做的文字，應該明明白白，令人家看了，一目了然；庶幾不致誤會作者的本意。

(乙)合乎情理　文字而不合情理！就等於亂說胡道；斷不能取信於人，要使閱者相信而不懷疑，就應該把文字寫得入情入理。

(丙)率眞　文字上所說的，本不能都是實實在在，至少有幾分論理在內；但是對於傳記一類的東西，却應該注重事實，不應該注重虛僞的論理，否則容易失掉本來面目。

要緊；否則雖然明白率真，而又合乎情理，因爲不曾顧及這個問題，到底還不能算是有價值的作文，末了我再要聲明幾句；就是我的話，雖不能完全算對，當中錯誤的地方很多；但是我自信總有幾分之幾是顛撲不破的，還要請閱者諸君原諒和注意。

擬信陵君上魏王書

陸鍾偉

臣無忌謹再拜上書於我大王之前曰：曩臣之竊符救趙者，非欺君也，不得已也。臣之留趙不歸者，非忘魏也，亦不得已也。當竊符之先，秦以數十萬衆攻趙，先破趙軍三十萬於長平，進圍邯鄲，其勢岌岌，城旦夕且下。大王雖遣晉鄙將兵救之，但晉鄙停軍於鄴，遲遲不前。臣思魏趙鄰國，輔車相依，一旦城破國滅，則唇亡齒寒。臣雖屢請大王，令晉鄙前進，奈大王不聽，故不得已而出此下策。名雖救趙，實爲魏也。至臣之不回魏者，一因臣有大罪，不敢返國，一恐秦軍敗後，整士重來，以逞其私，使趙仍不能却秦，則勢必復求救於我大王，徒勞往返，是不若留趙之爲愈也。然身雖在趙，心常在魏。今秦軍敗返，十載於茲，當不復有復仇之念，是以先上書於我大王，訴臣苦衷，願大王憐臣之心乎國，憫臣之不得已，念手足之情，恕臣無罪，則臣當誓死報國，以贖前愆。今已肉袒負荊，首途南返，臨穎不勝戰慄惶悚之至。臣無忌再拜。

讀左札記三則

楊蔭瀏

陰飴甥對秦伯，辭和而婉。展喜犒師，辭正而剛。一則難免遊說者之口吻，一則不失其名賢氣象。言語人之表也。

重耳返晉，吾以爲功莫過於齊姜。重耳之入齊，猶釜中之魚，自由已失，非有齊姜之賢智，則蠶妾洩謀，齊侯禁錮，將益甚。蓋其初之妻之者，本不過欲以燕安敗其覇業耳。一旦知其雄心如故，則勢必以武力禁之矣。

重耳出亡十九年中季隗守節齊姜明大義僖負羈妻識時務懷嬴不自卑女界人材接踵篇簡斯時巾幗鬚眉何多也近世女校林立而明經達權者晨星寥落百無一見噫

讀左傳鄭莊戒飭守臣

楊蔭瀏

鄭莊既取許乃飭守臣侃侃數十言大義昭然君子褒之以爲有禮余不能無疑焉詩有之刑於寡妻至於兄弟以御於家邦其所厚者薄而其所薄者厚未之有也莊公京鄢伐弟城潁寘母罔極深恩花萼至情迄未顧及而獨推仁恩于敵視之許何哉噫吾知之矣伐弟其志也封許非其志也守臣之戒言不由衷者也當會師入許時莊公必熟籌曰齊魯揖讓以授我許我受之齊魯或不歉於我我之兵甲不足以撻二國也則將若何况楚伺吾南晉窺吾北秦居吾西見吾滅許宋有許地或協以謀我我之勢力不足以保有許也則又將若何其惟立許後置守臣矣是其不取許也勢不能也非不欲也其封許也正所以用其譎也不然莊公何厚於許而薄於母弟哉其所厚者薄而其所薄者厚吾不信也

擬晉文侯答平王之命

楊蔭瀏

晉文侯再拜稽首曰仇否德荷天子寵心之憂危若蹈虎尾涉於春冰惟鞠躬盡瘁纘舊服毋忝王命亦惟我王恭寅畏懼以治兆民耽樂荒寧國乃亂在昔文王卑服保民厥德靡悔受在武王克文承王烈不啓我有周至於幽王惑于褒姒耽樂是從乃罔克耆喪死於驪山今王嗣厥位其敬之哉憲章文武無或耽樂用蓋愆于新陟王爲我有周福

代子產難叔向書

君子之言，則以善矣。僑雖不才，敢不拜德？抑僑非不知刑辟非先王之道也，必欲行之者，非樂之也，不得已耳。吾子盍觀夫敝邑今日之民風乎？狂且狡童，踰垣而折杞，涉溱涉洧，佻達兮其行，邂逅相遇，勺藥相贈者，比比是也。禮之不行，義之不閑，不爲刑辟，其何能淑？況今之議事以制者，任情喜怒，爲之高下，嫌怨則比重，親故則末減，強宗勢族，犯上作亂，莫敢加刑；楚黑之獄，褒甲而強委禽者，子皙也，夫焉敢罪之？夫賞罰者，治國之器也，賞罰不明，國何以治？僑也慮之，用別過之小大輕重，其罰作爲刑書，示民有常，罰必當罪，制以劃一，御以恩怨，而重輕而不以勢豪而或免，庶有豸乎！幸吾子諒之。

代孫權答曹公書

楊蔭劉

□□三年手聆金玉，欣喜奚似。曩者董逆擁兵弑君，竊柄先父，與公奮起義師，共申天討，洎乎董卓破滅，流寇羣興，我公戡定中原，重奠漢室，而先兄策則略定江南，而坐鎮焉，以爲王室屏藩。以僕不才，纘承先緒，憑藉寵靈，綏定江南之民，長享安寧之福，方期與公共獎王室，戮力同心，此也僕素志，豈忍絕王命，棄宿好者？公包藏禍心，挾鄭武取胡之詐，飲馬江滸，僕初聞報，疑黃巾復起，遂命周瑜策師，爲公援，將以靖王室也。將士不戒，突犯顏行，冀公恕之，苟得重修舊好，僕之願也，非所敢望也。來書言水戰不足恃，則僕不敢深信。夫以僕之庸愚，深慚吳士將士之明，有過魏豹，一旦有變，則臨江塞要，恐未易飛渡也。若夫子布當世賢者，而劉備則漢之宗室也，公何怨之甚而求之急哉？其或爲佞人所構歟？深願明公亮察之。

給K君的一封信——論擇交——

薛道章

我在未寫我的意思之前，先要申明一句話。爲什麼呢？因爲讀者看見了這個題目，一定要說我是個〔老朽〕

腦子這樣簡單，把這樣老生常談的題目來討論，勝得寫出來底。然而照我的意思，我的見解卻大不然了，青年「人們朋友的原料」的品性啊！舉止啊！嗜好啊！……等等大概一時代和一時代不同的。少年人所得的朋友自然也不同了。所以從前「高才明達」之士，所寫的「擇交」宏論，恐怕也未必能夠恰合現在少年的取法。我眼見那輩青年，因為不得其友而墮落的，不知有了幾何，所以我主張這個題目，頗有討論的價值。現在我用「老戲新做」的方法，「不揣謭陋」的，來寫我的意思和方法，

我親愛的同學K君：

「世道衰微」「人心不古」這兩句陳話，實在配得上現在中國的社會情形。因為有了這種魔力，大半天真爛漫的青年，很容易導入邪路，雖然有教育來教養他們，然而教育的感化力薄弱，怎能夠把這輩青年完全拔入正路呢！你看現在學校裏頭的學子，他們的習性，是各各勿同的：有愛讀書的，有好白相的，有好出風頭的，飲酒的，博弈的，賭錢的，無一不有，形形色色，留心觀察，好像進了一個「百怪院」模樣。奇形異狀，種種不同的情形，都可以看見，唉！我們處在這個環境裏面，你想危險不危險！K君有二句成語：「一失足成千古恨」「再回頭已百年人」我們趕快要留心蹈「失足」之恨。沉浸在「惡少年」的環境裏面，傳染到根深蒂固的時候，恐怕「回頭」也來不及咧！

我想大半青年渾和在這個局面裏邊，傳染了這種病根，連他們自己也不知道哩！你服從我句話麼？我是打從「旁觀者清當局者迷」兩句成語作證的。並勿是武斷。我看有的青年還有「回頭」的希望，有的是「知而不改」的，有的是像上面說的不知自己所犯之過。我們處在這裏，與他們交為朋友，實在地要留心要選擇，孔夫子說：「三人行必有我師焉擇其善者而從之其不善者而改之」，你看孔老夫子的擇交何等周密，所以我要說一聲：「朋

友壞朋友我們都可以交的完全在乎我們自己的識別力和選擇罷了。

我們凡是初碰着一個客人，切勿因爲三言兩語的閒話，或是假仁假義的交際手段，我們就入他的迷，上他的當算是我們的知己朋友。唉！K君現在機械變詐的人，實在非常之多，我們須要細心看，把自己的眼光去觀察，去調查，萬一不留心，和他們作爲知交了，到後來要想脫離和他們絕交，就覺得困難了。雖然能夠達到絕交地步，然而一定要多一個〔怨〕，所以我又主張〔君子之交淡如水〕的標準，不願意有甘蜜的知己朋友，也弗願意有多怨的讐敵朋友，我交朋友的手續，是由漸漸兒觀察一個人的品性習慣入手的，待觀察了〔洞悉情形〕後，然後可交則交，不可交則敷衍面子，作爲一個相識，無論何如，我也不是絕對弗相交談的。但是弗願意與他們生出〔友誼〕罷了。這種朋友，在我叫做〔點頭朋友〕（相遇時一點頭而已）

現在說到了觀察。那末我想着〔心理學〕和〔個性學〕這兩種科目也弗得弗研究。至於觀察力的訓練，不外乎常常留心。由經驗中得來的。我近來在時事新報學燈欄裏（十二年四月念九日）讀着翟君達文的一篇〔青年的心理觀察〕，現在我把翟君的大概意思，介紹給你看看，作爲我們青年觀察心理的幫助，翟君的大概分法照下面

（一）愛美。

（二）求美、

（三）求知 { A 迷信 / B 崇拜偶像

雖　且

(四)好勝，

(五)同情，

(六)苟安
- A 求學方面（……不可一刻輕忽……）。
- B 做人方面（……誠實勤儉……）。

(七)依賴。

你要曉得翟君的完全意思請你把這號學燈翻來一看，就知道了。我總結一句擇交第一步功夫在乎自己的觀察力。因爲觀察是在交接朋友之前，彷彿是匠人安放石脚，石脚穩固，房屋也牢，朋友得其人，青年一世也受用了，

我擇交的觀察方法，貢獻你看看，我是打從〔表〕〔裏〕兩力面進行的：

(A)表

(B)裏

(A)表——品性——習慣——嗜好——動宵

（B）裏｛心還 個性

我還介紹孔老夫子的擇交標準：

益者｛（一）友直 （二）友諒 （三）友多聞

損者｛（一）友便辟 （二）友善柔 （三）友便佞

K君我們青年是一塊生鐵，社會是冶坊朋友是工人。我們要良鐵，請良工來冶；青年要完善，就要好朋友；好朋友都在自己選擇哩！

驅蠅文

道章上　陸鍾偉

蠅乎蠅乎。汝居吾儕之地。食吾儕之物。亦知汝有害於吾儕者大且多乎。汝喜食不潔之物。又喜食吾儕所食之物。一時棲於污溺糞壤之中。不一時而又棲於吾儕食物之上。將一切有害微生蟲。遺入吾儕食物中。吾儕既食而染病者有之。身亡者有之。是汝之有害於吾儕者一也。吾儕育蠶。汝又喜止於蠶身。使之立死。吾儕費可貴之光陰耗可貴之金錢。一旦化爲烏有。是汝之有害於吾儕者二也。烈日當空。汗流如注。際此時也。吾儕居於肅靜之地。倘不能堪。而汝則噏噏不絕。時振吾儕耳鼓。使吾儕頭目昏眩。是汝之有害於吾儕者三也。其餘種種。爾亦自知。不必贅述。汝既處吾儕之地。食吾儕之物。有肺腸者。當存報德之心。而汝以怨報德。吾儕其尚能與汝處與汝食耶。故今與汝。約限以三日。率爾醜類。盡歸虛無之鄉。三日不能。則五日。五日不能。則七日。七日不能。是汝終不肯去也。吾儕。則遣五將軍。率十萬兵。大施撲殺。盡殲汝等於死地。其無悔。

我來做做仙人看！

唐發源

未來之事，只有仙人猜得到。本級同學，將來前程遠大，可以預料。但是各有所長，所以事業一定不同。惟其不同，所以要把他猜一下子。猜得對不對着不着；請諸位自己想一想。

楊君蔭瀏

楊先生是有名的老牛。這個綽號的來歷，是因為他魁梧奇偉；力大無窮。所以我猜他將來一定是個大軍閥。并且他的一副尊容，也很合配。你看他烏溜溜的兩隻眼睛，藏在狠濃的眉毛底下；閃閃的發光。加之以極高的鼻子；漆黑的臉兒，鋼針般的一頭頭髮；設使穿上一件軍服；戴上一隻軍帽？把指揮刀一掛；豈不是一個武人麼？但是我信他若是做了軍閥決不會像現在軍閥一樣的。因為他愛國心很重；不愛什麼錢財。所似他若登了台；我不但不反對他，并且還要捧捧他的塲呢。只是他最愛音樂；并且着實有研究。其實這個玩意兒，簡直與他一百二十個不合配喲！楊君！你他日到了軍營裏，還可以弄什麼琵琶絃子麼？設使弄起來，恐怕要引動胡笳；弄得四面楚歌呢。快些以後莫弄了。

丁先生是一位不聲不響的好先生。一天到晚，除了讀書以外，恐怕說不滿十句話。就是笑起來，也沒有聲息，只把嘴一動罷了。所以我猜他將來一定做個醫生。我想諸位一定要奇怪什麼不聲不響的人，一定要做醫生的？內中却也有一個緣故：因爲性命交關，醫生是不好兒戲的。須要心靜纔好。不開口的人，心最靜。你看無錫的名醫許松泉先生，錢保華先生，那一個不是靜默默的？除了詢問病情以外，簡直沒有別句話的。聽說這位丁先生，好似一個模型裏刻出來的，好稱合格。所以我便猜准他了。

陸君鍾偉

陸先生是著名的沒有便宜不罷手的主顧。力氣雖然不大，但是與人打起交關來，總得想種種法子，多少得了些便宜纔肯歇。所以我想來想去，只有外交家一席，最合配他。因爲現在的外交家，對於外人；只知道惟命是從，不顧什麼便宜不便宜。所以弄得一敗塗地。若得這位先生，强頭强腦的，與外人好歹頂一頂；豈不是好麼！并且陸先生的一副尷尬尊容，發怒起來，我很可怕的。我想外人看見了，早以可以唬得倒躲倒躲，噤不能聲了。先聲奪人，倒也可以利用的。但是我有一句話，奉勸陸先生。你的心情和臉兒，要保守常態。不好到了登台的日子；就改換的呀！

洪君啓英

洪先生與陸先生，恰巧成一個反比例。（紅與綠自然不對的呀！發源戲註）出名的賽潘安。一副尊容，着實可觀。嬌小的身材，和圓圓的臉兒，都含着很肥沃的美菌。（這個名詞，是我新發明的。）并且鍾靈毓秀，天資又是聰而明之。寫得一筆狠美麗的中西文字；還能弄弄音樂，鐫鐫圖章；對於美術，是狠有研究的。所以我猜他將來定做一個成功的美術家。只是有一樣缺憾，洪先生從來不學圖畫。不過這也不妨事的；因爲自已的臉兒，便是狠好的生模型只要天天對着鏡子寫幾筆就得啦洪先生你道是不是呢！

何君希博

何先生綽號叫病夫。是因爲他身體非常之弱，多病的緣故。所以爲憐惜他起見，似乎要勸他少做些事業纔好。只是他身病心不病，未必肯甘居人後。但是我知道他到底性命要緊，一定向省力的路上走的。況且他〔你家我家〕（常州土白）的嘴巴子，也狠不弱。所以我料他他將來一定做位大律師。因爲大律師最是省力；只消一張狀子，便有百把塊洋錢進帳。便是勞他大駕到庭上辯護幾聲，也不致於頭暈氣悶。（這是何先生的通病。）所以我認爲這個事業與他頂合配。何先生你中意不中意呢。否則若要講性之所近，去做一個官僚，我到可以保你平升三級，大發橫財哩。

余君鴻鈞

余先生面團團是富翁相。瞇着兩隻眼睛；着一張大口。十個指頭，生得異常特別。何種特別？却實在說不出。只覺得設使夾着一枝筆，打起算盤來，却非常適宜罷了。所以我便硬猜他將來是個壟斷商塲的大腹賈。諸位若是說我猜得與他綽號不合；我却要辯護了。因爲鷹嘴二字他原是從令叔跟前襲來的。以前他令叔在校的時候，因爲他七分像私塾先生，所以便得了這個銜頭。後來他走了，這個小鷹嘴便升了普通鷹嘴。實在他何常像私塾先生呢！實實在在竟像個大腹賈罷了。

我也來做做仙人看

丁保鏐

唐君發祿的仙人真是做得再要像也沒有了。形容又是週到。猜想又是聾聵。一定是一個活仙人轉世呢我呢。轉世固然不是仙人。本領也沒有這樣大。不過盡我的力量。做一個假仙人。來和和與罷了。未知那位唐仙人可否允我進他的仙界麼。

唐君發源

唐先生因爲他是一個仙人。他的將來。簡直是狠難猜。猜了這樣又不好。猜了那樣又不好。所以我只好用了全身的本領。師父的傳授。(令師是那一個吓發源注)來猜一下子。那位唐先生一副魁梧的面貌。一身斜斜的體格。一見了他。就要生畏。平日的言論。又是不顧什麼面子人情。只是向那正路上去。侃侃而談。旁若無人的樣子。所以同學中見了他。到也沒設法。總是肉也穌得落的。照這樣看來。不言而喻。他將來非一個司法總長。就是一個大理院院長。未知唐先生以謂什麼樣。

薛君道章

薛先生一副光明正大的面孔。舉止幽雅的態度。滿口的強蘇白。一望而知是一個才子。所以他的交際。眞是神通廣大。無論什麼人。經他的一說。馬上就能佩服他。敬重他。倒也是一個一言九鼎的大人物。非但如此。他一個難於形容的腦兒。教人千思萬想。也莫明其妙。什麼呢。身子雖是倭小。一個頭倒比較身子魁梧的還要強健十倍。大約身子倭小的緣故。完全是腦兒發育的緣故。因此他的思想。總是勝人十二分。無論什麼書。到了他的手。就立刻同他給翰墨緣分。所以我猜他將來。非是一個外交家。定是一個大文豪。

薛道章

我是不是一個仙人

丁君保鏐

保鏐的脾氣很怪癖，心藏很銳利，眼光很正；幹事也不苟且也不欲速．他笑的時候，兩只眼精成〔一〕字的形狀，一張嘴却有些兒像兩等邊三角．他弗言笑的時候，人家一望可知道他滿身充塞乎陰氣，故所以他的綽台甫叫做〔丁陰〕，照我來觀察他，是陰於外表，精神上一些兒沒有陰，陰於外表的，做人可以莊嚴，舉止可以冗重；辦事當然可以不苟且不欲速了．不陰於精神的，幹事情有毅力，不畏難了．照「陰于外」「不陰於內」的兩條定理來證明．他將來在社會上，可以做一個主公道者，替人家排解紛紜，在國家可以做一個挽救國家的大人物，一個光明正大的政治家，

前面蒙唐仙人猜了一次，此刻又蒙薛仙人猜一次，直是感激無窮，但是對於公衆經濟上說，一定有人說是浪費，不過我可以說各人的意見不同，猜一猜也無妨呢，

鏐註

郭君鈞一

鈞一的姓是〔郭〕，我們班裏頭人稱他叫〔郭先生〕，然而此郭先生不是像那〔郭先生〕專造人種的，此郭先生是可以替人種謀進步的造幸福的．為什麼呢？鈞一的為人也很能幹的，各地方的方言都能說能懂，依此類推，將來出而問世，各國的言語文字也定能夠明白，就此可以造成一個外交家了．豈勿是可以為人種造幸福謀進步麼？

鄧君玉麟

玉麟純粹的蘇州人，他常常要說我〔做空頭〕〔強蘇白〕他是從他的父親在無錫經商，所以他對於商業方面，很有〔細悉情形〕的才幹，這也是遺傳的關係，所以照他現在的環境推測他將來一定可以成一個大商客的，况且他對於〔聚財法〕〔經濟學〕無不語語中肯啊！

我也是一個仙人麽

秦君秉梧　　洪啟英

秦君在校常常逢到經濟考試，他的名字終高高地放在頭上。講起分數。他至少也要拿到八九十分。他非但能夠把經濟課本讀的爛熟。並且也能夠隨讀隨用。所以到畢業的一年。他所用的一切器具。不曉得比較以前要節省了多少。這也是因爲他一則天性善經濟。二則好讀經濟學。我想他倘若將來能夠到中國財政部裏去辦事。那麽中國的財政。一定不會像現在這樣的竭蹶了。剩餘雖然不能說。虧空也一定不會的了。巴望秦君再去把經濟學好好地研究幾年。纔好叫中國慢慢地富强出來呢。

阮君元衍

阮君在校。天天拿着大文豪的著作朗讀。有的時候別人去叫他。他也不應。只看見他那二只黑油油的眼睛。不住的向書上看着。口裏只聽得喃喃不絕的書聲。像他這樣的愛讀文章。自然他也狠歡喜著些文墨。有的登在本校的知新刊上。有的登在各大雜誌上。並且他做的東西。却狠受社會上的歡迎呢。他常常說我將來必定要辦一種報。我想這種事務。狠配他去做的。因爲他平時無論評判什麽人。終照着公理去評判的。我們中國現在的報界。大半受一種軍閥政客的賄賂。以致報上的消息。沒有正確的。所以倘若阮君能夠去辦一種報。我們中國人必定更加歡迎呢。

象與像

洪啓英

甲生在紙上畫了一隻象。就去問乙生道。『我畫的這隻象像呢還是不像?』乙生道：『這隻象畫的稍爲有些像象但是不十分像象象是狠難畫像的要畫像一隻象必須要看見了一隻眞象然後才能畫像否則一定畫不像的你畫的這隻象給未曾看見象的人來看還有些像一隻象倘若給看見過象的人來看是完全不像象」甲生答道「你說這隻象不像一隻象但是我卻當他一隻眞象你雖然說不像象我卻要說竟像象我看你畫的象恐怕還不如我畫的象像莫說你給看見過象的人來看說不像象就是給未曾看見過的人也要說這隻象竟不像象的因爲你畫的連動物都不像莫說一隻象了倘若你不信我們可以給先生評論究竟你畫的象像一隻象呢?還是我畫的像象一隻象呢?

課餘瑣記

鄧玉麟

現在財政部內部舞弊情形層見疊出其中最宜注意者厥有二端(一)大開賣缺交易所其間有經理有協理有經紀人並且有行市生意之發達雖各項大交易所無以過之中央財政如此窘迫而一般貪官汚吏皆趨之若鶩何哉蓋名爲財政總長實則交易所經理而已當財政總長固然乏味然當交易所經理是極好職務無怪財政總長去職時你搶我奪爭之不已致演出種種新鮮之趣劇也(二)私印流通券案夫流通券有一定之定額庫藏司何能主張加印今案既發覺該庫藏泉幣兩司當然負舞弊之責任政府宜從嚴懲治之即加印之券已否行用亟應澈究其未用者自應銷燬已行者當查明號數設法防弊使不致遺害民間今乃置之不理反令稅關勿收用其有意剝削商民可想而知甚矣國家財政如此困難至若輩貪婪乃爾誠可爲要錢不要臉者矣

旅大灣於今年陽歷四月三十日租借期滿論理日政府應即交還中政府乃日本强詞奪理諉謂中國內亂未平未便即交還以箝邦國人之口其野心叵測矣然我國國人豈皆聵聵者彼以欺詐手段對我我未嘗不可以[illegible]

手腕對付之所謂狡猾手腕者何卽經濟是也日本所以經濟充足全賴我國購彼劣貨而調劑之今一旦經濟絕交彼於商務上必受極大之影響在我旣不費一兵一餉而彼之損失已不貲算矣我國人苟能用心禦侮處以決志持以恆心而彼猶敢如以前之暴橫者吾未之信也否則不獨旅大不爲我有而大於旅大之事恐相繼而至焉履霜堅冰由來已漸天下興亡匹夫有責願我同胞三思之

浙江第一師範學校毒斃學生二十二人一事實爲空前絕交未有之慘劇然此事之釀成其中難免有人指使願彼指使者抱此傷天害理之心其果能善終乎況吾國素號文明不應出有此事今旣不幸而發生在當局者縱不爲學子前途計亦應顧全人道澈底調查俾以眞相務將爲首之人按法懲治以釋羣疑則人民幸甚地方幸甚

往日余因事赴蘇道經盤門青陽地有一日人手持東洋傘數柄沿路兜賣有行人某甲因其價廉出錢買之日人乃呵呵大笑而譏曰吾初以爲中國人始終不再購我日貨不料竟有人爲利所誘而樂於購之此亦可見中國人心之不一致矣語畢揚長而去甲亦面紅耳赤而遁噫日人假物以諷我我同胞不猛省我將終爲日人玩物矣從今以後對於日貨望勿再貪其廉賤而購之否則亡國亡家之禍行將見諸事實也可不懼哉

近年來人心大變對於服式上大加研究如用湖縐後有華絲葛用華絲葛後有嗶嘰凡此等物旣不經用又非國貨且價目之高貴較中國自製緞綢不啻十餘倍我國人不嫌價貴反欣欣然爭先恐後以求外表之華麗不亦怪哉中國所以不能致富皆爲此奢華心所奪也國人如欲多錢宜從節儉上着想不宜從奢華上考究也

吾邑自闢埠以來對實業上教育上固薄負時譽此實地方之榮幸然除教育實業外尙有爲人所稱者厥有二端

（一）坑廁之獨多也　試觀大街曲巷累累然若星羅若棋布每當夏令臭氣薰蒸人鼻欲嘔於公衆衞生上大爲

妨碍吾人習見少怪而遠地來遊者則皆嘆如入鮑魚之肆矣（一）流血滿面跪地乞錢之乞丐也試觀沿城脚沿馬路一帶幾於觸目皆是每在一二人結伴行路時彼等突然而至强索强取吾人固熟視之若無覩也然初來吾邑者將不引爲駭怪乎此皆吾邑之特點也豈不如是不足以點綴地方上之文明乎

吾儕丁青年時代血氣方剛記憶强壯須努力於學業以備將來生存之需用苟不於此及時發憤則後悔何及故青年之光陰宜愛惜青年入校求學其所以甘於犧牲千百金錢千百腦力俾成爲有用之人物者亦以異日爲社會謀利益爲國家謀幸福豈獨顯親揚名而已哉有志青年無徘徊觀望爲幸

衛生

余鴻鈞

大凡一個人生活在世界上，不能沒有疾病因爲有了疾病，所以大家因當想個法子除滅他什麼法子呢！就是叫做衛生學研究衛生學就是强身却病唯一的好方法把有害身體的事，完全廢掉同時做種種有益身體的事情，成功一個狠健全的身體，自然能夠盡他天然的壽命了衛生學大別可以分做兩種：就是個人衛生和公衆衛生.個人衛生是狹義的單講養生法和却疾法公衆衛生是廣義的要連講防傳染病，清潔土地種種的綱要.現在我把他們詳詳細細講在下面，使得大家可以曉得然後中國病夫或者可以減少一些.

（甲）個人衛生：個人衛生可以分成四項：（一）飲食（二）衣服（三）運動（四）休息

（一）飲食：　飲料就是水，我們常用最清潔的，要身體不受損害最好的是汽水其次沙流水，再次沸水.汽水和沙流水，家常日用不甚便利，所以這沸水是免不得的了.因爲水裏面含有微生物，假使不到沸度就飲，微生物對於身體狠是危險，腸胃竟變做他們作惡的窠巢，做出許許多多的疾病來，所以家用的飲料，至少要煮到沸度才可應用.

講到人的食物是很複雜,不比虎狼肉食的,牛羊吃草的,人的胃是複雜的,所以食物的種類很多.米麥富有澱粉.雖然沒有別種營養分子,然對於身體,亦是有益.煎時必求柔輭,食時必須細嚼.差胃中容易消化.有用茶泡飯,不經咀嚼,到胃裏去,就有礙消化.肉食亦是人身必要的食物,含有一種滋養品,但多食就要減少胃的消化力,并且應當注意是否病獸的肉,因爲病獸肉的裏面含有毛虫囊虫絲虫狠多,有害身體.果食亦是滋養品的一種,并且含着特有的成分,這種成分有增進腸胃消化的機能.但是未熟和腐爛的,切不可食.即好的亦不宜多食.水屬類:爲魚蝦水藻菌類,雖然比肉類容易消化,但是多數水屬含有毒質,應切實注意.豆類含蛋白質,并且容易消化,對於身體狠是有益,但是因烹煎的關係,像硬蠶頭,不但沒有益處,并且很有害處.蔬菜亦是營養的一份子,有益身體,但多食,胃中釀成酸質,要成種種病症.亦應當注意.牛乳補助身體發育,最有效力,我們只要防清潔和汚穢就好了.糖和醬油麻油之類,可以做烹飪調味用,不可以作爲食物.烟酒含有毒質,對於身體有害,也應當不飲不吸.

飲食應當有一定的時候,不宜過多過少和過冷過熱.然後可以不減消化的机能,

(二)衣服　日光直射頭部,差血凝聚一處,往往發生頭痛,夏天裏的烈日,有腦膜炎的危險,所以應當戴帽,阻隔日光.但是帽子亦宜當隨四季的氣候更換,因爲溫度過高的帽子,仍舊要有上面講的一樣弊病發現.

裏衣應用柔軟,并溫暖材料,可以免去刺激皮膚的弊病.外衣當用能夠保護身體溫度的材料,并且不易吸灰塵的物品.像絲織物品最爲合宜.那毛織物比較起來就差一點了.

人的足是一只天然的三鼎足（一、足跟二、大足指并大足指後的一方三、足外面一帶在小足指後）這個三鼎足支持我們完全的身體.現在有穿高底鞋的,以爲美觀不知道對於天足的本相,已經失掉因爲穿高底鞋墊高足跟,足跟高掛,只有兩鼎足在那裏支持因此腿足受傷只要看穿高底鞋的人,終沒有穿底薄鞋的人走得快就可以證明這個緣由了.

穿衣應當隨寒冷更換.否則就要受寒熱的病症.平時衣服要洗濯淸潔,切勿懶惰.

(三)運動　人的身體愈練愈堅,倘若終日懶坐,不肯運動,身體的機關就要停滯起來,所以每日應當運動.足球吓!網球吓!籃球吓!跳高吓!賽跑吓!跳遠吓!和別的種種運動.都是運動的好方法.運動可以助全血脈的流動,肺的呼吸力,胃的消化力,并且能夠平均身體的溫度.假使人體的熱度低,血管縮小,出汗減少,運動可以增加熱度.假使人體的熱度高,運動可以放人血管,增加出汗,降底身體熱度,如此平均全身的熱度.

因爲出汗的一種排泄汙穢,浮生皮膚上,所以每日洗浴,是免不得了.洗浴最好用溫水浴,因爲用熱水浴,容易受寒.冷水浴,不能個個人都能夠,體氣不合配,是很危險的,倘若身體有病,應當請醫生査驗,用藥生浴.運動又不宜過多,假使不適當,就遇疲勞,對於身體反而有害,所以運動應當配量自已的年齡和力量,庶幾可以免去過勞的弊病.

(四)休息　人的身體雖然應當多運動,但是過分勞動,亦沒有益處.像機器開用,日子多了,就要停止.吾人運動之後也,應當有適當的休息.散步吓!靜坐吓!睡眠吓!都是休息的好方法.勞動人都不可以缺乏睡眠.睡眠是休復最好的方法.因爲睡眠時候,人身各部的神經,機關,完全休息.但是睡眠的時刻,亦不宜過多過少.大約少壯的人，不過七小時或八小時。年齡愈小，睡眠的時刻應當愈多。無論何人應當早眠早起，切勿懶眠，妨礙衛生。最好在每早晨起身之後，在空氣新鮮，或多樹木的地方，呼吸一下，對於身體，很有利益。

(乙)公衆衛生：公衆衛生，亦可以分做四項；〔一〕家室衛生〔二〕學校衛生〔三〕社會衛生〔四〕國家衛生

〔一〕家室衛生：家室是人的居處所以對於衛生方面，亦宜注意。家室的位置，應當選擇一個空氣流通陽光透達，并且少灰塵的地方。室內灑掃清潔，日用器具，應該清潔，然後可以減少疾病的媒介。居處當多開窗戶，可以流通空氣，因爲人在屋內呼吸養氣，減少，炭氣增多，雖然空氣能天然出入，但是天然流通，不足敷用，所以應當用抽氣換氣法和壓氣換氣法，人力的工作流通空氣。陰溝內應當掃得非常清潔，否則空氣就含有汚濁成份。家室四週，或天井中當植樹木，因樹木吸收炭氣，差家室內的空氣格外清潔。

假使家內有一人患傳染病疫（鼠疫喉痧肺癆霍亂瘧疾等）別人應當離開，免去傳染的憂患。若不把這事注意，往往一家完全患一樣的病而死，所以這件事，對於家室衛生上很重要。

〔二〕學校衛生：學校是多數人聚集和讀書的所在，所以應當在郊野空氣和光淺充足的地方。校內各種物件，亦當清潔，并且對調查體格，防治疾病，須格外嚴厲。學校須供給一極大的運動場，和一學校花園，差學生可以有適當的運動和適當的休息，保存身體健康。學校裏往往有一種過分用功的學生，以致吐血等種種不好的結果。這種劣點，應當禁絕，女學生尤其不宜擔負太重功課。

〔三〕社會衛生：許多人集占一處，這個地方就叫社會。社會衛生的事情，可以委託該地方衛生行政機關。第一要清潔街道和公衆聚會的地方。假使尿糞垃圾等滿街，不但妨礙行路，還要汚濁空氣，傳染瘟疫。第二是查

察公眾地方有否妨礙衛生的事情。旅館菜館浴堂等，尤宜注意。公園對於人民很有利益，應當多有創設。第三就是調查吃物小擔，所販賣的吃食，是否清潔，或有微菌在內，如有不潔食物，立當嚴禁，不准販賣。第四是嚴查傳染病，可以免去傳染極大的危險。

（四）國家衛生　從社會衛生進到國家衛生，因為有許多事情單單地方的能力不能辦到，所以應當歸國家辦理。國家當設立種種關於人民生理衛生的機關，自來水廠吓，醫院吓，紅十字會吓，這許多機關，地方能力不能完全創辦，所以政府應當建設提倡衛生，做富民強國的義務。

個人衛生和公眾衛生，都完全講過。假使人人做事，以上所講的個人衛生做起來，就大家可以有強健的身體。并且可以免去早夭的禍患，做強民強國的根本。若是家室學校，地方國家，都照以上所講的辦理，非但人民可以少疾病，就是傳染，也可以完全沒有，并且能夠成功人民的一俗良好風俗。

（郭鈞一）

書爛橙子

錫邑堠山一農子，不知何名，因其人皮賴，齊呼之爛橙子。膂力甚大。一日，有人雇往戽水，並囑代招四人共之。爛橙子應諾。受五人之工資去。明日，仍隻身來。主人問四人者安在。爛橙子曰，四人行且來矣。少安毋躁，姑具飯來食。將半，主人催問。曰，四人胡遲遲不至。仍曰，行將至矣。頃之食竟，鼓腹大言曰，盡我一人之力，桂戽水滿可乎。人數多寡主人可勿計也。乃上車戽水。適鄰田已有七人同車而戽。爛橙子欲與比賽，七人喜曰，彼一人也，必不敵。必不意爛橙子一人所戽之水，且倍七人而上之。爛橙子有田數千畝，不肯納賦，官長怒其抗命，使役往逮罪，輒被毆，役皆鼠竄去。一日，差役又來，謂爛橙子曰，若果好男子，當挺身自往訴諸官。無遺吾儕累。爛橙子曰，諾。隨役往，經行過石小橋。謂役曰。吾將取行李。請少待。乃取。石。碌碡。一。作。行。李。狀。肩。負。而。行。遙。擲。船。中。船。覆。役相顧謂曰。此人若至。船。必。釀禍。不可抗。不如仍釋之。又一日。縣署別遣役至。爛橙子入。艙。橫。臥。少頃。首。足。抵。艙。板。稍。用。力。船。身。爲。裂。溺。斃。二人。於是官長大集官兵督往圍捕。爛橙子避匿太湖深淵中。七日夜。口銜。蘆管。出水面呼吸空氣。忽漁船經其處。見水中泡。發。疑。是。處。有。大。魚。即。以。魚。叉。力。叉。之。爛。橙。子。遂。死。

進德齋隨筆

陸鍾偉

兵是保衛國家疆土，維持地方治安的。所以照情理上面講起來：若是國家兵多，就國家的國勢必強，國境裏面的人必非常安寧。但是現今中國的兵好算多極了，國勢仍舊這樣的衰弱；國境裏面年年有戰事發生，弄到人民沒有安寧的日子。這是什麼緣故呢？原來我國的兵，名目上雖然同別國的兵一樣，老實講起來：不過是幾位督軍軍閥派裏的健將，招他們來做爭權奪利的應用品罷了。唉！他們這幾年來橫行無忌，我不知道他們究竟是具的什麼肺腸；他們現在雖然有兵可以自衛，但是不幸到了國破家亡的時候，也不過爭一個亡國奴隸呀。唉！我不知道他們做了亡國奴，究竟有什麼樣的光榮哩！

自從我國共和告成以來，年年內亂，委實沒有停過。人民已窮極不堪；就是國家的財政也快要破產了；推究所以有內亂的緣故：不過因爲國家多黨派，要想叫國內沒有內亂，除非先劃除黨派不可。但是各黨派裏的健將，多恃着兵，做護身符的。一時談何容易將黨派除去呢！唉！欲望中國和平的時候，日子真長呀！

有一種人，在未富以前，每每對人說；若是我富了，我一定要將我的錢去做公益事宜，或慈善事業，叫貧窮的人也不致於受凍餧的苦。等到他真的做了大富翁，他就變了一個很吝嗇的人了。在未做官的以前，往往對人說：若是我做了什麼官，我情願做人民的奴隸和公僕，倘使他一朝眞正做了什麼大官，他就只曉得自私自利，奴隸人民了。這種人前後的言行自相矛盾，叫我眞正莫明其妙。

中國從五四運動以來，中等程度以上的學生，倘使遇了國家大事，每每罷課，作種種的〔示威行動〕其實這種舉動，對於國也沒有什麼益處。因爲現在的一般執政人物，面皮老不過，對於罷課罷市的事體，簡直是司空見慣，並沒有什麼希罕。你罷你的課，他賣他的國，和他有什麼相干。學生方面，倒已經費了許多的黃金光陰了！照這樣看來，就這罷課的事體，不但無益，反而有害哩！爲學生的也何苦如此犧牲呢！

現在一般時髦學生，往往喜歡談自己家庭裏面的富貴榮華，對於自己的學問，倒反置之不論不議之列。須知道學生的本分，不過是求學，至於家庭的富貴貧賤，是一種自然的階級，活動的階級，不能算人生的榮辱。然而他們竟〔舍本求末〕，眞是可笑。

運動生進學校讀書可以免費，不但中國大多數的學校是這樣，就是外國學校裏也是如此的。其實運動的一件事，雖然對着衛生方面有密切關係，不過因爲鼓勵運動起見，就要免去運動生的學費。致有許多學生因爲了運動生，可以免費的緣故，就拼命的運動，反而弄到有傷身體，未免有些失當呢！

我看見許多青年看了幾部言情小說以後，就開口是情，閉口是情，把天下第一有情人自待，要曉得情這件東西，要他是很容易的，但是一入情網，就萬難擺脫了。所以往往有許多人殉情而死的。唉！天生了一個人，豈是叫他殉情而死的麼？人生了出來，天地這麼的大，爲什麼不做轟轟烈烈的事體，〔流芳千古〕，必要殉情而死，叫當時和後世的人笑他是個〔登徒子〕呢！這種人實在是天下最笨的一種人。

現在富貴人家，一遇着婚喪喜慶的事，總歡喜擺「架子」一味奢侈，有化去幾萬的，幾十萬的，費這種大數目的銀錢，不過叫別人知道你是富的，或貴的，一種虛名罷了，若是將這種銀錢，去辦慈善事業，成別種公益事業；那沒社會上一種常受凍餒的貧苦百姓，受益已竟不少了，並且還可以得着一慈善家的名譽，比較起來，何嘗天上人間呢！

〔舍一杖則誤一孩童〕(Spare the rod and spoil the child)是西國的一句成語，意思是小孩必定要打了，方才能成人，這句話是很對的；我國也有一句俗語：〔筷頭出逆子，棒頭出孝子。〕我往往看見近來做父母的，常常溺愛他自己的子女，等到長大成人，驕縱性成，不可收拾，倘使從小就教訓好了，後來長大起來，一定可以自立，立人，唉！做人家父母的，可以醒醒了！（完）

隨感錄

阮元衍

（一）有一天是星期六的下午，我到圖書館去看書；借的書是半月，翻開來一看，裏面有幾張銅版印的圖不見了！有幾篇著作也扯去了，咳！邑人的沒有公德心，已達極點，要曉得圖書館是供給大衆看的，不是給私人看的。現在他扯去了幾頁，後來的人，從何看去呢！我拿着這本書，不禁就嘆了一聲！

（二）一個不大會踏脚踏車的哥兒，踏着一步脚踏車，東歪西扯的過來；面前有一步黃包車，也拖過來，黃包車夫看見了，就讓在旁邊，但是這步脚踏車，却不知如何的又撞着黃包車身上，黃包車夫被他撞得，迸出幾點眼淚出來，但是這位哥兒，非但不肯認錯，並且惡很很的，送了車夫五支雪茄烟，嘴裏還嘰哩咕嚕：罵王八蛋，眼睛也不生，撞在爺的身上來，咳！這倒底是誰的錯呢？諒讀者看了，也該明白了；當時我適在旁邊，也不禁爲了他嘆了一口氣！這個地點，就在寺後門；時候就在上星期六。至今這件事，還深印在我的腦裏呢。

(三)一個天眞爛漫正在牙牙學語的小孩子，他的母親便叫他罵人打人；雖保將來大了不來回敬他。然而他母親現在那裏想得到呢？到了後來，還說好一個不肖子，竟敢來打你的母親了！咳！此之謂中國家庭教育，

洪啟英

觸霉頭

某大學校的一個聽差，叫做阿木。他在這個學校裏當了差役已經有許多年數了。他們同伴中也算他資格最老。許多學生也因爲他是一個老聽差，所以較大的事情不常常去喚他做。自從去年這個校學採取了男女同學的制度以後，阿木和一般老學生的感情一天壞似一天。因爲阿木常常不服從老學生的差喚，即使逢到不可拒却的事情，至少也要罵一聲「觸霉頭」。不過對於一般新來的女學生，却是一說一聽，二說二聽的。彷彿把他們爺們一樣的看待。於是一般老學生再也沒有一個去憐惜他了。並且時常要去和他患難。有一天，一個男學生想要喚阿木出去買些書籍，他一到門房裏，連阿木的人影也離不見。他就退了出來，到四邊去招尋。剛纔經過了理化室。忽而聽見呼救的聲音，從操場那方發出來。他就到了操場上，看見阿木爬在一棵大樹上，被一般女學生吃把掌兒。阿木只管大聲喚叫「饒命饒命」，於是一般女學生就放他下來。一個個都散去了。這個男學生就向阿木道。我正招着你，你原來在這裏逍遙。阿木只管連着說「觸霉頭」「觸霉頭」

郭鈞一

看會趣聞

無錫有個惡習慣，每年到了三月裏，各處都迎神賽會。會中扮有許多花色，所以別處的居民，總要趕到無錫來看會。沒有親戚在無錫的，就住在客棧裏；有親戚在無錫的，就住在親戚家裏，有一次出會，預先謠言盛會，所以各處

處來的人格外多，一家平常人家倒來了男女親戚不十餘人，以岳家人最佔多數，十三日起，置菜備飯，十四十五兩日，許多看客津津有味樂而忘返，看過之後路上的人又發謠言說：十八還有八木橋的高脚會，年年出的，要算最好看了。於是許多看客，心中又要看十八的會，所以再住下去，不料那平常人家已經支持不來，銀錢用完了，於是拿衣服到當鋪裏去典質，再過了幾天十八日果然好看，旁人又變了話頭說；十四十八的會，都是鄉會，還不算好看，要念一念八的會，都是城裏出的，扮着諸葛亮招親狸貓換太子等戲目，這般看客聽了！心中又意謂不看這等好會，遠遠的來到無錫，豈不冤枉麼！於是再住下去，到二十五那家主人看見米間裏的米，又要完了。前幾天的小菜已經和當典裏人商量來的了，現在米又完了，如何好呢！他就快快向房裏走去要替他夫人想法，低頭走進自己房裏，看見夫人背向着梳頭，他便恨恨的舉手向他夫人頭上重擊一下，並惡很很的罵道：你這害人精帶了這許多客人，每天要多少開銷，前幾天的小菜，已經拿衣服去當的了。現在米間裏的米又快完了，那麼有甚法子呢，那梳頭的女人吃了一驚，便向後一望，那男子見了立刻就面紅耳赤，直向門外逃去，原來那梳頭的友女，是他內姨，背向着竟替他夫人毫無異樣，於是那些親戚，也就住到客棧裏去了。

學時髦

郭鈞一

近來的潮流，日新月異。一般學生尤隨波逐浪，樣樣都要學西洋裝飾。最近時髦的潮流，就是頭髮。人人都要將頭髮向後梳。梳得愈光愈算時髦。有一位學子。也要學時髦。但他的頭髮很硬。不能如他願。於是心中非常懊喪。見了一個人就問他有何妙法。能使硬髮向後。問了幾天。問到一個法子。祇要將頭髮用滾水燙着。每天至少一次。就漸漸可以向後了。那學子隨即用滾水滿頭去燙過。但是這水的熱度。實在太高。燙得滿頭都是火炮。爲學時髦。祇好敲掉牙齒。嚥在肚裏。連燙了三四次。幾乎頭無完膚。也就只好停止。但是停止了幾天。頭髮又不光了。於是心想再燙。簡直要燙死了。就再訪問他法。問了幾天。又問到一個人。對他道。要將西瓜皮帽子緊緊的戴上。即使晚上睡覺。亦切不可脫去。可以壓得頭髮伏伏的。一片黑膏。那學時髦的人。意爲這個法子。確實爲效。於是一天到晚。戴着西瓜的帽。若使有人觸了他的帽子。他便怒上加怒。後來天氣漸熱。已有八十餘度。汗流如雨。那頭髮內。是最易出汗的。再加上一頂帽子。那汗是更不消說了。但是他竟不忍將帽子脫去。幾天一過。頭髮裏竟生得無數白虱。頭髮完全脫去。於是那學時髦的人。自恨罪孽深。幾幾乎痛不欲生。咳！學時髦的人呀。上兩種法子。都上了當了。我現在有個獨一無二眞正良方。只請個漆匠。好買一斤頂上退光黑漆。叫漆匠原原的漆上。乾了再漆。漆過幾層。就永遠光明。似鏡。好比頂好漆黑棺材。還要好幾百倍咧。

中猗立許

郎鈞一

一個聽差，天天在課室旁邊搖鈴。日久以後。各課堂上課的情形。也有些領悟了。有一天課餘之後；忽問一個學生道：［我聽得你們說英文就叫英猗立許。那沒中文可是叫中猗立許麼？］那學生大笑不止，也不能回答他了。

捉

(Bee)

一天正在月考，大家寂靜的答問，過了半小時，忽然同學秦秉梧高聲喊道：［捉皮］教員和全班同學都從靜中作驚，以爲有同學做自欺的［作弊］，但是都很誠實的，並沒有人做自欺的舉動，於是尤其奇怪，秦秉梧道［並非作弊，乃是一個蜜蜂飛在身旁，要去捉這個蜂，就喊［bee］於是全班都笑他是滑稽大家，

記載

惠孚

本校啓事

本校爲上海梵王渡聖約翰大學同學會在錫同志所創立中西並重聘請良師灌輸純正學識栽培高尚道德爲青年子弟入大學之預備蒙約翰允准凡得本校中西畢業文憑者可直接升送該大學肄業

記載

記本校開贖路游藝會事

何希傅

余於未記之前悲喜已交集於吾胸中矣夫悲者何悲膠濟路之爲人所劫奪喜者何喜我校同學之熱心救國今吾姑將該日開會詳情逐一誌之月之十七日乃我校開會之日是日也天氣晴朗纖塵不揚下午二時卽行開會首由鴻模高小奏樂樂聲宏亮畢令人心胆爲之一壯以高小之軍樂隊而能若是實難得也繼唱國歌全體來賓均起立示敬亦由鴻模奏樂相和歌時人人肅然無一喧嘩者第三爲校歌因時間關係故未舉行第四爲楊四箴先生述開會辭略述膠濟路之歷史並開會之宗旨第五爲陳谷岑先生演說先生以事推托未行蒞臨第六爲本校之戲迷傳由丁君汝楷孫君炯及吳君耀康三人合演戲內情節吾不能理會以我國舊戲吾乃門外漢也但開識者曰以一學生地位而能演此亦鮮有矣第七爲鴻模之魔術因器具未帶完全故以拳術代之由該校教員舞單刀余雖非識者但觀其姿勢之活潑精神之奮勇實余目光中鮮見者也聞該術士云地方狹小吾竊思該藝者略加放大恐將另有一番奇觀也第八爲戲雙簧因與戲迷傳相隔不多時恐觀者生厭故將趣劇提前表演劇目爲新與舊第一幕爲家庭佈景第二幕爲私塾佈景至於演者之優劣余不敢爲我同學誇張但以旁觀者之批評而述之第一幕內作舊家庭之主者爲丁君保鑠渠素以滑稽著名故所表演適合其身分作其孫者爲吳君是沂是君體裁嬌小玲瓏活潑異常而演時又能體會其所處地位若一小青蝦活躍臺上觀者咸嘖嘖稱奇作新學派者爲諸君祖蔭演不新不舊者爲張君豐胄亦均能體貼入微第二幕內之爲私塾師者係丁君汝楷其所表演之滑稽語莫不令人捧腹其餘爲學生者亦復各能得體第

九爲三師拳術活潑異常精神抖擻亦所罕見次爲天韻社之絲竹其聲清脆可聽若令人入神仙之境然第十爲秦伯康先生之拳術以余之目光觀之亦與前數節相彷彿但識者爲其工夫較前更深矣第十一爲沈伯濤先生之清曲余聞之悠然神往而其抑揚頓挫疾徐高下尤爲難得至其中深微奧妙蓋亦不得而知之矣第十二爲樂述仙先生之琵琶獨奏其時余適在臺後化裝預備正劇而臺下喧聲沸騰未得聆其雅敎以意度之蓋亦優美無匹者也趣劇之後本爲郝路義士之鋼琴因該時女士尙未到場故於此時接演琴聲和諧抑揚疾徐想亦西人中之佼佼者矣次爲聖嬰六小孩與國旗會之唱歌亦甚爲清晰後爲潘復蘭女士之西歌獨唱其喉音之尖脆拍子之準確幾與留聲機中所唱者相同矣以上數節均插在三師拳術以前第十七節爲我校之正劇波蘭亡國史共八幕第一幕係國會余亦濫竽其間據觀者所言略謂衣裝整齊是所難得即國語方面亦尙稱純熟第二幕係宰相由國會回家所演情節亦復各得其體尤以其中馬夫之裝呆滑稽爲最佳第三幕係宰相見民黨要人及俄公使其中談話甚爲合格惟俄公使之國語不甚純熟第四幕係宰相女公子諫其父此節爲全劇之冠宰相之老奸巨猾固亦甚佳而女公子之以慷慨激昂語激其父並願犧牲生命救國心轉者無不爲之感泣淚下臺下鼓掌之聲不絕於耳其人爲誰即演趣劇之吳君是沂也第五幕爲女公子離家救國尋覓民黨要人過先生其中談吐亦復語語動人第六幕爲俄兵來相府並將二夫人刼去此幕亦體會入情第七幕爲馬夫見宰相扮馬夫者尙稱滑稽而接演女公子彈死馬夫之子其未彈前之一番言語亦復動人聽聞第八幕爲審判其中各員尙稱合度惟審判員之國語有時尙露白以上係正劇詳情當正劇演時其中尙雜以各女校之跳舞振秀之火棍捧及陳樹錦先生之火球跳舞之中以某某女士之雙人電光跳舞爲最佳姿勢玲瓏異常其餘亦均活潑當一次跳舞之後臺下

必起一次鼓掌亦可見其成績之一班矣至振秀火棍亦復罕見陳先生之火球確亦難尋其匹後爲鴻模教員之火球亦並不亞於陳先生但以彼教員性太急躁而地方狹窄故有時觸動電線時聞臺下有倒彩聲想係三師學生中之浮薄者所發此亦無足爲異末爲我校之戲雙簧觀者亦均表示一種贊賞之容顏最後即爲鴻模奏樂閉會男女各賓咸示一種樂容而散余與數同學亦整理衣物相率乘車而回及至校時鐘已鳴十一下矣以上所記僅約略言之至該日所表演各節之精意則吾才短學絀尚未能形容盡致也

本級春秋

秦秉梧

民國七年九月五日本校第一年第一學期開學試驗之日也是年暑假余考入中文預科二年同學三四十人濟濟一堂狹小之教室大有人滿之患民國八年暑假余等入中文本科一年級新同學來本級者僅三四人而舊同學之告離者竟有十餘人之多本級舊生留校者與新生合計共二十餘人而已然學生雖少本級同學齊集一堂仍研究無難衍民國九年暑假前不數星期本級學生救國團改稱學生會本級同學出力不鮮是知本級同學皆甲具有愛國之思想暑假後本級同學均升入本科二年級新生考入本級者亦寥寥無幾舊生離校者亦少十年暑假學生會有暑假義務學校之設本級同學盡義務者非鮮是本級同學早具有服務社會之念暑假後余等升入本科三年級是年同學僅有十餘人寒假開學前班預備畢業考試所有學生會一切事務均歸本級擔任如出版知新刊也出外演講也種種關係學問上之研究關係愛國運動等舉動未嘗稍忽所以然者熱心辦事人能熱心辦事故耳十一年暑假仍有暑假義務學校之設立大多教員悉由本級同學擔任未嘗稍忽暑假後余等升入四年級同學十餘人人數雖少而團結力仍如前是年愛國等舉動如開遊藝會也出外演講也亦悉由本級發起今者已屆畢業五易寒暑同學之辦事對於學校方面社

會方面亦不可爲不熱心不盡力矣

本校春秋

秦秉梧

民國十一年七月三日暑假休業第一屆本科中文畢業生共八人西文畢業生三人中西文畢業者三人

七月十三日暑假學校開學學生約百餘人

二十日學生會開義務學校教員由沈振夏諸祖蔭丁保鏐秦秉梧余鴻鈞朱乃驥魏光釗等擔任學生共五十餘人八月卅一日暑假義務學校停課

第五年第一學期

校長戴澤民先生赴美由唐記雲先生代理主任朱恬如先生因病由張紹載先生代理教員二十二人學生一百七十選科生亦在內

九月七日開學

九月十八日學生會開重新組織會舊職員辭職後選舉新職員如下正副會長丁保鏐朱乃驥幹事部部長孫炯會計何希博書記洪啟英周希堯交際員薛道章汪褘成庶務王學通許錫綸起稿補余鴻鈞

九月十九日編輯部選舉部長丁汝楷運動部選舉部長陸鍾偉球隊隊長許錫綸籃球隊隊長倪人鑑網球隊隊長洪啟英絲竹部部長楊蔭劉評議部部員薛楚材陸鍾偉孫炯諸祖蔭洪啟英趙璧張觀海張觀德

十月十日國慶日本校全體同學出外提燈游行

十月十四日評議部開會議決本校舉行贖路籌款游藝會並舉出籌備員十八人

十月二十二日本學生會重訂章程

十月十三日下午一時在三師禮堂開贖路游藝會

元旦日上午九時在校中開慶祝大會十二時閉會

民國十二年二月十三日寒假休業

第五年第二學期

校長戴先生事畢後仍自美到校主任仍由張紹載先生代理教員二十二人學生一百三十餘人選科生在內

三月十三日開學

三月十四日本校學生會開重新組織會舊職員辭職後選舉新職員如下正副會長朱乃驊張一貫評議長楊蔭劉評議員丁保鏐洪啟英陸鍾偉余鴻鈞何希博薛道章唐發源諸祖蔭阮元衎幹事部部長邵鴻達書記顧召祖王學通會計陳賡交際魏光釗吳是沂庶務沈振中趙祕南吳是沂編輯部部長許錫綸運動部部長强學會絲竹部部長江秉文發行部部長王學通

三月廿二日本校學生會以日本租借我國旅大至期不還遂發起全邑學生大遊行大演講特派各職員分往各校徵求同意

三月廿四日開各校代表會議於本校議決遊行

廿七日下午各校集合公園出發遊行警告大衆喚醒同胞羣起直追爲政府後盾拍電至各報館轉各機關一致援助翌日整隊出發遊行

四月十四日代理主任張紹載先生因事辭職校董部挽留無效特請過廷勛先生爲正式主任

五月九日本校開國恥紀念會下午出外演講呵喚醒國民

五月廿七日開學生會四週紀念會

六月十五日本校第二屆畢業刊付印

記載

本刊中文部職員

顧問　高景憲先生　唐受甄先生　朱惠孚先生　李繹之先生

理事編輯　丁保鏐

編輯　何希博　秦秉梧　楊蔭瀏　洪啓英　余鴻鈞　唐發源　陸鍾偉　阮元衍　鄧玉麟　薛道章　郭鈞一

會計　何希博

廣告主任　余鴻鈞　丁保鏐

幹事　薛道章　洪啓英　陸鍾偉

民國十二年七月出版

編輯者　無錫輔仁中學第二屆畢業生

發行者　無錫輔仁中學校

印刷者　美文印刷公司

一

中文部職員錄

二

sails cannot move themselves. It is the same with our body. we must have some invisible and mysterious thing within us to direct the whole organism, that mysterious thing is the spirit. Who makes our spirit? it is god, I believe. So we may say that the existence of god is believable. As the bodily sickmess can be cured by physicians the spirit can only be kept in good state by god. So, true worship is neccessary for a man who seeks salvation.

5. Education as a Panacea:—

Some people believe that education has whole power to convert the character of people and to increase the ability of them. If education has the whole power te convert the character of people, why still there are many cultivated people falling into wickedness? If it has the whole power to increase the ability of people, then it should be also true to common animals. Yet, why silk-worms can build up the fine cocoons without being taught by their parents who have died long before their birth. Therefore, besides ednCation, there must be some influence which can give animals the ability. Where does the influence come from? It comes from god, I also believe. Education must be backed up by some thing else. It is no other than the holy spirit.

The first three factors estrange us from god. Now, we should keep a close attachment towards god again as the ancient people once did. we have to get rid of the first three obstacles, before we can make room ready to recieve monotheism and Christianity.

The last two factors explain why many people in China seemed to be atheists. But in case the true meaning of religion is understood these two obstacles will go away at once. Christ said "For behold your calling, brethren, that not many wise after fresh, not many mighty, not many nodle, are called", In other words, religion is a calling for believers, not for educators, scientists, neither for wealthy nor for mighty persons only offering will be enough to save him, his spirit of inward faith is lost and the true meaning of religion misinterpreted. It is still worse that those who offter false sacrifice often pay no attention to morality or even lead a worthless life. They think that mere affering can save them from sin.

3. People emphasize their physical happiness and neglect the spiritual meaniug:—

If we asksome old women who are considered as faithful worships what is their purpose of worshipping. It is no doubt that some will say " I worship for hoping to get material happiness in later time." Some will say, "I am trying to ask gods to grant blessings to my son." And others will say I hope my daughter-in-law will bear a son within these few years These purposes are truly what they worship for. It is also one of the obstacles to attain a true religion.

4. Science overbalauces religion:—

science often leads men to be atheists. science must be accompanied with. philosophy of life. so that, a true religion can be comprehended. But, now we have too much reliance upon science and a narrow view of philosophy to believe in religion. Many scienfists and philosophers think that they have sufficient amount of knowledge, so that thay can explain every question in the would. Really they will be confounded in the explanatian of the mystery of life, if their theory is uot paralleled with belief in the unseen.

I often doubt if science alone can exqlain every question in the world. We know the phisiologist can explain throughly the structure of hnman bodies. He finds out that the body is moved by muscles, muscles by nerves. and nerves controled by the brain. But, what makes up our life? It is still a puzzle to me. Speaking in a figurative way, we maysay that a boat is moved by the sails or by the oars but there must be a man to sail it, otherwise, oars and

It is important for us to notice the factors and obstacles which are preventing the spread of monotheistic ideas among our people. The factors are as follows:

1. Polytheistic idea:—

Our idea of god has been some-what polytheistic. It is true that in China the Supreme Ruler of the Universe is only one. But, meanwhile, the spirits of natural objects worshipped by Chinese are in a great number. Although, the people know that their highest God is in Heaven, yet, they worship before spirits oftener than before God. For, in spite of the Heaven's supremacy, it seems very far from them, and not within their knowledge. The spirits of natural things are so close to their daily life that it seems to be easier to find their help. The worshipping of spirits will make them neglect their supreme God who should be worshipped, and turn their faith towards those spirits even demons which should be hated. So, it is polytheism that cools their interest and faiths towards the supreme God.

2. The burning of paper-money :—

Chinese worship is always accompanied with the burning of paper-money, (紙錠) etc. meaning given to the Gods, they worship. If the offering is only considered as a rite, it would have no much influence obstructing the true worshipping. But on the contrary, it gradually becomes the main work of worshipping among the people. With the prevalence of burning peper-money at the time of worship, it is natural that our religion should come to this stage of indifference: For, the spiritual significance being invisible is hard to be understood, while the offering of visible things is easy and can be done by any one. But, after all, is it the true purpose of religion? O! No! When a man pays attention to the outward rite and considers that it is said that the commandment of Heaven are the good characters. (天命之謂性.) Especially in the Preface of "Ta—Heo" or "Great—Learning" (大學), Tse—Tsze (朱子) said "when the Heaven creats the human beings, He gives to all of them the good characters,—benevolence, righteousness, modesty and wisdom. By the difference of qualities, some people cannot hold fast on what Heaven has givn them and develop them." (蓋自天降生民,則旣莫不與之以仁義禮智之性矣.然其氣質之稟,或不能齊 是以不能皆有以知其性之所有而全之也.) Is it wonderful that in these sentences it is seen that the similarity between ancient's teaching of religion and Christainity is of a highest degree? Their points of identities may be stated in three: first, that God's existence is true; secondly, that God creats people; and thirdly, that God gives good character to the people. Comparing these few sentences with the statements in the book of Creation in the Old Testament, I think, it will be quite evident. Again, the meaning of the word "Love" (仁) in Chinese teaching is idenitcal with that in Christianity. In Christianity, "Love" is much emphasized and is considered as the most important character which a faithful follower of Christ should possess. At the same time, in Chinese teaching, the word "Love" has two meanings. Some times it is applied only to mean "Benevolence," and sometimes it is applied to mean morality as the will of Heaven. It is said that, "Love" is the completed character of Heaven, and it is void of selfishness. (仁者,天理完全,而無一毫之私也.)

From the above explanation we may believe that in ancient China the conception of religion was universal among the people, and in many points, it seemed in agreement with the christain doctrines. But why the religious interest has been waning in the last few decades?

religious history, to give out the reasons how our indifference toward God comes about and to discuss about the value of the true religion.

One who has ever read "The Five Classics" (五經) and "The Four Books" (四書) more or less he must have got some idea of Chinese religion. We may say that a man, who has studied these books and understood nothing about the religious conception of ancient Chinese, has doubtlessly slighted over the essential thing in his reading.. Men may study the same book with different views. Yet, the words about religion — the Heaven — written here and there, and now and then, ought to convey to the readers certain ideas about Chinese religion.

In "Chow-Li" "or Record of Rites" (周禮), different ways of worshipping are recorded. In "Shu-King" or "The Book of Poetry" (詩經), the phrases as "The Bright Ruler of Heaven (明明上帝), "Almighty Ruler of Heaven", (赫赫上帝), etc. are often to be found. In "Chun-Tseu" or "Spring and Autumn" (春秋), much mention was about Heaven. In one part, it is narrated that once the governor in the kingdom of Tsin (晉大夫) said to the Lord of Dzung (秦伯) "You are standing on the earth and covered by the Heaven; Heaven and earth have both heard your saying." (君履后土而戴皇天；皇天后土，實聞君之言.) The word "Heaven" may present both the meaning of Heaven and of the Ruler of the Universe. The Ruler of the Universe is just the same as God. In Christianity, we have only one Almighty God and in Chinese meaning the supreme Ruler of the Universe is also but one. So, it may be said to be identical. In "Lun—Yu" or "Digisted Conversation of the Master" (論語), Confucious said "No! if one sins against Heaven, his prayer before other gods will be of no use. (不然，獲罪於天，無所禱也) In "Chun—Yung" or "Doctrine of the Mean" (中庸),

thier purses and satisfy thier humble wants. What is the matter with them? Of course, they cannot escape from the blame thus laid upon them, but thier parents, who taught false lesson that one may enter a higher grade of existence by bring an official, have to share some, of the censure. I wonder if this needs argunent. I still wonder if it is mistakable that home eduaction set in false light will bring forth disloyal citizens. Therefore that home education is vitally important to a country leaves no room for doubt

However by taking a glance at chinas' economical conditions at present, we cannot but realize that to educate all the girls and boys in separate, school is an impossibility. In the interior districts, there are only a few primary schools poorly managed. Even in the places thickly peopled, schools are lamentably insufficient. With the exception of missionary ones, Chinese schools are easily counted and universities and colleges are almost as scarce as morning stars. There fore only through co-education, the percentage of illiteracy may be reduced. In conclusion, let me venture to make this statement. The intellectual emancipation of Chinese womanhood has become a question of paramount importanse, and the adoptation of co-education is the best way through which this question can be settled.

THE NEED OF A NEW CONCEPTION OF GOD AMONG THE CHINESE PEOPLE.

BY ERNEST Y. L. YANG. 楊蔭瀏

If we would travel to visit the Tai-shan(泰山) in Shangtung, the Altar of Heaven(天壇) in Peking and other shrines in different Chinese places, we would realize that our people have been extremely religious. But it is to be regretted that at present time, interest in God and things religious has waned. Now, I am going to go over our ancient opportunities to enjoy modern education, It is a matter of course that chinese women must alse be well educated, since conditions have changed during the last two centuries and the principle of equality is more and more predominent. However the trouble is that there are only few schools for females in China, while many yonng ladies and girls are eagerly seeking for chance to be developed tirough education, in to hardy mental, moral and physical timbers. Therefore, as a result, many of them are still left uneducated

Then, what is to be the fundamental solution of this problem? will it not be co-education which is really a cure? But as most of our schools of old have overlooked the urgent need of the intellectual emancipation of womanhood and failed to see the significance of co-ebucation, co-edncation will surely be unwelcomed. for snch fellows, I hope that they will be brought to some points of understanding through the reading of the following lines.

Thf first requisite of a country, as we all know, should be man timber. Strong timper must come from well grown trees. Such timber can be turned into pillars or fashioned into pianos. But it must become timber first it is also true with the man timber. How this is kind of timber developed? It is the home education that makes the development possible. It is the home education that plays the important factor in the building of true citizenship. Hence the lack of education of women not only stunts their own intellectual progress, but also causes great loss to the family as well as to society and the nation at large. China is weak and still weaker, simply because she racks morar workers Nearly all the governors and military leaders in power are corrupt and unjust and they are a couse toChina. Strictly speaking, to get a place along the political live is considered as the only way to fill boys' schools. Therefore if men and women will be equally educated, the system of co-education should be adopted in middle schools as well as in colleges and universities at once. I think this is the foundation for the enjoyment of the equality of right between the two sexes. Women may first try to take share in social affairs and then gradually step into political circles. Success will only come in course of time. If we desire to be benefited by the western civilization, we should introduce the western innovations gradually. Otherwise, deterioration will follow.

THE NEED OF CO-EDUCATON IN CHINESE SCHOOLS AT PRESENT

BY C. Y. HOONG. 洪啟英

Ever since the beginning of history, there has been the complaint for inequality and unjustice in human societies. there is a lack of sympathy and friendship. there is a failure to promote harmony and happiness. In the case of women there is an insulater which isolates them almost entirely from men. Through many ages women have been despised and considered as the lower class among human beings. They have been economically restricted. They have been excluded from political and social circls. They have been intellectually repressed and unjustly treated

Now as the social conditions are so gloomy and dark, what course are we going to take? Are we going to lend hands to those two hundred million members who live a malanchollly and unhappy life? To me it seems that the best remedy is emancipation, emancipation of intellect of womanhood.

It is reported by our educational statistics that there is a large percentage of women who are uneducated. This is not at all due to inferiority of thier mental side but to thier exclusion from opportunities, the consideration whether it is now the right time, whether it is worth while, and, whether they have satisfactory qualifications or not. If that is advantageous to our nation, we must adopt it; if not, it is better to drop it. It is needless to say that there are great differences between Western and Chinese women. The former has equal educational chances as those of men. They are taught to get along without financial dependence. Thus, they can share social, provincial and even politcal affairs with good results. As for chinese women, they are still backward in everything than men. They have to live independently as most of them are supported by men through thier whole lifetime. There is hardly one out of a hundred who can live by hersellf. This is one of the drawbacks on their side. Another difficulty is that most of them are not educated at all and some are only partly educated. There are very few who have got thorough education. So that the number of the educated females is in smaller proportion than the number of the educated males. Looking to the explanations that I have said, Chinese women are inferior to western women, therefore they cannot participate in the political affairs yet. When an awkward lady pretends to be bueatiful, she increases her awkwardness rather than beautifies her original appearance. Hence if Chinese women have the participation in political affairs, China chaos will do more confounded.

But when can the Chinese Women be qualified to share the equality of right with men? It is necessary to take the following means to improve themselves. Firstly, every wowan ought to live with financial independence. Thus if the system for women's participation in political affairs is not adopted, it is still worth while to improve the status of womanhood. Secondly, man and Woman must have the kind of same education. Now, generally speaking, the standard in girls' schools are lower than that in to be in such a confussion? Let us discuss on the causes of our national disorder and review the recent developments. The most important point is that she has tried to imitate the foreign civilization in custom, religion, educational system and governmental system only in name but not in fact. During these eleven years, laws have not been properly established, although large sums have been wasted in calling the meetings. Yut they always end in a sad and resultless manner, so still no definite law has been executed. It can not but sympathize with the people to think that the members of both national and provincial parliament are in want of satisfactory qualifications to make any law at all. The independence of legistrative right is always violated by those having the military power. We know that a papery flower can neither grow nor give out fragrance, and so it is with the nominal civilization for a country. Surely it is no use at all. Both America and France became republics through hundred years of war during which they had the practices to reform their countries gradually, while the revolution of our country has been accomplished within such a short period that it certainly allows no time to reform her national instincts. Consequently, I say, nominal civilization of China is caused by establishing her Republic too hastily.

Concerning the men and women in European countries, they have equal rights and the women even have right in political affairs. As China is in snch an imitative period, naturally the voices of equality of rights between the two sexes and the emancipation of womanhood stir up the zeal of female citizens. At present, Kwangtung aud Hunan have established unions to encourage all the women in China to participate in political affairs. This is truly a good example for the emancipation of Chinese womanhood. But before the adoption, we must take physical education and have no strong bodies, can not get good knowledge and work hard, therefore, they can not be a great or a famous man. These are the bodily values of physical education.

On the other hand, there are some spiritual values. According to the investigations of modern educationalists and psychologists, those who have weak bodies, have weak intentions, because there are chose relations between the body and heart; and those who have strong bodies, have strong intentions accompanies with brave, endurable, firm, and stable spirits. Oh! How great the value of physical education is!

Since the value of physical education is great, it is important that the physical education must be encouraged. But what methods shall we take? We must pay attention on three things, thus:—

Firstly, "Universality", —that is to make every one take part in it.

Secondly, "Self-activity",—that is to practice exercises free from compulsion.

Lastly, "Self-consciousness",—that is to make every one realize the value of physical education.

If we follow those, then, we can have strong and perfact bodies, and the nick-name, "The sick man of Eastern Asia", can easily be washed away. I hope that we all will try to become strong and get another nick-name from foriegn people. This nick-name will be thus—"The strong man of Eastern Asia".

THE WOMAN'S PARTICIPTION IN POLITICAL AFFAIRS IN CHINA.

BY H. C. YU. 余鴻鈞

Since the revolution of 1911, China has fallen into disorder and chaos exists in every province. What has caused her national order about physical education. Thus the physical directors get no confidence and respect from students.

On the side of students, two points may be named.

1. Self-activity and self-consciousness:— Any one who desires to do any business in the world must have self-activity and self-consciousness. Though one may do a piece of work through compulsion, yet one gets no spirit or interest. In my opinion, the students have no interest for physical education, because they have no spirit of self-activity and self-consciousness, and do not understand the importance of physical education. Therefore, the responsibility of physical education rests on both the school and students.

2. A high opinion of physical education:— since the students with no self-activity and self-consciousness, do not understand the importance of physical education, they have no high opinion about physical education. Consequently, some of them consider that the physical education is a useless knowledge.

In short, both the school and the students do not understand the value of physical education. We ought to know that the body is the dormitory of all organs of a man. Even the soul is also in the body. If there is no body, where shall it stay? There was an old saying, "A beautiful soul in a beautiful body", in Athens. According to this, indeed, there is a close relation between the body and siprit.

We always say, "to get knowledge ", "to work", and "to be a great man". But if we have no strong and perfact bodies, how can we get good knowledge and bear hard wark? Moreover, one, who has no good knowledge and can not work hard, can not be a great or a famous man. As it is said above that those who pay no attention to tic meetings take place; but when the meetings are over, they neglect it again. So I dare say that the method which is used to encourage those to pay attention to it is wrong. If we think for a while, we will discern that this responsility ought to be borne both by the school and the student.

On the side of the school, three points may be mentioned.

1. To excite the interest of the students:— The most important point of education is to excite the interest of students. Some schools get bad results because the teachers can not excite the interest of students. Physical education is one of the phases of education, so the most important point of physical education is also to excite the interest of students. But the physical exercises which are introduced into some modern schools are [somewhat like mechanical actions. How can they excite the interest of students ?

2. To avoid over-emphasis upon intellectual development:— We always think that education is knowledge. But it is wrong. 'We ought to know that knowledge is only one part of education. Now, the lessons in most of our schools put too much emphasis upon the knowledge side, so the lessons of the schools are very hard. Since the Chinese students pay their whole attention to knowledge, so they have no leisure to pay attention to the physical education, in spite of the encouragements of the schools.

3. To engage physical directors of adequate knowledge:— There is a common cause which makes the students pay little attention to the physical education. It is that the physical or athletic teachers have little knowledge about physical education. Even some of them have, their knowledge is not practical. They teach their students with unpractical knowledge, because they have no better knowledge

THE VALUE OF PHYSICAL EDUCATION.

BY LOH TSOONG-WEI 陸鍾偉

We, the Chinese, have a nick-name, that is "The sick man of Eastern Asia". Though we have received this nick-name, yet we do not think to blot it out. Indeed, this is our great shame. Why do we not raise our boldness to blot it out by training our brethren in physical education?

To examine the cause of weakness of Chinese is a very easy task. In my opinion, the greatest cause lies in the fact that the people of China do not understand the value of physical education. We, the Chinese, consider that type of man who has a weak body, a pair of near-sighted eyes, and a humped back, a gentleman. We also consider that one, who is brave and strong, a rustic. Such views are certainly set in a wrong light. If some difficulties come up, we can not bear them, because our bodies are very weak. Therefore, those great events which are succeeded by foreigners can not be accomplished by us.

In the recent few years, some of us have paid much attention to physical education and some of us have tried to encourage those who paid little notice to it to realize its value. But the method which is used to encourage the people to take the step is wrong. Though there are few periods of lessons about physical education in any school, yet not few students hurt or die for taking violent exercises. Therefore, both students and teachers look down upon physical education. The physical education is encouraged in name, but not in reality. Even in some schools which are famous for physical exercises, there are only few athletes. Even in some schools which open athletic meetings regularly, the students only have a few weeks' preparation before the athlethe opposition of our natural foes.

(c) Don't be disconraged: The deadly enemy of success is discouragement. Discouragement makes every task impossible to accomplish. Student at first thinks that it is so easy to work in and with society, but he soon falls into discouragement when certain hardships or obstacles come before him. This explains why the student often gets no good results when he serves in society. We should know that the obstacles often stand in the way of progress. It is impossible to please every body, since there are two kinds of people, good and bad. If we do something approved by bad persons, we will certainly be opposed by the good ones. On the other hand, if we work on the good side, it will also be opposed or jeered at by the bad side. Therefore, the best for us to deal with society is to possess moral courage. We should never be ashamed and afraid of being righteous.

(2) On the side of society:—

(a) To sympathize with the student: The reason why the student gets no success in society is due to his lack of experience and not lack of ability. I think it is better for society to sympathize with the student when he meets failure than to deride at and discourage him.

(b) To help the student. Student sometimes can not get success because of lack of help. Society should give willing hands to the students when it is necessary. Without help, student can not render best services; without service, society indirectly or directly receives a great loss. It is to the mutual benefit that they should help each other.

In short, student and society should go hand in hand and should not look upon each other as irrelevant bodies. Interest and sympathy should take the place of indifference between them.

—12—

We have said that the student is the responsible bearer of social functions, but we by no means say that the student can succeed every time. we must first educate him how to handle a burdensome task. It is the duty of society to encourage and cultivate the student.

It is important that student and society must discharge their responsibilities dutifully. If they simply bear the responsibilities and not try to carry them out, it is worse than not at all. Therefore, it is necessary to secure a harmony of spirit and attitude between them. The following is the way to get a harmony.

(1) On the side of students:—

(a) To mingle with society: To plan for social progress and reform, the first step is to discern the circumstances of society. Whan weaknesses as well as better displacements have been detectd, it would be easier for the student to carry out his plan of reformation. If one does not associate with society annd only speaks of ''Hot Air'', it perhaps would create much handicap in beginning the reform. Therefore before every thing else it is better and easier for the student to detect and know first the circumstances and weak points of society.

(b) To be ready to fall into concessions with society: It is true that a steady reform is better and safer than a violent revolution. If applies his reformation violently and hastily according to his own will without considerations paid to others, not only there will be no good result, but also there may arise irrecoverable consequences as natural subsequences of social prejudices and oppositions. How great a number of students often find themselves in the midst of obstacles and opposition because their works are often inclirring on the side of theory. This is a proof of why we, students, must be ready to fall into concession with society in the time of reformation. To reform society as well as to follow society is the best method for us to win to our side and diminish

STUDENT AND SOCIETY

BY PAUL J. TING 丁保錫

It seems to most Chinese that student and society are irrelevant to each other. If one goes to a school, society will consider him as a holy one and will never venture to have anything to do with him. On the other hand, a student considers himself as a dignitary standing on a high plane and it seems very mean to mingle with society. That student and society can not co-operate explans why the people think them as having no common relatioin detween them. Since a student is just the same as common people in society, he certainly bears the same relation to society as common people do. The idear of no relation between the student and society held by the people in the former time is indeed an absurdity.

Since the relation between the stndent and society is so obvious, we may go further to discuss their relative responsibilities. Responsibility is the natural burden of human beings. Responsibility, whether great or little, heavy or light, varies with positions. What kind of responsibility must the student and society bear to each other? In solving this question, we must first turn our attention to their respective positions. While position is distinct, responsibility can be ascertained.

Student is youth. If youth is the flower of society, then student is the best of flowers. Hence, the best bearer of the responsibility of society is the student. We see that the only aim of society is to get prosperity and progress. In attaining the progress of society, though ardent zeal of the old factors is necessary, yet to cultivate the young factors is also essential. Is the student the most promising bearer of social responsibilities?

refuse the return of Port Author and Talien to China, yet it is not totally hopeless as we can win them back by means of universal principle. But, the Shantung Bandits now give Japanese the cause for complaint, and give us a hard blow forbidding us to say any more, as my cousin on his letter said, "How unlucky it is?"

In short, this accident has duly given a bad effect in all directions-our own country, foreign countries and the relation between our country and foreign countries. Moreover, we may say that this is the first step for the ruin of our country. Alas!

It is a great wonder to think, however, that before they doing this work, do they not know that it will cause such a great disaster to our country? Some say that they know it, but, in order to raise their seige, they were obliged to do so. I believe it to be true. But others say that the officers of the government and the generals of Shantung did not attack them vigorously at first, only lazily beseiged them, thus causing such an accident. Furthermore, most of the Bandits were retired soldiers, and therefore it is not injustice to lay the blame on the officers and generals. But, according to my judgment, the blame does not lie completely on the officers and generals, but on the Bandits also. It is not for their violent robbery, but for their lack of patriotism. As they know that it would cause trouble, and if they love their country, they ought to sacrifice their lives rather than they should cause such a disaster to their own country. Now the Bandits did it in spite of their knowledge about the causing of the trouble, so the lack of patriotism may be duly proved. We know that the Bandits are Chinese citizens also, and therefore the fault comes back to the people. Alas! the first stop for the ruin of China is due to the lack of palriotism of the people. So how much more we ought to plan for the recovery of this disaster to make up our past blunder.

of the Shantung Bandits, loating the express train and kidnapping the foreigners in may, **1923**. This has greatly terrified the people and the selfish officers. Even the warlike generals were made to shrink in some degrees. Although the foreigners fortunately fled from the bandits completely and safely, yet the fame of our Chinese government had already been looked down upon by the foreign countries, for she is unable to control even a gang of bandits.

During the reign of empress Dowager of Chin Dynesty a bad news was widely spread over the world that china should be internationally controlled. How terrible that doctrine was; was not our fellow-chinese in tears, when we heard the wicked news? Fortunately, that doctrine was not carried out, because the richness of China could not be divided justly ad equally among the strong powers. Moreover, war between the powers themselves might break out and therefore the idea was not carried out. But, mind you, it is in a different state now. The strongest arm of the great powers, Germany, is now cut down and England, France and the like are getting too poor, since the long bloody European War, so they are only waiting for an opportunity for the reviving of that doctrine. As to China, indeed, the government treasures are empty, and wars are everywhere; She is still hidding gold and silver under every square inch of the territory earth. These are eagerly needed by those strong powers. This accident is the best opportunity for them and the articles on the foreign newspapers and the conversations between the foreign ministers in China and our president can easily be seen that this doctrine may be reviving at once.

The success, which we won from the Pacific Conference vexed many ambitious countries, espacially Japan, but the universal principle prevented them to say any more except to give back our national priviliges rather reluctantly. Though the Japanese government tries to and I found that it was a mere dream. However, my pillow was wetted by the tears. I recalled the words of my mother bidding me to take care my health and study diligently, and I will follow her advice more steadily than ever.

THE SHANTUNG BANDITS,

BY FERDINAND TANG 唐發源

"While we, the students, in America are trying to voice the necessity of the returning of Port Author and Talien to China before American friends, the outrage of loating the express train and kidnapping the forigeners by the Shantung Bandits gave us a hard blow and forbid us to say any more." This is one paragraph of my cousin's letter sent me from the United States some days ago. From this, we may see, how great is the affect, done by the robbery, to our country, to foreign countries and to the relation between oury countr and the foreign countries!

What kind of state is China now in? Is it not in a feeble state? Is it not in a disorderly state? Is there civil war everywhere? Is there national debt owing to every country? All these are true and exactly right. Then what shall we do? We know that we must recover onr original power and safety, so that we may escape from the danger of being controlled by the powers. To recover our original power and safety, we must first of all enrich our country and put the civil war to an end. But, to our great alarm, instead of the debt being decreased and civil war being put to an end, there suddenly break out a tremendous accident which is far more terrible and dangerous than debt was and every thing that may cause the foreign invasion at once and even may cause the down-fall of our country. This accident is the fearful outrage with my full strength, but there was no response. There were only two or three idle crows wheeling through the desolate air as if in sympathy with my bereavement.

Thus I was obliged to go on till I reached a walled place. It was already eight or nine in the evening. I paused and meditated that if I began to turn back home, I did not know which way might be taken, as there were many branching routes. Turthermore, even if I could get the way, perhaps I would meet on road some monsters or robbers. so my mind was filled with fear which checked my inclination to go back. The only course for me to take was to walk into the enclosure, and I should go back till next morning.

Then I walked round the wall, until I was before the entrance. As soon as I came before it, I immediately discovered that my mother's tomb was inside this walled place. It was discernible even under the dim moon light, for it was very familiar to me. At this time, I recollected that my dear mother had died for twelve years. When my thought revolved upon this point, my heart began to break. I, having walked in and sat by the tomb, cried bitterly till my voice was gone and nearly dumb. My tears were nearly exhausted and I was at a loss. I did not know what was fear, for horror was changed into lamentation. I cried again and soliloquized, "I was only nine years old when you passed away. Since your death, no one cared for me, my grand-mother being old and my father being away from home. Though my father married again when I was thirteen, yet my stepmother treated me not so good and affectionate as you. It is one of the most deplorable things that one has lost his mother ! O! mother! Where can I find you?"

I was still crying and muttering the last sentence repeatedly, when I was waked up by the alarming bell. It was a bright sunny morning, musing within myself, ''How should I answer these questions? If I tell her the truth, her mind will be distressed. If I tell her a lie, she will probably not believe me and it is also against my conscience.'' As these two considerations struggle for my utterance, my mother was waiting anxiously for the answer. At last, I determined to tell her truly. ''Our family gets on as usual, and my father is also very well. As to your brother's family, there were many great changes, — your mother and brother passed away successively some years ago,'' I answered slowly.

When my mother heard the last sentence, her tears ran down in spite of herself and she cried, ''I am extremely sorry when I hear the death of my mother and my brother.'' Then I consoled her with a very soft tone, ''mother, please cry not so bitter, or your health will be spoiled.'' Upon my advice, she stopped her cry and bade me seriously, ''my lad, since you have grown older than ever, you must take care your health and study diligently. I hope that you will be a great man in future, and the responsibility of reconstructing China may rest upon you. I must go now.'' ''where are you going? I can not think you will depart again from me. Will you stay with me here for a little while?'' entreated I rather sullenly. ''I must go now, and I will see you some days later; but now I have some other important engagements and fear it will be dark soon, so I bid you good-bye!'' said my mother again. Under such circumstances, I was obliged to let her go.

Yet I followed her steps without her knowledge. We walked for a while, the sun going down and the dim moon rising up. The breeze blew gently, and I felt chill on my body. Suddenly one of my garters was loosed down. I had to stoop to set it right. But when I stood up again, I found that my mother was no longer before me. I cried

O! MOTHER! WHERE CAN I FIND YOU?

BY HO SHI-PO 何希博

It was on one of the gloomy and doleful days in the later part of autumn, when I strolled in my garden. The sun was pouring down a yellow autumnal ray on a plot of grass in the center of the garden. Most of the leaves of the trees were stained with a golden tint. The petals of many kinds of flowers flew in the air somewhat like the butterflies; only the chrysanthemums were blooming beautifully, as if a bevy of young charming girls mingled with a company of faded beauty. The nests of the swallows, which were built under the eaves of an arbor, became empty. The birds were going to the south to spend their ''spring,, life. The pairing doves were loaded on their back with yellow leaves and colored petals, — they seemed to carry a mysterious burden across the pond. The fishes were preying upon little worms to gratify their appetite.

While I was thus staring upon those interesting things, suddenly I heard behind me a feeble voice calling, ''my boy, how are you ?,, Having turned round immediately, I was amazed to see that the one, who stood before me, was an apprition of my dearest mother. At that vary moment, my mind was seized with delight and sorrow; and I was unable to utter even a single syllable. In the mean time, I saw that her face was as pale as ashes. My mind was sorely stricken in seeing this, and the tears rolled down in a stream. Having tried to pacify a little my mental agony, I grasped her hands and cried with a lamentable sound, ''mother! I am very well. How are you, since we have departed for so long a time?,, ''I have been ill for some time, but I feel all right now.,, said my mother. ''How is our family getting on, my dearest lad? How is your father? And how is my brother's family?,, When my mother asked these questions, I was and the world. This is evident on the face of it and we ought not to be obliged to say it, but some of our younger brethren have not seen it and continue to produce essays showing that they do not see.

The students of China are the "Hope of China" noly if they can come quickly to realize that good character is the first requisite of any man or set of men who hope to do anything really worth while for their conntry or the world. Education may be an aid to good character, but without good character, education makes a man into a worse member of society and a more undesirable citizen than he would be if he were entirely illiterate. The only way that the students of the present day can hope to become the "Hope of China" in any real way is for a large number of them to decide that they will make themselves into men who will abandon the pursuit of wealth and empty prestige to which the men at present in power are so devoted and give themselves entirely to the cause of building up a class of men who will serve their country and the world with patriotic and high minded honesty and honor. It is only in this way that law and order can be brought out of the present anarchy and disorder. We hope that the students of the present graduating class of St John's Alumni School and their fellow students in the other classes have already decided that they will do their share towards this great cause.

E. R. D.

China being the hope of China has not always been understood in the above sense. It has been taken many times to mean that the students, whom this or that speaker is addressing, are certain in some unknown way to become the sort of men who are going to bring the troubles of China to an end and order out of chaos. It may be that hearing this has induced a good many of the unfledged to think that for the sake of their schools, their country and the world they had better get started early and take over the reins of government of all three. Something has induced some of them to think so.

The thought that the students are the ''Hope of China'' has resulted also in much paper and ink being put to use in essays written for school periodicals telling how ''Education'' will be the salvation of China.. A great part of the thinking world has always known and now the whole world knows that ''Education'' as it is commonly understood and as these young essayists have understood it, will not save any country. Germany is in this sense the best educated country in the world and stands today or rather lies prostrate as an example to all of what ''Education'' can and cannot do.

The students of China may be the ''Hope of China'' but it is not because they are being ''educated''. If a selfish man acquires a good education, he will be only so much the more able to work for his own selfish advantage to the great detriment of his neighbors, his country

Green Horn

JUNE, 1923

EDITORIAL

For the past ten years the students of China have been wont to be told by foreigners and others and to tell themselves that they, the students, are the "Hope of China". Many of the people who have told them this and many of those who have heard it, have been sincere both in what they have said and in believing what they have heard. In some few cases the statement has been made by unthinking flatterers.

The statement that the students are the "Hope of China" taken in one way may be said to be true. The rising generation of any country is the hope of that country for future years, but when one says that the rising generation of a country is the hope of that country he does not and cannot say so with the certainty that the hope will be fulfilled. He means only that he hopes that the rising generation will be better able to fill the seats of power with more advantage to the people of the country and to the world than the generation at present in control of things and affairs.

We are afraid however that this statement about the students of

Contents.

THE BOARD

ADVISERS.

MR. E. R. DYER. MR. W. H. WEIGEL

MR. D. H. KOO MR. J. T. TSANG

MRS. T. P. YANG. MR. T. T. CHENG.

EDITORS

PAUL. J. TING [MANAGING EDITOR]

S. P. HO. T. W. LOH.

C. Y. HOONG. EARNEST Y. L. YANG.

H. C. YU. F. Y. TANG.

TREASURER

S. P. HO.

ADVERTISERS

H. C. YU. PAUL J. TING

I

MANAGERS

T. W. LOH. C. Y. HOONG

GREEN HORN
LIVE TO LEARN ★ LEARN TO LIVE
ST JOHNS ALUMNI SCHOOL
明道進德
1923
PUBLISHED BY
THE GRADUATING CLASS
of
ST JOHN'S ALUMNI SHOOL
Painted BY Ernest Y. L. Yong.

輔仁畢業刊

第七届畢業生 編輯

《輔仁畢業刊》不分卷，輔仁中學一九二八級(第七届)畢業生編輯，民國十七年(一九二八)七月出版，鉛印本，五大印務局印刷。

輔仁中學一、二、三届畢業生均編發《畢業刊》，三届以後，因故停刊。而第七届(一九二八級)畢業時，適逢建校十周年，因感學校『歲星十周，支持不易』，爲此又編該届《畢業刊》，以資紀念。該刊内容包括題字七篇、序一篇(蔡其標撰)、發刊詞、攝影(本刊顧問四人、本校全體教職員二十人、本級級旗及級徽、本級全體畢業生王世騏等十一人合影、本級上課、本級化學實驗、獲一九二七年全校乒乓錦標之本級優勝隊、畢業生簽名)、級史、級友小傳(均附本人照片)；並有中文著作二十七篇(散文、詩詞、小説、遊記等)、記事二篇、英文著作五篇等。該《畢業刊》資料詳實，又有多幀照片，具有較高資料價值。

本書據民國十七年(一九二八)七月《輔仁畢業刊》鉛印本影印。

(沙無垢)

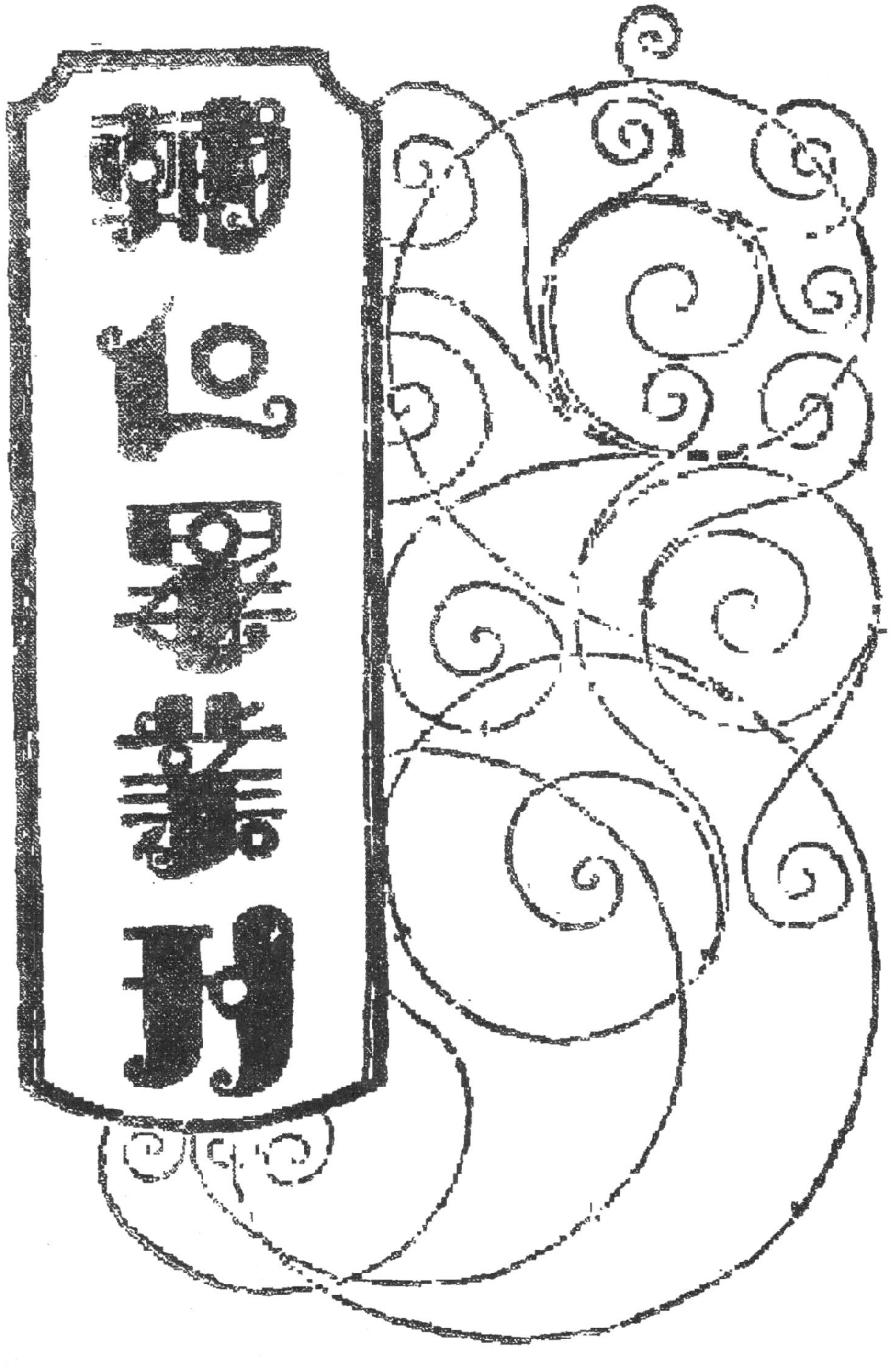
輔仁畢業刊

目錄

遊記

記事

英文著作欄

勘誤表

篇名	頁數	行數	字數	勘誤	更正	脫漏
發刊詞	二	二	八	奉	本	
	二	九	八			嫺
級史	一	九	廿五	校	級	
現代	六	四	十三	思	想	
英國	六	五	十八	貫	實	
文學	六	七	廿九	留	略	
概論	七	十	二	略	路	
	八	一	KPhillipotlo Phillpotte			
	八	六	九 W.llam William			
	八	十	卅九	曰	日	
	八	十三	十八			陶
春游	二	一	廿三	名	石	
探勝	二	四	十	間	開	
錄	四	一	廿六		黿	
	四	二	廿四	重	里	

篇名	頁數	行數	字數	勘誤	更正	脫漏
蓮花小語	道爾頓制原理大綱六	上一	九	於	淤	
剪髮	四	上六	一	是	穿	
	四	上七	二	時	是	
點金術	四	三	十三	，	咖	
	四	三	廿三	，	啓	
	四	三	三十	，	咖	
	四	三	四十二	食	飲	
	四	六	三十五	蚤	蛋	
	五	二	三	，	炫	
	五	二	四	，	燿	
	五	二	廿五	，	首	
	五	三	八	，	首	
	五	四	三十九		二	
	五	八	十六	太	夫	
	五	八	十八	，	首	

	頁數	行數	字數	勘誤	更正	脫漏
蓮花小語	五	九	二十	，		落
	五	十四	五	他	也	
	五	十四	六	乃	父	
	五	十四	七	父	乃	
	點金術六	下五	六	，	荊	
本級趣話	四	十	一上			鵠

Chinese Novels

頁數	行數	字數	勘誤	更正
9	3	2	heroie	heroic
9	3	4	Comie	comic
9	3	5	tragic	tragic
9	32	9	lese	less
10	7	10	mrdern	modern
10	2	11	greai	great

周得元堂各種發售筆墨廣告

本堂開設北門內書院衕南
首二十餘年矣本主人不惜
重資潛心研究剔選良材所
有自製純紫毫純羊毫狼毫
兼毫等大小百有餘種以及
各種徽墨松煙無美不備久
蒙紳商學界所贊許踵門
肆試無不得心應手文人墨
士有口皆碑茲特添請名手
加工選料精益求精以答
各界推崇之雅意定價格外
從廉劃一不二童叟無欺倘
不合用儘可退換如蒙　惠
顧請認明本堂牌號庶不致
誤

得元堂主人謹識

前清南洋勸業會民國農
商部全國出品展覽會各
給二等金銀獎牌

輔仁畢業刊

李烈鈞

任重道遠

秦毓鎏題

錫山之秀東林之脈
蓋道在取友以輔仁
譬諸行遠已登中程
進而不舍允矣大成

輔仁中學第七屆畢業
戊辰八月 俞復敬題

輔仁中學一九二八級畢業紀念刊

深造可期

薛溱舲題

其臭如蘭

陳桓題

以文會友
以友輔仁
前程遠大
互助精神
成績留念
晤對昏晨
如銘諸座
如書諸紳

黃勠光

我於甲子夏曾序畢業琹
時事幾遷變忽閱四暑寒
新編今照眼斐然同舊觀
以稍留鴻爪印重為題其端

戊辰夏五張文藻

序

東

錫邑之有私立中學。自輔仁始。歲星十周。支持不易。而荷此鉅責者。爲約翰大學之同學會。友相切磋。輔成己仁。名果不虛立也。吾友楊子蔭瀏。多才多藝。任講師有年。與之款接。間嘗語及其同儕。謂某也賢。某也更賢。其謙抑之非矯情。吾更知是校良師之衆也。師法既正。學子有不歸仁者乎。宜其炳炳麟麟。著聲聞而未過情焉。

戊辰仲夏。其高中科畢業諸君。謬許余能文。乃介王甥世騏徵序於余。余戲詢之曰。以若之才器。能冠爾曹否。曰、未能。余乃知是級達材之不寡。喜其篤實光輝之可期。遂操觚以如命。

易曰。立人之道。曰仁與義。言仁可以賅義。使親愛長養。不協於正大之情。則義有未盡。亦即仁有未至。合仁義以斷天下之事。如權衡之於輕重。仁無慽。義不慭。而人道立矣。然中庸曰。智仁勇三者。天下之達德也。仁而外。益之以智。蓋知義之辨也。益之以勇。蓋成德之基也。畢業諸君之智非不稍具。之勇非不略備。吾惟恐其不知何爲仁與義也。戴東原曰。一人遂其生。推而至於與天下共遂其生。仁也。今茲諸君卒其業。所以自遂其生者。或各有其道。而如何與天下共遂其生。曷早爲之所耶。

人有憾昔之學閥。而欲顛覆之。究其初志。何嘗不以清流自命。乃觀其所爲。排除異己。不遺餘力。是非倒置。不顧公論。呼朋引類。齮齕賢良。與軍閥之抱地盤主義無稍異。軍閥之害人以刀兵。而此輩之流毒。則恃口舌及筆札。昔之學閥所不敢爲之事。而今之學閥優爲之。明知君子可欺以方。且假仁義以行其詐。斯非某校某校之畢業生。勾結而成某系某派。以自豪於當世者乎。諸君睹此。恥乎否耶。若不恥而效尤。則不能自遂其生。安能與天下共哉。世間迷途。不勝屈指。近取之譬。以明大凡。取則不遠。會心在邇。

畢業刊之作。端合以文會友之誼。更希不忘以友輔仁之訓。身心相得。言動無謬。此吾邑先哲高忠憲公所作知本工夫。持己之方。先知夫此。則近乎仁。若乃歷風雨不渝節。隔害泥不爽貞。交淡若水。言臭如蘭。則始之同硯席。爲非苟合。而今之成芸編。爲不妄作。

中華民國十七年八月虎臣蔡其標草於可廬

本校一二三屆畢業。向有畢業刊之發行。三屆而後因故停刊者數載。本級畢業於茲爲第七屆。而又有畢業刊之付印者。其故有二曰希望。曰紀念。

本刊文字。類多課餘雜著。膚淺謭陋。非不自揣。舉以問世。能毋爲大雅所竊笑。然同人等不爲鳩拙之藏自忘豹窺之淺。竟毅然付諸剞劂。即因有所希望也。

夫知無涯涘。學無止境。中學畢業不過略得普通學識。欲求高深。非繼續精進不可。本級同學畢業之後。無論升學就事。深冀仍能探討玄奧。孜孜不倦。使他日造就能十百倍於今日之所學。而本刊所貢獻者。則如行遠之自邇。登高之自卑焉。此同人等所希望者一。

夫畢業刊者。所以表示修業期滿學生在校所造之成績者也。成績之優劣。與學校前途之名譽有關。同人等對於本

▲發刊辭……一

級以下諸同學忝居先河之列。深愧導引無方。所望諸同學閱是編而思有以勝之。猛著祖鞭。後來居上。行見成績日優。校譽日隆。是則奉刊雖因陋就簡。不足以資觀摩。而以後畢業者。則可借鏡以自勵。孟晉而爭勝。爲本校前途增無上之光榮。此同人等所希望者二。

希望而外。本級有可以紀念者二。夫學校各級之有級會也。蓋以練習學生團結之精神。辦事之能力。意至善也。然本校各級至今均有級會之組織。則本級實首倡之。此可以紀念者一也。本校中西分科。歷屆畢業中文級較多。西文級從未有逾十人者。本級今歲畢業。竟有十一人。實爲本校開一新紀元。而此十一人者。晨夕砥礪。歷數載如一日。聯床共話。相親愛如弟昆。此可以紀念者二也。不甯惟是。同人等在本校求學數載。深蒙諸師長諄諄訓誨。待有今日之造就。此亦大可紀念者也。且數載同堂。一旦分袂。渭城離緒。能不黯然。今有畢業刊以留鴻爪。則他日雖天各一方。而某也優於學術。某也善於音樂。某也熟於英語。一編在手。隔千里如晤一堂。若是則本刊之發行。非特用誌已往。亦以取證將來也。惟同人等既無錦心繡口之詞。亦乏茹古涵今之筆。瑕疵百出。在所難免。倘得文壇先進。不吝指正而辱教之。則幸甚矣。

戊辰夏五蔡維濟

本刊顧問

朱樹卓先生

沈振夏先生

諸龍翔先生

張子惠先生

本校教職員全體攝影

本級級旗及級徽

本級全體同學攝影

本級上課攝影

本級化學試驗攝影

獲得一九二七年全校乒乓錦標之本級優勝隊

本級同學簽名式

輔仁中學校一九二八級級史

級色：White and Orange　級花：Lily（蓮花）

流光如駛。韶華易逝。曾幾何時。榴紅蒲碧。火繖如炙。已屆畢業之期矣。回思同堂數載。文習中西。風雨晦明。互相切磋。爲學術之探討。作道義之交遊。上窮詩文。旁及數理。共處一室。樂也何如。乃日月不居。判袂在卽。橋梁握別。驪歌高唱。人非木石。能不黯然。爰述本級往事之彰彰者。非敢饒舌。聊留鴻爪而已。

十一年秋。本級同學方來校。計數十人。以爲數衆多。年齡穉幼。故無特殊之事足記。十二年春。校中聘過廷勛先生爲教務主任。先生博學多能。治理有方。以是校務起色。校譽大著。新生來校插入本級者。計數十人。乃分班受課。諸先生循循善誘。教導有方。同學學業。以是加增焉。

十三年秋。將軍橋新校舍落成。華屋巨廈。棟宇奐輪。明窗淨几。的合黌序。而本級亦朝氣勃勃。以足球友誼比賽勝全校。鳴於校。諸同學無不知有一九二八級焉。

十四年夏。五卅案起。諸同學痛同胞之慘死。怒列强之無理。全校出外宣傳募捐。不遺餘力。吾級愛國精神。可見一斑。秋。諸同學或轉學他校。或服務社會。又遇北洋軍閥稱兵吳越。以是人數驟減。僅二十餘人。是時過主任北就天

八級史……二八

津南開大學教務。諸同學挽留無效。校中乃另聘朱樹卓先生掌教務。先生多才多藝。與過先生一時瑜亮。級制變爲高初中。而諸教師如周玉坤先生張千惠先生等。皆係飽學之士。百尺竿頭更進一步。吾校之名聞遠邇有由來矣。本級同學朱炳元君等復發起組織同學會。藉以聯絡感情。全級同意。乃於是年十月十日舉行成立大會。會長朱君蒸生。范君廣大。開本校團體組織之新紀元。今日校中團體林立。本級實其首創也。冬刊印求是刊。雖無經濟文章珠璣滿紙。要亦可見本級求道心切。熱心學術也。十五年春。楊蔭劉先生來掌本級數理。同學等鑒於工業爲建國要圖。而工業端重數理。乃編輯數學叢刊一巨冊。精心編纂。半年方成。與求是刊先後輝映焉。

十五年秋。諸同學皆離校他往。人數益寡。然以沈振夏先生等來校掌教。同學於學業方面有增無已。復組織英語研究會。聘沈先生爲顧問。每星期開會討論。舌翻蓮花。共嫻西語。諸同學英文程度藉以驟增焉。是年十月十日上午。舉行同學會一週紀念會。歡呼終日。盛極一時。十六年春。國民革命軍奠都金陵。吾邑屬於青天白日旗幟之下。同學會應潮流所趨。亦改組焉。夏間校中舉行各級乒乓比賽。羣衆歡騰。中本級代表又戰勝全校。奪得錦標歸矣。

是年秋。本級同學祇賸十有二人。而李君寶璋又就職滬上。級中人數益寥若晨星矣。十七年春。諸同學鑒於春光明媚。乃有旅行團之組織。邑中諸名勝若梅園黿頭渚東大池青山惠山等。皆有同學蹤跡。風和日暖。鳥語花香。登高覽勝。臨流賦詩。信樂事也。更有學術研究部之組織。以爲入學考試之預備。今茲諸同學遊興方罷。分袂在即。欲留永久紀念。乃提議刊印畢業刊。推蔡維濟君及馴爲籌備主任。蔡君兼總編輯。馴兼中文主任。另推章繹唐君爲英文主任。南郭濫竽難免隕越。所幸朱樹卓沈振夏諸龍翔先生等熱心指導。自初稿至付印。各先生不辭勞瘁親爲指謬。至今本刊告成。無少差謬。多出諸先生之賜也。

今者高中學業已畢。此後或服務社會。或更入大學。事業雖不同。其目的欲振興祖國則一也。古語云。多難所以興邦。吾輩可不儆惕自厲耶。蓋今日國恥重重。吾輩青年正宜努力學問。爲國雪恥。爲校爭光。來日方長。吾儕其勉之。

戊辰暮春王世騏記於雙文齋南窗

地址 無錫城中

書院弄南首

吉泰祥原典皮貨

本莊開創以來業已數載營業廣大交易公平已膾炙人口本莊向印本省各典滿貨因所出細粗皮衣枯樵不堪價又奇昂較之京陝等貨相去懸殊故本莊每逢春夏兩季特停止營業敝主人親赴京陝諸省採辦各色上等粗細皮貨倘蒙紳商各界賜顧無不格外克己

王世騏

「恢恢乎其於游刃必有餘地矣。」

——莊子

★通訊處★

無錫北門竹場巷大通公司

君字驥千年十八余金蘭交也讀書聰穎異常入初小級畢業即考入本校癸亥夏余來校肄業與君一見傾心遂締深交君善雅謔出言雋永耐人尋味能京曲余曾聆君歌武家坡一折頓挫抑揚悉多合拍惟此調不彈已久故同學知者絕尠書法娟秀對於國牘夙所究心是以級中中文書記一職頗能勝任愉快性好學孜孜無倦故於中西學業咸游刃有餘考試因是輒列前茅偶有暇必往圖書館瀏覽名人著作以增其學識未嘗以嬉戲而荒其業也職是之故白髮叢生似有老態而近視程度亦為全級最架四百五十度之鏡遙望黑板尚模糊不清也今歲即學以來課餘多暇君亦因體弱故恆相偕作郊外遊邑中名勝若惠麓若梅園若黿頭渚若東大池足跡殆遍花香鳥語步芳草以流連日暖風和喜杏花之爛漫青山含笑綠柳迎人探勝蹟訪奇景染翰題壁臨流賦詩遊目騁懷信可樂也惜夫光陰迅速瞬將分袂雖近在咫尺亦邈若天涯是則未免戚戚於懷耳聞君畢業之後將入上海交通大學肄業驥千里他日未可、限量也

維濟

君年弱冠與余相若性謙和待人接物從未疾言厲色藹然仁者也與余居頗近交頗密同堂四載朝夕恆相與偕行無日或間而余亦非君同行不歡公餘之暇輒過余作清談古今中外縱論靡遺間或切磋文字以作他山攻錯書齋靜寂得此良友至足樂也春秋佳日常連襟出遊林間溪邊把臂談衷曲兩心相印交以是益密君好學孜孜不倦上

王志燧

「無多言，多言多敗；無多事，多事多患。」

——金人銘

★通訊處★

無錫西水關十二號

課之時必坐前列專心聽講又好音樂善操月琴丁丁東東極盡其妙每奏一曲聞者莫不擊節嘆賞心思精細善於理財因是級中會計一職由君任之平日不多言不多事蓋深得金人緘口之旨者體質壯碩而見人輒羞縮不前昔留侯狀貌如婦人女子而能成蓋世之謀君其今世之留侯歟

——倚琴

沈錫麒

『碧梧翠竹，鵠峙鸞停。』

——韓愈

无 通訊處 无

無錫書院弄泰隆皮箱號

吾級有同學焉。沈默寡言。胸懷冲淡。而英姿玉雪。儀表卓然。與人處。溫乎其容。與人言。藹乎其辭。所謂恂恂『漢孫摛脫爾門』者。沈子錫麒是也。君好學。夙興夜寐。冥思孤往。歷久不怠。是以學業斐然。君復擅絲竹。善撫琴。爲吾級唯一之音樂家。良以吾級同學之善此者甚渺。於是鳳之一毛。麟之一角。已足稱貴。而況君爲玲瓏綽約。整個之『麒』。則其寶之也。固宜。每當月白風清。夜雨燈昏。聞君臨窗一曲。高山流水。響遏行雲。悠揚婉轉。聆者神往。古有『三日繞梁』之語。吾謂沈子之技。或且五日繞樑也。秀逸者每多才多藝。徵之於君。益信。蓋君復能詩。善畫。興之所至。搦管一揮。敲金戛玉。哀樂中度。有大雅風致。暇或據案作畫。戲筆點染。漫不經意。而維妙維肖。栩栩欲活。若沈子者。洵未易才哉。余與君同硯有年矣。其情誼之懇摯。顏色之和悅。蓋數歲如一日。且言而有信。交友則忠告善導。深得直諒多聞之致。在晚今奸詐成風之社會中。竟能得友如君。亦足珍已。而一念更數閱蟾圓者。又將河梁賦別。燕飛東西。則又萬斛離緒。黯然神傷矣。

——棟蓀

君體壯力强爲全級冠性好勇善與人交同學輩莫不樂與之親尤篤於信生平勤學不倦惟寸陰是惜故成績斐然非儕輩所能望其項背也君素健談偶一發言如黃河流水滔滔不絕聞者莫不傾倒而心佩之能乘自由車精檯球又擅京胡而於攝影之術尤多經驗不佞等若有所問則必竭力以告盡心以教嘗於風和日暖之時鳥語花香之候

★通訊處★

無錫城中槐樹巷陸仲威醫室

陸同堡

『愛人者，人恆愛之；敬人者，人恆敬之。』

——孟子

與吾輩作郊外遊君一手攜鏡箱一手持三足架沿途攝取景物莫不淸晰異常卽於紅日西沉暮烟四起之時亦無不可奏其技其藝術之精可想見矣君歷任本級級長及書記等職遇有重要事件莫不毅然決然勇往直前而不稍畏縮本屆畢業刊之發起君亦與有勞焉

——志藩

尙力者不尙德尙德者不尙力若德力皆尙者世不多覯焉有之自吾級許君始君狀貌魁偉膂力過人睇視之莫不以爲賁夏之流不知君扶弱鉏強較之黃鬚虬髯不多讓焉好作不平鳴是爲是非爲非無徇私之意無猶豫之言尤富責任心級友求助於君君無不應之雖摩頂放踵亦不顧也是以同級無不樂與之交君長於運動足球檯球皆君

許志藩

「難者弗辟，
易者弗從，
唯義所在。」

——大戴禮記

★通訊處★

無錫城中書院弄劉撫院對門

愛物今春學習網球每當夕陽西下時正君努力練習網球時也而於數理文學亦三折肱深得其中三昧爲文反復推敲洋洋灑灑如長江大河一瀉千里每與驥論及民生惟艱國事蜩螗則又慷慨激昂如聞擊楫之歌雄心熱血躍躍欲試力德兼尙仁勇雙全君殆深得燕趙遊俠之遺風焉

——驥千

君天資穎明卓越倜儻余八年前知己也性活潑善運動方與余同學東林之時恆終日徘徊於運動場故涉水越嶺其所習也跳高賽跑其所優也精神之勇壯體格之强健爲全校同學所欽佩及來本校君由敏明活潑之少年一變而爲終日默默之學者輒留戀於自然界之眞理埋首於數理學之間廢寢忘食夜以繼日學問遂爲全級冠得校中之免費然君雖多才多藝爲全校同學之所敬教師之所稱仍不稍自滿虛懷若谷力求向前猛進其克自勤奮之精

章繹唐

『願乘長風破萬里浪。』

——宋書

★通訊處★

無錫城中小河上三十二號

神實非他人所能及君平日喜暢談古今偉人軼事以自爲激勵輒痛論中國人民之不努力科學之不發達致一切工業實業之需要物皆求之外人故其書室中懸有瓦特牛頓偉像蓋牛頓與瓦特者乃其理想中之崇拜人物也將來於我國科學之發展甯有量哉

——仲新

楊君德烜我級中之最活潑而富於冒險精神之少年也鐵槓之上浪木之端輒踏君之足跡焉時而嬉戲於羣小學生中時而跳躍於操場上蓋天眞爛漫所謂猶有童心者然腦力之聰慧思想之迅速實爲全級之錚錚我中國之少年有不女性纖纖暮氣沉沉者鮮矣而君獨活潑其體魄冒險其精神我望其本此精神造成一整個的青春活潑之少年中國也

——仲新

楊德烜

「健全之精神，必寓於健全之肉體。」

——陸克

★通訊處★

無錫城中留芳聲巷二號

君字啓東級中聰明才智士也與余五載同窗他山攻玉獲益非淺而膽肝相照相知彌深君性瀟灑豪放不拘每於大庭廣衆間好作詼諧一語甫出四座軒渠稟質穎晤文理數學皆所擅長舉凡難解之題一經君手無不迎刃而解更嫺文學每有所作洋洋灑灑頓千百言無不精采盡成奇文尤善詩詞時或清雋拔俗直追太白時或纏綿繾綣遠紹飛卿任學生會知新文苑編輯多年爲邑中耆儒張子惠先生所稱許書法宗趙秀麗絕倫善敲琴每於月白風清之夜聽君一曲輒爲神往又善乒乓球每戰輒勝嘗代表本級出席全校乒乓比賽奪得錦標而歸今春復學習網球夕陽將下時芳草地上輒見君賽球之與又富辦事能力歷任學生會常務委員學藝部部長本級同學會總務部長等職今春編輯畢業刊君又被推爲總編輯君眞多才多藝人也

——世駿

蔡維濟

「風情疏朗，霜明月滿之姿；氣骨端嚴，雪白冰清之潔。」

——駱賓王

★通訊處★

無錫城中老縣前周巷

「君錫之禮社人余之至友也幼時卽與余同學東林朝夕爲歡時或偕步談天時或互相切磋情誼之厚人所不及畢業後復同來本校遂得暢敍至今君品性溫和身軀矮小不多言恆終日默默然偶與之談則滔滔不絕口若懸河平日不苟笑然偶引之笑則俯首捧腹樂不可支焉精算術心算尤捷善操各種方言尤善吳語喜習經濟簿記尙恨不

薛遐齡

『君子成人之美，不成人之惡。』

——論語

★通訊處★

無錫 禮社

得專讀商學爲憾課外復時攻文學博覽各種書籍常識之廣無與爲匹見一善輒皇皇然自謂不如見一能每娓娓乎譽之不止蓋以其爲人之寬厚忠實故也茲者駒光如駛行將分袂以多年同堂而一旦相違豈不悵悵惟默祝君鵬摶直上繼續努力爲社會謀利爲國家造福也企予望之

——繹唐

韓棟蓀

「居處恭，
執事敬，
與人忠。」
——子路

★通訊處★
常州白雲渡

君籍毗陵負笈來此與吾儕同窗共硯者已四稔矣相處既久知之乃審君秉性誠樸和藹可親，胸懷大志好學不倦是以當夫諸同學始與君交即知君之深於文而篤於行無不傾心敬儀而君復儀表磊落俊偉，拔俗待人接物篤誠有信謙恭盡禮於僕役輩絕無疾言厲色見襤褸貧困者慨然解囊無吝色遇事則當仁不讓見義勇為是以師友嘉譽同學欽佩非偶然也君復善辭令具胆識每於大庭廣衆間昂然抗辯滔滔萬言反復曲折如長江大河不竟窮其源理直氣壯聞者傾服君於學尤勤舉凡中西文學數理無不潛心研究以期深造是以成績斐然輒冠儕輩嘗謂余曰今日中國之弱實學術不振所致吾儕青年應以繼續不斷之精神求世無止境之學術以期有所獨得以為立身立國之基以君之堅志君之積學層樓更上萬里鵬程此日之卒業中學猶其始基焉爾預期他日學成以其深造所得出而問世則其有造於國家社會者寧有涯哉

——錫麒

東林舊友之得聚首至今者惟君與薛君與余三人而已故余等三人得終日暢敘談笑切磋學問其友誼之篤非他人所可比君品性慷爽遇事不疑於級內一切交際輒不惜犧牲秉公而行爲人之所難爲言人之所不敢言級內惟君一人耳君儀觀甚偉氣度卓然不慕榮利不畏艱難居常輒以拿破崙等偉人自勵故入其室則明窗淨几四壁皆

顧仲新

「讀書不忘救國，

救國不忘讀書。」

——蔡元培

★通訊處★

無錫城中大河上念七號

偉人肖像令人悚然起敬焉君喜研究各種學識博覽羣書每值假期之時圖書館幾無日不至尤信仰革命事業服膺三民主義自號太平洋青年蓋欲挽救太平洋各地弱點而改造之立志之大有如此者將來造福我國豈淺鮮哉

——繹唐

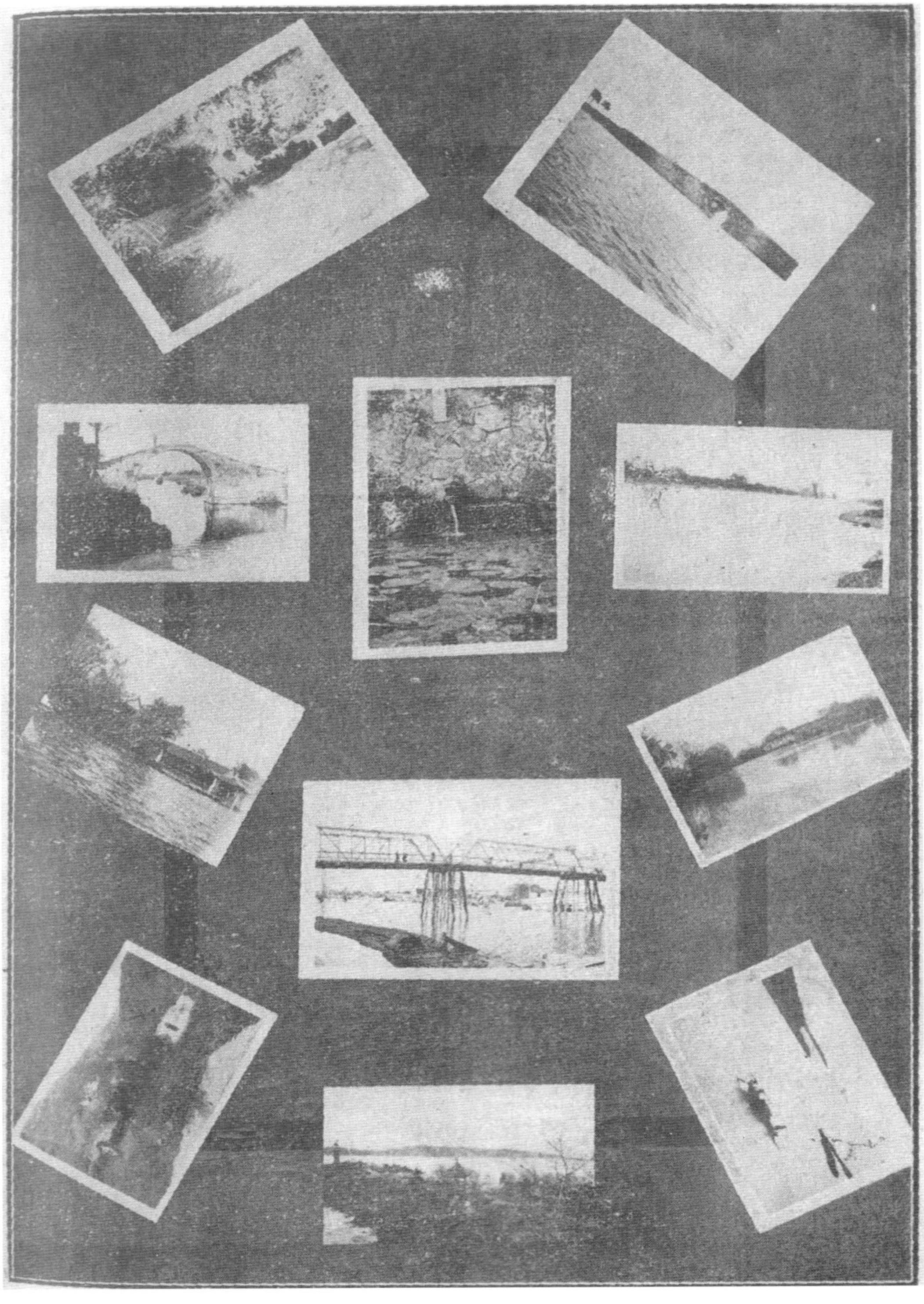

現代英國文學概論

王世騏

緒言

言世界文學者。莫不盛稱現代英國文學。於世界文學中首屈一指。蓋自文藝復興以還。歷浪漫時代及惟多利亞時代。英國文學界異才輩出。一若繁花如錦。碧草如茵之時。好鳥爭鳴樹頭。及夫十九世紀之末。二十世紀之初葉。諸作家雋數代之大成。形形色色。包羅萬象。有志文學者。莫不先覩爲快。騏不敏。敢將其平日所見所聞之現代英國文學。書之於紙。與薄海同志一研究焉。

竊思世界大戰。能變更人類精神。淆亂人類意志。考戰前英國人民之生活。已甚複雜。是以其文學。述其繁瑣而泯其統系。重其外表而輕其內實。舉凡政治宗教經濟教育諸問題。莫不綜合論述。堪使讀者如墮五里霧中。無以窺其玄奧。是以在討論本題之前。有不得不預爲申明者三。

一曰本篇非文學史。史籍之作。蓋皆出自後人。世鮮有能作其生存時代之歷史者。而此篇亦祇能擇其能代表全時期者而研究之。其他次要作家。祇能從略。故不爲得視爲文學史。

二曰選擇標準並非依據任何批評家之意見。或竟依普通讀者之意見爲據。何則讀者之辨別力實係可貴之判斷。而根據於普通性之選擇最爲可恃。惟民衆歡迎之書籍汗牛充棟。更僕難數。或褒貶。或譏諷。或爲感情之作。或爲理智之文。各爲一級人所歡迎。而曾幾何時。爲人遺棄。一若夏葛冬裘。徒供一時之欣賞而已。是不可謂之普通也。凡爲男女老幼一體歡迎之書籍。方可謂之普通。蓋真普通之書籍。其旨非僅供讀者娛樂衆人。貴使其思索記憶而批評之也。且也普通性中有數種要素存焉。或真或假。或天才或庸凡。祇得少數人欣賞之作品。雖能風行一時。若新出一書。此作品必將消聲匿跡。如 Trilby 一書。其初出版也。不可一世。乃不期年而烟消雲散。爲人遺忘矣。能雙方兼顧之作家。其作品歷數百年如一日。如 Road of Few Travelers 即其鐵證也。英之吉白林或謂之大著作家。或謂之大書函家。而卒無人不認其著作爲最大及最佳之普通性作品也。

三曰本文識陋辭澀。僅抒管見。非敢謂著述也。蓋文學欣賞者目光各有不同。仁者見仁。智者見智。不可强謂我見盡是。人說皆非也。且著者亟欲以其所讀之普通作品。無論喜惡。一皆陳於讀者之前。而讀者亦須知時間乃最大之批評家。須知現代英國文學非皆無足輕重。其中亦多精美之作。且其言語人物皆與吾人同。更可博得我等同情。所懼者。此種書籍。易使人盲於其玷點耳。

三者既陳於諸君之前矣。請先述英國最普通之詩歌小說家吉白林氏。

吉白林 (Rudyard Kipling 1865—)

三十餘年前吉白林攜其所著之 The Tungle Book 至英國時。已名滿英語之國矣。雖然彼並不以成名自喜於其祖國及其讀者之國。無一字褒揚於其寄寓之國。尤無揄揚。而其作品則又風行於時。何耶。曰欲知任何著作之普通。非先略知其作者之事跡及方法不爲功。請先述其事跡。

一千八百六十五年吉氏生於印度之孟買。方孩提時。即送至英倫受當日學生所受之野蠻教育。十六歲時。返印。爲小報之記者。作本地詩文故事。頗爲讀者所稱許。迨夫單行本出版。吉氏已一躍而爲名利兼收之人矣。於是乃週遊英語國家。每到一地。彼無不具記者之目光考察新奇之事。雖至今日。彼仍遊歷不息。新聞報上時見此老者之文辭。一若彼無不知之事。吉氏且爲一善於遣詞之人。當世作家鮮有及之者。是以新奇之題目得讀者之心。更以美妙之文辭渲染之。得享盛名。亦其宜也。

雖然吉氏之文調與哲學與其作品之普通性。亦有關係也。吉氏之詩歌。陶陶然如聞金鼓之聲。吉氏之小說。滿充生氣。讀其文如見其事其人。生哲學則甚簡單。曰功作而已。而其偉大之事業。亦泰半出於此觀念與其英豪主義。兵卒舟丁教員議員皆爲其 The Islanders 之人物。而以著者之異想天開。竟使彼等各得其宜。吉氏愛國熱忱溢於言外矣。

至若其詩歌。其中以 The Feet of Young Man 爲最佳。此文敍數年前一少年因紅帝之召。出外遊蕩足跡所及。備受傾拜。至今名聞遐邇。婦孺皆知。凡各種遊藝會。籍莫不以紅帶爲信條者。至若紅帶係何物。則鮮有知者矣。吉氏以爲有之物與人。而人亦莫不樂爲之娛也。至若詩文之活潑動聽。猶其餘事。人讀其 The Bell Buoy 無不驚怖讚歎。而讀其 Danny Deever 則又無不如見兵士悲號者也。

其詩歌著作中以 The Ballad of East and west 爲最有價值。其次爲 Barack Room Ballad 若夫 Departmental Ditties 一詩。付之丙丁可也。至其偶爾游戲所成。尤多傑作。如 The Flag of England 及 The Truce of Bear 等等。於歐戰開始時。又寫 Recessional 及 For All We Have and Are 與 Hun 一新聯篇。然其所作詩歌充滿民族感情。其爲英國詩歌之桂冠詩人可以知矣。

吾人若讀 Without Benefit of Clergy 後復取 Stalky and Co. 一讀而相比較之。則莫不異口同聲。謂吉氏早年所寫之散文。較晚年爲佳。其故事著作中之 The Tungle Book 及 Soldiers Three 深染印度生活之色彩。Many Invention 滿用機械名詞。若夫 The Light that Failed 出版世之際。吉氏不善長篇小說者。驚爲奇觀。其間 Kim Captains Courageous 及兒童所歡迎之 The Tungle Book 先後出版於英國。

其他著作如 The Man Who Was 與 The Tomb of His Ancestors 皆堪一讀。The Tungle Book 第二集中 The Miracle of Purun Bhagat 爲本地故事中之最佳者。而其 The Ship That Found Herself 尤爲工程家所歡迎也。由是觀之。吉氏之詩文。俱堪上乘。當世諸作家。望塵莫及。尊之曰英國現代文學家。誰曰不宜。

近代小說家

今日小說之盛。一如雨後春筍風起雲湧。實足使其他文學作品望而却步。何哉。曰民衆需要之也。與伊利棧白斯 Elizabeth 時劇本之盛。同一緣由也。蓋於一千六百年間。少數英人能以讀書爲娛樂。尤喜讀劇本。爲供此需要之故。莎士比雅 Shakespear 外多數著作家乃應運而生。及夫一千九百年。人人能讀書。人人喜讀故事。而結果則小說家充途者。是若夫最盛行文調。則亦隨讀者而定。與各時代同出一轍也。

今日小說爲數雖衆。然亦可約分爲二派。卽寫實派與浪漫派是。今先言寫實派。

寫實派。　爲避免無窮討論計。吾人不能不下一寫實派之定義。然義論紛紜莫衷一是。爲便利計。惟有下一最普通之定義。曰寫實派摹述人生以耳聞目見者爲限。而浪漫派之描寫人生泛無定限。夢想亦可。希望亦可。卽向壁虛搆亦無不可。是以寫實派與浪漫派之分別在於描寫之自由與否耳。

在今世諸寫實家中威爾士 Herbert G. Wells 最爲著名。彼嘗云「我輩須努力描寫全部的生命。須研究宗教政治社會等問題。至虛造僞作。爲我等解釋而匿跡方休」夫此等問題。實等恆河沙數。使人頭腦煩亂。蘇羅門再生。亦將不知所措。乃威爾士反以之爲使命。負改革之使命。用小說爲工具。威氏努力前進。一若古戰士効力沙場者。是以吾等不得不慕其勇。而欽其用詞之直率也。且威氏所見之虛僞較卡利爾更切。舉凡社會宗教商業等處。彼視之無不以爲混雜。而彼亦處處作小說以表明之。三十餘篇創作。彼雖認爲描寫戰爭方酷時之英國而作。實亦不出其初志也。

雖然威氏非完人。其自不能盡無弱點。威氏雖長於社會學與科學。然人性及靈性方面。則非彼所長。其於Marriage一篇中。弱點暴露無遺。此篇敍一雙英雄。遠從之Labrador居草屋中。過簡單之生活。篇中威氏深示贊許簡單生活之意。於Labrador亦深爲幻思。不知夫生長於草莽之人。較城市中人或深知生活複雜。生命困難。簡單之性。非能以科學方法學之。非可於一席宴中得之。彼貫係心靈之光。大地四週。無處無之也。而生活複雜。亦豈資本主義或維新主義之結果哉。

總之威氏於生命之信實之勇敢。及其不可見之希望。皆甚忽留。以盡力於改革社會黑暗之故。竟誤解其佳處。其作品如The War of the worlds等。皆社會小說之上乘。使社會小說爲現代英國文學中之特殊產品。則威氏爲其最有力之代表焉。

康拉得Josephconrad亦現代英國寫實派小說家。其作品範圍之廣。非他小說家所能望其項背。然設吾人更一視其歷史。或可更明其特點也。

康氏波蘭人。生於烏克拉。而是處其雙親爲俄國官員處死焉。其後卽在一法國教師處讀書。後復學習英文。而十九歲時卽從事海上生活。二十年未嘗一遇故鄉人。然海中之靜寂。深印此斯拉夫少年之腦中。是以彼嘗云。人生一世中。其靈魂無日不爲靜寂之圍繞。此意於不知不覺間。亦流露於其文中。其小說之宗旨。則凡視人生係靜寂者。其左右必爲悲傷寂寞所包圍。而其作品中之人物之生命。胥視其道德之影響于性品者而定也。其著作中以 Nostromo 爲最佳。篇中敘近代生活事實甚複雜。人物衆多。成功與失敗。愛與憎。愛國與自私。仁慈與酷虐。幾將全部現代生活完全表出。他若 Chance 等。皆歐洲生活之作。Victory 亦係佳作。而其短篇如 Younth 亦係一滿充詩意之作也。

高斯安爾 John Galsworthy 亦改革寫實家也。惟與威爾士稍異。一則以遊戲文字達譏許之恉。而一則以錚直之言也。其文調靜雅清正。堪列上乘。而於每章之首。皆有佈景。深含戲劇色彩。在其作品中。多二派人物。一爲貴族愚笨自得。深拒改革。一則下等過激社會。敏捷不息。熱心改革。其生平傑作爲 The Man of Propert.y, The Country House 等。皆討論社會經濟問題之著作也。

康拉特之外。現代寫實小說家皆注意家庭問題。深惡現代家庭制度之流弊。鼓吹家庭革命。而其中最著者。首推白德略 Samuel Butler 白氏提倡凡不肖人之子女。皆可脫離其父母。其作品類多關於父母強迫子女信教。以致家庭與社會間主極大之釁隙等事。彼嘗於其父亡時。遺其金錢與自由權時。雀躍歡呼。蓋之二物者。彼皆視之爲人生幸福之眞諦也。其著作中如人 The Way of All Flesh 敘一三代家庭之事。而每代證實兒童離家之必要。較上代更切。此篇實係偉大之著作。蓋就藝術言之。則此係晚近最佳之寫實小說。既幽默且平正。既堪一讀。亦堪一讚之小說也。白氏遣詞選辭。爲世所罕見。惜思緒多而著作少。若能多作。則雖不能直追吉曰林與威爾士。等可並駕齊驅也。

菲爾滂特Eden Phillipotte與倍奈特Arnold Bennett亦爲近代小說家中之寫實派。其著作皆描寫實物。而忽於人類動作。且多關於南英國者。其中以The Thief of Virtue爲最佳。倍奈特之作品。皆取材於五鎮。其中以The Anne of Five Towns爲最佳。而其The Old Wives' Tale尤勝。他若Helen of the High Hand等平庸無過人處。蓋以近代著作家寫作品。其目的亦難離金錢也。

女小說家中瓦特夫人Mrs. Ward最著盛名。其所著之Robert Elsmere集當時宗教哲學之戰爭而成。爲其生平傑作。其他若The Marriage of William Ashe以其所寫者爲上等社會之故。爲人爭誦。所惜者夫人仍係舊式作家。無坦白寫實之態度。寫社會的與兩性的問題也。

浪漫派。吾人飫讀各種社會小說後。無不竟謂世豈無令人悅樂之小說耶。豈無向壁虛構之愛情小說耶。曰有之。非惟有之。其中樂克能使君捧腹。而地莫甘能使君哭笑俱作也。

樂克William Locke英國皇家會之職員也。時作小說以自遣。彼之哲學。意謂茲提生活後有二大天性。一則日常生活。一則上古之雜念。引起感想夢想及情感等。爲滿足此二大天性。故樂氏日間工作。夜則著書自娛。The Beloved Vagabond爲其傑作。爲音樂家冒險生涯之記載。而其The Three Wise Men亦佳作也。

地莫甘De Morgan初爲藝術家。既而生爲器業之計劃家。及六十歲時始作小說。第一篇爲Joseph Vance一九零六年出版。凡讀此書者。莫不思及狄更司Dickens蓋其作頗有似狄氏處也。其作品中以Joseph Vance與

Alice For Short 最佳。一敍一女子。一敍男子。皆向成人方面進行。然其作品中。詞多費解。頗難覺讀。

巴蕾 James Barrie 在未作 Peter Pan 之前。爲一著名之小說家。嘗作 A widow in Thrums 書中滿充司各脫鄉村風味。The Little Minister 爲一大規模之牧歌。Margart Ogilvy 爲其母之半傳記體之小傳。而其 Sentimental Tommy 堪稱傑作。其 The Little White Bird 亦佳。至其戲劇作品中則以 Peter Pan 爲最。次頗爲司蒂文生所稱許。

此外尚有數十小說家。不勝枚舉。如哈格特 Hoggard 以冒險小說勝。八 King Solomon's Mines 爲其傑作。柯南道爾 (Arthur Conan Doyle) 以福爾摩斯小說著於世。黑特生 (Hudson's) 以 Green Mansions 鳴於時。他若賀迫 (Hope) 赫勒特 (Hewlete) 皆係名佳之作家。他若辛克拉女士 May Sinclair 麥克爾 (W. B. Maxwell) 等。皆名重於今世英國小說界中也。

詩歌家

以人類心理之想入非非。及其情感之發達之故。吾人視詩歌。一若父母之視其子女。彼雖能自立。而吾人亦不忍捨之。雖然。詩歌亦豈易言哉。俱春花秋月之柔。霓裳羽衣之調。方得謂之詩歌。爲人所樂聞。若夫村歌野語。令人聞之作三日嘔者。必爲人拒也無疑。

時至今日。雖有少數詩歌家夭折。而其應響於世界文學及人類之勢力。仍不稍衰。彼等描寫天然或人爲之事。以最簡潔之文辭。是以較散文更簡明。更便於記憶。使往昔歷史皆以詩歌記載。則或不至如今之少也。而今日英國諸詩文家最大之目的。乃研究生命中更大更深者。以誠實及合人心理之語言表明之。其最普通之目的。即誠信而更近平民化也。

日常生活之詩歌　梅師菲爾 John (Masefield) 為其中最著名者。嘗過海盜生涯。中年後乃從事於歌唱。方小孩時。即在海中度日。一夜取 Chaucer 集誦讀。天明方已。後即日夜誦讀。其後竟成世界著名詩人。實得力於 Chaucer 為多也。吾人若取 The Widow in the Bye Street 一讀之。即可知梅氏方崇揚其師 Chaucer 也。然梅氏其他作品與平民有莫大關係。其抒情詩多取材於海陸生物。其作品則以述勞動家者為多。在其 Dauber 中敍一藝術家從事航行。為手水謀斃。頗得人好評。惜其間間有可取處。而有時則言之過甚。不及彼 The Everlasting Mercy 為佳也。其抒情詩中亦有雄壯華麗之句。可見其著作既快且佳也。其中以 Salt Water Ballads and Lyrics 為最佳。

諾依士則 Alfrel Noyes 一反梅氏之態度。堪稱快樂詩人。為時善用各種格調。是以其詩雖無驚人之處。然其聲調鏗鏘。為人所歡迎。所作以 The flower of old Japan 為最著。

象徵派　現代模仿羅色帝 Rossetti 者皆喜以明路代表生命。花代表美麗。是以吾等名之曰象徵派。此派以樸脫馬 Putmor 為領袖。其短篇小說 The Angelinthe House 為生命與愛情之作。頗為世人所重視。

湯欲生(Thompson 乃 Dr. Johnson)所稱形而上學之詩家。爲一消具象徵派。所作多與宗教有關。The Hound of Heaven 雖非佳作。亦爲人所稱贊。彼嘗云。「上帝你是尋我而知我之人。」我之實一深含宗敎色彩之人也。

近時象徵派中以菲力甫士(Stephus Phillips)最愛自然。頗如結士Keats。且亦短命而死。其詩文中以 Marpessa 爲最佳。而其劇詩集中尤多佳作。惟彼不久即致力於劇本。如Paolo and Francesca 等。不以劇稱。而以詩劇稱也。

色拉特 Celtic 文學之復興。近年來愛爾蘭及表同情於愛爾蘭之詩人。皆注意伊立(Erin)之語言詩歌。其功作。視爲色拉特文學之復興。其中堅人物爲葉德士(William Butler Yeats)

葉德士嘗築一國家戲院於都白林。而嘗試復興愛爾蘭語言於其詩劇中。彼以古象徵派之復活者自視。其散文之宗旨曰「以他物代玫瑰花。此物之可愛不減玫瑰花。」彼乃惟一之愛自然者。不知歲月。不知生死。朝氣勃勃。惟其作品頗多複雜混亂夢。乃其惟一之愛物。嘗云「余雖貧兮尚有夢。將夢置於君足下。」

其詩歌以 In the Seven woods 爲最著。吾等可閱讀任何一種。蓋葉氏之作品中皆瑜玷參半也。然若誠欲依序而研究。則可先讀The Wandering of Oisin 後再讀其歌謠抒情等詩也。

他若格利敢來夫人(Lady Gregory)西期(John Millington Synge)等戲劇羅賽兒(George W. Russell)之詩以及麥克麥斯(Seumas Mac Manus)之小說與色拉特文學復興皆有多少關係也。

其他著作家

文學中除小說及詩歌外尙有劇本散文等等今分項與讀者諸君硏究之。

戲劇　現代劇本風起雲湧各色俱全「反維多利雅」(Victorian) 時代之現狀除多數以編劇爲職業者之外他若小說家詩歌家等亦致力於是凡一小說出而向世之後不久必有人爲之編成劇本而扮演於紅氍毹上矣

今若欲總合劇本爲一章實爲難事蓋爲數衆多困難一也劇本非小說可比不可於紙上評之須劇本伶人佈置三者兼備方可爲公平之判斷困難二也辟內羅 Authur Wing Pinero 之作品亦卽如是其著作以數十計無一劣者然不可誦讀其角色之名除少數顧曲周郎及少數劇本作者外無人知之也

論文　論文於文學中實與劇本處不同地位著者或致力於現代生活或硏究法律科學等項其雜誌之衆無過其右可謂盛矣然以篇幅關係亦祇能選三篇而硏究之

文學及批評著作中尼寇爾 W. Robertson Nicoll 之A Bookmans letters 爲最佳此書範圍甚廣大半硏究近代文學一最有益之書籍也至以宗教道德而言則無堪與帛立來 (J.Brierley) 匹者彼所作皆深含銳意表示明潔而尤富文學暗示其作品皆集於Ourselves and the Universe 一書至若文學與生命之批評著作則莫過查士脫登 (Chesterton) 查氏乃一極肥胖之人時作似非實是之論其觀察皆倶顚倒之性能以舊題重新或作各種狂想爲人所未爲且思想生命以及虛僞直言之怨及熱心人道之愛時存其想入非非之作似非而是之論中焉

戰後文學　歐洲大戰之利於文學者三一曰英國人民之特異精神往昔英國人民皆頹衰混雜卽主依利梭白斯

(Elizaleth)時亦無重大變更及夫歐戰開始英國人民一變而爲勇敢統一而此國家精神使人民思想感情與英國文學起一極大之變化今日英國書籍衆多而其中滿儲熱情信性職是故也

二日老著作家繼續工作而新進詩家遂得露其頭角著作家中鮮有不利用此歐戰爲其材料年老如哈定(Hardy)亦作一song of the Soldier威爾士棄其改革家庭之態度作一 Mr. Britling sees it through 解析戰時英國社會生活反對吉白林侵略主義之王司登 William Waston 則寫(The man who saw)深染古代戰爭精神色彩梅司菲爾亦棄詩歌而作 Gallipoli 及 The old Front Line 皆係英雄主義之作且其時詩歌等驚人之作泰半出自無名之文學家可見歐戰產生不少文學家也

三日戰後著作之態度變更方向自皮翁夫至丁尼生(Tennyson)諸作家皆鼓吹戰爭之榮耀讚美英雄及甲冑等如 The Helmet of Navarre 等作品雖今日彼等亦見英雄主義並非鼓吹或夢想然皆趨重戰爭之光榮而示之於兵士心中之柔思是故彼雖無一字論及戰爭而讀 The Volunteer 後無不生勇敢及種族自尊之心梅司菲爾之 august 1914尤覺繪聲繪色一如身臨大戰也

在諸人中無論年歲長幼咸俱二種性質一曰對於英國理想之永久忠心一曰深愛和平而英國詩人白魯克(Rupert Brook)亦俱此二種性質白氏乃現代最重要詩人之一不幸死於歐戰炮火之下誠英國一極大犧牲也

結論

△近代英國文學概論……一四▽

今日英國文學界可謂黃金時代。有吉白林之包羅萬象。有哈代之老成碩存。其他作家。亦如衆星之拱北斗。燦爛光明。然以英國社會保存傳統思想之故。雖有天才之作家。亦無用武之地。而其國家主義色彩之深厚。亦爲其玷點。設英國文學家能去此二點。則英國文學將盡善盡美。雖稱之世界文學。亦不爲過也。

參考書 Longs: English Literature 鄭振鐸著：文學大綱

一九二八年三月無錫

春游探勝錄

蔡維濟

戊辰春日課餘多暇本紉同學若同保世興志燧志藩諸子咸游興蓬勃每當天朗氣清惠風和暢之日輒連袂出遊登山泛水探勝尋幽游目騁懷信可樂也惟好景難留良辰易逝似此俊遊未易多得爰將遊屐所至名勝古蹟泚筆誌之以留鴻雪

梅園

邑中實業家榮德生宗敬兄弟建築位置於西鄉榮巷背譬山而管社風景秀美天然入畫而萬樹梅花尤饒逸趣每當早春探梅者接踵而至余等於孟春二十三日往遊時梅花尚含苞未放疏影橫斜暗香浮動不讓孤山處士家也天心臺招鶴亭係園中最勝處登臨一望風帆隱約烟波上下萬頃太湖如在目前園左有太湖飯店宗敬別墅地勢較高風景更佳別墅旁新建地屋噴水泉他日佈置就緒又能一新耳目矣

萬頃堂

出梅園循管社山麓至萬頃堂堂係邑人楊翰西先生所築背山面湖境殊幽雅憑欄遠矚山峯起伏波光瀲灧三萬六千頃悉收眼底而扁舟蕩漾漁子高歌款乃一聲山水綠尤能令人意消

項王廟

廟在萬頃堂之旁門扃深未得進謁或謂大禹鑿禹門之山以會太湖之水有功無錫因建此廟後人誤禹為羽遂致易姓不識確否門前懸汪蘭皋一聯云「到此疑仙蓬萊瀛洲方丈」「不知有漢美人名馬英雄」

虞美人崖　萬頃堂左有一名秀出水面名曰虞美人崖崖上有亭翼然名駐美亦係楊翰西先生所築帆影波光濤聲松翠景色如畫滌人胸襟邑人孫寒崖曾題詩云「偶然思踢脚心酸况是怨歌生別離絕世美人容獨立太湖萬頃足偏安化將片石誓相伴開到幽花泣未乾欲共攬衣最高處可憐風霧不勝寒」黃逸麐題詩云「一斝能專易得烏江名舊恨付間評巖花空濺英雄淚湘水猶聞叱咤聲月落參横疑楚舞明璫翠羽本傾城拔山蓋世今安在化石難忘戀主情」蓋因項王廟在鄰近故詩中及之邑中名畫家吳觀岱老人作虞美人崖圖廉南湖見之謂大有趣味即倩桐城吳芝瑛女士錄孫黃二詩於圖上以呈菊人相國相國徵題於樊樊山樊山爲題虞美人詞二闋云「貞姬應化湖濱石近在君王側髻鬟一朵楚台雲妙手簪花還倩衛夫人　莫騎騅馬乘潮去好在江東住凌波依舊楚宮妝羞煞小姑山屬九江王」「青峯宛與湘靈似兩代重瞳子楚歌楚舞漫紛紛誰念漢家亭長戚夫人　黃屏偶動湖山興開帙烟嵐潤相公早己勸燕然更遺蘭成糕點美人山」（庾信美人山銘）名士風雅自是韻事山石何幸同此詩詞以不朽矣

龍光塔　遊梅園後四日復相約作惠山游是日風和日暖山容如洗已呈春光明媚景象矣登錫山上龍光塔塔係明萬曆中就石塔基建築近又改建氣象煥然一新高七層登其三和風拂衣飄然欲仙遙視城垣歷歷在目太湖七二高峯亦隱約可見王之渙詩「欲窮千里目更上一層樓」惜以木梯狹小不敢復上也

貫華閣　下錫山至忍草庵庵位置於惠山第一峯之東章家隝巖壑屏蔽風景佳絕清初邑諸生顧景文嚴

縐蓀翟數於菴結詩社他邑來會者有宜興陳其年維崧慈谿姜西溟宸英等樽酒聯歡盛極一時當時遊詠所及著有八景曰「中天積翠」曰「習坎冷泉」曰「九峯晴雪」曰「五湖烟雨」曰「夏雲寶鐸」曰「響月松濤」曰「秋林梵香」曰「怪石眠空」庵右有貫華閣高三層風景最勝昔年顧梁汾成容若曾登最高層去梯玩月作竟夕談至今傳爲韻事閣頹廢已久去歲才出邑人楊味雲先生出貲重建時方工竣乃相與拾級而登山光塔影景殊幽倩虬松隱翳尤覺蒼翠可愛徘徊久之俗慮全消

青山　耳青山之名已久頗欲前往一遊輒以俗務倥偬未償所願下閣出庵時方四時許子志藩倡遊青山衆人遊興未闌應之余不禁爲之雀躍乃亟覓道往古松夾徑翠色撲人眉宇夕陽在山殷紅如血三五樵子剎得乾柴荷担返家前呼後應邪許之聲不絕日出而作日入而息殊可羨也青山位置極幽雅燦嶺屹然屏於前惠峯峨然蔽於後左右有山環抱如翼之張太湖一角波平似鏡可於山隙見之四圍佳木葱蘢山光潑翠微風過處松濤作響與寺中鐘鼓之聲相應和如此靜境幾疑非塵世也山巔有亭名佳興柱間懸程德全一聯云「龕收江漢氣」「碑出魚龍淵」又秦郊農一聯云「慧峯煙翠藏蕭寺」「燦嶺松雲入畫亭」

黿頭渚　百花生日天氣晴明同人相約雇舟作黿頭渚游渚在太湖充山之麓伸出水面若黿之頭故名九時下舟解維出西郭兩岸碧草如茵綠柳婀娜惠錫二山相對峙立映朝曦作青紫色舟中清譚嬋嫣佐以瓜仁花生較諸接席啣杯更當逌然有趣午時舟出口入湖萬頃烟波悉呈眼底帆影點點水色連天而亂山圍繞尤饒奇趣偶

憶香山「湖上春來似畫圖亂峯圍繞水平鋪」句為之低吟久之抵[illegible]渚舍舟登岸先遊小函谷在山亭花神廟等處余與許子志藩王子世鼎更攀援登山巔煙波浩淼極目千重春風駘蕩襲人衣袖飄飄乎遺世獨立羽化登仙矣旋即下船午餐狼吞虎嚥箸如雨點瞬息之間已碗底現花復相將登岸向右行坐涵虛亭亭畔怪石差次高出水面波濤擊石澎湃有聲石壁峭立上有廖綸書「橫雲」及「包孕吳越」擘窠大字頗見奇偉閣肆憩橫雲小築登飛雲閣峯回路轉達一勺泉泉上有廣福寺名山勝地着一梵宇洵是點綴妙品而鐘聲清澈高出雲表尤足發人猛省沁人心脾令人意消也入寺實相莊嚴香雲繚繞一僧道貌岸然方踞蓮臺作生公之說法善男信女濟濟一堂立聽多時愧非頑石不能點頭壁間對聯甚多琳琅滿目美不勝收余最愛甬通張嗇老一聯云「門前萬頃烟波雲夢拍浮中院宇莊嚴疑岳麓」「寺後四圍嵐翠湖山深處風光媚勝杭州」寺右有陶朱閣中懸范蠡像旁有聯云「家國恩仇歸一舸」「湖山形勝占三吳」門外柱間又有嗇老一聯云「孕越包吳管領五湖風月」「流丹聳翠照臨萬頃烟波」三時返舟順遊梅園劉郎重來風景依舊惟花開似雪且已屆落英繽紛時矣歸家已八時

東大池

龍山之南有東大池風景秀美頗具歐洲瑞士色彩耳其名已久爰於清明前一日約陸君同堡盟弟王君世騏王君志燧同往一遊游西水關經迎龍橋循馬路行時當春暮景色旖旎遠山堆青近水搖碧麥浪起伏柳絲飄拂久居市廛之人到此空曠之地不覺塵氛盡滌俗慮全消於是相顧樂甚雖路遠迢迢而安步當車亦不覺其乏之行行重行行抵池畔一泓清水平明如鏡四圍有堤堤上遍植桃柳紅霞一片碧絲萬縷佈置得宜殊可人意有

亭一橋二面三面環山尤饒幽致地僻人少萬籟無聲到此疑仙不復知塵世間尚有名利事爾僅出鏡攝影凡三又在堤上爲余等攝一影世騏居中余立左志燧蹲於卿态態婉妙之至攝畢已斜陽西去暮靄蒼茫緩步歸來月上柳梢頭矣歸後得詩一律云「三月風光好池邊景物和殘英鋪水面垂柳拂山坡地僻遊人少花香蛺蝶多一聲歸去也落日照清波」

△春遊勝景錄……五＞

無錫大英大藥房

本葯房開設北門外大街壇頭衖口已曆二
十餘年經售寰球著名良藥歐美各國原料
醫療器械照相材料化學工業要藥注射新
藥衛生要品化裝妙品一應補品上等中外
酒類自造四季家用良藥倘荷　光顧無任
歡迎

古木參天

曲徑通幽

道爾頓制原理大綱

薛遐齡

在數年前我們在中國的教育界中耳鼓裏到處可以聽到甚囂塵上的「道爾頓制」的呼聲，一時研究的甚而試行採用的風起雲湧也曾轟動一時，但是後來像中國公學等學校的「道爾頓制」試驗結果很使人失望，因此昔時的熱度逐漸冷了，到現在注意這個制度的也漸漸減少了，但是「道爾頓制」自有牠本身的特點，終不失爲最近教育上的一個特種貢獻。我現在大略將牠介紹一下：

A 緣起 「道爾頓制」是近年來教育界上的新產物，首創於美國柏克赫司特女士（Miss Parkhurst）她是一個熱心改革者，覺得現在的教學法，都不能適合學生和社會的需要。在一千九百二十年的時候，她根據了蒙台梭利和杜威的教學原則，創出這個新計劃。因爲她先在美國馬煞周三支州（Massachusettes）的道爾頓城中一個中學裏面試行，並採用實驗室制，所以叫做「道爾頓實驗計劃」（Dalton Laboratory Plan）現在簡稱叫做「道爾頓制」。

「道爾頓制」在該校試行之後，很有好的效果，所以已經有好幾個國積極採用，或熱烈地研究籌備採用；最近，又流行到我國教育界上來了。

B 性質 「道爾頓制」是一種學校組織的方法，不是一種教學法；是一種學校生活的改組，不是課程和成績

△道爾頓制原理大綱……二▽

標準的變更。以前的教學法，全是以教師爲本位，由教師去搜集各種材料教學生。教師講什麼，學生便學什麼；教師叫學生怎樣做，學生便依他怎樣做。所以學生是處於被動的地位。「道爾頓制」都絕對相反。學生事事自由學習，事事本着自己能力去做。所以，學生是主體，教師不過在旁指導研究他課程罷了。

「道爾頓制」實施大要，是把各級教室，變爲各科作業室。教師在指定時間內，在認定各作業室內，把課程列成大綱，按月分配，任學生每月簽定工約，自由學習。教師不過在旁邊分別指導，遇必要時，再同全體講解。及至一個工約學完，經過相當的考驗，教師認爲可通過，就另換一個新工約。但是，所說的自由學習，並不是漫無歸宿的，並不是說學生可以要學什麼，就學什麼。因爲在一個工約沒有學完的時候，除了特別學生以外，一概不准另換新約。所以所說的自由學習，不過是自由支配載在工約內的學科學習時間罷了。

有些不明事理的人說：「道爾頓制」是和從前的私塾同一性質，不過換個名字，翻翻新花樣罷了！

其實，不對的。因爲，就教師對學生的態度來說：私塾的教師，頭腦既冬烘，又專橫得像專制時代的皇帝一般；學生不過是他的奴隸罷了。「道爾頓制」則不然，教師和學生一同研究學習，教師不過處於指導地位，像是學生的良友。一般再從教學的情形上看來：在私塾裏，教師只知依他自己心意，一味自說自話；教起書來，全不顧到學生的能力和程度，更說不到引起學生興趣；所以，大半的學生，非但對於所讀的書不能完全了解，學習時候也是絲毫沒有興趣，不過因爲教師强迫要背要默，只好小孩子唱山歌似的，硬把牠唱熟了，就算完事。這樣學生簡直並不是爲自己有興趣而學習簡直好像是教師的牛馬，因迫於鞭策，勉強去做耕田拖車等勞苦事罷了！「道爾頓制」又不然學生學習自由，可以照各自的能力和程度來學習，并且注重知而後行，學生在一學科沒有學習以前先能明瞭該科大概和用處，所以學習的時候，興趣非常濃厚。其餘如布置和設施等，也都和私塾相去天壤，完全不同「道爾頓制」和「設計教授法」根本上是沒有衝突的，同是以學生自由活動，適應學生的需要，養成知行合一的能力，爲出發點，所有不同之處，就是組織上的差別：前者重在各個人分開作有系統的研究；後者重在觀察學生心理上的傾向，時常研究，時常變其目標，

C 特色　1.「道爾頓制」救濟班級制的缺點，同時能夠發展個性　人類的天質，有聰穎有愚蠢，決不會沒有差次，所以程度也有高低不同，因此一級學生裏面，有優等生，有劣等生，他們程度的相差，眞不可以道里計，就是中材和最優等的或最劣等的比較起來，程度也一定相差得很遠。所以，教師講書倘若依了優等生把程度提高，許多中材生就要趕不上，劣等生當然要像在五里霧中，不辨東西；倘若去湊劣等生，取材從淺，教法從鬆，中材生就阻止進步，優等生更不必說了。就是一般普通人認爲最適當的取材和教法，照中材生的能力和程度，但是優等生仍被阻止，劣等生還是趕不上。這種情形，是班級制的大缺點，在「道爾頓制」就好了。因爲各人可以依照自己能力和程度去學習，既不受他人牽制，又能發展自己的個性。所以，「道爾頓制」是救濟班級制和發展個性的良法。

2.「道爾頓制」改革鐘點制的缺點　鐘點制規定什麼時候上什麼課的用意，是因爲專學一科，容易使腦力

疲倦，依時更變學科，可以使腦筋鮮健一些，精神奮發一些，這種計劃，對是對的，不過，無論做那件事，決不會不先不後恰巧在隨便指定的某某時間內做好，或一部分告一段落，我們規定什麼時候學數學，什麼時候學英文，往往有在規定的時候還沒有到，一段已完了，學第二段吧，時間又不夠，因爲停在一段中間不好，只好把剩下來的時候消磨了，有時還有一段正在進行中間，而鐘點已到了，只好暫且停在半路，下次重新學習，這樣時間太費得寃枉，太不經濟了！并且人們的心意刻刻變遷；一時有一時的興趣，一時有一時的嗜好；有時歡喜研究文學，有時却又高興學習數學了。在鐘點制下，强迫什麼時候學什麼課程，對於不合那時興趣的學生，一定不能專心學習，這種弊病，「道爾頓制」就沒有。因爲學習自由，這時高興學數學，就可到學數學的地方去，學完一段，倘若有興趣學下去，可以繼續學一段，倘然想研究文學了；就可到研究文學的地方去。這樣學習，興趣既濃厚，時間又不致枉費。所以，「道爾頓制」可以救濟鐘點制的缺點。

3.「道爾頓制」可以發展學生能力和創造養成求知的態度　大凡一種作業的成功，如果是從自己力行，自己經驗，自己學習得來的，那種成功，必定是眞實的，是穩固的，反說一句，如果不是從自己力行，自己經驗，自己學習得來的，那種成功，一定不能穩固。舊制教學法，教師忙着搜集材料，去教學生，這種材料，是否合學生程度和興趣，姑且勿提；就其結果說，學生今天聽得甲，明天聽得乙，東聽一句，西聽一句，將來所得的學識，一定漫無系統。并且，一向過慣了這種被動生活，事事要依賴他人，一出學校門，或在沒有教師講解的時候，就不能求學，這是很不好的現象，在「道爾頓制」下，學生自己學習所得的學識，一定是具體的，有了這種習慣，不拘何時，可以自己學習遇了有興趣的，自己就能研究。所以說：「道爾頓制」可以發展學生的能力和養成求知的態度。

4. 在「道爾頓制」學生缺席不受妨礙

缺席是學生所難免的。不過，一個學生缺席，其他學生繼續進行，他回校以後，遺在半路，對於班上的學科，簡直不辨西東。聰明的學生，吃番苦頭，還能勉强趕上，愚笨的學生，平時尙苦不及，到了這種情形，或許要弄到永遠不能了解。這種情形，「道爾頓制」絕對沒有的。

D「道爾頓制」的弱點

1. 注重成績，輕視歷程　「道爾頓制」學生唯一目的，祇在修完所指定的功課。目的在前，學生很不得一步跨到，就算了事。這種急進心，青年人是常常有的。因此，走馬看花，不求甚解的弊端，難免不發生。雖然，成績是要經教師承認；然臨時强記，僥幸通過的功課，究難持久。且因急進而舞弊，自欺欺人的地方，亦是難免。簡單說來：「道爾頓制」有注重成績輕視歷程的弊病。

2. 功課指定仍近被動　功課指令，是「道爾頓制」中心要素。演繹的方法，究竟和學習的原理合不合，暫不論及。但就功課指定一項而論，强迫學生學習，仍近被動。

3. 不能全用　「道爾頓制」只能用於高小以上的學校。因爲在高小以下的學生，程度淺薄，知識簡陋，自治能

〈道爾頓制原理大綱〉…………五八

力薄弱，這種自由學習制度絕對不能施行。還有，應用起來，也只能用於一部分的學科；因爲有幾種學科，非用合班講解制不可的。

蓮花小語

東

周敦頤愛蓮說云「出於泥而不染，濯清漣而不妖……蓮花之君子也」。本級級花所以擇蓮者，即本此意。

人間紅蓮花之上者曰波曇。見燕子龕隨筆。

燕子龕隨筆又云：中土蓮花僅紅白二色，產印度者，金黃藍紫諸色俱備，惟粉白者晝開夜合，花瓣可餐。諸花較中土產大數倍，有異香。經云芬陀利是已。

李白有採蓮曲二首云：荷葉羅裙一色裁，芙蓉向臉兩邊開。亂入池中看不見，聞歌始覺有人來。吳姬越豔楚王妃，爭弄蓮花水溼衣。來時浦口花迎入，采罷江頭月送歸。此情此景，可以入畫。

公園有池，廣可三畝，池上一角，遍植芙蕖。花開亭亭，葉搖田田，每當酷暑，夕陽方退，納涼池畔，荷香輒隨風而至，沁人心脾，熱念俱消。

踏靑詞

蔡維濂

一年容易又淸明鳥聲啁哳弄春晴鄰家姊妹邀私語相約惠山踏靑去高跟鞋子白袷裳截髮新作時世裝行行步出西城郭暮春天氣遊春樂竹籬掩映柳絲飄一彎溪水繞村落桃花照眼爛如霞人面豔麗勝桃花惠山景色最淸妙山色迎人如含笑九峯峨峨入碧霄遊人如帶束山腰相將攜手卜山去極目天涯俗慮消落紅滿徑人慵掃踏遍萋萋山上草炊烟裊裊起前村下山已是近黃昏喚道一聲歸去也紅繡鞋添綠草痕

南檐曝背

前人

今世無仁義誰憐范叔寒南檐日光暖曝背倚欄干

日暮閒眺

前人

長堤十里柳絲飄一曲淸溪映小橋羨煞牧童牛背上斜陽影裏學吹簫

踏青詞

倚琴

踏青相約到村前，綠柳含烟景物妍。欲把桃花比人面，折來斜插鬢雲邊。

春日晚眺

王世騏

細草如烟靜亦香，湖山如畫又斜陽。暝烟四起鳴鳩歇，隱隱漁歌出野塘。

清明野望

前人

麥飯家家化紙錢，清明時節草如烟。風前愁殺青春女，吹起楊花又一年。

東閣吟梅

王志燧

綠萼窗前帶雪開，暗香風送入簾來。消寒東閣圍鑪夜，賦得梅花快舉杯。

階前海棠爲狸奴踏殘誌慼

前人

睡起新妝倚畫欄，嫩紅掩映怯輕寒。狸奴不解憐花事，忍把嬌枝作意殘。

紅雲絳雪帶嬌羞。底事干君遭踐踩。最是寒風微雨裏。殘枝欹側惹人愁。

初夏

啓東

麥浪翻雲四月時。薰風拂拂雨絲絲。啼鵑泣血知春去。花盡楊堤綠滿枝。

竹院敲棋

前人

池邊小院勝蓬萊。修竹森森冷翠苔。畏熱敲棋濃蔭下。荷香風送過牆來。

消夏雜詩

千里

雨歇煙消燕子飛。芭蕉展綠佛桑肥。一聲短笛風前落。知有漁翁罷釣歸。

雨前茶爲試新泉。野客能尋竹外烟。欲覓詩心何處得。水光雲影曉涼天。

欹枕新涼槐影淸。野風不斷晚蟬聲。此間絕少敲門客。自倚樓窗待月生。

山光一抹翠痕連。雲樹參差入暮烟。畫裏溪橋人獨立。征帆渺渺水連天。

△詩 詞……四▽

古寺　鈍椎

翠竹森森階砌前。禪房勝似大羅天。山僧偏得清閒福。白鶴紅梅一醉眠。

竹影交加冷翠苔。山門常爲野人開。禪機談罷炊烟起。松院敲詩共舉杯。

攤破浣溪沙　春閨　倚琴

春雨廉纖溼畫欄。滿庭芳草落花殘。柳色青青無限好。惹人看。

心事重重愁壘壘。窗前獨坐怯輕寒。鏡裏朱顏驚漸改。淚欄干。

菩薩蠻　題畫　前人

階前滿地殘紅積。纖纖弱柳含烟碧。靄靄暮雲橫。誰家玉笛聲。

黃昏容易近。露滴芭蕉冷。今夜月團欒。推窗着意看。

醉花陰　春夜坐月　維濟

山影茫茫樹影厚。樹隙清光漏。好景惹人愁。素魄娟娟。月又圓時候。朱顏爲憶離情瘦。未識郎知否。坐月怯春寒。心事重重。欲向姮娥剖。

卜算子 送春

前人

日暮夕陽西。花落紅如雨。恰恰流鶯看急啼。難把春留住。酌酒送春歸。歸去知何處。既是年年有見時。何必傷春去。

大華電器公司

本公司開設無錫城中書院弄口自運歐美各國電器材料異樣燈泡新式花罩電鈴電爐電扇熨斗電氣風扇玻璃水晶檯燈美國永備電筒家庭烹調器皿機關防盜警鈴玲瓏五彩珠綢燈罩日光不夜天燈發售無線電話聲音嚮亮並經理名廠馬達及黑油引擎豐年牌皮帶ＳＫＦ鋼珠軸領代客管理裝置或修理馬達電燈工程穩妥價目克己倘蒙　賜顧無任歡迎

大華電器公司謹啓

地址　書院弄　電話　八百二十號

剪髮

維濟

這時候大約十一點鐘了。曼珠穿着一件簇新的外國綢旗袍，立在梳妝臺前，把一個橫愛司髻刷得黑黑地光可鑑人；又嬝嬝娜娜地走到着衣鏡前，把旗袍整理了一下。這件旗袍剛由裁縫送來，預備明天到陸家喝喜酒穿的。她穿了覺得很稱身，很合意，只待可安回來看了說一聲好，她便更樂意了。

可安要到十二點鐘才回來午膳。她實在等得不耐煩了，仰着頭望一望時辰鐘，只才十一點一刻。「鐘又走慢了，」她低低地說。其實鐘走得很準確，一些不慢，不過她性急罷了。

她又走到窗前，把紫羅蘭色的窗幔掀開一些。窗前的玫瑰花，映着暖和的太陽光，顫巍巍地好像含笑迎人的樣兒。看那園中的蔭道時，靜悄悄地兀自沒人走來。「今天公司裏事情忙嗎？怎的還不回來呢？」她煩惱似的這般咕噥。她勉强拿本雜誌看了回兒，又忍不住走去刷頭髮，整旗袍了。

時辰鐘鐺鐺地敲了十二下，一陣橐橐的皮鞋聲，可安走進門來了。她等得不耐煩似的埋怨他道：「今天怎麽回來得這般遲？公司裏事情很忙嗎？」他笑道：「不是時辰鐘剛敲過十二下嗎？與前兩天一般的這時候回來，一些兒不遲啊。」

她也不去管他說些什麽，只急急地指着身上問道：

△剪髮……二▽

「你看這件新做的旗袍的樣子可好？」

可安看了一看，微微地笑道：「做好了嗎？樣子倒還不差，可惜，……。」

「可惜什麼？」她忙問。

「可惜這般價錢很貴的外國綢，這般很合時流的高領兒，却被你那個梳得很下，掮在肩頭上面的橫愛司髻兒弄腌臢了。」

她滿心的歡喜，被他這幾句冷話，打退了一大半，嘔氣似的披嘴說道：「又來了，這是各人的歡喜，人家有髻兒的多着呢！」

「多着嗎？不見得罷！誰家奶奶小姐，還和你一般留着可厭的髮髻不翦掉呢？明天到陸家去，才見得與衆特異；才知道自慚落伍呢。」

「有了一個髮髻，就算時代的落伍者了嗎？」她憤憤地說。

「噯！我說錯了！這才見得鶴立鷄羣丰姿綽約咧！」他帶着譏諷地說。

被他這句話一激，她一股怒氣，再也忍不住了，勃然變色道：「別嚕嚕囌囌的。誰願去喝喜酒？誰希罕穿這件衣裳？」說着，賭氣脫了下來，向凳上一摔，換了一件家常衣服，怒氣勃勃地坐在床上。

他也不覺發怒道：「不要穿，有人穿呢，別丟丟摔摔的。」

「有誰穿呀？我知道的，你這兩天在外面一定拈花惹草，有了愛人了；所以回來了，只是尋人嘔氣！好，別要惹你厭，今天就讓你便了！」她益發惱怒地說。

這時候老媽子已開上飯來，他管自吃着老媽喊她吃時，她已伏在床上嚶嚶地哭了。

祇要她一哭，可安早給幾點淚珠兒軟化了。吃完了飯，便走過去柔聲說道：「不過幾句笑話罷了，怎的又動氣了呢？好了！別哭了！吃飯吧！」

她只嗚嗚咽咽哭着，一句也不回答。一點鐘將到了，他只得快快地又到公司裏辦事去了。

六點鐘回來，只見臥室裏漆黑的沒些兒燈光；走進去扳亮了電燈一看，她不見了；問老媽子，說出去了不多回兒；問到那兒去的，又不知道。他不覺恨道：「好個執拗的女子！」

坐在沙發上吸了一支烟，腦中兔起鶻落，不知想些什麽。一顆心勃勃地只覺跳個不止。一回兒想道：「我也不好，她既然不愛剪，不剪就是了，髮髻也有髮髻的美觀，何必强迫她呢？」停了一回，又想道：「她不是說讓我便了的嗎？！呀！她到那兒去呢？回娘家去嗎？——自然只有回娘家去。我去尋她罷！——不！不去尋她惹她益發執拗，益發神氣了！不一定不去！」

他勉强鎮止了他一顆活動的心，拿了一副骨牌，坐在窗前打五關。但是，不多一回兒，心頭又顫動起來。他把骨牌撂在一旁，呆呆地坐着。七點鐘了。七點一刻了。一顆心兀自隨着鐘擺震蕩着。終于使他直立起來，低低地自言自語道：「還是去尋她罷。……咳！我的不是，一定去尋她。」他正想出去，只聽得一陣細碎的鞋聲，走向門來，他知道她回來了，一顆心倏的鎮靜下來，倒又坐下去抹骨牌了。

她走進來了。可安兀自打着五關，忍住了不去瞧她。靜寂了一回兒，心又活動了，忍不住偷眼瞧她；只見她又穿了那依新做的旗袍，坐在床上很自在地看着小說。

他想逗她講話。但是，覺得第一句話很難出口。過了

△剪髮……………四▽

回兒，搭訕着走過去笑道：「你剛纔到那兒去的？」

「我自有我的地方去」，她冷冷地說。

「你怎的這般會動氣啊？」

「是你來嘔氣啊！誰動氣呢？不過我要問你：這衣服你說我不穿，有人穿呢，究竟給那一個沒髮髻的愛人兒是呀？」

「那時一時憤怒的說話，問我那一個，連我自己也不知道呢。至於髮髻，也有髮髻的美觀處，我不過說幾句頑話罷了，你不願剪掉，留着便了，我的愛人倒並不在乎區區髮髻的有無呢。」

她聽了，忽地立起來喊道：「哎呀！……！」

他吃了一驚，忙問道：「什麼？」

「噯！你爲什麼不早些說啊？我已出去把髮髻剪掉了呀！」她說着，回過頭來，只見萬縷青絲，已付并州一翦，截成鴨屁股式了。

無錫輔仁中學校西文一九二八级同學會全體攝影玄許

無錫輔仁中學西文一九二八級同學會全體攝影十五年春

黿渚遊記

沈錫麒

太湖滔滔六百餘里島嶼點點七十二峯水石之勝天然入畫湖中充山之麓有渚突出如黿之頭因名曰黿頭渚由邑人竭意經營闢地建築遂爲湖遊之勝境遠近來遊者踵接於途余慕之久會今春本級作全體之遊得一償素願願以同人分袂在卽爰泚筆記之以爲後日重遊之券

天晴雲開日暖風恬四顧綠草如茵與柳色交輝淅聞玄鳥呢喃與鶯聲相和如此良辰天公其有意助我遊興乎晨九時登舟啓行都凡十有一人出西水關囂塵漸離遂入梁溪溪廣而靜一時切切者語聲哈哈者笑聲嗚嗚者歌聲丁丁者琴聲雜棹聲水聲以俱起蓋所以破寂寥也過仙蠡墩祇見荒土一邱疎樹中立噫西子有知將何以爲情進大渲口須臾而汪洋在望焉湖光瀲灧山色空濛萬頃波濤浩淼無際風帆沙鳥若隱若現嶼峯羅列迷離恍忽滴瀝風起巨浪怒衝於是盪漾於浩渺煙波中縱一葦之所如淩萬頃之茫然噪聒頓止始乃爭眺壯景矣同學多善歌憑欄低唱琴聲輕隨鳥鵲迴翔遊魚潛聽幾疑置身太空焉既而渚影漸辨衆若哥倫布之發現新大陸者然其喜也可知舟行愈近湖上之風光已歷歷入目天然奇景加以人爲巧工得弗令人爲之神往耶時方日中繫舟於岸飯

△遊　　記…………二▽

後相率以登滿山植有果樹千紅萬綠一望皆然渚之頭有屹然高聳其上傍湖若步者燈塔是也是處遠山近水萬象森羅由此前行則桃柳相間羊腸曲折進而有亭翼然位山之麓其下臨灘攀援而登極目四顧但見波濤澎湃怪石壁立一嶺松壑氣象千萬有淸邑令廖綸摩崖書「橫雲」及「包孕吳越」擘窠大字壯雄威嚴更溢於眉睫且也浪花擊石琤淙可聞如斯奇觀胸懷頓紓矣登麓北行首見池塘臨池建有淨香水榭又經在山亭乃取徑上花神廟廟築於山之半湖光映照秀色可餐其中石壁成龕內置石像蓋花神也彫刻之精緻大有美術妙手旁有聯曰「春色門燕支天敎萬紫千紅都歸生宰」「濤聲吼黿渚地勝十洲三島合住神僊」攝衣而下復前行不數武而小涵谷在望焉小涵谷者雛形之城樓也登臨瞭望別饒風味徊徘其上良久始下於是蜿蜒此徑行行重行行則惟萬松參天濃陰夾道迤邐而至黃土崀叢矣相顧大笑乃循原道而出又望南行地勢漸高旁有長生未央館館上有飛雲閣登閣推窗遠眺則水氣泱漭日浪滾滾而遠峯近巒羣山起伏其間浦樹沙禽風檣魚網出沒掩映於几席間亦勝觀矣中有聯曰「突兀一樓下臨無地」「汪洋萬頃文如其人」又曰「一家吳越今誰主」「萬頃波濤入此樓」不啻爲閣寫照也下閣就道拾級上升行時顧前眺後或左或右其景美不勝收而樂亦不可以言不數十步有泉在旁泉名一勺澄淸可鑑泉之上有天開峭壁源頭一勺題字筆鋒勁蒼而秀逸爲是處生色不少更上則其巔矣縱觀太湖天光水色迷漫難辨山影雲氣參差不分以遠鏡矚之則四圍羣樹有若巨棟帆影漁船皆可指數頂上建有廣福寺入寺有廳陳設精雅神仙福地諸僧固不凡矣中有對聯甚多記其一曰「臨具區三萬六千頃烟水迴環試看東接蠡湖

西臨鼇頭。南屏馬蹟。北枕龍峯。聊憑棲息塵蹤。何必廣居正位」「鼎鐘聲一百另八聲。凡緣解脫。祗有春花拈笑。夏雲多奇。秋波鏡空。冬松挺秀。即此清修長夜。無非福地洞天。」其後香煙繚繞。人聲寂靜。有僧道貌高擁一壇。發洪鐘之聲。語佛家之言。莊嚴誠敬。殆皆佛門子弟也。巡視既週。乃出刹門。繞右行。至陶朱閣。爲邑中商家各業集款公建。面臨湖山。飛閣流丹。氣象軒豁。無出其右者。流連巔上。樂乃忘返。因衆尙須順遊梅園。不得已忍捨美景。飛步歸舟。別寵渚而直趨梅園。船泊附近。登陸步行。未幾而抵園門矣。劉郎重來。無足述者。惟滿園皆梅。無花不白。皓皓乎如帶雨梨花。飄飄乎如臨風玉樹。蓋蕊放已足。行將落英時矣。既而殘陽西斜。晚霞滿天。倦鳥歸飛。炊煙漸起。乃返舟解維。前途茫茫。暮色蒼蒼。俄頃皓月東上。來窺遊客。相與倚窗同覽。欄外微波鱗鱗。月華搖漾。投以片石。激爲碎銀。水鳥拍拍。驚飛入煙而沒。趣甚。在舟中咸嫌靜寞無聊。余發起行令之戲。嵌以各人之雅號。滑稽而忍俊。惜有思索之苦。乃擲紙條錯亂之戲。隨各人之意而書在某處與何動作者二分類。相混依次開票。滑稽突梯。詼諧百出。衆爲捧腹不已。挑燈遊戲。忘身何處。迨舟子來呼。方知舟已抵城。登岸散歸。時已明燈滿市矣。

春日紀遊

章繹唐

夫露山秀色。亙古常存。陽春煙景。歲必一遇。惟人生百年。乃如白駒過隙。自少而壯。而老而死。而不可復再。況乎壯年有事於四方。衰老無力於遊眺。昔王羲之嘗自言吾卒當以樂死。然欲一遊岷嶺而不果。東坡謂山水游放之樂自是人生難必之事。豈不然哉。是則玩賞韶光。飽餐山色。惟少年爲宜。此余之所以於春假中遊惠山也。惠山在錫邑

△遊記……四▽

西峯巒秀麗，名勝甲全邑。乘假期閒暇，乃約友數人往焉。黎明即行，以途遠也。行阡陌間，覺和風徐來，聆禽鳥奏，神爲之清。至麓少息，即上，以循山徑不能盡睹山之靈秀奇偉，乃行亂石間。初傍黄公澗上，澗水清淺，乘山勢而下，聲潺潺然。循聲尋其源，乃在山上數穴間，細石塞口，似無水者，而至下漸大，蓋隨處有隙，水流就下，會而成澗也。既盡澗，山勢傾削，乃與友牽衣上，顛頓者數，乃至所謂頭茅峯者。縱目西望，則三萬六千頃之太湖盡收目中，雲水相接，千山羅列，峯巒起伏，各盡奇致。湖中帆舟，如黑點，幾不可辨，而太湖之形勢瞭然於掌矣。遥望久之，乃由二茅峯而至三茅峯。回望對山松林，與頭茅峯之行人相等，變亂之時，致疑草木皆兵者，不其然哉。乃休息巖石上，出囊中食物，相與大嚼。四顧草木屋宇，皆縮小千萬倍，所謂納須彌於芥子者，是耶非耶。既而下山，經石門，峭壁聳立，中裂爲二，故名。至白雲洞，善男信女之求籤者集焉。由間道上石門巔，路旁皆峭壁，危幾不可行。既至巔，猶聞洞中梵磬聲不絶，而四顧則怪石起伏，不覺心爲之慄。平生所見奇景，此爲第一。遂下山，徐步而歸。晚餐之時，猶彷彿在巖上大嚼也。

輔仁中學十週紀念 秦毓鎏

發軔在南北紛爭之際，讀十年書，滄桑多矣；
畢業於五卅紀念以後，復九世之春秋大仇。

譯自 Chambers's Narrative Readers

許志藩

昔有國王名馬愛特司者，擁厚產，多金銀，赫赫乎富君也。膝下無子，惟一公主，名曰馬麗，國王愛之若掌珠。其人眉目娟好，秀外慧中，伶俐活潑，善迎人意，日隨乃父左右，或舞蹈以解愁，或嬉戲以娛親，國王撫慰備至，誠不啻其第二生命也。

天地之大，宇宙之廣，凡有益於人類，或足供大用者，國王置之不問，視若無睹，無屬意焉，其所依依不捨，貪而無厭者，去馬麗而外，惟堆積燊燊燦爛奪目之黃白物耳。皇冕之能博其歡者，以金鑄也，其斤斤於是者，蓋深愛其女，欲以此堆堆黃金，遺諸馬麗，方稱素願也。

每當夕陽西下，晚霞浮現，金光萬道之時，國王輒屬目四望，企首遠眺，惟願此片片紅霞，變而爲金，馳向其鐵箱中去；或於馬麗採花回時，輒曼語曰，是苦苟係金質，則不枉採擷之勞矣。國王少時，未嘗不愛花也，嘗闢一園，遍植玫瑰之屬，每值春回大地，東皇來時，輕苞初坼，百花怒放，千紅萬紫，赤豔欲燒，國王輒徘徊其間，安享此中清福，一如旅客之過故鄉，戀戀不能去。

公餘之暇，閒窗無聊，國王則置身庫中，以消餘日，而作其無上之樂事。是庫猶一地窖，其中重門疊鎖，堆金積黃，慘無天日，僅有一綫陽光透窗而入，國王則向陽而立，或擲金杖以自娛，或弄金塵以爲樂，或對金杯以自語，金光寶影，燦爛滿室。如馬愛特司者，可謂樂矣！然尚不足以滿其志也。

金聲鏗鏘，黃光閃爍，正其行樂時也。日者方在樂不可支之時，突來一不速之客，其人年方少壯，春風滿面，笑容可掬。國王故知其爲神仙流也。少年環視四周，語國王曰：「我友馬愛特司，汝乃大富翁也，吾不信世人有積多金如子者！」國王徐徐答曰：「吾積生平所得，只如許耳，苟余年千歲，乃得稱富也。」少年驚問曰：「若不足乎？」國王搖其首，示不足意。少年曰：「然則若之何乃足？汝請詳語之，余將洗耳恭聽。」王止而自思，是人舉止溫存，和藹可親，或將有補於我，未可知也。乃竭力思索，以應所請，是時國王腦中忽視金山一座，層峯疊巒，高出雲表，蜿蜒曲折，連綿千里，然尚未之足也。有頃，眉頭一縐，智上心來，乃舉首注視少年，少年曰：「吾料汝必得一善策矣，請直告余，余固樂助汝也。」王曰：「吾願吾手所握，吾指所觸者，即爲黃金。」少年驚曰：「點金術歟？吾王馬愛特司，聰明極矣！然則汝能足乎？汝既得之，將悔之乎？」王曰：「吾得斯術，生平之願已足，何悔之有？」少年於是搖手示別曰：「翌晨日出時，汝將得此術也。」言時，異光煥發，燭照全室，如朝旭之騰輝，夕陽之散霞。未幾光收聲止，四壁依然，而丰采奕奕之少年，已失其所在矣。

更漏獨長，雙目常開，國王轉輾反側，籌思竟夜，覺夜漏之特長，如度小年，恨天公之作惡，故長其時，已而月下柳稍，魚更三躍，國王心焦如煎，胸前忐忑，如小鹿之撞心，待已久矣，不可耐矣。及夫曉雞一聲，東方作白，漸呈曙色，不禁大喜過望，忽伸手觸物，如所能及，無如物之被觸者，仍如其舊。國王大失所望，悲憤交集，悵悵不能已。回思昨日，恍若一夢；然其互答餘音，繞樑言猶在耳，昨日景象，歷歷在目，少年其欺余乎？

有頃，日出東方，朝旭一縷，透窗而入，直照破上。其光反射於屋頂，作黃金色。國王奇之，起而視之，不禁驚喜若狂。於是一躍而起，周室而奔，以手觸物，且試其技；則點金之術成矣。物之被觸者，已去本質，而爲金矣。國王手觸牀柱，木柱則爲金柱矣；捲窗簾，俾通陽光，而是亦非復本質矣；披外衣，取手巾，而衣趨重，巾則漸挺，不可爲用矣。乃取書一本，披而閱之，復取眼鏡，架之鼻上，于是紙頁則爲金片，眼鏡則爲金塊。書中記述，不可復讀，眼鏡之功，不可爲用矣。王處是境，雖不可謂非煩惱，乃置諸一嘆而已。蓋其心深爲金銀所蔽，雖被恚受辱，亦所不計也。王乃直趨樓下，至御花園。此間芳氣襲人，香逐風來，是正玫瑰盛開時也。千萬紅花，春睡未足，迎風婀娜，照耀於初日之下，不禁令人生戀。國王狂奔其間，物之當其途者，則以手觸之，乃芬芳可愛之花木，一變而爲呆呆無生氣之鑛質。事方竟，而侍者呼餐矣。

珍饈滿前，星羅棋佈，玉液瓊漿，縱列橫陳。國王入席而坐，以待馬麗。忽於戶外，發現哭泣之聲，漸移漸近。細辨之，則馬麗至也。國王驚甚，蓋馬麗自有生以來，嬉遊終日，未嘗一現其憂戚之容，哭泣之聞；今日之事，突如其來，能不令人驚駭？國王乃以點金之術，變其碗，欲以是稍戢其哀。及馬麗入時，其父急邀之坐。問曰：「當此明媚清晨，何事不可取樂，而爲乎作是悲泣？」馬麗示以手中之花曰：「父其視之。」王曰：「美哉此花。是其使汝悲乎？」馬麗曰：「醜哉！此花，何美之有？父親生平最喜此花，其以吾手採者爲尤甚。是以今日晨起，往園中，擷取是以獻父親，詎料其變其本質，堅硬

△點金術……四▽

刺指，見之不禁令人生厭，想父親亦惡見之，吾是以悲耳。」王羞認所作，乃令其速進餐，毋使之冷，曰：「彼鮮花者最易摧殘；此花則能持久，雖千百年無所變也。」馬麗下坐，徐進早餐，尚不知其碗之變也，不然又將棄而不食矣。

取金壺，出金杯，馬愛特司傾，啡滿盞，舉之而飲，杯方及，，變化於是乎作，啡始爲金液，繼則凝塊，不可食矣。國王乃置之，取魚一尾，置盤中，試之以指，則佐羹湯之魚，已爲不可食之金魚矣；復取熱糕一片，撕之使碎，將納之口，則已堅不可嚼矣。

腸飢如絞，腹鳴如雷，國王枵腹久矣，思量久之，無計可施，乃又取一蛋，或可稍緩飢腸，無如蛋爲其觸，立化爲金，不可復食。於是出全力，攫取山芋，亟納之口，急嚼以牙，深慮有所變也；然點金之術，其變神速，柔熱之山芋，已化而爲不可食之金屬。國王舌破，血流，唇裂，齒搖，極痛而呼，奔躍咆哮，聲振屋宇，不勝其苦，苟其爲一勞苦工人，席地飲水，進餐充饑，亦所深願；且其樂實較此面前之王珍饈滿前不可食，勝多多也。然則長此以往，其將坐以待斃矣！癡人夢想，禍由自取，實堪一噱。時馬麗默無一言，埋首進餐，忽聞乃父驚呼，急趨其側，試將生平技能，以慰之，乃高聲問曰：「父親！父親！胡爲乎至此？」言時，以手摟王胸，作環抱狀，馬愛特司屈身以就，互接一吻，呼曰：「吾可愛之馬麗！馬麗！」而馬麗默無聲息，不答一言，凝視之，珠淚數點，凝于香腮，粉靨淺暈，猶存兩頰，而馬麗之神色變矣，今日之馬麗，已非昔日溫柔可愛之馬麗，而成一金像矣。

耐飢枵腹，情猶所願；失女得金，理不可忍，國王至是焦急萬分，東奔西投，如喪家之犬，扼腕嘆息，一籌莫展，回顧馬麗，依然故態，第少一絲聲息耳。

金光，光芒四射，昨日之少年，復來王前。國王愧對其人，低，默然，不發一言。少年曰：「吾友馬愛特司！汝喜點金術乎？」王乃搖，曰：「吾甚憂之」少年駭曰：「吾其爽約乎？抑予有所不足乎？」王曰：「金銀弗如品物多多，吾已失吾所愛矣！」少年曰：「馬愛特司汝其悔乎？點金之術，與清水一杯，二者孰美？」王曰：「水乎？將潤吾喉，二者不可兼得，吾寧取水。」少年曰：「點金之術與麵包一片，二者孰貴？」王曰：「麵包乎？可果吾腹，者不可並得，吾寧取麵包。」少年曰：「始吾疑君之心，已爲金化，今乃知汝悔悟，不然，汝將無救矣。須知人之所用，人之所食者，實高於人人力爭之金銀萬倍也。請語予，汝願棄之乎？」王曰：「吾深恨之！」言時，飛來一蟲，棲其鼻上，然卽去本質而墮地矣。少年曰：「速往園後溪中，一浴汝身，以去貪婪之心；並取水一瓶，歸灑各物，其將由金而復本質，苟能持之以虔，作之以誠，汝將救狂瀾於既倒也。」國王感激逾恆，乃報以一鞠躬，及太仰、視時，少年已不識去向。國王不敢稍待，急取一瓦甌，趨向園後小溪。是時雖值陽春時期，而滿園景色，已是黃花滿樹，葉欲老之九秋景象矣。

流水汩汩，浪花飛濺，國王奮身一躍，泅泳水中，殊覺無限快感，較之以往，前後判若兩人。浴畢，汲水滿甌，步上岸來，其旁適有紫羅蘭一株，面臨清溪，玉立亭亭，姿態嬝娜，飄搖於和風之中。國王試之以指，喜見此花無恙，依然如舊，急向內宮馳去，及馬麗前，灑之以水，馬麗始蠕然醒來，呼曰：「父親胡爲乎？濕吾衣，此吾今晨方換上也。」其於以前種作，無所知。他乃父詳爲道之，且告之悔。馬麗姑恍然大悟，乃偕其父之園中，遍灑諸花，不以餘水，於是花復原狀，葉歸綠色，芬芳四溢，香逐風來，沁入肺腑，不禁令人神曠性怡，依戀不能捨。國王晚年嘗抱馬麗子女，告以此事，以規童輩，且以勸世云。

△點金術……六▽

蓮花小語

東

蓮花俗稱荷花唐盧照隣有咏曲池荷詩云「浮香繞曲岸圓影覆華池常恐秋風早飄零君不知」蘇州葑門外有荷花蕩每年六月二十四日遊人頗盛隨園詩話云吳俗以六月二十四爲荷花生日士女出遊徐朗齋作竹枝詞云荷花風前暑氣收荷花蕩口碧波流荷花今日是生日郎與妾船開並頭赤日當天駐火輪龍船旂幟一時新東家女笑西家女橋上人看橋下人葑門城門門繞湖湖光一片白模糊荷花生日年年去若問荷花半朵無丹陽段郎官長清天然詩句自然成怪郎面似荷花好郎是荷花生日生

兒時喜食蓮，又喜通梗爲斗以吸淡巴菰輕烟入口荷香隨之迄今回憶猶醰醰然有餘味焉

以輕紗裹龍井茶葉層置荷花心次晨取出則花露之精咸漬入葉中瀹而飲之清香撲鼻可以滌煩消暑

本級趣話

維濟　志燧　德烜

忍草庵裏拜菩薩　今歲孟春二十七日。本級同學相約作惠山遊。時忍草庵中貫華閣方工竣。諸同學聞之。咸願往遊。乃由黃公澗循道往。當入庵時。一老嫗戲謂余等曰。汝等到此遊覽。應在菩薩面前。多磕幾個頭。陸君同堡聞之。遽去其呢冠。在韋馱像前三叩首。余等大笑。彼起立後。猶正色而言曰。老嫗之言不余欺也。汝等盍亦磕幾個頭。方不致受菩薩譴責。

魂靈兒飛上半天　百花生日。本級同人有龜頭渚之遊。上午九時登舟解維。出西郭。兩岸草色青青。風景如畫。舟中談笑風生。雅謔備至。信可樂也。是日湖風頗大。當船出港口時。波濤洶湧。擊船首作巨響。韓君棟蓀覩此。整襟危坐。不敢稍動。余等偶與談話。亦呆若木雞。無一語回答。余等不知其何故。歸後訊之。方知生長武進。未覩風波之險。斯時魂靈兒蓋已飛上半天矣。

在梅園中捉牙蟲　遊龜頭渚後。順便遊梅園，迨返舟。天已暮。又遇逆風。舟行遲緩。令人不耐。乃思得一遊戲。以爲消遣。法以三紙條。分書姓名。在何地。作何事。書畢。分置三處。由三人攪亂。拈出報告。如韓棟蓀在山洞裏上吊。顧仲新在塔頂上釣魚等語。滑稽突梯。令人捧腹。報告許志藩時曰。「在梅園中……」君聞之。欣然曰。「很好。在梅

△**本級趣話**……一▽

△本級趣話……二▽

園中四字文雅之至」繼而報告曰「捉牙蟲」余等聞之思及君之尊容及綽號不禁捧腹大笑許君乃申申作詈曰「誰捉狹不要臉」

中學新學位　大學畢業後得學士學位史上得碩士博士學位此等烜赫頭銜不啻前清科舉時代舉人進士狀元也然中學畢業亦不啻秀才先生矣乃無學位豈非薄於此而厚於彼乎本級顧君仲新文質彬彬好學不倦同學諸子咸稱之爲「道學之士」後因四字太覺嚕嗦乃學西文中之省寫法取其首尾二字稱之爲「道士」或曰道士者亦學位也願君中學畢業即能膺此特殊頭銜創從來未有之中學畢業新記錄顧君亦足以自豪而睥睨一切矣

矯捷若猿猴　章君繹唐平居靜默寡言弱不禁風不知其在高小時跳高賽跑冠絕羣倫固一運動健將也今春同人等在邑公會學習網球場旁有樓一日一球被擊上樓久不落下樓門又扃閉不得入衆無法章君乃自告奮勇採木而升矯捷若猿猴瞬息之間已拾球下矣

望美人兮天一方　沈君錫麒風姿綽約濁世之佳公子也與韓君棟森最友善交誼之密如膝如膠大有「一日不見如三秋兮」之概茲者畢業之期已屆以後各謀所事不得不分道揚鑣雖後會有期然二君不無「渺渺兮予懷望美人兮天一方」之感也

返老還童　王君世騏因用功故以致目近視背傴僂且白髮叢生大有老態因贈以雅號曰「老太」此號眞正老牌已五閱寒暑矣今歲王君忽態度一變目架羅克眼鏡足登大英皮鞋髮塗史丹康光可以鑑人望之風度翩翩正當十八妙年華也同學因稱之曰「返老還童」

吾雖老矣不糊塗　薛君遐齡身材矮小有土地之雅號

善理財。精心算。嘗未入本校時。曾在滬杭鐵路某車站服務半年。嘗語余等曰。在車站時。最善任售票事。銀錢進出毫厘無誤。蓋腦筋清爽也。嘗見土地堂有一下聯云。「吾一雖老矣不糊塗。」薛君雖不老。「不糊塗」三字。當之斯無愧焉。

求疵錄

（東）

嘗讀紅雜誌。見有施濟羣之求疵錄。滑稽突梯。令人捧腹。效顰數則。以供讀者諸君一笑。

古時的花。一定有知覺的。否則怎能說是「解語花」呢。

李白子夜秋歌云。『長安一片月』。難道月球是扁平的嗎。不像地球這麼圓的嗎。否則怎能說是『一片』呢。

史記屈原列傳。『屈原曰。……衆人皆醉。而我獨醒。』吾很相信屈原不會喝酒。但不相信天下之大。衆人之多。都是嗜酒若命。酣醉不醒的。

△本級趣話……四▽

杜甫旅夜書懷詩云。『飄飄何所似。天地一沙鷗。』難道杜老先生會飛的嗎。怎能像沙鷗呢◎

錢起送僧歸日本詩。『誰憐一燈影。萬里眼中明。』古時一燈如豆之影。竟能萬里眼中明。燈光之强可想而知。今日之軍用探海燈。瞠乎其後了◎

馬戴楚江懷古詩。『人在木蘭舟。』木蘭代父從軍。與舟一些沒關係。那舟用木蘭爲名。奇極。

陳克謁金門詞去。『紅雨入簾寒不捲。』天上下紅雨。從不曾看見。一定是劉向說苑辨物篇所說的。『雨血三日。』鳥擊於上也』了。

龍翔麟生查子詞。『猶自有漁舟。烟裏飛來去。』那隻漁舟。想是水上飛行機。所以能在烟裏飛來去啊。

蘇東坡赤壁賦有云。『抱明月而長終。』東坡先生定是古今中外第一長人。否則怎樣去抱明月呢。

無錫輔仁中學高中西文一九二八級同學會全體會員攝影 民國十六年夏
ASJ 1928

無錫輔仁中學西文高中一九二八級同學會全体攝影

本校十週紀念會記略

鈍椎

本校自民國七年創辦以來。屈指韶光瞬已十載。樹木樹人。締營慘淡。爰於六月二三兩日。舉行十週紀念大會。紀念以往。策勵來茲。意至善也。茲將當時開會情形。拉雜誌之。以留鴻爪。

此次開會。係由學生會發起。而聯合校董部教職員同學會三大團體總成之。規模閎大。節目繁多。因分二日表演之。

△記事……一▽

會場在教室旁操場上。面積廣大。可坐觀衆二千餘人。場前設表演臺。上覆蘆蓆棚。中懸燈綵。極富麗堂皇之至。入夜電炬閃爍。更覺燦爛奪目。二日下午三時。行十週紀念典禮。行禮讀默畢。唱校歌。歌詞錄下。「講學會友輔仁。一堂思義。題名約翰。同學諸君。創吾校具熱忱。中西科學與日俱新。宏茲教育人才。聿成吾輩。進行[illegible]勵。遠大萬里程。」次由校長楊四箴先生致開會辭。略述本校十年來之概況。及將來之計劃。並望來賓賜教之意。次爲秦縣長效魯辭。教育局長溱齡訓詞。來賓錢子泉先生等演說。詞長不贅。禮成休息片刻。表演遊藝。首爲周少梅先生等之國樂。音調婉轉。悠揚悅耳。王炳簡先生獨唱英文歌。歌聲洪壯。博得臺下采聲不少。

三皇街小學之春朝曲。益友小學之人面桃花。歌喉

△記事……二△

婉轉舞態蹁躚小學生之爛漫天眞尤令人可愛。

本校初一甲組學生表演之啞劇描寫塾師之冬烘。維妙維肖末後塾師假寐學生置鬧鐘於其耳旁繫鞭炮於其辮梢無何炮聲劈拍鐘聲叮玲塾師好夢震醒驚惶失措連人連椅仆跌於地滑稽突梯令人捧腹。

某君之火球上下揮舞疾徐得法滿臺祇見紅光二道天嬌若遊龍迨夫閉幕觀衆叫好之聲不絕。

末後殿以電影開映開司東爲克臺面盜頭女尋親偵探獲大盜等片偵探滑稽兼而有之頗得觀衆之贊許。

三日下午三時繼續開會觀衆因聞前一日表演之精采飯後早已接踵而至瞬息之間場中已坐得滿坑滿谷人頭濟濟奏循例行禮讀默畢卽爲本校之國樂奏者十有一人所奏二曲一曰「淡壽亭侯」一曰「華光」係邑中楊蔭溥先生新篇之複音譜抑揚頓挫奏時各極其妙。足爲吾國音樂吐氣不少。

西神社武術表演有眞武槍達摩劍六合槍五虎拳八卦連環刀大刀槍十八對棍等刀光劍影激發吾人勇健之氣不少末後表演鐵槓上下飛騰起落自如觀衆鼓掌不止。

萬步臯君之滑稽舞面傅白粉唇塗胭脂短裙跣足。裝束絕似「拉塊」同鄉舞時婆婆娑娑令人捧腹不止。

沈振夏先生琵琶獨奏輕攏慢撚宛似珠走玉盤周少梅先生梆胡獨奏激昂慷慨聞者擊節嘆絕。

是日歌舞有益友之「因爲你」三皇街小學之「賣花詞」唐氏之「一個小孩的覺悟」等翩若驚鴻宛若游龍載歌載舞各極其妙。

王炳簡 沈振夏 過廷楨 楊蔭瀏 四先生之西歌合Base Alto Tenor Soprano 四聲唱之輕歌曼舞之中。

雜以聲調雄壯之西歌。別有一種風味。

此次本校表演。除絲竹西歌等外。有英文獨幕劇二。一初中三之The Pudding Pan。一高中二之「最後一滴」。The Pudding Pan情節頗滑稽。「最後一滴」劇本係昔日得諾貝爾獎金之愛爾蘭詩家夏芝所作。情事文章並臻佳妙。表演亦頗見精采。新劇二齣。一「仇一愛」。是劇係本校教員裘維琳先生編輯及導演。以日本侵略吾華。慘殺蔡交涉使公時。及張作霖賣國爲主旨。而以華國仁艾國新辟仇二人之熱心愛國。努力宣傳日本暴行。及謀刺張逆辟艾訂婚穿插之。全劇共分六幕。慘死一幕最爲出色。飾蔡公時之毛琦君。演來激昂慷慨。觀衆咸爲動容。諸葛鼎君之日本交涉使。說白表情。都能體貼入微。而一種殘忍橫暴之態。尤令人髮指。二「狹路」係一獨幕社會悲劇。敍述一弱女子境況之悲苦。伊雖爲國會議員之妾。而四面楚歌。受盡壓迫。終於被逼出走。茫茫塵海。無所適從。情節凄涼。令人酸鼻。

謝奇峰君魔術表演二套。神奇莫測。頗爲精采。雜以詼諧。尤受觀衆歡迎。

電光世界。爲朱樹卓陸補森兩先生所編製。係一種關於光學之表演。法以木條作方框。上面滿綴電炬。後懸黑幕。人苟身穿黑衣。立於框幕之間。觀衆因目炫於框上强烈之電光。不見人身黑衣。祇見其兩手一頭。苟不明是理。頗覺神奇。是日表演時。首由某女士跳舞。舞影妙曼。佐以嘹喨之笛聲。耀以灼爍之燈光。如覩廣寒仙子。舞霓裳羽衣曲也。一刹那間。舞影不見。忽一骷髏發現。亦作嬝娜之舞。旋骷髏忽現兩頭。三頭而至五頭。觀衆大惑不解。稱奇不置。雖然是固遊戲。而紅紛骷髏。刹那間事。頗足耐人尋味。作人之當頭棒喝也。

〈記事……四▽

末節爲焰火共三座。一「輔仁中學十週紀念」。二「北伐成功」。三「炮打東京城」。製工精細。並寓慶祝希望之意。頗受觀衆歡迎。及夫散會。已夜午矣。

此次開會。各教室均由各級自動佈置。鉤心鬬角。各各不同。初二甲組之美術館。初一乙組之噴水泉黄金樹。頗能令人欣賞。各級布置一竹園。短籬圍繞。脩竹森森。映以鑑色電炬。尤覺清雅宜人。

本校此次開會。雖籌備倉卒。而各種表演。頗得觀衆好評。且凡佈置交際等事。又多學生主其事。秩序井井。有條不紊。此固平日訓誨所收之良好效果。非盡一蹴而成者也。雖然。十年樹人。此猶不過創業之始耳。來日方長。本校發達。未可限量。將來二十週紀念。五十週紀念。當續必有更勝於今茲十週紀念者。在跂予望之。

附錄本校十年事略

錫邑教育。發達素早。然於民國七年。除省立師範外。普通中學。尚屬闕如。凡卒業於高小者。非出境就學。即輟學半途。前聖約翰大學在錫諸同志。有鑒於此。爰創辦此校。先租劉撫院爲課堂。及新民橋堍下樓房爲宿舍。旋因多設教室。八年秋於劉撫院内自建平屋三處十二年秋。學生總數驟增至二百左右。所租房屋不敷應用。乃擇定蘇家衖底隙地爲校址。十三年開始建築。即於是秋竣工。共計房屋五十間。樓上爲宿舍。樓下爲課堂。自遷入新校舍後。迄今已近四載。現學生總數共有三百人。分高中三級。初中三級。有教室九處。均有人滿之患。現正力圖擴充。以免來學者有向隅之憾。歷任本校校長者。有嵇高文戴澤民唐紀雲楊四箴諸先生。歷任本校主任者。有華杏卿張鳳鎔陳佩甫薛之驊朱恬持張紹箴過廷勤朱樹卓諸先生。此本校十年來之概況也。

本級同學會大事記

千驤

民國十四年十月一日　本會舉行第一次年會通過本會章程朱葵生君范廣大君當選爲本會會長

十　日　上午九時本會在本級教室舉行成立大會

十五日　本會在本級教室開會討論下列各案

(一)出版刊物案　(議決)定名爲求是刊推蔡維濟君爲編輯

(二)級旗級色級花案　(議決)級旗請張鴻年先生打樣由幹事部辦理級色定Orange及White級花定 Lily(蓮花)

十五年一月二日　本會全體會員攝影於本校二門

二十日　求是刊出版

三月一日　本會舉行第二次年會朱葵生君溫祖翼君當選爲本會會長

十月六日　本會舉行第三次年會朱葵生君陸同堡君當選爲本會會長

十　日　本會在本級教室開會慶祝一週紀念

十二日　本會全體會員攝影於公園

廿六日　上午在本級教室開會討論組織英語研究會事

十六年二月十五日　本會舉行第四次年會修改舊章易會長制爲委員制朱葵生君

△記事……………………五▽

△記事……六▽

當選爲本會總務部正主任蔣宗琦君爲副主任

五月十二日　本校舉行全校乒乓比賽本會乒乓隊奪得錦標

二十日　本會全體會員攝影於公園

九月十五日　本會舉行第五次年會修改舊章蔡維濟君韓棟蓀君當選爲本會總務部主任

十月一日　本會全體會員攝影於東林書院石牌坊下

十七年二月十五日　本會舉行第六次年會蔡維濟君韓棟蓀君當選爲本會總務部主任並討論下列各案

(一)鑄製本會徽章案　(議決)本會徽章以銀爲質式樣先徵求各敎師各同學後再開會討論

(二)會費案　(議決經)常會費暫定二元遇有特別事故再納臨時會費

(三)修改級旗案　(議決)式樣照舊顏色改爲青蓮及火黃着總務部部員辦理

二十八日　本會經三份之二會員要求隨即開會討論以下各案

(一)增加學術研究部案　(議決)通過並舉王世騏君爲該部主任

(二)索取各大學章程以便會員升學案(議決)由學術研究部主任向本校敎務處要求代爲索取

三月三日　本會全體會員旅行黿頭渚梅園攝影於梅園小羅浮前草地上

十五日　上午本會舉行臨時會議討論下列各案

(一)出版畢業刊案（議決）通過推舉蔡維濟君及王世騏君爲畢業刊籌備主任

(二)徵章案（議決）式樣通過着總務部部員辦理

下午繼續開會討論畢業刊進行事務

(一)推舉各部主任案（議決）總編輯蔡維濟君中文部編輯主任王世騏君西文部編輯主任章繹專君廣告主任陸同傑君韓棟蓀君校對王志燧君許志藩君楊德烜君

(二)經費案（議決）各會員須繳納臨時會費十元以備出版畢業刊及製造徵章之用

(三)稿件案（議決）自由投稿

(四)聘請畢業刊顧問案（議決）聘請朱樹卓沈振夏諸龍翔張子惠四先生爲畢業刊顧問

五月九日　本會全體會員攝影於新新照相館

六月二十五日　本會舉行本學期結束會議討論下列各案

(一)本會存在案（議決）繼續存在

(二)本會以後年會時期及通訊處案（議決）本會定每年陰曆正月初十日及六月初一日爲年會時期暫定薛遐齡君處爲通訊處

廿八日　本會宴諸師長於大新樓

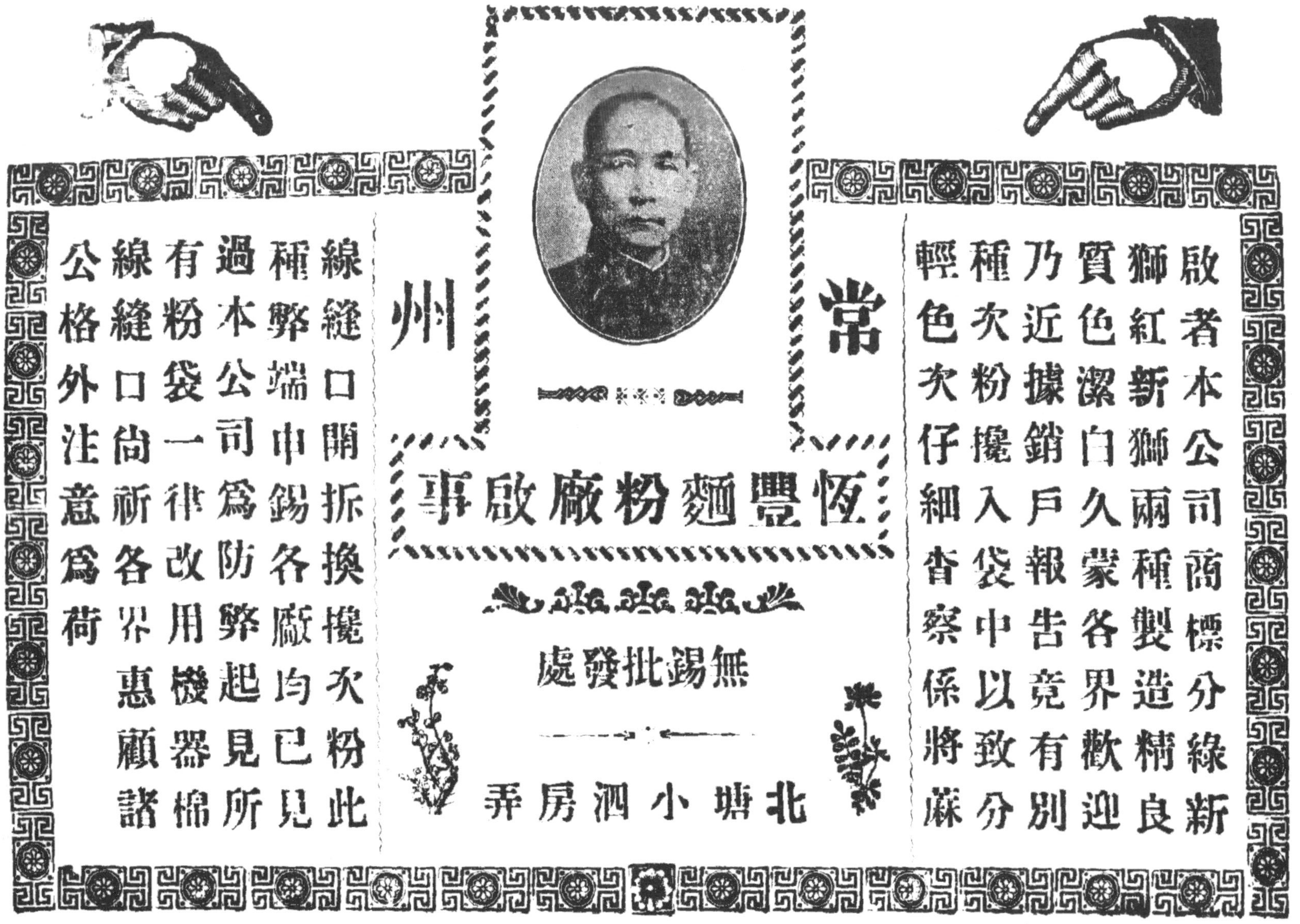
常州
恆豐麵粉廠啟事
啟者本公司商標分綠新獅紅新獅兩種製造精良質色潔白久蒙各界歡迎乃近據銷戶報告竟有別種次粉攙入袋中以致分輕色次仔細查察係將蘇線縫口開拆換攙次粉此種弊端中錫各廠均已見過本公司爲防弊起見所有粉袋一律改用機器棉線縫口尙祈各界惠顧諸公格外注意爲荷
無錫批發處
北塘小泗房弄

本刊職員

顧　問　朱樹卓先生　諸龍翔先生
　　　　沈振夏先生　張子惠先生
總編輯　蔡維濟
中文編輯主任　王世騏
英文編輯主任　章繹唐
廣告部長　陸同堡　韓棟蓀
幹事部長　沈錫麒
校　對　王志燧　許志藩　楊德烜

民國十七年七月出版
編輯者　無錫輔仁中學校一九二八級
發行者　無錫輔仁中學校
印刷者　五大印務局

無錫五大印務局廣告

本局開辦迄今已逾五載分鉛印石印二大部設置最新印刷機器用電力拖帶承印書籍報章商標股票證書文憑中西名片等種類繁多不及備列凡印刷之精良顏色之鮮豔書畫之工麗出品之迅速早承　各界贊許際斯文化昌明時代各種刊物風起雲湧而在本局印刷者尤多即外埠印件亦紛至沓來此固　惠顧諸君之誠意抑亦本局出貨認眞有以致之也以後更當精益求精以答　惠顧諸君之雅意如蒙　惠顧竭誠歡迎外埠函約隨到隨覆

營業部　漢昌路口　電話八〇五號

印刷所　光復路壽康里

development of the system of polygamy. However at present the various changes in social life have a tendency to make individuals more independent. The increased earning capacity of women and the opportunities for them to make their own living enable them to be more independent. Then the mono-system is gradually developed. So economics also has an influence on family life.

It is evident from the foregoing that the family is infuencing ang being influenced upon by society. In other words, it is a social unit or the basis of social order. Within its sacred precincts people are trained for the larger social life. Not only are they schooled in the art of producing and distributing wealth and trained in exercising the rights of property, but also instructed in executing the duties and enjoying the privileges of individuals. Therefore it is the most significent factor in bringing about social solidality and welfare.

enables people to associate in common. For the art of living together profitably and harmoniusly has its foundation in the love sentiment brought about by family culture.

As family life is so strongly influencing human compassion ane social solidality, it is at the same time being influenced by outside factors, one of the strongest ones is religion. So strong was the religions influence on the early family life that some authors have made it the foundation of the family. It is clear that they are wrong in their assumption, for the family rests for its first cause upon a biological rather than a religious basis. Yet religion has always proved a strong tie to bind the family together and has been a means of enhancing its power. In the development of matrimonial institutions religion has exercised an important influence. Among us Chinese especially, we find the effect of ancestor worship is to streng-then the family bond, the family name, and to give it unity, dignity and power. Each family group had its private family altar and family worship. that is the worship of the patronym or hero, the eldest male member, the founder of the race. and no stranger could be admitted. This custom established the unity of the family groups and developed their power to resist others in the struggle for existance. This influence was felt as strongly among the Aryan people as among the Chinese. Associations, became limited by religion and those without the religious pale were considered unworthy of association, much less of close union. Thus the Hebrew scorned the Gentiles, the Greek and the Roman the Barbarians. The religious life, especially after the development of integral tribal life, had much to do with the formation of separate racial characteristics.

Likewise economics effects the family. The family represents the producing and distributing unit of society. Money and goods come into the home and are distributed from the home as a center. In ancient time nearly all of the implements about the house and farm were of home manufacture. The exercise of the pecuniary power by man made the his mother. Another form of marriage permits the man to live with the woman at his convenience, giving him the right to choose a wife whenever he pleases. Then it is evident that polyandry and polygamy must have been practised by many tribes or nations at a certain stage of their development. In some places the support of the family does not depend wholly upon one man. The total number of men is much greater than that of women. This gives rise to the system of polyandry. While in a certain period the women were held as capives of wars, children were highly valued, and religion approved of choosing more than one wife, then the system of polygamy sprang up. In some instances a group of brothers married a group of sisters. In the process of development the system of concubinage developed. The elimination of all other forms finally left the marriage of one man to one woman for life. It may not be possible to show that all humanity passed regularly through these various stages of matrimonial life, yet it must be true that the modern pure home life has been the result of a long evolution.

Although the systems of marriage and forms of family vary with time and place, there is a constant influence that the family life exerts.

The family is bound by natural ties of blood and affection out of which grow our love for the whole human race. The development of love sentiment in the human race as a product of family life has had onomous consequences in the creation and preservation of social order. What might have existed as a mere biologicl act of propagation of the race has been the foundation in the creation of all of the finor sentiments of human affection, for the home and the family have been responsible for the development of the love of the human race. Remove the influences arising out of this area and the fabric of society would not stand the strain of the savage instinct of mankind. The family relationships established by the mental attitude of one toward another have brought about the harmony of feeling, thought, and will which the family representing all the relatives by blood, marriage or adoption. He practically owned the property of the whole family of which he was the supreme ruler. He had the power of life or death over each member, and he was priest, judge, king, military leader, lawmaker and chief executive of all social affairs. Indeed, the patriarchal leader himself was bound by the customs of his fathers. Yet essentially there must have been a slow development or change of customs, otherwise law, and the state could never have arisen.

So far as historical records are concerned there were no well organized family system before these two types. Probably like all other social institutions, it has had a slow evolution, and like others its evolution has been rather irregular. The natural hypothesis as to the relation of the sexes is a state of promiscuity. Yet there are no living tribes in which an actual state of promiscuity exists nor any historical record of such a state. In the tribes that approach most nearly to this state, pairing for indifinite periods occurs. Under such circumstances the family organization lacked permanancy, and family relationships are indefinite. As the rearing of children is the central idea of family life, the form of family organization has always been modified to suit the conditions of civilization. Hence, we shall find in the development of human society a great variety of matrimonial institutions and discover that the modern monogamic family with its established home relations is a result of social evolution. So important are the changes in family life in relation to social development that some have assumed to estimate the progress of civilization by its evolution.

As to the forms of marriage certain authors have attempted to show the evolution of marriage from a state of promiscuity to the modern monogamic marriage. At least conditions are found where people mingle freely in social life without restraints of marriage, laws or customs. There are other evidences of the union of a pair for a given time, until the child is born or until he reaches the age of independence of obtain for themselves what affords them satisfaction and enjoyment. If such instinctive selfishness is allowed to develop without restraint, social order would be entirely impossible. In the family, they begin to learn to subordinate their individual will to the common good. Obedience to the family regulations, respect of the will of others, the spirit of service and of sacrifice are all elements of family life. Having learned these, they will find it easy to partake the social life, for which the family life is a preparation.

In the above three paragraphs we have discussed the importance of the family as a social unit. But in order to see its social significance more clearly, we have to make a brief study of its historical development.

Practically all socialogists agree that the earliest family system was the matriarchal type. Posterity followed the blood of the mother. She was the head of the family having full power to control her husband and children. All properties and powers were inherited to women. To trace the cause of this system, we learn from authoritative sociologists that in ancient time the uncivilized peoples did not know the relation between fathers and sons. All the year round men are busily engaged in hunting and war, leaving women to manage their primitive affairs. As long as this custom lasted, women assumed full power to control the family.

The second system in the evolution of the family organization is the paternal type. Usually men were stronger than women. What the women could not do with their weak strength must be done by men. Unconsciously women began to depend more and more upon men until finally the patriarchal family developed. Owing to their superior strength and ability the male members gradually took over their lost rights from women. All properties were centroled by men. Women and children came under their rule. This patriarchal type of family was early developed in China, lasted for centuries and is even now still prevailing. It represents the leadership of the eldest made member of the group. He was at the head of

THE SOCIAL SIGNIFICANCE OF THE FAMILY

by

Thomson Han (韓棟蓀)

The family is a social unit because it is the smallest organized group of individuals and because it is the most constant factor among varying social organizations. It is also the essential foundation of social solidality. In it the elements of the larger social life occur in such measure as to make it a means of training for social order.

The most essential duty of the family is to bring forth good childeren who are to be trained as efficient and loyal citizens in the future. To the perfection of the family system, therefore, depends the perpetuation of a good race and a strong nation. It is often seen that forlorn and homeless paupers, who wander about in the street seeking for odd jobs or begging for money, in many cases turn out to be criminals or at least social parasites. From the socialogical point of view, they themselves are not to be blaimed. They lack proper family environment and family education to encourage instruct, and train them to be of use to society.

Social inheritance is another factor that enhances the importance of the family as a social unit. when a child first comes to the world, he has nothing. From his father he inherits his personal properties; from language and books he inherits all sorts of knowledge, from the church he inherits his religion; and from the gorverment, he inherits the privilege of protection of life and property. It is true that he is born with the right to inherit all these; yet what is the agent that enables him to aquire the inheritance? Without doubt, it is the family, whence he is first taught to use the language, to choose his religion and to respect and obey law and order so that he can retain his right of legal protection. Therefore it is through the family that the rich social inheritence is handed down from generation to generation.

Instinctively human beings are all selfish. They are not inclined to respect the right and privileges of others but to

(D) Its renovations in the present current.

With the introduction of western literature, much renovation has been made in Chinese novels. Dr. Hu Shih(胡適), first proposed to make the following improvements:— Using the spoken languags and emphasizing material rather than literary construction. Following the proposal, we have seen great changes made in the style and purpose of mrdern novels. Such novels are doubtless meeting the demand of the present reading puplic. But unfortunately many novels, impure and mean both in langauge and in thought, are being published in great numbers under the mask of sexual education and instruction of social intercourse. They are profoundly detrimental to social morality and therefore ought to be strictly prohibided.

In coclusion, to maks novels a proper means of extending popular education, of imparting social and moral instruction, of cultivating literary taste and of providing harmless diversion, the government ought to use both encouraging and prohibiting measures, so as to make novels worthy of occupying its unique position in literature.

and "A Dream of the Red Chamber." (紅樓夢)

With a view to their quality, novels are either historical, social, heroie, love, comie, tragie or fabulous. some years ago, translations of foreign novels were prevailing They tell scientific, detective, or advanturous stories. But, recently, original novels are valued above translated ones.

(B. Its position in Literature

Literature is an art which exquisitely reflects the social and phenominal life and expresses its inner feelings in beautifal language. To accomplish the function of literature, no sort of writing is so efficient as novels. Essays and poems. controversial and epistolary writings, indeed each fulfills its own purpose best. But novels can include them all, While none of them can ever include novels. Novels deny neither real facts nor fictitious and even faneiful thoughts, but weave them together so as to form a food for human mind rieber than either real facts or imaginations alone. Accordingly they ought to occupy a unique position in literature.

(C) Its Influence on Society

Novels appeal to human sympathy most effectually. To immature minds, lacking reasoning, imagining and volition powers, they have a commanding influence. Thus, society will gradually degenerate if evil novels are allowed to lure people from innocenc to darkness and guilt. On the other hand, good novels improve our knowledge to a considerable extent, and help promoting civilization. Chinese novels, mostly are written in colloguial language so that the learned people as well as the country-folks are able to read them. Sensual and demoralizing novels are forbidden by government to be published, lest they should cause great danger upon society. Thus good reders of novels pay lese attention to Jokes and fans contained there-in than to their plot, description and construction.

considered as the standard of vivid spoken Chinese language. The author of this novel is Shin Nal-Au (施耐菴). Besides, Wu Ching-Tze (吳敬梓) gained his fame a novelist by "The Literati'' (儒林外史) a satirical fiction about the literary class of his time. Now, let us discuss briefly some of the main features of the Chinese novel.

(A) The diversity of its kinds

Novels can be divided into three classes, on basis of their language, style, and quality. According to the difference in form of language, Chinese novels are divided again into three classes. First of all, we have "Wen Yien'' or the literary language which had its origin in ancient spoken language. Owing to its obscurity and profoundness, it is beyond the power of understanding of the masses. Thus novels written in this form of language exert no great influence. Secondly, we have ''Pei Hua'' or the spoken language. The master pieces of novels above mentioned are all written in "Pei Hua'' which is best suited for minute and picturesque description, and most eagerly perused by the reading public. It is comprehensible to everybody who has received primary eduation. Novels written in "Pei Hua'' , since it finds more readers than others can, exert a great edutional and moral influence upon people. Lastly, we have "Sze Cho?'' or verse having the nature of novels. It is often sung in tea-houses and staged as drama in theaters. Being musical and rhythmic, it serves for entertaining purposes; besides, it appeals to the literary taste of poets and dramaticts.

With respect to style, the narrative novels are more common but less interesting than long novels divided into chapters. The former are short narrations of one or more facts without elaborate plot but with literary taste, and the latter are stories told in great details with surprising plot to engage the attention and interst of the reader. Of the former we often mention "Lieu Tsai" (聊齋) and "Yu-tso-chu" (虞初誌) as examples and of the latter ''Shui Hu'' inary and real states of our life. In it,we find reflections of the real facts of different ages and localities, pictures of human nature and habits, records of social evolution and phenomena, legends of fairies and superhuman characters, miniatures of Utopian states, represenations of the eternal felicities of the Heaven and unending miseries of the Hell. It feeds our imagination, enriches our intellect, arouses our sentiments, mitigates our fatigue and effords us entertainment. Without any doubt, it is a subject that worths engaging every body's interest.

In the Tang Dynasty, the novel was first brought into vogue in our country. Inestimable and incalculable is the value of a great number of Chinese novels handed down from our forefathers through generations and centuries, all elaborately and masterly wrought by the painstaking efforts of men of genuis of all ages.

Among a great number of Chinese novels some have great literary value. They have long assumed a supremacy over all others in perfection and beauty. "The History of Three Kingdoms" (三國誌) written with authentic accounts by Lo Kuan-Chung (羅貫中) known as "the first genuis". The historical value of its content, the wonderful consistency of its intricated plot, and the beauty and lucidness of its style can never be overestimated. "An Account of Travel to the west" (西遊記) was much valued for the extraordinary genuis in its description of imaginary scenes and the surprising dexterity in depicting fictitious characters. It is numbered among the three Chinese novel masterpieces; "Shui Hu" (水滸) and "A Dream of the Red Chamber" (紅樓夢) being the other two. The latter was written by Tsao Sih-Chiu (曹雪芹) who, with great skill, described the everyday life of a noble family depicting, many characters with accuracy and vividness, wonderfully making the reader think that he is participating in their family life as one of its members; while the former gave us an abundanse of examples of heroes who distinguished themselves by virtue of faith and honor. Its style is now co-educational system of education, let us examine its advantages, the cheif ones of which are enumerated as follows:

I. As a Means of Cultivating Co-operation. We are now living in an enlightened age. Men alone cannot constitute a wholesome society. As men and women have different latent capacities, they can, with frank cooperation, make society better than now it is. Since school is a miniature society, co-education in school is the best training for cooperation in society.

2. As a means of Educatinal Economy. It is frequently. seen that in many schools there are several classes which consist of very few students. In such cases, not only educational funds are not used most efficiently, but also much interst of the students is killed. Boys and girls in several schools can often be taught in one school, and the expenses used in those several schools can be collected to construct best furnished classrooms, laboratories, and libraries in one school, so that educational efficiency can be increased.

3. As a Means of Encouraging Students. It is a psychological fact that students in a contest often exert more energy and attention than when they study alone. When boys and girl are studying in a single school, neither would be willing to be outdone. As both sexes hope to outdo each other, they are sure to pay their greatest attention to their studying. Rapid improvements will, consequently, be made.

With the above observations, I am firmly convinced that the systom of co-education is applicable on a national scale, and I hope that this measure will appeal strongly to our leading educators, through whom it will be carried out, and what brilliant success will be achieved in the field of education in the now future.

CHINESE NOVELS

by

Shen Sin—Chi (沈錫麒)

In its broadest sense, novel is not merely a record and description of human afairs, it weaves tog ether both imag their example blindly and adopt the system of co-education, were we not first to establish such a social environment, as would answer the need.

Upon the foregoing grounds, it has been urged that the co-educational system should, for the time being at least, not adopted.

But friends, get rid of your prejudice, let not past civilization deceive you! Listen with an open mind to what could be agreed with equal force on the other side.

It has been said that the duties of boys and girls are different, and, consequently, they should be separately educated. Such notions might have once been true, but they are, beyond doubt, incorrect, when we have entered into an age in which co-operation between them both has become a necessity for social progress. As a housewife and mother, a woman cannot neglect the duties of home-making and child-nursing. But she is no longer a mere housewife and mother. She has now realized that society and government call upon her to assist men in professional and politifields. In order to qualify herself for this new demand, she has a right to claim the same education as is given to men, and thiscan, in no better way, be obtained than that under the system of co-education.

In regard to the second argument against the system of co-education, I should say that it is too conservative. No renovation for the better can be effectuated without more or les some accompanying risks and abuses. If everyone wants to wait for the proper social environment to carry out a new system, who shall be the first to put a new idea into trial? It is for the same conservative attitude that China, with her forty centuries of history and civilization, has at last been overtaken and despised by many progressive nations. If we are ever to determine to be progressive, it is now for us to adopt the co-educational system, in order to bring forth a new brood of sons and daughters equally qualified for social struggle.

Having been convinced that it is advisable to adopt the

home-making and child-nursing: they have been engaged in different occupations in society, and in government; they are given the right to vote, and a voice on many occassions. In short, they are associating and cooperating with men in different fields. To maintain themselves in this advanced social status, women ought to be as efficiently educated as men. That's why we have witnessed the tide of co-education surging high against the coast of our educational system.

Co-education, since the term was first introduced into China, has already had a history of about twenty years. It has received approbations as well as oppositions. Since many an educator has considered well on this issue, and yet in no wise certain as to whether it should be supported or discarded, and since it yet seems impossible to get an unanimous agreement about it in the educational world, I am of opinion that this issue should be discussed in all its pros and cons, in order that we may pass an intellectual and impartial judgement upon it.

The negative side would most probably formulate its argument after this fashion:

The duties that boys and girls are expected to fulfill at home and in society are by no means the same. The right sort of educatin for them is to train them in such a way, as to best enable them to perform the duties in their respective fields with efficiency. Under the co-educational system, however, boys would be forced to waste a part of their time in learning those trifles which are particularly the duties of women; similarly, girls would be compelled to labor, with much ado for nothing, on those subjects which help the boys best. This conforms neither to the principle of answering individual needs, nor to that of meeting social demands.

Moreover, the influence of long established traditions upon social moral conceptions cannot be overlooked altogether. For ages, our people have been trained to think that the two sexes ought to keep themselves remote from each other, so that propriety can be maintained. Of course, such old conceptions could find no proper place in modern thought. Yet before people are ready to follow the new tide, they must pass a period of transition, in which it is most dangerous to tear off the old structure entirely without first scheming for the new. Our people have not been accustomed to that manner of free social intercourse between sexes which have long prevailed in western countries. It would be a serious mistake to follow this authority, it must be furnished with funds. The greatest source of the state'-s revenue is tax. Paying taxes punctually, the people are really using money to hire guards for themselves. Therefore, paying taxes is the one duty of paramount importance which enables the state to run on.

Taxes are paid, however, to smooth the expenses of the nation in time of peace. In time of emergency, every citizen ought to be called forth to do their best to defend the state against danger—men to enlist themselves in regiments; women and children, to render service in furnishing the needy and nursing the wounded. For the security and of peace of the state mean the same as those of the people.

Under the republican form of government, every people is given the right to vote. As every vote has its share of force in compassing the policies of the state, its value should be given considerable estimation. In exercising the right to vote, people must subordinate his private or local interests to welfare of the nation. One dishonest vote casted weakens the solidity of the nation in some degree. Thus a citizen owes the duty of casting honest votes.

In the foregoing paragraphs, we analyzed some of the most important duties of a citizon. To sum up, let me repeat that legally a citizen ought to conform to the constitutions and laws of his state, and morally he has to make his best effort to promote the welfare of the nation as a whole.

ON CO—EDUCATION

by

Sih Hsia—Ling (薛遐齡)

During the last two decades, owing to the conviction that individual rights should be given full respects, women have gained considerable advancement in social standing. As members of the community, women are not in the least less important than men. The negligence, and even contempt which they received, and the oppression and even cruelty under which they subjected in the earlier ages, had gained strength through the influence of mere tradition. As tradition changes with the vicissitides of age and place, now in China, the age has at last arrived in which women are raised to a position, unprecedented in all affairs, personal, social, and political. They are no longer mere slaves to and playthings of men, no longer solely confined to the tedious work of

Many people ascribe our weakness to the corrupt officials and cruel military leaders. Of course, they are the men who have done much to the ruin of China. But permit me to ask this question: Who tolerate them to behave thus? The republic ought to be organized of the people, by the people, and for the people. In a republic, the people are the masters, while the officials are servants. Only a corrupt master has corrupt servants, and we people must have been corrupt first, before these officials and militarists dare to abuse their legal powers. To me alone, at least, it seems that most of our people are unqualified to be citizens of a republic.

From above instance, we can easily realize the importance of the duty of a citizen. What are the duties that a citizen owes to his country? To answer the question specifically, let me make the following analysis:

I. HIS DUTY AS AN INDIVIDUAL

As it has already been said, the prosperity and power of a state depend upon the efficiency of individuals who compose it. Every individual should be self-dependent, keeping a livelihood to support himself. Otherwise he would be a social parasite. A portion, at least, of the share of wealth that he consumes is fixed. If he is not able to produce that amount of wealth which he necessarily consumes he is causing a social loss and is in that far responsible for the weakness of his state. Thus, his primary duty is to earn his own subsistence.

The wealth acquiring efficiency of an individual depends entirely upon the nature and experience which he has accumulated. The process of accumulating experience is education. Dr. John Dewey defines education as the reconstruction and reorganization of experience in such a way that it may best profit and facilitate future reconstructions or reorganizations of experience. An individual who wishes to increase his wealth producing capacity ought to lay his foundation in education.

Society is a living organism whose life and prosperity rely on the ability of the present generation to rear up future generations. As parents and guardians, people ought to bring up their chirdren with so much care as to enable them survive as efficient individuals, and good members of the community.

II. HIS DUTIES AS A CITIZEN OF THE STATE

The state is an organized institution to enforce the agreement of the people to respect one another's rights. To enforce the agreement it must be invested with authority, and to use

Green Horn

THE DUTY OF A CITIZEN

by

Tsang Yee-tang (章繹唐)

Human beings are by nature self-seeking, and egoistic, but, at the same time, they are instinctively gregarious. If these selfish creatures are left without regulations and restrictions, there must be a state of continual warfare. The weak have to submit to the strong, and the strong, to the stronger. Such intolerable state of affairs necessites an agreement under which every individual is bound to respect the rights of others, in order to secure peace for himself. This agreement is realized in the organized form of the state. It is from the latter that the individual or citizen receives protection of his life and property, thus to the latter, he owes the duty to observe its laws and regulations legally, and to promote the welfare of the community as a whole morally.

The modern century witnesses the hottest competition among different nations. But the power of a state depends upon the strength both intellectual and physical, of the individuals who compose it. If the individuals do not put their state in their foremost consideration, or in other words, do not behave like good citizens, the state surely has no hope to survive. Therefore, the duty of a citizen can not be overlooked; for upon its fulfillment alone depends the prosperity or destruction of the whole nation.

Let us take China for illustration. No body dares to prophesy its future without frowning. Civil wars, famine, and bandit raids crushed upon the people from within, and foreign oppression from without. No powerful central government has yet come into being since the revolution and some provinces are still under the rule of cruel and harsh military leaders. With her history and civilization of more than four thousand years, China has now so degenerated herself as to become a mere prey for foreign nations. What are the causes?

預　兆　年　豐

亭　影　波　光

反·日·運·動·提·倡·國·貨·者·注·意

FOREWORD

Praise is a good thing to give, and a poor thing to desire. often a discouraged man is heartened by a word of praise, or one who has done well is led to do vastly better by a warm and cordial word of appreciation. on the other hand, more ofter a successful and ambitions man weakens, and deteriorates by mere word of praise or apprecia tion. self-reliance and self-satisfaction arise, as soon as he learns that his achievements and utterances are found favorable and satisfactory to other people and consequently there leaves no room for improvement and further progress. Many young men are consumed with such desire of praise and approbation, and are completely dependent upon expressed appreciation for moral sustenance in their work. They subscribe to news-clipping agencies to see what the papers say about them. They are eager to overhear commendatory conversations about their performance. The result of Such desire is weakness and positive vanity.

In preparation of this volume, I earnestly hope that our students have no such desire in their mind. The purpose of editing this little and imperfect volume is to encourage our students to write clear anp polished language both in Chinese and in English, and to reveal to the reading public what the young men of the Middle school today are thinking about the different phenomana in this complicated and rather perplexing nniverse. They have no view in their mind about fishing and courting for any flattery or approbation.

T. P. yang

We gratefully dedicate this

1928 volume of "Green Horn"

to

our Principal,

Rev. Mr. T. P. Zang, B. A.,

in recognition of his devotion

and service to the school.

The ~ 1928 Green Horn

後記

無錫是中國吴文化的發祥地。七千多年悠久歷史與文明，造就了『梁溪明秀之區，衣冠禮樂甲於江左』的城市人文傳統和深厚的歷史文化底藴。數千年來，文脉綿延，永世流芳。邵寶在《錫山遺響》序中曾經這樣描述：『錫之爲邑，在三吴間。山水清麗豐曠，生其地者，多沉雅秀整，以文名家，代不乏人。』文化已經成爲這座城市最本色的氣質。爲傳承吴地文明，建設文化名城，進一步彰顯無錫城市内在精神特質，經過幾年的精心策劃，旨在全面整理地方文化典籍的《無錫文庫》編纂出版工作於二〇一〇年全面啓動，二〇一一年起陸續與讀者見面了。

無錫的城市文化曾經爲中華文化寶庫作出過巨大貢獻。顧愷之、倪瓚、王紱、鄒一桂、賀天健、徐悲鴻、錢松喦、吴冠中，如松秀群嶺，在中國繪畫史上擁有很高的地位；華秋蘋、楊蔭瀏、劉天華、華彦鈞（阿炳），乃韵動天籟，對中國音樂發展發揮了重要作用；李紳、蔣防、尤袤、蔣捷、陳維崧、顧貞觀、嚴繩孫、周濟、劉半農，皆胸懷錦綉，在中國文學史上可謂各領風騷；計六奇、顧祖禹、顧棟高、秦蕙田、嵇璜、錢基博、錢穆、錢鍾書、錢海岳，可稱堂奥廣庭，學造淵源，在中國學術史上卓然大家；顧憲成、高攀龍之東林，唐文治之『國專』，徐霞客之游記，徐壽、華蘅芳之『格致之學』，陳翰笙、錢俊瑞、孫冶方、薛暮橋之經濟學，都堪稱中華文化史上的一座座高峰，至今閃耀着炫目的光芒。

深厚的歷史文化底藴激發了無錫城市的文化自覺。市委、市政府滿懷對鄉土誠摯之情、對文化敬畏之感，以義不容辭的責任擔當，致力於文化强市建設，以科學的理念和方式對歷史文化遺産作全方位的觀照、深層次的發掘、系統性的保護，匯四海之智，舉全市之力，共襄文化建設盛舉。二〇〇六年十二月，無錫市成功申報國家歷史文化名城，標志着新一輪文化意識的覺醒，并迅速轉化爲文化自覺的實踐。近年來，我市全面啓動惠山、清名橋、小婁巷、榮巷、蕩口等五個歷史文化街區和十個古村落保護修復工程，『護其貌，顯其顔，鑄其魂，揚其韵』；鴻山遺址成功保護的經驗被國家文物局譽爲大遺址保護『無錫模式』，并被授予首批國家考古大遺址公園，闔閭城遺址考古發現則確立了歷史上無錫曾作爲吴王闔閭都城的地位；建成開放六十餘座博物館、名人故居和紀念館；對無錫的非物質文化遺産予以重點保護；每年春天舉辦的中國（無錫）吴文化節、中國文化遺産保護論壇成爲文化亮點，享譽海内外。這些舉措遵循規律，探索文化建設體制和機制的創新，形成了寶貴的『無錫經驗』，得到海内外學者、專家的一致肯定。

在注重保護歷史文化遺存的過程中，發掘、整理無錫歷史文獻著作，展示和弘揚無錫城市的思想精神世界，自然而然成爲大家關注的重點。二〇〇六年，市委宣傳部組織無錫文史專家、學者編撰的十七册三百萬字的《無錫文化叢書》正式出版，引起强烈反響，出版後供不應求，在二〇〇八年再版加印。《無錫文化叢書》集中反映了無錫城市文化精華，展示了無錫城市文化特質，彰顯了無錫歷史文化的厚重，同時也告訴人們，文化精神的傳遞是文化繁榮發展的重要内涵，一旦擦去歲月蒙塵，優秀的歷史文化就會轉化成爲取之不盡的精神財富。

爲了進一步彰顯城市歷史文化底藴，二〇〇七年，市委、市政府將全面系統整理無錫文化典籍擺上工作議事日程，明確提出編纂《無錫文庫》。由于無錫歷史文化底藴深厚，卷帙浩繁，内容豐富，編纂工作千頭萬緒，要想整理出一部簡明扼要而又内容翔實、主旨鮮明而又文質彬彬的文獻集成，難度遠大於預想。爲此，我們先後成立了《無錫文庫》工作委員會和編輯委員會，加强對編纂出版工作的組織領導與統籌協調，在尊重歷史、尊重規律、尊重科學、尊重專家的基礎上，積極推進文庫編纂工作。編輯委員會經過反復論證，明確原則，綱舉目張，有條不紊地開展工作。充分憑借地方文史專家的優勢，充分發揮高校人文學院、研究機構的作用，充分依靠出版機構的專業經驗，并邀請國内外著名文史專家指導、把關，形成了文庫編纂的工作合力。

在編輯過程中，我們力求使《無錫文庫》成爲經得起歷史考驗的鄉邦文獻集成。

全面規劃又保持開放結構。面對豐富的歷史文化積澱，没有規劃就不可能形成清晰的編纂思路。在前期編纂工作中，編輯委員會經過二十餘次的論證會和專題研討會，形成并確定了《無錫文庫》總書目，明確了收録範圍和内容主體，立足無錫市區，兼顧江陰、宜興，主要體現無錫本土内容，突出人文科學，適當兼顧其他門類。據此，《無錫文庫》收録圖書五百五十餘種，分爲五輯：第一輯『官修舊志』，收編無錫地方志（含江陰、宜興）；第二輯『地方史料專著』，收編反映無錫地方史料的專著與筆記；第三輯『年譜家乘』，收編無錫（含江陰、宜興）地方名人年譜和望族的家譜；第四輯『無錫文存』，收編歷史上無錫作家詩文和專著的精華；第五輯『近現代名家名著存目』，編撰無錫近現代名家名著的書目提要。爲使文庫具有更大的開放度和包容量，《無錫文庫》注重整體設計，在框架分類上既注意整合，又突出重點，考慮到文庫的涵蓋面和系統性；在書目選擇上既注重經典性，又强調代表性，兼顧到圖書本身質量和作者特點；在出版方式上既總體規劃、循序推進，又采取較爲靈活的方式，成熟一批出版一批，不編序號，爲今後增補書目預留空間。

尊重歷史又反映時代特色。《無錫文庫》注重歷史性與時代性相結合，以嶄新的學術角度和現代學科理念對城市歷史文化進行整理和弘揚。編纂工作充分體現對歷史傳統的尊重，儘可能減少評述性成分，杜絶截割、改篡、增删圖書内容，對節選本祇采取作者的自選本。與此同時，以現代學術視野來看待傳統史料，增加收録有價值的歷史資料和文獻，如對民國時期的一些稿本、期刊、會刊、紀念册也予以應有的關注，收入了部分重要的民間史料。

保持原貌又便于讀者查閲。《無錫文庫》除第五輯外，全部采用原版影印方式，力争選擇最優版本作底本，保持文獻著作的歷史面目。爲了便於閲讀、查證、使用、研究，每一輯均撰寫編輯説明，每種書撰寫提要，并編撰《文庫》書目索引。通過這樣的方式，使《無錫文庫》兼具工具書檢索的作用，增强文化典籍整理的實用功能。

如期完成又精益求精。《無錫文庫》作爲一項重大文化工程，編纂工作面廣量大，必須集中力量，一鼓作氣。我們明確，從編纂工作全面啓動開始，花三年時間完成《無錫文庫》出版工作。《無錫文庫》總書目形成後，五輯的書目編纂工作同時開展、整體推進。我們要求，《無錫文庫》編纂出版工作要强化精品意識，力求思想精深、内容精彩、選編精當、學風精良、裝幀精美。文庫編纂出版的每個環節都反復論證推敲，確保經得起歷史檢驗。

《無錫文庫》的編纂出版工作，得到了鳳凰出版傳媒集團的大力支持，鳳凰出版社在版本選擇、編輯出版方面做了細緻的工作；由於《無錫文庫》收録的資料有三分之二散落在全國各圖書館中，中國國家圖書館、上海圖書館、南京圖書館等一批國内知名圖書館爲此提供了積極的幫助；應邀擔任《無錫文庫》學術顧問的專家，都是無錫籍的文化名人和國内一流的古籍研究專家，他們有的不顧年事已高，有的不顧自身工作繁忙，爲《無錫文庫》的編纂工作付出辛勤勞動；《無錫文庫》工作委員會和編輯委員會成員以及編務人員在文庫編纂出版過程中做了大量的工作。在此，謹向他們表示崇高的敬意和由衷的謝忱！

由於《無錫文庫》收録内容涉及範圍廣、時間跨度長，部分書目已經散佚，可利用資料受到限制，加之編輯委員會水平有限，《無錫文庫》的編纂工作難免會有一些疏漏和錯誤，不當之處敬請讀者指正。

王立人

二〇一一年一月